schleust. Kurz: Der Mensch als Grenzgänger, in dem Roland Girtler eine Art
symbolische Form der menschlichen
Existenz erblickt: „Es gibt stolze
Leute, die stolz darauf beharren,
fremd zu sein. Aber es gibt auch
Menschen, die Grenzen zu brechen
suchen... Und es sind gerade jene
Leute, die als stetig Wandernde und
Fahrende Kulturen beeinflussen und
zu Kulturträgern werden können."

Der Autor:

Ao. Univ.-Prof. Dr. Roland Girtler,
Jahrgang 1941.
Soziologe und Kulturwissenschaftler
(Univ. Wien); Autor vielbeachteter
Untersuchungen über städtische und
ländliche Sub- oder Randkulturen:
„Der Adler und die drei Punkte"; „Der
Strich"; „Aschenlauge". Zuletzt sehr
erfolgreich mit den Titeln „Wilderer";
„Die feinen Leute"; „Über die Grenzen"
und „Verbannt und vergessen".

Girtler • SCHMUGGLER

Meiner gütigen Familie und Sokrates gewidmet,
die mich meine Wege als Forscher gehen ließen

Inhalt

Einleitung

Als ich über Grenzen und jene oft waghalsigen Leute, die irgendwie mit Grenzen zu tun haben, zu forschen begann, dachte ich noch nicht, daß es ein derart spannendes und großes Abenteuer werden würde, auf das ich mich eingelassen hatte.

Auf dieses Abenteuer lade ich den geneigten Leser ein: Menschliche Kulturen sind ohne Grenzen nicht vorstellbar. Grenzen werden von Menschen geschaffen, und sie treten in vielfacher Gestalt auf, als räumliche, soziale und zeitliche. Dort, wo es sogenannte natürliche Grenzen gibt, wie Gebirge, Meere und den Tod, versieht der Mensch sie mit Symbolen und Ritualen. Somit weisen auch sie den Charakter des Geschaffenen auf. Wichtig für die vorliegende Arbeit sind die räumlichen Grenzen, die meist zugleich soziale sind.

Der Mensch errichtet Grenzen und benötigt sie auch, um sich hinter Stadtmauern, hinter Zäunen, in sicheren Häusern oder auf anderen stillen Orten vor fremden Blicken verbergen zu können, um in Ruhe mit Freunden einem verbotenen Glücksspiel zu frönen oder sich vor übelmeinenden Leuten zu schützen und noch aus vielen anderen Gründen.

Ich stehe im Widerspruch zu jenen Utopisten und Romantikern, die meinen, menschliche Gleichheit und Freiheit würde man herstellen, indem man Grenzen niederreißt. So meinte Jean Jacques Rousseau, das große Unglück der Menschheit habe damit begonnen, daß Menschen Zäune errichteten, um sich ein Stück Boden anzueignen, und viel Unglück wäre der Welt erspart geblieben, wenn man diese Grenzpfähle herausgerissen hätte.[1]

Ich halte dem entgegen, daß Grenzen die Freiheit sichern helfen. Es war das große Dilemma der Französischen Revolution, deren geistiger Vordenker Rousseau war, daß sie eine grenzenlose Gleichheit auf Kosten der menschlichen Freiheit erzwingen wollte. Ich behaupte, solche Unternehmungen sind besonders unheilvoll, die versuchen, dem Menschen seine Grenzen zu nehmen. Die neuere Weltgeschichte macht dies deutlich.

Hier zeigt sich nun eine bemerkenswerte Dialektik. Der Mensch will Grenzen, aber andererseits ist er auch daran interessiert, Grenzen zu durchbrechen, sie zu überblicken und mehr oder weniger listenreich zu überschreiten oder einfach zu negieren. Zu diesen Leuten gehören unter anderen Schmuggler, Flüchtlinge, fahrendes Volk aller Art und Spione. Auf diese Spezialisten will ich mich in der vorliegenden Arbeit in einem zweiten großen Abschnitt beziehen. Zunächst aber werde ich mich dem Thema Grenze widmen.

Um das Thema Grenze und Schmuggler zu studieren, begab ich mich im Jahre 1989 auf eine Radtour entlang eines Teiles der österreichischen Grenze. Während dieser Tour kam ich auch mit alten freundlichen Schmugglern in Kontakt, auf die ich im Laufe dieser Arbeit verweisen werde. Nicht nur mit früheren Schmugglern sprach ich, sondern auch mit modernen Waffenschmugglern, Drogenhändlern, Leuten der Polizei, sogenannten Vertrauensmännern, und anderen Damen und Herren, die irgendwie mit Grenze und Schmuggel zu tun haben.[2]

Auch beobachtete ich das Leben auf Schwarzmärkten und beteiligte mich an feierlichen Grenzeröffnungen an der österreichisch-tschechischen Grenze. Daneben verwendete ich diverse Berichte über Grenzeröffnung und die Probleme, die sich daraus ergaben, Artikel über Flüchtlinge, Schmuggel und Spionage in Tageszeitungen, Wochenjournalen und in der einschlägigen Literatur.[3]

Mein Dank gilt all den Personen, die mir in großer Freundlichkeit und Geduld bei meiner Forschung geholfen haben. So danke ich Herrn Dr. Herwig Hofbauer aus Gmünd für Kontakte zu alten Schmugglern im nördlichen Waldviertel, Herrn Bruno Öttl aus Landeck, der mich mit kühnen bergsteigenden Saccharinschmugglern im Paznauntal zusammengebracht hat, und vielen anderen, ohne die ich diese Studie nicht hätte schreiben können.

Dankbar bin ich auch Herrn Otto Hofer, dem prächtigen Heimatdichter aus Lustenau, von dem ich einiges erfuhr, das der Arbeit sehr förderlich war.

Ebenso schulde ich meinem Freund, Univ.-Prof. Dr. Heinz Grünert von der Humboldt-Universität im ehemaligen Ost-Berlin großen Dank für seine Bereitwilligkeit, mit mir über das Thema Grenze, das gerade ihn sehr berührt, zu diskutieren.

Verbunden fühle ich mich auch einem Herrn vom Zollamt, über den ich wertvolle Einblicke in die Tätigkeit der Leute vom Zoll, für welche die Existenz der Grenze mit allerlei Listigkeiten, Gefahren und Tricks verknüpft ist, erhielt.

Schließlich danke ich meinem Cousin Fritz für Hinweise, ohne die meine Ausführungen kaum so spannend geworden wären, wie sie es meines bescheidenen Erachtens nach sind.

Außerdem gilt mein Dank noch vielen anderen, wie zum Beispiel einer freundlichen alten Schmugglerwirtin in Vorarlberg, einigen begabten Schmugglern vom Wiener Mexikoplatz und farbenprächtigen, schmuggelnden Zigeunerinnen in Hermannstadt. Sie und viele andere waren meinen Forschungen in vielerlei Weise behilflich.

Grenze als Symbol des Menschen

Grenze ist etwas spezifisch Menschliches. Wohl kennt das Tier Reviere oder Plätze, die es als die seinen markiert, jedoch macht es dies in einer sehr direkten Weise. Der Mensch ordnet seine Welt durch Symbole und schafft so eine eigene symbolische Welt. Das Tier kann das nicht, es kennt keine Symbole, höchstens Werkzeuge. Im Zentrum des menschlichen Symbolschaffens steht die Vielfalt der von ihm erzeugten Grenzen. Sie gewähren ihm Schutz, sie garantieren ihm seine Vornehmheit, und sie verschaffen vor allem Klarheit.

Um Grenzen, zeitliche und räumliche, zu verdeutlichen, setzt der Mensch Symbole und Rituale ein. Der Philosoph Ernst Cassirer bezeichnet daher den Menschen als ein „animal symbolicum". Weiterführend meine ich, daß der Mensch ein Wesen ist, das sich von anderen abheben will. Dazu dienen ihm eben

Grenzen. Ich wage die Behauptung, daß das menschliche Leben ohne Grenzen nicht vorstellbar ist. Der Mensch als ein „animal ambitiosum" [4], ein Wesen, das nach Beifall und Vornehmheit strebt, versucht sich von anderen abzugrenzen, indem er ein besonders würdevolles Verhalten annimmt oder eine Distanz zu weniger würdigen Leuten herstellt. Er will seine Heiligkeit hervorgestrichen wissen. Man grenzt Menschen aus, sperrt sie in Gefängnisse oder Lager oder teilt ihnen bestimmte Stadtteile oder Regionen zu. Dasselbe gilt für ganze Gruppen von Menschen, die jeweils ihre Gruppe über alle anderen zu erheben suchen. Der Begriff des „animal ambitiosum" bezieht sich auch auf das Streben des Menschen, Grenzen zu setzen. Damit ist auch angedeutet, daß der Mensch mit Symbolen eine Welt schafft, die durch künstliche, symbolhafte Grenzen charakterisiert ist. Von diesen Grenzen gibt es viele, wir stoßen täglich darauf. So etwa wird symbolisch innerhalb der Szenerie einer Dorfstraße angezeigt, wo man zu gehen hat, wo man sich hinsetzen darf, wo man Brot zu kaufen bekommt und vieles andere mehr. Es ist eine Welt von Symbolen, in welcher der Mensch lebt, sich bewegt und sich orientiert. Überall gibt es Bezeichnungen – wie die der „Bäckerei", nach welcher man sich richten kann, um beispielsweise nicht zu verhungern.

Ein Mensch, der fremd in einer solchen Welt ist, kann erst dann wirksam handeln und wird erst dann akzeptiert, wenn er die betreffenden kulturellen Symbole und spezifischen Grenzen auch kennt. Durch Symbole geben wir an, daß ein bestimmter Bereich eine Straße ist, auf der man auf wilde Autofahrer achtgeben muß, oder daß wir einen Park vor uns haben, wo man unter anderem Mädchen kennenlernen kann. Grenzen helfen uns, halbwegs zu überleben, sie sind aber auch Quellen von Konflikten und Ängsten. Wir können Markierungen mißverstehen und dabei Grenzen zu Bereichen, über die andere Menschen zu herrschen meinen, verletzen. Dies kann zu fürchterlichen Konflikten, zu Beleidigungen, Schlägereien bis hin zu Totschlag führen. Grenzen kennen auch die Wildbeuter, wie die Australier, die innerhalb eines festen Territoriums ihre Jagdgründe haben, ebenso wie die Nomaden. Die Grenzen der

Nomaden allerdings sind bewegliche. Und wenn sie als Menschen erscheinen, die keine Grenzen akzeptieren, so sind doch ihre inneren sozialen Grenzen oft von einer großen Strenge. Dies zeigt sich übrigens auch in der Sitzordnung in ihren Zelten, wie wir noch sehen werden.

Grenzen als künstliche, durch den Menschen symbolisch festgelegte Unterbrechung von Vorgegebenem, beziehen sich auch auf die Zeit. Um z. B. dem Zeitablauf eine gewisse Ordnung zu geben, erzeugen wir Uhren, zerstückeln die Jahre, Tage und Stunden. Es werden Intervalle geschaffen, um uns symbolisch und begrifflich über den Prozeß des zeitlichen Fortschreitens Klarheit zu verschaffen. Bemerkenswert ist nun – dies ist wichtig für den Kulturwissenschaftler —, daß Überschreitungen von Grenzen jedweder Art häufig von Ritualen begleitet sind. Dadurch wird die neue Situation, das Hinüberwechseln in eine andere Wirklichkeit, sichtbar gemacht: Wenn Kinder ins Erwachsenenleben eintreten, wird die Grenze zum Erwachsenen rituell durch diverse Mutproben, Mannbarkeitsrituale usw. abgesichert. Der neue Status bietet dem jungen Erwachsenen dann nicht nur klare Rechte und Pflichten, sondern auch neue Wirklichkeiten, wie daß er nun ein Mensch von besonderer Würde und Noblesse ist. Das Ritual der Hochzeit wiederum gibt die Grenze zum Junggesellendasein an, und schöne Begräbnisse mit dem anschließenden fröhlichen „Leichenschmaus" verweisen auf eine neue Situation, mit der die Hinterbliebenen nun fertigwerden müssen.

Es fällt auf, daß fast alle Utopien besonders deshalb scheiterten, weil sie von einer grenzenlosen Gleichheit der Menschen ausgegangen sind. Meist endeten solche gleichmacherischen utopischen Versuche in strengen Hierarchien und Grausamkeit gegenüber denen, die nicht in das Bild vom „richtigen" Menschen paßten. Utopien, die den Menschen derart zu erfassen suchen, widersprechen, wie ich es sehe, der menschlichen Natur. Denn der Mensch als ein „animal ambitiosum" braucht Distanz, will Würde haben und schafft Grenzen. Wenn man sie ihm nimmt, dann kämpft er darum.

Ganz allgemein gesprochen sind Grenzen von Menschen

geschaffene, mehr oder weniger künstliche Trennlinien. Solche Trennlinien können nicht nur dazu dienen, sich sozial von anderen zu distanzieren oder andere auszugrenzen, sondern durch sie wird auch verhindert, daß gewisse Wahrheiten, wie umstürzlerische Bücher, oder gefährliche Dinge, wie Drogen und Waffen, über die Grenze wechseln. Oder man will mit der Existenz der Grenze ein gutes Geschäft machen. Dazu dienen die Zölle und Mauten. Die Wegzölle waren bereits zur Zeit der Bibel eine gute Einnahmequelle, und auch die Zöllner kennen wir schon aus der Bibel.

Grenzen bestimmen auch die Qualität von Menschen. Leute jenseits von geografischen bzw. sozialen Grenzen können fremd und bedrohlich erscheinen. Die Grenzen des Territoriums sind oft Grenzen der eigenen Welt. Die Menschen, die nicht hierhergehören, werden oft nicht als vollwertige Menschen akzeptiert. Georg Simmel meinte einmal, es ist nicht der Fremde gefährlich, der heute kommt und morgen geht, sondern der, der heute kommt und morgen bleibt.[5]

Damit meint er, daß der Fremde durch sein Anderssein den Absolutheitsanspruch der betreffenden Kultur in Frage stellt. Er bringt etwas Neues herbei. Und dies *kann* zu Unsicherheit führen.

Niemandsland und Niemandszeit

Es ist charakteristisch für Grenzen, daß sie nicht exakt sind, denn sie sind immer künstliche (!) Unterbrechungen von etwas von Natur aus Kontinuierlichem. Mein Gartenzaun trennt meinen Garten von dem des Nachbarn. Die Kontinuität des Bodens wird dadurch symbolisch unterbrochen. Auch die Zeit ist etwas Kontinuierliches, erst der Mensch teilt sie ein, ordnet sie und schafft Grenzen. Es gibt sogar so etwas wie eine Niemandszeit, die nicht zählt, so zum Beispiel der Sonntag als Grenze zwischen zwei Arbeitswochen. Er ähnelt dem Niemandsland, welches symbolisch die Trennung von Staaten anzeigt.

Das ganze Leben verläuft in „Sprüngen" – Jugendweihen, Hochzeiten und Begräbnisse. Durch die damit verknüpften Rituale werden „Niemandszeiten", also Grenzen in der sozialen Zeit, angedeutet.[6]

Solche Niemandszeiten und Niemandsländer sind von großer symbolischer Wichtigkeit. Sie trennen Räume und Perioden, sie haben zumeist den Anschein des Heiligen, des Unberührbaren, des Tabus.

Fehlen exakte Grenzen, soziale wie geografische, so kann es zu Verunsicherung, Verwirrung und Konflikten kommen. Daher scheint es wichtig zu sein, durch Symbole Grenzen zu verdeutlichen und deren Überschreiten mit Ritualen zu versehen. Klare Grenzen verschaffen Sicherheit und erleichtern das Handeln.

Grenzen sind also etwas Ambivalentes. Zum einen schafft sie der Mensch, um sich zu schützen oder um sich zu verbergen, zum anderen stacheln sie seine Neugierde unablässig an, sind sie ein dauernder Anreiz, um mit allerhand Tricks und Kniffen überschritten zu werden, um hinter sie zu blicken oder um insgeheim etwas über sie hinüberzuschaffen. Darin liegt das eigentlich Spannende im Menschen, denn ohne diese Neugierde und ohne diese Tricks würden Kulturen und Menschen im immer gleichen Zustand verharren.

Typologie der Grenzen

Grenzen sind also etwas vom Menschen Geschaffenes. Auch die sogenannte „natürliche" Grenze ist eine Grenze, die der Mensch durch Symbole zu einer solchen gemacht hat – und sogar diejenige des Todes. Der endgültige Abschied vom Toten geschieht rituell durch die Beisetzung an einem bestimmten Ort, durch ein mitunter schönes Begräbnis und oft auch durch ein gemeinsames Mahl, das sogar heiter sein kann. Wenn der Tod eines Menschen zwar nicht mit vollkommener Sicherheit beweisbar ist, aber mit größter Wahrscheinlichkeit angenommen werden kann, so kann rituell eine öffentliche Todeserklärung erfolgen.

Grenzen verschaffen also Klarheit. Unklare Grenzen können Konfliktstoffe liefern - häufig etwa bei geografischen Grenzen. Dies geschah auch, als im September 1991 an der italienisch-österreichischen Grenze am Ende des Ötztals ein bronzezeitlicher Mensch aus dem Eis geborgen wurde. Man brachte den mumifizierten vorgeschichtlichen Jäger nach Innsbruck an die Universität. Die Spezialisten waren der festen Meinung, der „Ötzi", wie man den Mann aus der Bronzezeit bald scherzhaft nannte, sei ein „Österreicher", also auf der österreichischen Seite der Grenze gefunden worden. Die Italiener jedoch besahen sich die Fundstelle und die Landkarten sehr genau und stellten fest, daß der „Ötzi" eigentlich den Italienern gehörte. Das kränkte wiederum die Leute aus dem Ötztal.

In dieser Begebenheit erweist sich die Grenze als ein wichtiges Symbol, nach welchem sich Eigentum, Geschichte und auch das, was man „Heimat" zu bezeichnen pflegt, bestimmt. Grenzen können schließlich zum Problem werden, wenn sie ohne – oder nur mit einer teilweisen – Zustimmung der Individuen gezogen werden, wie zum Beispiel die Grenze durch Deutschland oder die nach dem letzten Weltkrieg gewaltsam geschaffenen Grenzen Vorderasiens oder Afrikas.

Im wesentlichen bestimmen drei Typen von Grenzen unser Leben. Ich nenne sie Grenzen ersten, zweiten und dritten

Grades. Die Grenzen ersten Grades sind exakte Trennungen von Wirklichkeiten und Menschen. Die Grenzen zweiten Grades sind lockerer, sie sind jedoch noch immer deutlich, während Grenzen dritten Grades oft gar nicht merkbar sind.

Grenzen ersten Grades oder „Grenzen der Angst und Kontrolle"

Eine klassische Grenze ersten Grades ist die Stadtmauer, wie sie die Bürger mittelalterlicher Städte errichtet haben. Die Stadtmauer war etwas Heiliges. Eigene Wächter achteten sorgsam darauf, daß üble Leute draußen blieben, daß die in die Stadt auf den Markt fahrenden Bauern ihre Maut zahlten und daß die Stadttore während der Nächte fest verschlossen wurden. Diese Grenze der Stadtmauer war gut kontrolliert, und es war nicht einfach, so ohne weiteres durch das Stadttor zu gelangen.

Starre Grenzen existieren gewöhnlich auch dort, wo nach großer Macht gelüstende Herrscher Grenzen zwischen Stämmen und Völkern beseitigt haben, um große Reiche, wie das der ehemaligen UdSSR oder das Jugoslawiens, zu schaffen. Solche Reiche sind in der Regel das Resultat von historischen Machtkämpfen mit den Regenten kleinerer Länder. Auch die aus vielen Kulturen bestehende alte Monarchie hatte ihre starre „Militärgrenze", zumindest nach Osten hin.

Aber auch jene Grenzen sind oft „starre", die wie mit einem Lineal gezogen Gebiete begrenzen und sie zu Staatsgebieten erklären, ohne Rücksicht auf die hier lebenden unterschiedlichen Gruppen von Menschen. Dies taten die Kolonialmächte in Afrika und Asien, mit dem Ergebnis, daß diese Grenzen - wie die zwischen Indien und Pakistan - zum Konfliktstoff wurden.

Starre Grenzen gibt es also überall dort, wo man Menschen von anderen trennen oder fernhalten will. Grenzen ersten Grades sind gut kontrollierte Grenzen, die zu überschreiten gewöhnlich sehr schwierig ist. Zu ihnen gehören eben der einstige „Eiserne Vorhang", Gefängnismauern, die Umfriedung von Klöstern, die Türen zu Schlafzimmern und ähnliches.

Wesentlich für Grenzen dieser Art ist, daß sie echte Barrieren darstellen und daß sie „Wahrheiten" voneinander trennen können. In klassischer und besonders exakter Weise war eine solche Grenze der „Eiserne Vorhang", der nach dem letzten Krieg durch Europa gezogen wurde. Personen, die früher in enger menschlicher Beziehung zueinander standen, wurden brutal auseinandergerissen. Plötzlich war es nicht mehr möglich, über die früher „lockere" Grenze hinüber zu Freunden und Verwandten zu wandern. Das Leben war an der Grenze zu Ende.

In anschaulicher Weise schildert dies eine Bäuerin aus einem Waldviertler Ort an der österreichisch-tschechischen Grenze: „Nach der Kriegszeit war es aus mit dem Hinüberfahren. Früher hatten die drüben eine gute Ware. Wir fuhren deshalb gerne hinüber. Nun war alles aus. Auch für ein Gasthaus hier, das früher von den Leuten drüben gut leben konnte. Es mußte zusperren. Auf beiden Seiten der Grenze lebten ja Deutsche, bis Znaim hinauf. Und plötzlich waren wir getrennt. Der Fluß hier, die Thaya, ist der Grenzfluß nach Böhmen. Über die Thaya führte eine Brücke, die die Menschen miteinander verband. 1945 wurde die Brücke abgetragen und ein Drahtverhau errichtet." Die Verbindung war abgebrochen, die Menschen auf der einen Seite hörten für die von der anderen Seite auf zu existieren. Die Welt endete an der Grenze, und beide lernten, damit zu leben. Verwandte, die einander täglich gesehen hatten, verloren einander aus dem Blickfeld, und man richtete sich danach. So ging es einem Brüderpaar von der deutsch-deutschen Grenze, die mitten durch ein Dorf gezogen worden war. Der eine lebte in der BRD und der andere in der DDR, und nach einiger Zeit hatte man sich damit abgefunden. Die starre und gut kontrollierte Grenze bewirkte schließlich, daß der eine den anderen vergaß. Charakteristisch für Grenzen dieser Art ist, daß die sozialen und wirtschaftlichen Kontakte nur mehr in eine Richtung laufen.

Sehr anschaulich wird dies auch in den Gedanken einer Frau aus Hardegg im Waldviertel ausgedrückt: „Wir haben schon immer hier an der Grenze gelebt. Für uns ist die Grenze selbstverständlich gewesen, und wir haben daher über die Grenze nicht mehr nachgedacht. Die Jugend von hier ist abgewandert, die meisten nach Wien, wo sie Arbeit gefunden haben. Ihre von den Eltern geerbten Häuser halten sie in Ordnung. An den Wochenenden sind sie alle da. Ab Sonntagabend ist der Ort wieder leer."

Das Leben an der Grenze ersten Grades ist eingeschränkt, weil Kontakte in die eine Richtung fehlen, konzentriert man sich auf die andere. Ein schnelles Überschreiten dieser Art von Grenze ist auf legale Weise beinahe unmöglich. Strengblickende Soldaten und komplizierte Übertrittsrituale mit Schranken, verwickelten Wegführungen, die ein Flüchten mit dem Auto erschweren, und allerhand Kontrollen machen die Grenze zu einer echten Barriere, hinter der eine andere Welt zu beginnen scheint.

Ähnlich verhält es sich mit der Grenze zu Gefängnissen und Klöstern. Für jemanden, der einen Besuch im Gefängnis abstatten will, ist es auch höchst kompliziert, einen entsprechenden Zugang zu finden. Und wenn ein Fremder die Klausur eines Klosters betreten will, kann er dies erst tun, wenn er durch lange Gänge und über Höfe zum Pförtner gelangt ist. Und erst wenn dieser ihm rituell die Pforte öffnet, befindet er sich in jenem Bereich des Klosters, der den Mönchen und Brüdern alleine zusteht. Aber nicht jeder darf, ganz ähnlich wie bei anderen Grenzen ersten Grades, über die Schwelle schreiten. So ist es Frauen verboten, die Klausur von Männerklöstern zu betreten, und Männern diejenigen von Frauenklöstern.

Die Überwindung solcher starrer Grenzen bietet einen besonderen symbolischen Reiz, denn man überschreitet mit einer derartigen Grenze auch eine Barriere zu einer anderen, geheimnisvollen Welt, die dem Fremden nicht so ohne weiteres geöffnet werden soll.

Eine besondere Herausforderung scheint z. B. die Überwindung der Grenze zum Schlafzimmer Ihrer Majestät der englischen Königin Elisabeth II. zu sein: Immer wieder versuchen wagemutige Herren, die heilige Grenze zum intimen Gemach der Königin zu überwinden. Sie nehmen alle erdenklichen Gefahren auf sich, bringen Mauern und Hochsicherheitstrakte hinter sich, um das Schlafzimmer der Königin betreten zu können.

1982 gelang es zum Beispiel einem gewissen Michael Fagan, bis in das Schlafzimmer Ihrer Majestät vorzudringen. Mit dem Erfolg, daß er in eine Heilanstalt eingeliefert wurde.

Im Juli 1992 war es ein anderer Draufgänger, dessen Name allerdings geheimgehalten wird, der in das königliche Schlafzimmer wollte. Der Mann wurde nach kurzem Handgemenge überwältigt. Nur das Wort „Damned!" sei aus ihm herauszubringen gewesen.

Grenzen ersten Grades sind wohl auch die Grenzen, die Areale von Sekten und ähnlichen Gruppen umgeben, welche von sich behaupten, Menschen einer besonderen Qualität zu sein. Die berühmte Kommune des Otto Mühl, deren Prinzip die freie Sexualität war, hatte im Burgenland eine klosterähnliche Anlage errichtet. Sie war im wesentlichen autark, und man sah peinlich genau darauf, daß keine Beziehungen der Mitglieder nach außen bestanden. Kommunarden, die sich frei in der Gegend um den sogenannten Friedrichshof bewegten, gerieten in Verdacht, Verräter an der Idee der Kommune zu sein. Fremde konnten das Gebiet der Kommune grundsätzlich nicht betreten. Und wenn jemand aus irgendwelchen Gründen einmal außerhalb der Kommune tätig war, so war es seine Pflicht, sich mit Bedacht zu desinfizieren, damit keine Bazillen und Viren in die Kommune eingeschleppt werden. Die Kommune und ihre Mitglieder mußten in ihrem Denken und Handeln auf das Zentrum der Kommune und somit auf den Herrn und Meister konzentriert sein. Die außerhalb der Kommune lebenden Menschen galten als nicht vollwertig, sie waren die minderwertigen „Kleinfamilienmenschen" oder „Wichtel".

Dieselbe Tendenz zeigt sich auch bei Völkern, die von sich meinen, die wahren Menschen zu sein. Der Fremde wird zum Barbaren, zum Lallenden, und als gefährlich angesehen. Er lebt außerhalb der Grenzen, und man will Distanz zu ihm. Für Schmuggler und vor allem Menschenschmuggler bedeutet die Grenze einigen Reiz, aber es bedarf gut durchdachter Strategien, auf die ich unten näher eingehen werde, um diese Grenzen durchlässig zu machen. Hier hat der Menschenschmuggel eine gewisse Tradition. Im allgemeinen ist mit so einer Grenze – wie schon angedeutet und wie ich noch detaillierter unten zeigen werde – auch eine Trennung von Wirklichkeiten und Wahrheiten verbunden. Um die eigenen Wahrheiten zu sichern, wird die Einfuhr von Literatur, in der „gefährliche" Wahrheiten enthalten sind, verhindert. DDR-Grenzer achteten daher sorgfältig darauf, daß keine Geschichtsbücher des Westens hinübergelangten. Als ich nach dem Besuch eines Museums für deutsche Geschichte im Westteil Berlins mit dem Museumskatalog in den Ostteil hinüber wollte, durfte ich dies erst, als ich dieses gefährliche Buch beim legendären Checkpoint Charly hinterlegt habe. Von dort holte ich es mir ein paar Tage später und trug es im Westen zur Post, um es nach Wien zu schicken.

Trotz derartiger Abschirmungsversuche konnten die DDR-Machthaber nicht verhindern, daß „Wahrheiten" der westlichen Welt in ihr Land gelangten, denn die DDR-Bürger konsumierten eifrig das Westfernsehen. Ich erinnere mich aus meiner Zeit als Klosterschüler, daß die gütigen Patres mit aller katholischen Strenge genau darauf schauten, daß wir keinen „Schund", keine ketzerischen Bücher und auch keine Illustrierten mit spärlich bekleideten Damen zu Gesicht bekamen. Auch hier gab es Aktivitäten des Schmuggels, und mit Begeisterung besahen wir uns die heimlich in das Kloster gebrachten Hefte mit hübschen Mädchen.

Eine Grenze ersten Grades kann auch dort entstehen, wo an und für sich eine „lockere" Grenze existiert. Nämlich dann, wenn die auf der einen Seite lebenden Menschen sich gegen das Zuwandern von Menschen von der anderen Seite wehren. Und vor allem schließlich, wenn Polizei und Zoll nach Menschen fahnden, die gefährliche Dinge, wie Drogen und Waffen, transportieren. Aus einer „gewöhnlichen" Grenze wollten – dieses Beispiel ist faszinierend – im Süden der USA lebende Leute eine Grenze ersten Grades machen, um zu verhindern, daß Mexikaner auf der Suche nach dem Eldorado illegal in die USA einreisen. In einem Bericht darüber heißt es, daß eine Frau aus Südkalifornien eine Bürgerbewegung mit dem Namen „Light up the Border" (Beleuchtet die Grenze) gegründet habe. Diese Gruppe hatte es sich zum Ziel gesetzt, regelmäßig während der Nächte –

es begann im Frühjahr 1990 – in ihren Autos zur Grenze zu fahren, um diese mit den Scheinwerfern in grelles Licht zu tauchen. Auf diese Weise sollten die Mexikaner, welche über die aus Stahlplanken errichteten Grenzzäune kletterten, bei ihrer Einwanderung geblendet und verjagt werden. Immer mehr Bürger der USA schlossen sich dieser Bewegung an, in der Hoffnung, die Regierung in Washington würde die Einwanderung aus dem Süden wirkungsvoll stoppen. Diese reagierte, und aus der Grenze wurde „El Muro" – benannt nach dem Muster der alten Berliner Mauer —, mit Zementgräben, Beleuchtungstürmen, Nachtsichtgeräten, Geländewagen, Scheinwerferbatterien, berittenen Patrouillen und Schäferhunden.[7] Dennoch gelingt es den nach den Fleischtöpfen der USA gelüstenden Mexikanern immer wieder, die Grenzen mit allerhand Tricks, in die auch Menschenschmuggler eingeschaltet sind, zu überwinden. Bemerkenswerterweise werden die „Fluchthelfer" als „coyotes" oder „polleros", was soviel heißt wie „Hühnerhändler", bezeichnet.

Zu einer Grenze ersten Grades wird eine Grenze schließlich, wenn diejenigen, die sie überschreiten wollen, verdächtig erscheinen, gefährliche Dinge, wie Drogen und Waffen, mitzuführen. Die Grenze ersten Grades ist also eine der verschärften Kontrollen, und bestimmt ist sie dadurch, daß die Menschen, die eine solche Grenze zu überschreiten wagen, unter einem beträchtlichen psychischen Druck zu stehen scheinen, einem emotionalen Druck, der durch Rituale der Kontrolle und überhaupt durch das Symbol der starren Grenze wesentlich bedingt ist.

Grenzen zweiten Grades: „lockere" Grenzen

Die Grenzen zweiten Grades sind die echten Grenzen, es sind jene Grenzen, die Menschen oder Menschengruppen brauchen, um ihre Individualität, ihre Kultur oder andere spezifische Interessen zu bewahren und zu sichern. Hierher gehören die „üblichen" Staatsgrenzen und alle jene Schwellen, die wohl Bereiche voneinander trennen, die aber doch als durchlässig erscheinen, wie Tore zu Häusern, Türen zu Zimmern, Zeltöffnungen, Eingänge zu diversen Veranstaltungsräumen, wie Fußballplätze, Spielzimmer und Theaterräume, und vieles mehr.

Charakteristisch für „lockere" Grenzen ist, daß sie Räume abzeichnen, in denen so etwas wie eine gemeinsame Kultur, d. h. gemeinsame Regeln und ein gemeinsames Wissen, entsteht. Zum Beispiel in einem Haus kann es eine Familie sein, die ein eigenes Leben führt, wobei der Vater Geschirr abwäscht, die Mutter mit den Kindern lernt, das eine Kind Klavier spielt und das andere alle mit Streichen ärgert, wofür es regelmäßig eine Tracht Prügel erhält. Innerhalb der Grenzen des Hauses gibt es also eine eigene Kultur. Ich fasse hier den Begriff Kultur also weit, er bezieht sich vorwiegend darauf, wie Menschen ihr Leben einrichten.

Solche Grenzen vermögen auch einiges über den sozialen Rang eines Menschen auszusagen, dies zum Beispiel, wenn feine Leute sich in noble Clubräume zurückziehen dürfen, die weniger vornehmen Personen zu betreten untersagt sind. Auch innerhalb dieser Grenzen gibt es Wahrheiten, aber sie sind nicht so unantastbar wie die hinter den Grenzen ersten Grades. Diese Art von Grenzen ist, wie alle anderen auch, eine künstlich gezogene. Sie ist unproblematisch bei Wohnhäusern, bei denen jedermann weiß, daß das Haus erst mit Erlaubnis betreten werden darf.

Problematisch können solche Grenzen allerdings sein, wenn sie Menschen voneinander trennen, die nicht getrennt sein wollen, wie im Fall von Minderheiten, die sich dem Nachbarland verbunden fühlen. Gute Beispiele sind die Deutschsprachigen in Südtirol oder die Slowenen in Kärnten. Andererseits kann es zu Ärger und Konflikten kommen, wenn durch eine gemeinsame derartige Grenze Menschengruppen bzw. Kulturen miteinander verbunden werden, die nicht miteinander verbunden werden wollen. Klassische Beispiele dafür sind die Sowjetunion und Jugoslawien. Beide Staatenverbände brachen zusammen, weil die einzelnen Volksgruppen Grenzen wollten, die man ihnen aberkannte.

Auch die österreichisch-ungarische Monarchie hatte ihre Probleme mit den einzelnen Völkern, da sich diese in zu großer Abhängigkeit von der Zentralregierung in Wien sahen. Es kam zum Krieg. Der Unterschied zu den Vereinigten Staaten liegt jedoch darin, daß dort die einzelnen Staaten Grenzen und eigene Symbole besitzen, die sie von den anderen Staaten abgrenzen. Ähnlich ist dies auch in der Schweiz.

Als die Sowjetunion ins Wanken geriet, kam es zu einer interessanten Entwicklung: Die alten Völker, welche eine neue Freiheit, die sie bereits unter den Zaren verloren hatten, witterten, holten sofort ihre verblaßten Fahnen, vergessenen Hymnen und anderen Symbole hervor, um ihre Eigenständigkeit und ihr Verlangen nach Grenzen rituell in die Welt zu rufen.

Für die Grenze zweiten Grades ist es eigentümlich, daß diese grundsätzlich ohne Probleme – manchmal auch illegal – überschritten werden kann. Es gibt keine besonderen Kontrollen und Barrieren, weder Beobachtungstürme noch Mauern. Allerdings können Grenzen zweiten Grades, wie oben schon erwähnt, aus irgendwelchen Gründen zu solchen ersten Grades werden. Grundsätzlich jedoch können die Menschen zu beiden Seiten einer Grenze zweiten Grades miteinander in Kontakt treten. Diese Kontakte können erfreuliche und unerfreuliche sein.

Interessant dazu sind die Betrachtungen eines jungen Ehepaares, welches 1990 nach dem Lockern der Grenzen ein leerstehendes, an der jugoslawischen Grenze gelegenes Bauernhaus gemietet hat. Die beiden haben eine romantische Beziehung zu der Gegend. Ihnen gefällt es hier, und sie freuen sich über die Möglichkeit, über die Grenze mit Menschen einer anderen Kultur überhaupt sprechen zu können. Die Frau erzählt: „Die Zeit, die wir da sind, haben wir eine andere Kultur kennengelernt. Es ist für uns schön, mit den Nachbarn drüben, die an der Grenze wohnen und dort die Felder bearbeiten, ins Gespräch zu kommen und zu schauen, wie die Leute leben. Die Leute drüben sprechen gerne Deutsch und sind stolz, es zu sprechen. Es wäre schön, wenn unsere Leute Slowenisch sprechen würden und darauf stolz sind."

Aber auf der anderen Seite der Grenze liegt eine andere Welt mit anderen Wirklichkeiten und Problemen. Darauf weisen die Symbole, wie der Ehemann der Frau hervorhebt: „Die Grenzsteine hier sind angemalt. Die Grenze wird also gepflegt. Ich kenne aber niemanden von uns Österreichern, der dies tut. Es sind die jugoslawischen Grenzsoldaten, die dies tun. Sie hacken die Stauden und halten die Grenzsteine instand und färben sie schön weiß an. Jeder größere Grenzstein trägt übrigens die Aufschrift ‚Saint Germain 1919'. Auf diese Weise werden wir an den Friedensvertrag erinnert. Von dort kommt die kluge Idee der Grenzziehung." Hier wird die hohe Symbolik, die mit Grenzen verknüpft ist, offenbar, aber auch die Tatsache, daß Grenzen künstlich geschaffen werden. Ihr Verlauf ist nie klar und wird ständig umkämpft.

Wie wandelbar Grenzen sind, zeigt das Beispiel eines alten Kärntner Bauern, der mit der Grenzziehung nicht einverstanden ist. Über ihn erzählt der Ehemann: „Ursprünglich wollten sie die Grenze zum Kogel hinauf und zum Wald hinunter ziehen. Damit war aber der alte Paulitsch nicht einverstanden, denn so wäre ein Teil seiner Gründe drüben, über der Grenze, gewesen. Als er die Grenzsteine vorgefunden hat, soll er eine derartige Wut bekommen haben, daß er sich Mut angetrunken und mit der Haue die Steine ausgegraben hat.

Die Grenzsoldaten haben getobt. Mit den jugoslawischen Offiziellen hatte er einen furchtbaren Streit. Dann aber hat die Grenzkommission seinen Willen zu Kenntnis genommen. Eine einzige Person hat hier also die Staatsgrenze gezogen. Die Möglichkeit hat damals, nach dem Ersten Weltkrieg, hier vielleicht jeder gehabt. Die Leute waren aber kriegsmüde. Wenn damals die Leute geschlossen aufgestanden wären und gesagt hätten: Wir wollen keine Grenze! wäre es vielleicht anders gekommen.

Aber an anderen Abschnitten hat es Abwehrkämpfe gegeben, da ging es blutig zu."

Oft sind derartige Grenzen heiß umkämpft, nämlich dann, wenn zwei Volksgruppen, wie eben Österreicher und Slowenen, gegeneinander Gebietsansprüche geltend machen wollen. Allerdings dort, wo Volksgruppen nach langen kriegerischen Auseinandersetzungen, sich mit der gegenseitigen Situation abgefunden haben, wie zum Beispiel an der italienisch-österreichischen Grenze, scheinen Probleme abzuklingen. An die Stelle alter Konflikte ist das Geschäft getreten. Man fährt über die Grenze, um auf der anderen Seite billiger einzukaufen oder gut essen zu gehen.

Vergleichbare Verhältnisse herrschen heute auch an den Grenzübergängen zwischen Ungarn und Österreich oder Deutschland und der Tschechoslowakei, die nun ebenfalls als Grenzen zweiten Grades angesehen werden können. Wohl gibt es Kontrollen und gewisse Erfordernisse, wie das Einlösen eines Visums und eines Geldumtausches, aber es geht rituell lockerer vor sich, wenn man übertreten will. An der Grenze zwischen Österreich und Ungarn wird zwar nach dem Geld gefragt, das man mit sich führt, aber die Frage hat rein rituellen Charakter, denn der Zöllner erwartet, daß eine solche Frage verneint wird. Eine andere Antwort würde ihn eher irritieren und bringt ihm jedenfalls Arbeit. Der Paß wird einem abgenommen und in das Zollgebäude gebracht. Nach einer Zeit des Wartens, die wohl andeutet, daß es sich um einen besonderen Akt der Kontrolle handelt, erhält man den Paß zurück und kann weiterfahren.

Die Rückreise ähnelt rituell der Einreise. Die Formblätter müssen abgegeben werden, und jetzt erkundigt sich der österreichische Zöllner nach den mitgeführten Waren aus Ungarn. Stichproben sind mehr von ritueller Natur. Sie zeigen an, daß das Ritual der Kontrolle besteht und man mit diesem rechnen müsse, mehr nicht.

Die Grenze dritten Grades: die „verschwindende" Grenze

An dieser Grenze verschwindet allmählich die Kontrolle über den steten Personen- und Güterverkehr. Auch sie kann jedoch zu einer Grenze ersten Grades werden, wenn nach verdächtigen Personen gefahndet wird oder wenn Transporte mit gefährlichem Gut gestellt werden sollen. Es ist der tägliche Grenzverkehr, mit dem die Zollbeamten konfrontiert sind. Es werden kaum Kontrollen durchgeführt und die über die Grenzen Fahrenden und Gehenden werden meist mit einem kurzen Gruß entlassen.

Man fährt über die Grenzen, um einer Arbeit nachzugehen oder um einzukaufen. Den Beamten an der Grenze sind die täglich das Gebiet wechselnden Leute bekannt, man grüßt einander, und Ausweispapiere bleiben oft in den Taschen. Eine charakteristische Grenze dieser Art ist die bei Schärding am Inn. Zu beiden Seiten des Inns siedeln Menschen, die denselben bajuwarischen Dialekt sprechen und ähnliches Bier trinken.

Die Grenze am Inn in Schärding überschritt ich mit einem Mann des Nordwestdeutschen Rundfunks. Seine Absicht war, eine Rundfunksendung zum Thema Grenze zu machen, und dabei erlebte er, daß die Zöllner auf beiden Seiten uns drei, auch ein kleiner Hund war mit dabei, ignorierten. Die Menschen diesseits und jenseits des Inns unterscheiden sich in ihrem kulturellen Gehabe kaum. Man fährt hinüber nach Deutschland, um Dinge des täglichen Gebrauchs einzukaufen, und schmuggelt sie nach Österreich. Die Zollbeamten wissen das und sehen darüber hinweg. Und Deutsche fahren herüber nach Schärding, um am Abend gut zu essen und österreichisches Bier zu trinken.

Eine solche Grenze dritten Grades trennt höchstens symbolisch und rituell Völker und Kulturen. Symbolisch durch die verschiedenen Uniformen der Beamten und rituell durch das mehr formlose Herzeigen des Passes. Jedoch, und dies wird in den folgenden Überlegungen besonders wichtig sein, ist es vor allem diese Grenze dritten Grades, die für bestimmte Formen des Schmuggels, wie den Drogen- und Waffenschmuggel, interessant ist. Über sie geht der klassische Schmuggel. Auch für den sogenannten Menschenschmuggel, vor allem das Eindringen von Menschen aus dem heutigen Osten in das Schlaraffenland des Westens, bedeutet eine solche Grenze eine ideale Möglichkeit, der alten, traurigen Wirklichkeit zu entfliehen. In der Regel sind es diese Grenzen, die wegen ihrer geringen Kontrolle wackere Schmuggler animieren, unerlaubte Dinge über die Grenze zu bringen. Den Grenzen dritten Grades ähneln aber auch jene Abschnitte von den oben beschriebenen Grenztypen, die wenig oder kaum kontrollierbar sind, wie Gebirgszüge, Meere, Sumpfgebiete und dichte Wälder. Grenzpatrouillen haben es hier schwer, geschickte Schmuggler aufzugreifen.

Eine typische Grenze dritten Grades ist auch die österreichisch-italienische Grenze in Kärnten. Interessant ist hier der Grenzort Tarvis. Österreicher fahren dorthin, um Ledersachen oder auch guten italienischen Wein zu kaufen. Der Lederhändler, der es sich in Tarvis, wo ich mit meinem Fahrrad einmal Station machte, gut eingerichtet hat, gibt sich zufrieden und erzählt: „Viele Österreicher, aber auch Jugoslawen und Ungarn kommen hierher. Ich selbst stamme aus Neapel und bin schon seit zehn Jahren hier. Wir sind die billigsten Lederwarenhändler von ganz Europa."

Eine alte Frau, im Jahre 1911 geboren, die in einem der Läden in Tarvis aushilft, spricht drei Sprachen: Italienisch, Deutsch und Slowenisch. Sie erzählt: „Ich bin dreisprachig aufgewachsen. Geboren wurde ich in Österreich. Dann sind wir hinunter nach Italien. Als ich drei Jahre alt war, ist der Krieg ausgebrochen. Ich habe dann einen Italiener kennengelernt und ihn geheiratet. Aber meine Muttersprache ist Deutsch, die habe ich nie vergessen. Es wäre eine Schande gewesen. Ich komme von Campo Rosso. Viele Jahre habe ich hier auf dem Markt in Tarvis gearbeitet. Ich helfe hier aus, weil ich sprachkundig bin. Es muß alles hier schnell, schnell gehen."

Die Frau deutet an, daß es für Menschen, die an solchen Grenzen wohnen und arbeiten, wichtig ist, die Sprachen der Nachbarn zumindest bruchstückhaft zu beherrschen. Und tatsächlich gibt es auch an solchen Grenzen, an denen Sprachen und Kulturen aneinanderstoßen, Mischkulturen und sogar Mischsprachen. Man beeinflußt einander und profitiert voneinander.

Kriegszeiten oder politische Auseinandersetzungen können jedoch daraus neuerlich Grenzen schaffen, die die Menschen wiederum voneinander trennen; wie zum Beispiel als Italien Österreich-Ungarn den Krieg erklärte. Die zunächst üblichen Kontakte über die Grenzen, als Tiroler Bauern die Markttage in Meran und Trient aufsuchten, wurden unmöglich, und die Menschen jenseits der Grenze, die vorher Handelspartner waren, wurden offiziell zu Feinden. Später, in den Jahren nach dem Zweiten Weltkrieg, besserten sich die Verhältnisse, und die Beziehungen über die Grenzen wurden zu durchaus erquicklichen. Für die Grenzbewohner entwickelte sich aufs neue eine Grenze dritten Grades, die sich jedoch schnell wieder in eine solche ersten Grades wandelte, als in den sechziger Jahren sogenannte „Bumser" in Sachen Südtirol nach Italien zogen. Diese „Bumser" schmuggelten Sprengstoff, sprengten Masten und verteilten Flugblätter mit der Aufschrift „Freiheit für Südtirol".

Nun verschärften sich die Kontrollen an der Grenze von Österreich nach Italien. Darüber erzählte eine Sägewerksbesitzerin aus dem Grenzort Sillian in Osttirol: „Damals machten die Italiener ‚Aktion scharf'. Mit einem gewöhnlichen Personalausweis konnten wir da nicht fahren. Und eine Zeitlang mußten wir in unsere Landeshauptstadt Innsbruck über den Felbertauern fahren. Das war weit langwieriger als durch das Südtiroler Pustertal und über den Brenner."

Trotz der Probleme der sechziger Jahre scheint es für die Bewohner der Grenzregion heute keine Schwierigkeiten zu geben, Kontakte über die Grenze zu pflegen. Die Grenze hat sich wieder zu einer solchen dritten Grades entwickelt. Wohl bezeichnet sie eine Trennlinie zwischen Staaten, aber keine direkte zwischen Kulturen, denn die Menschen an der Grenze haben sich einander angeglichen.

Einzufügen ist hier, daß die italienische Regierung ihre über das Meer zu Albanien führende Grenze im Frühjahr 1990 zu einer ersten Grades machte, als sie albanische Flüchtlinge davon abhielt, italienisches Staatsgebiet zu betreten.

Grenzen dritten Grades sind auch im Alltagsleben zu finden. Und zwar überall dort, wo Menschen mehr oder weniger öffentliche Räume betreten und sich darin aufhalten. Dazu gehören Restaurants, Kirchen und die diversen Wartezimmer, die ohne besondere Probleme zugänglich sind. Auch hier gibt es Organe, wie Kellner, Portiere, Arzthelferinnen und andere domestikenhafte Leute, die bestimmten Personen das Überschreiten der Schwelle verbieten bzw. sie auch wieder über diese Schwelle hinauswerfen können. Derartige Räume sind abgegrenzte Bereiche, in denen ein bestimmtes Verhalten, ein gewisses Benehmen, erwartet wird. Betrunkene Fuhrwerker, randalierende Hypochonder oder lästige Zecher müssen damit rechnen, wieder entfernt zu werden.

Das Übertreten von Grenzen dritten Grades ist also daran gebunden, daß die betreffenden Personen nicht als gefährlich erscheinen, nicht die Ordnung stören und keine „gefährlichen" Dinge hereinschmuggeln, wie zum Beispiel lärmende Geräte und üble Stoffe.

Grenzen sind demnach nichts Unumstößliches, sie können sich in ihrer Qualität dauernd ändern bzw. überhaupt verschwinden.

Bekämpfte Grenzen

Mit dem Symbolcharakter der Grenze und eben mit ihrer Künstlichkeit hängt zusammen, daß Grenzen negiert und bekämpft werden können. Wirkungsvoll werden Grenzen oft von Volksgruppen, revolutionären Gemeinschaften und anderen Aktivisten in Frage gestellt. Allerdings sind dies meist Grenzen, die als eher locker erscheinen. Grenzen jedoch, die von wilden Eroberern und totalitären Regimen mit aller Strenge und Konsequenz gezogen und abgesichert werden, also Grenzen ersten Grades, sind nur schwer zu bekämpfen. Erst eine Lockerung der politischen Zügel etwa durch revolutionäre Umstürze erzeugt jenen Mut, der notwendig ist, um Grenzen zu ändern oder neue zu schaffen.

Oft versuchen nach politischer und wirtschaftlicher Macht strebende Herrscher und Gruppen Grenzen innerhalb ihres Machtbereiches zu beseitigen. In dieser Weise agierten die russischen Zaren, die österreichischen Kaiser, und in dieser Weise agieren auch moderne Wirtschaftssysteme. Jedoch tendieren Menschen dazu, aus diesen großen Verbänden in die heimatlichen und beschützenden Bereiche ihrer jeweiligen Volksgruppen zu fliehen. Der Untergang der Donaumonarchie, der UdSSR und Jugoslawiens läßt sich vor diesem Hintergrund begreifen. Der Mensch als ein Wesen, das Symbole schafft, scheint nach

Grenzen zu streben, innerhalb derer er sich eine Welt aufbauen kann, mit der er übereinstimmt.

Im Extremfall scheut er aber auch vor Bluttaten nicht zurück, um den anderen, den er nicht innerhalb der eigenen Grenzen dulden will, zu degradieren, einzuschüchtern und zu vertreiben.

Grenzen als Trennung von Wirklichkeiten

Wie ich oben schon mehrmals angedeutet habe, können Grenzen auch Wahrheiten und vor allem Normen voneinander trennen. Diese Grenzen sind Grenzen ersten Grades.

In den katholischen Reichen verbot man die Lutherbibel mit ihren Wahrheiten, und die Protestanten wollten nichts von einer Verehrung der Mutter Gottes wissen.

Der große Mathematiker und Philosoph Blaise Pascal meinte einmal, etwas könne auf der einen Seite der Pyrenäen als Wahrheit angesehen werden, was auf der anderen Seite als Unwahrheit oder als Unsinn betrachtet wird. Ebenso kann jemand wegen einer bestimmten Handlung auf der einen Seite des Rheins als Held verehrt und auf der anderen Seite als übler Verbrecher gebrandmarkt werden. Die Flucht über die Grenze wegen eines Deliktes kann zur Straffreiheit führen und jemandem die Würde geben, die er gemeint hat verloren zu haben.

Auch Menschen, die wegen ihres Glaubens oder wegen ihrer politischen Einstellung verfolgt, degradiert oder sonstwie verteufelt werden, machen sich immer wieder in der Hoffnung auf ein neues, freies und würdiges Leben auf den Weg über die Grenze. Sie alle suchen nach neuen Wahrheiten, mit denen sie leben können. Es ist nicht immer bloß das Schlaraffenland, das man sich erwartet, sondern die Hoffnung auf eine neue Welt mit neuen Normen und neuen Wahrheiten.

Die Grenzeröffnungen, auf die noch einzugehen sein wird, kommen diesen Wünschen entgegen. Gerade die alte Grenze der ehemaligen DDR war so eine Grenze der Wahrheiten. Im Westfernsehen tat sich den DDR-Bürgern eine Welt des schönen Lebens mit schönen Frauen, teuren Autos und prachtvollen Wohnungen auf, und die sozialistische Mangelwirtschaft mit niedrigen Löhnen und Preisen und der Vernachlässigung des Umweltschutzes verlor im Vergleich mit der Marktwirtschaft an Attraktivität.

Eintönigkeit und Gleichförmigkeit breiteten sich über die Menschen, die dazu degradiert wurden, ihre bloßen Bedürfnisse zu befriedigen.

Ein Freund von mir, Professor an der Berliner Humboldt-Universität, sprach nach der „Wende" von den „gemaßregelten und gedemütigten Kunden" in der alten DDR, die, wenn sie die Grenze nach Westen überschritten, nun sahen, daß die Marktwirtschaft mit ihrem Konkurrenzprinzip und ihrem übergroßen Angebot den Kunden zum König machte.

Diesen Unterschied der Wahrheiten schilderte mein Freund mir so: „Ein ehemaliger DDR-Bürger wurde nach seiner Auswanderung in einem westlichen Laden nicht durch seinen Dialekt erkannt, sondern dadurch, daß er nicht (!) sagte: Bitte zeigen Sie mir Schokolade. Oder: Welche Schokolade haben Sie? Statt dessen fragte er unterwürfig: Entschuldigen Sie bitte, haben Sie vielleicht Schokolade? In der alten DDR mußte sich der Kunde bei der Verkäuferin, die jedesmal in ihren Gesprächen belästigt wurde, die vielleicht gerade von ihrem letzten Wochenende erzählte, entschuldigen. Und zweitens war er sich bewußt, daß er sich in ein Abenteuer stürzt: Ich riskiere es, ich frage einmal, denn manchmal haben sie Schokolade. An einem solchen Gehabe erkannte man den Mann aus der DDR. Dieser gedemütigte Kunde, der Jahre auf sein Auto warten mußte und der nach 13 Jahren Wartezeit zum Autowerk ging, wohl wissend, daß er jetzt dran wäre, und dieser Kunde kam nun in den Westen in den Genuß, zu sagen: ‚Bäh, ich kaufe nicht, bleib drauf sitzen!' Das ist nun seine Freude."

Das Überschreiten der Grenze brachte den Menschen der DDR mit neuen Wahrheiten und mit neuen Formen des menschlichen Zusammenlebens in Kontakt. Grenzeröffnung zur DDR war also ein gewaltiges Ereignis, und ich widme der Grenzeröffnung deshalb ein eigenes Kapitel.

Knapp bevor es zur Grenzeröffnung kam, besuchte meine Tochter Berlin, um eine Studie über das Volksschulwesen der DDR durchzuführen. Großzügig war ihr gestattet worden, Schulen zu besuchen und mit den Lehrern zu sprechen. Für die Kinder endete die Welt am Eisernen Vorhang. In den Schullandkarten von Berlin war der westliche Teil weiß, er existierte nicht für die DDR, zumindest nicht für die Volksschulkinder der DDR. Meine Tochter erhielt Einblick in eine Welt mit anderen Wahrheiten, als sie der Westen kannte, nämlich in eine Welt, in der man die Freundschaft zur Sowjetunion pries, in der alles, was westlich der Mauer lag, als „kapitalistisches" oder „nichtsozialistisches Ausland" bezeichnet wurde, und in der es galt, für Frieden und Sozialismus zu „kämpfen". Die Religion war verbannt worden und an ihre Stelle war die Partei getreten mit ihren heiligmäßigen Ritualen und frommen Sprüchen. Es gab zwar keine öffentlichen religiösen Zeremonien für die Jugend, wie die Firmung oder die Konfirmation, aber dafür stolze und würdevolle Jugendweihen durch den Staat.

Als die DDR-Soldaten an der Grenze bereits wußten, daß es mit dem alten System zu Ende geht, die Grenze nur mehr von kurzer Lebensdauer ist und man sich auf die sogenannte „Wiedervereinigung" vorbereiten muß, passierte meine Tochter den Checkpoint Charly, von Osten nach Westen. Zu einem der nun freundlichen Soldaten sagte sie: „Grüß Gott!" Der Soldat lächelte und antwortete: „Daran werden wir uns gewöhnen müssen!" Nämlich an Grußformen, die man in der alten DDR, aus der Gott verbannt worden war, nicht hören wollte.

Die starre Grenze, welche die Mauer bildete, war also eine Grenze der Wahrheiten. Und man war sehr darauf bedacht, daß bestimmte Wahrheiten nicht herüberkamen, man sah sie als gefährlich für den Bestand des eigenen Systems an. Und dies mit Recht. Grenzen dieser Art, die Wahrheiten voneinander trennen, fanden und finden sich überall auf der Welt: in Jerusalem genauso wie zwischen dem Irak und dem Iran oder zwischen den Griechen und Türken in Zypern. Wahrheiten trennten auch die Grenzen nach dem Dreißigjährigen Krieg, als man Protestanten und Katholiken in geografisch verschiedene Gebiete zwang.

Typisch für diese Trennung von Wahrheiten ist auch, daß man streng darauf achtet, daß Symbole der einen Gemeinschaft nicht in die andere mitgenommen oder übertragen werden, wie zum Beispiel Fahnen. Sie sollen nicht im eigenen Land von der nachbarlichen Macht und Ideologie künden. Ebensowenig ist man daran interessiert, daß derartige Symbole weggeschafft werden, wohl in der Befürchtung, sie würden geschändet. Es war daher für einen Bekannten meiner Tochter ein spannendes Abenteuer, als er auf einer gemeinsamen Fahrt in die UdSSR vor einigen Jahren unbedingt eine russische Offiziersuniform erstehen wollte.

Er redete so lange auf einen jungen Offizier ein, bis dieser an einem geheimen Ort seine Uniform gegen Daunenjacke und Jeans – für einen Sowjetbürger unerschwingliche Güter – des Burschen eintauschte.

Die Schwierigkeit bestand nun darin, die Uniform – ein Gegenstand von hohem, symbolischem Wert – über die Grenze zu bringen. Also verfiel der Bursche auf die Idee, die Uniform einfach anzuziehen. Darüber trug er seinen Wintermantel. Die Grenzsoldaten durchsuchten sein Gepäck genau, aber seine Kleidung kontrollierten sie nicht. Als das Flugzeug in Schwechat gelandet war, zog der Bursche seinen Mantel aus, und nun stand er zur Verwunderung aller Reiseteilnehmer in sowjetischer Offiziersuniform da. Ihm war es gelungen, etwas, das für die sowjetische Kultur und deren Wahrheitsanspruch ein wichtiges Symbol war, in eine andere Welt mitzunehmen, wo es nun etwas anderes war, nämlich ein Erinnerungsstück, das man mit Staunen betrachtete.

Wie schon erwähnt, können bestimmte Handlungen auf der einen Seite der Grenze durchaus akzeptiert werden, auf der anderen aber nicht. Allerdings führt dies häufig zu Problemen, wie zum Beispiel im Falle einer Frau aus Baden-Württemberg, die von Holland aus die Grenze nach Deutschland überschritt. Die Grenzbeamten vermuteten aus irgendwelchen Gründen, daß die Frau in den Niederlanden, wo so ziemlich alle Formen der Abtreibung gestattet sind, eine illegale Abtreibung durchführen habe lassen.

Man ordnete eine Zwangsuntersuchung an der Grenze an. Allerdings führte dies zu Komplikationen, da liberale Politiker sich über ein derartiges Vorgehen beklagten. Die Grenzbeamten beriefen sich auf den Staatsanwalt, der diese Untersuchung angeblich angeordnet hatte. Der Staatsanwalt jedoch meinte, er hätte bloß eine Blutuntersuchung, um die Abtreibung nachzuweisen, verlangt.[8]

An diesem Vorfall zeigt sich – allerdings etwas kraß – wie eine Grenze Rechtsanschauungen trennen kann. Andererseits ist es auch möglich, daß durch das Niederreißen von Grenzen Wahrheiten ineinander übergehen und sich aneinander angleichen. Solche Prozesse sind jedoch höchst vielschichtig und langwierig.

Heiligung und Degradierung von Individuen durch Grenzen

Die Grenzen eines Raumes können mitunter sehr heilige Grenzen sein, in dem Sinn, daß innerhalb der Grenzen die dort befindlichen Personen zu Menschen von einer besonderen Qualität werden.

Ein typisches Beispiel für solche Bereiche ist der Beichtstuhl der katholischen Kirche. Derjenige, der die Beichte abnimmt, ist ein Mensch von besonderer Würde, die durch einen etwas erhabenen rituellen Sitz und ein rituelles Gewand angezeigt wird. Von ihm durch ein Gitter getrennt, befindet sich das eine Lossprechung von seinen Sünden erhoffende Individuum. Es unterzieht sich hier einem Degradierungsritual. Symbol für seine untergeordnete und unwürdige Position ist nicht nur, daß es zu knien hat – im Gegensatz zu seinem Gegenüber –, sondern auch, daß es durch das Gitter von der heiligen Person abgegrenzt ist.

Also auch innerhalb des heiligen Raumes existiert eine Trennung, wodurch die Distanz zwischen Macht und Ohnmacht, zwischen Würde und Demut verdeutlicht wird. Im Beichtstuhl erfährt das sündige Individuum Gnade durch sein geheiligtes Gegenüber, das ihn allerdings auf Distanz hält.

Charakteristisch für das Gespräch im Beichtstuhl ist der Umstand, daß durch das Betreten des Raumes der zur Beichte bereite Mensch ein anderer wird, nämlich einer, der sich der Heiligkeit dieses abgegrenzten Bereiches zu beugen und dankbar für die Gnade der Lossprechung zu sein hat.

Er verläßt danach den Beichtstuhl in einer anderen Qualität als er ihn betreten hat. Aus dem reuigen Sünder ist ein Mensch mit einer reinen Seele geworden.

Ähnliche Räume gibt es – freilich mit verschiedener Wirksamkeit – viele in unserer Kultur. Auch das Zimmer eines Vorgesetzten, der einen unbotmäßigen Angestellten zu sich rufen läßt, wird zu einem heiligmäßigen Bereich, der von dem Hinzitierten nur mit heiligem Schauder betreten wird. Er weiß sich hier in einer gedemütigten Rolle und hofft auf Gnade, die, wenn er dem Chef entsprechend huldigt und sich eventuell für ein bestimmtes Fehlverhalten entschuldigt, vielleicht auch gewährt wird. Das Gefängnis, auf das an einer anderen Stelle näher eingegangen wird, gehört ebenso grundsätzlich hierher, denn der Häftling erfährt durch seinen Aufenthalt im Gefängnis einen Wandel seiner Person, ganz ähnlich wie in einem Beichtstuhl der Beichtende. Eine Vielzahl von abgegrenzten Bereichen verschaffen also dem Eintretenden eine besondere Eigenschaft, die er vorher nicht unbedingt hatte. Der Aufenthalt in dem Raum würdigt oder degradiert das Individuum. Der Kardinal im Dom, versehen mit dem rituellen Gewand, steht sozial meilenweit über den vor ihm Knienden, und der Lehrer, der einstmals ein Klassenzimmer betrat, wurde durch das Sich-Erheben der Schüler von ihren Sitzen knechtisch geehrt.

Abgegrenzte Räume können also das soziale Ansehen von Menschen bestätigen. Auch die Frauen des Islam sind auf ihre speziellen Räume beschränkt und auf diese Weise symbolisch von den Männern getrennt. Betritt die Moslemfrau ein moslemisches Haus, so hat sie sich in den Purdah, wie man zum Beispiel in Pakistan diesen Frauenraum bezeichnet, zurückzuziehen. Mit dem Betreten dieses Bereiches wird sie zu einer Frau, die sich nun gemäß den Regeln des Korans, die das Leben von Männern und Frauen getrennten Sphären zuordnen, frei bewegen und den Schleier ablegen kann. Dadurch wird der Frau klargemacht, daß Freiheit eine Sache des Mannes ist und die Frau sich vor der Welt zu schützen hat. Ihr wahres Leben ist aus der Öffentlichkeit verdrängt. Sie darf sich nur jenen Menschen – außer ihrem Mann – frei präsentieren, die an ihr kein sexuelles Interesse haben, wie andere Frauen, Kinder, ihr Schwiegervater und die Eunuchen.

Damit wird gewährleistet, daß sie alleine der Macht ihres Mannes und seinem sexuellen Verlangen unterliegt. Der Frauenraum symbolisiert jene Unterordnung, die man sich von der Frau wünscht.

Nebenher und ergänzend sei festgehalten, daß es in all diesen Bereichen Schmuggel verschiedener Art gibt, wie zum Beispiel den geradezu klassischen Menschenschmuggel in den Harems muselmanischer Herrscher, wenn Männer geheime Wege zu den Räumen der Frauen fanden und sich dort vergnügten.

Abgegrenzte heilige Räume und Plätze

Wie ich eingangs schon ausgeführt habe, sind Grenzen nicht nur für Länder bestimmend, sondern wir stoßen täglich auf sie. Die Grenzen, die ich hier meine, sind eher lockere Grenzen (zweiten und dritten Grades), sie können aber leicht zu starren Grenzen (ersten Grades) werden, nämlich für Personen, die als nicht würdig betrachtet werden, einen bestimmten Ort zu betreten. So wird ein Betrunkener wohl nicht in eine Kirche, in der fromme Bürger zu einem Gottesdienst sich zusammengefunden haben, eingelassen; und einen dreckigen Vagabunden wird man aus einem vornehmen Ballsaal jagen.

In allen Kulturen gibt es Räume und Plätze, die nicht von jedermann so ohne weiteres betreten werden dürfen. Alle diese Räume zeichnen sich dadurch aus, daß in ihnen meist andere Normen bestehen als außerhalb von ihnen.

Klassische Räume unseres Kulturbereichs, die für Angehörige des jeweils anderen Geschlechts nicht betreten werden durften, waren etwa die alten Damen- oder Herrenbäder. Heute hat sich hierin schon einiges geändert, geblieben sind jedoch noch Tabus hinsichtlich der Umkleidekabinen, vor allem im Sport. Als im Frühjahr 1990 eine amerikanische Journalistin in den Umkleideraum einer Footballmannschaft ging, um dort Interviews durchzuführen, erlebte sie Rituale der Demütigung, die ihr deutlich machten, sie habe hier nichts zu suchen. Darüber heißt es in einem Bericht:

„Der bullige Mann hatte nur ein Handtuch um die Hüfte geschlungen, Zeke Mowatt kommt vom Duschen in die Umkleidekabine der New England Detroits zurück. Da bemerkt der Footballprofi die Journalistin Lisa Olson, 26, die einen Mannschaftskollegen interviewt. Wie ein Torero baut sich der schwarze Modellathlet vor der rothaarigen Reporterin des Boston Herald auf, hebt das Badelaken und preist mit eindeutigen Bewegungen seine Männlichkeit. Sofort springen vier ebenfalls nackte Kameraden ihrem aggressiven Außenverteidiger zur

Seite und bieten mit eindeutigem Stöhnen ihre Dienste an. Lisa Olson flüchtete ...“[9]

Interessant ist, daß sich die US-Journalistinnen den Zugang zum „Allerheiligsten“, der Umkleidekabine, vor Gericht erkämpft haben. Dies nützte ihnen jedoch nichts, denn die Footballspieler wehrten sich mit allerhand bösartigen Tricks gegen die Journalistinnen, bis diese es aufgaben, die Spieler nackt zu interviewen. Die Grenzen zu den heiligen Räumen, in denen die Männer unter sich bleiben können, war damit gerettet. Sie verschaffen den Footballheroen auch eine noble Distanz zu anderen Leuten, eine Distanz, die sie gewahrt wissen wollen.

In meinem Buch „Die feinen Leute“ habe ich dies bereits angeschnitten und gezeigt, daß sogar Toiletten heilige Räume sein können, die nur von ausgesucht würdigen Personen benützt werden können. Dazu gehören die Toiletten der Lehrer in den Schulen und die Toiletten von Richtern, die nicht haben wollen, daß das gewöhnliche Publikum sich ihrer bedient. Ein mir bekannter Richteramtsanwärter war mit dem Richter in Streit geraten, weil dieser sich geweigert hatte, den Kollegen die Verfügungsmacht über den Klosettschlüssel einzuräumen.

Heilige Räume sind auch die Zimmer von hohen Beamten, die nur nach Einholung einer ausdrücklichen Erlaubnis und nach der Inspizierung durch noble Sekretärinnen oder Leibwächter betreten werden dürfen.

Auch bin ich in meinem Buch näher darauf eingegangen, wie lang die Wege und welche Rituale einzuhalten sind, um überhaupt zum Kaiser, einem Präsidenten oder etwa einem würdigen Finanzbeamten zu gelangen. Amtszimmer haben etwas Heiliges an sich, genauso wie die Etagen der Chefs in den großen Firmengebäuden. Übrigens gibt es auch Hotels, die in ähnlicher Weise nur den Leuten zustehen, von denen man meint, sie hätten Wohlstand und wüßten um die noblen Sitten Bescheid. Als ich vor einigen Monaten in Linz in einem sehr vornehmen Hotel ein Zimmer nehmen wollte, meinte der Portier zu mir: „Was wollen Sie eigentlich hier? Verfügen Sie überhaupt über eine Kreditkarte?“ Bevor ich meine Kreditkarte zücken konnte, ließ er fallen: „Ist sie überhaupt noch gültig und nicht schon abgelaufen." Ich zeigte sie ihm bescheiden. Da auf der Karte auch mein Titel zu lesen war, wurde der Portier etwas freundlicher. Ich beklagte mich nun bei ihm wegen seines Verhaltens mir gegenüber. Er entschuldigte sich mit den Worten: „Wissen Sie, Sie kommen daher wie ein Sandler. Man sieht Ihnen nicht an, daß Sie sich das Hotel leisten können." Ich akzeptierte seine Erklärung, zumal mich tatsächlich ein alter Rock meines Vaters, uralte Schuhe und Jeans kleideten.

Die Würde oder Heiligkeit einer Person ist also eng mit ihrer Möglichkeit verbunden, bestimmte Räume betreten und bestimmte Plätze in Räumen einnehmen zu können. Auf historische Voraussetzungen dürfte die Gliederung von Zelten oder auch Häusern in Abteilungen sein. So sind die Nomadenzelte Südostanatoliens in der Regel durch eine rechtwinkelig von der hinteren Längswand nach vorne führende Reihe von Wollsäcken geteilt. Dadurch entstehen zwei Abteilungen. Die kleinere dient als Küchen- und Frauenraum, die größere bleibt den Männern und deren Gästen vorbehalten.[10] Den Frauen ist es danach nicht gestattet, den Gesprächen der Männer beizuwohnen, ebensowenig wie den Männern der Aufenthalt im Küchenraum.

Eine Parallele dazu findet sich bei uns in den Clubs nobler Männer. In einige hatte auch ich die Ehre eingeladen zu werden. Bei den gemeinsamen Mittagessen der Herren haben sich die Frauen fernzuhalten. Der männliche Umgang soll keine wie immer geartete Störung erfahren. Und Frauen werden hier für gewöhnlich als störend empfunden, da sie traditionell nicht dazugehören. Man macht einander symbolisch klar, daß man hier in den Clubräumen in bewußter Noblesse, in schöner Distanz zur gewöhnlichen Welt unwürdiger Leute lebt. Ähnlich geht es auch in bestimmten Ganovenlokalen zu, in denen feingekleidete Ganoven den Kontakt zueinander suchen. Auch hier hat sich die Frau in bescheidener Distanz zu halten und eventuell in einem Nebenraum auf ihren Herrn und Meister zu warten. Ganz charakteristisch ist dies beim sogenannten Stoßspiel, einem uralten Glücksspiel der Wiener Unterwelt. Ich habe dieses Spiel in meinem Buch „Der Adler und die drei Punkte" näher beschrieben. Bei diesem Spiel sitzen die noblen Ganoven um einen größeren Tisch und setzen auf Spielkarten. Es geht dabei um viel Geld. Ist das Spiel beendet, so begibt sich der Ganove zu seiner auf ihn harrenden Dame. Allerdings macht man auch in diesen Clubs – genauso wie bei den Aristokraten – Ausnahmen. Bei den Aristokraten dürfen Frauen das Clublokal betreten, wenn sie ausdrücklich dazu eingeladen sind (z. B. bei Vorträgen). Und bei den Ganoven, wenn sie freundlich in das Spielzimmer gebeten werden. Dies dürfte jedoch eher selten sein. Ich erlebte eine solche Ausnahme, als ich mit einer Prinzessin des österreichischen Hochadels ein Lokal, welches einem mir bekannten Herrn der Unterwelt gehört, aufsuchte. Ich stellte sie mit ihrem Titel vor. Dies faszinierte den Herrn derartig, daß er sie bei dem in einem Hinterzimmer stattfindenden Glücksspiel zwar nicht teilnehmen, aber zuschauen ließ.

Von besonderer Bedeutung sind die heiligen Räume der Klöster, denn diese sind klassische Bereiche, die nur berufsmäßig heiligen Leuten zur Verfügung stehen. Ich besuchte ein Gymnasium in einem angesehenen Kloster in Oberösterreich. Uns Schülern war es streng verboten, den Konventgarten, also den Garten, der den Geistlichen zur Verfügung stand, zu betreten. Die Herren Patres wollten von uns gewöhnlichen Menschen in Ruhe gelassen werden.

Andere würdige abgegrenzte Bereiche unserer Kultur sind die sogenannten „Extrazimmer" in Gasthäusern. Die Extrazimmer dienen vor allem der Abgrenzung der darin tagenden noblen Leute. Diese können Mitglieder eines Sparvereines oder einer geheimen Diebsgesellschaft sein, die sich so geografisch von weniger feinen Menschen, eben den üblichen Besuchern des Restaurants, abgrenzen und vor deren Neugierde schützen.

Überall habe ich es hier mit Grenzen zu tun, vom Kloster bis hin zum Extrazimmer, durch die Menschen, noble und weniger noble, sich von der Außenwelt abschirmen. In all diesen Bereichen gibt es Geheimnisse, die nicht nach außen dringen sollen, und Dinge, die man hier nicht haben will.

Eher starre Grenzen, also Grenzen ersten Grades, gibt es auch in den Wohnungen der braven Bürger. Umgrenzte Bezirke, wie die Schlafzimmer, werden vor den Blicken der Besucher verborgen gehalten. Es gilt als unstatthaft, jemanden in einem solchen Zimmer zu empfangen und mit ihm dort zu speisen. Das Schlafzimmer versteht sich als heilige Zone, in der der Mensch Freiheit von rituellen Zwängen genießen darf. Hier schläft er, verrichtet Dinge, von denen die Umwelt möglichst wenig erfahren soll, und hier umgibt er sich mit den Symbolen wie einer gewissen Kleidung, Orden und anderen Dingen, mit deren Hilfe er sich der Welt als würdiger Mensch präsentieren kann. Das Schlafzimmer ist also ein heiliger tabuisierter Bezirk. Besonders drastisch war dies bei den früheren, in bitterer Armut lebenden Gebirgsbauern. In den Gesprächen, die ich mit diesen Leuten führte, betonten sie stets, das Schlafzimmer solle nicht betreten werden, schon gar nicht von so wichtigen Persönlichkeiten, wie der Gemeindearzt einer ist.

Von meinem Vater, dem Arzt in den Bergen, erfuhr ich, daß in den bäuerlichen Familien ein Kranker meist auf ein Bett gelegt wurde, welches in der sogenannten guten Stube stand, wenn der Besuch des Dorfarztes bevorstand. In das Schlafzimmer aber durfte der Arzt nicht.

Die gute Stube wiederum war auch ein besonders geheiligter Bereich, nämlich der Bereich, in dem der Gast empfangen werden durfte. Während das Schlafzimmer seine besondere Heiligkeit der Rückzugsmöglichkeit des Individuums verdankt, dienen die sogenannten „guten Stuben", die es überall gibt, der Selbstdarstellung. In diesem Sinn sind als „gute Stuben" die Empfangs- und Speisezimmer des Bürgers und alter Adeliger zu begreifen, aber auch die Besuchszimmer der Klöster und Gefängnisse.

Derartige Zimmer stellen die Verbindung zur Außenwelt her, von der sie durch die Grenze der Türschwelle formal getrennt sind. Charakteristisch ist für alle diese Räume und Plätze, daß sie nicht allen Personen offenstehen. Um sie betreten zu dürfen, bedarf es einer Erlaubnis, einer Einladung oder auch eines herrschaftlichen Rechtes, wie das des Polizisten, der einen Ganoven in dessen Schlafzimmer verhaftet.

Sitzordnungen und heilige Sitzplätze

Aber auch innerhalb der Empfangs- und Speiseräume gibt es kleinere abgegrenzte Bereiche, die nur für würdige Personen gedacht sind. Sie sind ebenfalls von hohem Symbolgehalt und weisen denjenigen, der sich hier aufhält, als besonders nobel im Vergleich zu den anderen Anwesenden aus.

Solche Sitzordnungen und Platzaufteilungen sind sehr alt und weit verbreitet. Bei den Germanen war das Hallenhaus mit seinem großen Gemeinschaftsraum vorherrschend. In der Mitte dieses Raumes brannte in einer gut ausgemauerten Grube ein offenes Feuer. Und ringsum, gegen die Wände zu, befanden sich die Sitzplätze. Je näher der Platz bei dem wärmenden Feuer lag, desto würdiger war die Person, der er gebührte.[11]

In den späteren Bauernhäusern war dann wegen der eingezogenen Zwischendecken ein offenes Feuer nicht mehr möglich. Die Feuerstelle rückte an die Seitenwand, an der ein mit Lehm verschmierter Rauchabzug angebracht war. Die rauchigen Öfen der Bauernhäuser führten zu einer besonderen Raumgliederung: Der Abzug des Rauches innerhalb des Raumes machte die Plätze bei den Öfen zu einer unerfreulichen und lästigen Angelegenheit. Die angenehmsten Plätze lagen hier nun nicht mehr in der Nähe des Feuers, sondern eher davon entfernt. Der Ofen wurde unmittelbar bei der Tür plaziert, durch die der Rauch möglichst abziehen konnte, und in der diagonal gegenüberliegenden Ecke des Raumes stand der Eßtisch.

Diese Raumordnung setzte sich in Mitteleuropa durch: Um den Eßtisch versammelten sich Bauersleute und Gäste, oft auch das Hausgesinde. Dem Gast gab man den würdigsten Platz, gleich neben dem Bauern. Die Ehrenplätze richteten sich also nach der Lage im Raum und der Nähe zum Hausherrn.

Ebenso ist es in den Nomadenzelten Anatoliens, wo die Gäste im Empfangsraum in einem offenen Kreis sitzen. Zur größeren Bequemlichkeit schiebt man ihnen Kissen in den Rücken. An kühleren Tagen brennt vor ihnen das Feuer. Die Plätze der würdigsten Gäste liegen an der rechten Seite des Patriarchen gegenüber dem Eingang an der Hinterwand des Zeltes. Dort befinden sich auch die wärmsten Plätze. Je würdiger ein Gast ist, desto näher sitzt er also zum inneren Bereich.[12]

Die Würde einer Person ist beinahe in allen Kulturen an der Sitzordnung sofort erkennbar, sowohl im germanischen Hallenhaus wie auch in den Bauernhäusern des Mittelalters oder in nomadischen Zelten bzw. in den europäischen Salons. Die würdigen Personen sind es, die die Gespräche dominieren, und aus Höflichkeit zu ihnen schweigt man.

In den klassischen adeligen und bürgerlichen Salons Europas steht den nobelsten Leuten das „Kopfende" des Speisetisches zu. Um den Gastgeber und auch direkt ihm gegenüber gruppieren sich die feinsten Gäste.

Die Sitzordnung mit ihren symbolischen Grenzen findet sich ähnlich auch in diversen Vereinen, wie zum Beispiel in Studentenverbindungen. Dort präsidiert der Senior, der Vorsitzende, die Kneiptafel. Zu seiner Rechten und Linken lassen sich die in Ehren altgewordenen „Alten Herren" nieder. Und am Ende der Kneiptafel sitzt ein anderer würdiger Student der Verbindung. Er hat das sogenannte Kontrarium inne. Zum Kontrarium gehören die jüngsten Studenten, jene, die noch eine Probezeit vor ihrer endgültigen Aufnahme zu bestehen haben. Man nennt sie die Füchse. Symbolisch wird ihnen durch den abgegrenzten Bezirk des Kontrariums klargemacht, daß sie sich auf dem Weg hin zur Würde eines Vollmitgliedes befinden. Noch stehen sie im Rang unter allen anderen, und daher obliegt ihnen, die Anwesenden mit Bier zu versorgen. Die am unteren Ende der Kneiptafel, dem Kontrarium, sitzenden Füchse unterstehen der Sanktionsgewalt des am Tischende plazierten Studenten. Dieser kann veranlassen, daß die Füchse sich bei bestimmten Liedern vom Platz zu erheben haben, während alle anderen sitzen dürfen, oder er kann sie auffordern, auf das Wohl eines würdigen, am oberen Ende der Tafel zechenden Mitgliedes einen Schluck Bier zu trinken.

Die Sitzordnung verweist also hier klar auf den Rang der Anwesenden. Daran kann man sich orientieren. Und es sind Grenzen, die auf der Speise- oder Kneiptafel die Essenden und Zechenden in würdige und weniger würdige Personen einteilen.

In derselben Weise geschieht dies in Büros, wie ich ebenfalls in meinem Buch „Die feinen Leute" genauer ausgeführt habe. Die Leute, die am wenigsten achtbar sind, sitzen in Großbüros bei der Tür und in der Zugluft. Die Ranghöchsten regieren beim Fenster und bekommen das Licht von links.

Die Schreibtische der hohen Beamten, der Manager und der würdigen Gelehrten wiederum erinnern an den Thron archaischer Könige. Durch die Schreibtische ist Distanz zu den weniger feinen Leuten gegeben, die als Bittsteller, als Klienten oder Studierende kommen.

Der Schreibtisch vermag somit die Grenze zwischen der Welt der würdigen und mächtigen Person auf der einen Seite und der Welt des gewöhnlichen Volkes auf der anderen Seite zu bilden.

Diese Grenze erscheint als eine unüberwindliche, die allerdings vom Herrn des Büros selbst hinter sich gelassen wird, wenn er dem Eingetretenen entgegengeht, um mit ihm an einem Tisch, weitab von dem an einen Altar erinnernden Schreibtisch, Platz zu nehmen. Der Schreibtisch erhält also den Charakter des Geheiligten, hinter dem eben eine andere Welt beginnt.

Durchaus ähnlich ist es in den gewöhnlichen Amtsstuben mit täglichem Parteienverkehr. Der noble Beamte verläßt zwar nicht seinen Schreibtisch, aber er deutet den Eindringenden unmißverständlich an, daß er hinter dem Schreibtisch so etwas wie einen geheiligten Bezirk beherrscht, durch den er auch ermächtigt ist, würdige Entscheidungen zu fällen, denen man sich demütig zu beugen hat.

Rituale wie an der Grenze sind auch zu beobachten, wenn der gewöhnliche Mensch eine „normale" Amtsstube aufsucht, um dort beispielsweise um die Ausstellung eines Passes einzukommen. Der Eintritt geschieht durch höflichen Gruß und die Frage, wo man diverse Formulare erhält. Unterwürfige Haltung, die den Beamten in seiner Würde bestätigt, freundliche Fragen, die nicht im Befehlston zu stellen sind, und der Anschein, daß man sich der Gnade bewußt sei, die der Beamte nun gewährt – dies alles ist rituell wichtig. So wird abgesichert, daß der Vorsprechende eine Grenze zum Reich der Beamten überschreitet. Der Beamte demonstriert Würde und Macht, die weit über der des kleinen Mannes liegt, der sich – wohl vergeblich – bemüht, die Schranken zu der Welt der Beamtenschaft zu überwinden.

In ganz ähnlicher Weise versuchen Tanzmusiker, wie Howard Becker beschreibt, sich während ihrer Musikdarbietung vom Publikum abzusondern. Der Musiker will sich von den gewöhnlichen „Spießern" in der aktuellen Spielsituation distanzieren, um sich vor allem gegen deren Einmischung zur Wehr zu setzen. Je größer die Schwierigkeiten sind, die Musiker mit dem Publikum haben, desto eher sind sie dankbar für Barrieren, die sie vor dem Publikum schützen. Solche Barrieren sind bereits gegeben, wenn die Musiker bei Hochzeiten und Bällen auf einem Podium über den Tanzenden agieren. Sie sind dabei räumlich und symbolisch von den Gästen getrennt. Fehlen Barrieren, so können solche improvisiert werden. Becker zitiert dazu die Feststellung eines Musikers: „Ich hatte am Sonntag abend eine Hochzeit ... Nachdem ich mit dem Bräutigam gesprochen hatte, beschlossen wir, während des Essens zu spielen. Wir bauten uns in einer entfernten Ecke der Halle auf. Jerry zog das Klavier so herum, daß es einen kleinen Raum absperrte, der auf diese Weise von den übrigen Leuten getrennt war ... Ich wollte das Klavier so gedreht haben, daß die Jungs davor stehen konnten und dem Publikum am nächsten waren, doch Jerry sagte halb im Scherz: ‚Nein, Mann, ich muß ein bißchen Schutz vor den Spießern haben.' So ließen wir es, wie es war ...“[13] Die Tanzmusiker isolieren sich also räumlich von den Leuten, die sie für ihre Kunst bezahlen. Dies verschafft ihnen, wie es scheint, ein besonderes Selbstverständnis, aber auch Überlegenheit gegenüber denen, die sie vielleicht nur als bezahlte Diener sehen wollen.

In der Tendenz ähnlich ergeht es Vortragenden. Die erhobene und abgesonderte Position, die sie während ihrer Rede auf einem Rednerpult, einem Katheder, einer Kanzel oder auf einer Bühne bei Massenveranstaltungen einnehmen, distanziert sie von den Zuhörern. Durch eine solche abgehobene Position entziehen sie sich aber auch symbolisch der Kritik an ihrer abgerückten und geheiligten Person. Etwas, das im direkten Kontakt und informellen Rahmen unproblematisch ist, wie kritische Gedanken über den Meister und Führer, wird zu einer kühnen Angelegenheit, die nur wenige auf sich nehmen. Wagt es dennoch jemand, die Barriere hin zum Rednerpult durch eine Anfrage oder einen Schimpf zu überwinden, so ist es letztlich doch die räumlich entrückte Person, welche die Chance hat, die Situation für sich zu bestimmen und schließlich zu triumphieren. Allerdings gibt es beharrliche Leute, die nicht so ohne weiteres die räumlich symbolisierte Erhabenheit akzeptieren. Zu solchen gehörte ein Sandlerpaar (Pennerpaar) in Wien, für das ich gewisse Sympathien hege. In einem Hörsaal an der Wiener Universität trat einmal ein ehemals mit mir befreundet gewesener Wiener Ganove auf, um vor den zahlreich erschienenen Studenten aus seinem Leben zu erzählen. Dem einstigen Ganoven, von dem mein Buch „Der Adler und die drei Punkte" handelt, war es gelungen, die Österreichische Hochschülerschaft dazu zu bringen, die Veranstaltung groß anzukündigen. Unter den Zuhörern befand sich nun auch das erwähnte Sandlerpaar. Der geehrte Ganove begann vom Podium aus, über sein wildes Leben zu berichten. Während seiner Schilderung unterbrachen ihn jedoch die beiden Sandler ständig mit den Worten: „Wenn der Girtler nicht wäre, würdest du nicht da oben sitzen."

Sie machten ihm also die durch das Podium erhabene Position, die ihn zu seinen stolzen Ausführungen legitimierte, streitig, was den guten alten Ganoven, der zufrieden auf seine Kämpfe in der Unterwelt zurückblickte, verunsicherte, weil der ihm hier zugewiesene heilige Platz, der ihn über die gewöhnlichen Zuhörer erhob, derart in Frage gestellt wurde.

Aber nicht bloß der Platz, den jemand innehat, ist in diesem Zusammenhang zu beachten, sondern auch der Zeitpunkt, an dem er den Platz einnehmen oder verlassen kann. Für gewöhnlich ist es in unserer Kultur so, daß man sich erst dann hinsetzt, wenn die würdige Person Platz genommen hat. Das gilt auch beim Verlassen: Erhebt sich der Ranghöchste von der gemeinsamen Tafel oder vom Stuhl vor seinem Schreibtisch, so weiß der Rangniedrige, daß es nun auch für ihn an der Zeit ist, aufzustehen und eventuell zu verschwinden. Ebenso erhebt man sich von seinem Sitz, wenn eine wichtige Person den Raum betritt, um deren Würde zu unterstreichen. Ist die den Raum betretende Person ein Mensch, dem man keine Achtung entgegenzubringen bereit ist, so bleibt man einfach sitzen.

Sitzordnungen mit ihren Grenzen und das jeweilige Verhalten innerhalb dieser Grenzen sind also wesentliche Symbole und Rituale, durch welche die Freiheit und Würde von Menschen kundgetan wird.

Bewegliche Grenzen und ihre Symbole: Leibwächter und Hinweistafeln

In meinem Buch „Die feinen Leute" habe ich gezeigt, daß durch Gartenanlagen, Schlösser und Schrebergärten deutliche Grenzen markiert werden, um die Würde der Person hervorzustreichen. Es gibt aber auch bewegliche Grenzen, nämlich Grenzen, die durch die würdige Person und die sogenannten Leibwächter bestimmt werden.

Leibwächter haben darauf zu achten, daß die geheiligte Person auf Distanz zu weniger würdigen Leuten gehalten wird. In diesem Sinn war es Aufgabe des oben bereits erwähnten Ganoven, einen ehemals berühmten Unterweltler als Leibwächter zu begleiten. Er reagierte sofort mit aller Härte, wenn er sah, daß Individuen seinem Herrn zu nahe kamen, sie also die von ihm symbolisch errichtete Grenze überschritten. Die von Leibwächtern errichteten Grenzen haben eine hohe symbolische Funktion, sie heiligen den zu Beschützenden und machen ihn zu einer charismatischen Persönlichkeit.

In ganz ähnlicher Weise geht es zu, wenn Professoren der Medizin und Primarärzte durch die Krankensäle eilen. In der Regel folgt ihnen ein Schwarm von Assistenzärzten und Schwestern. Und wehe dem Fremden, der es wagt, sich diesem Schwarm zuzugesellen und die Nähe zur geheiligten Person zu suchen.

Eine unsichtbare Grenze distanziert auch den Firmenchef gegenüber seinen Untergebenen und Hofschranzen.

Zu solchen beweglichen Grenzen um geheiligte Zonen gehören

auch die diversen Hinweistafeln, die für gewöhnlich veränderbar sind und an einen anderen Ort getragen werden können. Durch solche Tafeln können beispielsweise die für bestimmte noble Leute reservierten Parkplätze gekennzeichnet werden. Hinweistafeln, Zäune und charakteristischer Bewuchs grenzen auch die Autobahn von der gewöhnlichen Umwelt symbolisch ab. Sie erscheint dadurch als ein heiliger Bereich, der nur von Leuten mit bestimmten Fahrzeugen befahren werden darf. Fußgänger und Radfahrer sind grundsätzlich ausgeschlossen. Es ist allerdings möglich, daß an bestimmten Tagen – zum Beispiel bei Weltmeisterschaften – die Autobahn von Radfahrern alleine benützt werden darf, wohingegen im Alltag der Radfahrer durch entsprechende Symbole von der Autobahn ferngehalten wird. Benützt nun ein Radfahrer – abgesehen von solchen Ausnahmefällen – doch einmal die Autobahn, kann es zu komplizierten Verwirrungen kommen. Dies mußte ich einmal erleben. Es lohnt sich, diese Geschichte hier zu erzählen:

Vor einigen Jahren geriet ich, von Italien kommend, nach der österreichischen Grenze bei Tarvis irrtümlich auf die Autobahn. Ich hatte mich an den Verkehrsschildern falsch orientiert. Mir fiel auf, daß mich einige Autostopper, die an der Autobahnauffahrt auf Mitnahme warteten, merkwürdig und ungläubig anstarrten, als ich kühn in die Autobahn einbog. Nach einigen Metern wurde mir klar, wo ich mich befand, doch ich wagte nicht, umzudrehen und zurückzufahren. Dies, so dachte ich, könnte auf die Autofahrer verwirrend wirken. Ich fuhr also weiter, in der Hoffnung auf eine baldige Abfahrt oder eine Autobahnstation. Nach einigen Kilometern gelangte ich auch zu einer solchen. Die Tankwarte, an deren Tankstellen ich vorbeifuhr, warfen mir eigenartige Blicke zu. Von der Raststation aus rief ich per Telefon einen Autofahrerclub in Villach an, mit der Bitte, mich und mein Fahrrad von hier herunterzuholen.

Nach langer Zeit kam endlich jemand von diesem Club. Als er meiner ansichtig wurde, lachte er auf und sagte, er habe es nicht für möglich gehalten, daß mein Anruf ehrlich gemeint sein könnte. Vielmehr hätten er und seine Kollegen gedacht, es wollte sich jemand einen Scherz mit ihnen erlauben, genauer:

jemand vom österreichischen Fernsehen, der mit „versteckter Kamera" ihre Reaktion festhalten wollte. Der gute Mann brachte mich schließlich mit meinem Fahrrad von der Autobahn auf die Bundesstraße, auf der ich dann problemlos und völlig legal weiterradeln konnte.

Diese Geschichte machte mir bewußt, welche Bedeutung Grenzen für Normen und für das Handeln in unserem Alltag haben. Da ich eine Grenze als Radfahrer mißachtet habe, nämlich die zur Autobahn, befand ich mich in einer symbolisch problematischen Situation. Darauf wollten mich übrigens Autofahrer, die mich überholten, durch Winkzeichen hinweisen. Ich wußte, was die Leute mir zu sagen und zu deuten hatten, aber ich konnte nicht mehr umdrehen – auch wenn ich auf den Pannenstreifen gefahren wäre. Ich winkte ihnen deshalb freundlich zurück, womit ich anzeigen wollte, daß ich weiterfahren müsse, in der Hoffnung, irgendwo von diesem eingegrenzten Bereich wegzukommen.

Symbole wie die Hinweistafeln in Richtung Autobahn begleiten unser Leben. Sie verweisen auf Erste-Klasse-Abteile in Zügen und Krankenhäuser, auf reservierte Tische in feinen Restaurants und auf vieles andere mehr. Daher faszinieren sie auch den Kulturwissenschaftler, denn an ihrer hohen Symbolhaftigkeit richtet sich der Mensch aus. Aber es liegt im Wesen des Symbols, daß es veränderbar ist und auch andere Regeln zum Ausdruck bringen kann.

Gemeinwesen, Dorf und Haus – die Heiligkeit ihrer Grenzen

Ergänzend zu der obigen Darstellung möchte ich mich noch etwas intensiver auf Grenzen beziehen und zwar auf Grenzen, die mit der unmittelbaren Lebenswelt des Menschen zu tun haben, nämlich mit seinem Haus und seinem näheren Umfeld. Ich werde zeigen, daß der Mensch dabei eine Vielzahl von Symbolen einsetzt, um sich selbst und die Seinen innerhalb genau gezogener Grenzen geschützt und geachtet zu sehen. Das

Bewußtsein von der Existenz der Grenze verschafft auch ein gewisses Maß an Sicherheit. Und eben darum geht es bei den nun zu beschreibenden Grenzen.

Eine für den Menschen historisch wichtige Grenze ist die Grenze, die sich auf sein Anwesen oder auf die Gemeinschaft, in der er lebt, bezieht. Es geht hier zunächst um die klassische Dorfgrenze: In früheren Zeiten wurde die Siedlung durch einen Dorfzaun, einen Dorfhag oder einen Dorfgraben umschlossen. Der fremde Wanderer wußte sofort, wo das Dorf beginnt. Die spätere Stadtmauer machte noch deutlicher darauf aufmerksam, daß nun eine neue Welt beginnt, in der auch andere Normen existieren. Im alten deutschen Recht galt es, den Einwohner gut zu schützen, weshalb man z. B. diverse Delikte, die innerhalb der Dorf- oder Stadtgrenzen begangen wurden, strenger ahndete. Symbolisch wurden solche Gemeinschaftsgrenzen außerdem dadurch abgesichert, daß an hohen Festtagen die Kirchengemeinde Prozessionen um das Dorf oder die Stadt durchführte. Und schließlich war es die Dorf- oder Stadtgrenze, innerhalb derer die darin Wohnenden zur Verteidigung des Ortes aufgerufen waren.

Die Gemeindegrenze war stets Gegenstand besonderer Beachtung. In regelmäßigen Abständen wurde sie von dafür bestimmten Männern, die bisweilen als „Siebener" oder „Feldgeschworene" bezeichnet wurden, begangen. Sie kontrollierten die Lage der Grenzsteine und wußten genau Bescheid, wie die einzelnen Grenzzeichen aussahen und wo sie angebracht waren. Es gab geheime Symbole, mit deren Hilfe man feststellen konnte, ob der Stein auch an seiner richtigen Stelle stand. Das Wissen um diese Zeichen war Bestandteil des „Siebenergeheimnisses".[14] Diese Grenzumgänge konnten sehr feierlich und kompliziert sein, wie zum Beispiel in Unterfranken. Dort gingen außer den Siebenern, dem Bürgermeister und dem Rat auch der Großteil der Bürgerschaft sowie Schützen und Musikanten mit. An einem festgesetzten Tag, gewöhnlich zu Pfingsten, zog dieser festliche Haufen los. An einem markanten Punkt traten die Schützen in Reih und Glied und gaben einige Salven ab. Zur Mittagszeit rastete man mit ausgiebigem Mahl und Trunk. Unterwegs wurden die „jungen Knaben" in der Lage der Grenzzeichen unterwiesen. Damit der Grenzstein einen bleibenden Eindruck auf sie machte, warf man Nüsse, Münzen oder andere Dinge darauf. Die Burschen mußten sich diese holen und merkten sich auf diese Weise dauerhaft die Lage dieses Grenzsymbols.[15]

In anderen Gegenden ging man bei solchen Zeremonien etwas drastischer vor. So führte man in Teilen des alten Salzkammergutes die Kinder des Bauern zu den Grenzsteinen seines Grundes und sagte ihnen, daß diese Grenzsteine sehr wichtig seien. Und damit vor allem der Jüngste sich die Lage der Steine merkte, wurde ihm eine mehr oder weniger saftige Ohrfeige verabreicht. Man konnte nun davon ausgehen, daß der so Geohrfeigte noch nach Jahrzehnten wußte, wo der Grenzstein genau lag. Der Jüngste erhielt die Ohrfeige, weil von ihm zu erwarten war, daß er am längsten lebte.

Die feierlichen Grenzumgänge endeten gewöhnlich damit, daß man sich im Wirtshaus zu einer gründlichen Nachfeier traf. So sollen, wie berichtet wird, 1753 die Teilnehmer des Grenzumganges in Kleinochsenfurt am Main nahezu 300 Liter Wein getrunken haben.[16]

Sehr wichtig erscheint außerdem, zumindest bis zum Dreißigjährigen Krieg, die Verbindung von kirchlichem Flurumgang mit der Absicht der Grenzkontrolle. Diese feierlichen Grenzumgehungen – oder auch Ritte – verweisen schließlich auch darauf, daß Grenzziehungen beinahe heilige Angelegenheiten waren. Für gewöhnlich erfolgte die erste Grenzziehung durch Umschreiten oder Umpflügen des Gebietes. Oder man wies einem Landsuchenden soviel zu, als er in einer bestimmten Zeit umreiten oder umlaufen konnte. Die Grenzumgänge sind somit als regelmäßige symbolische Wiederholung der Grenzziehung zu betrachten.

Ähnliche Aktivitäten wie bei den Dorfgrenzen finden sich auch im Zusammenhang mit den Grenzen von Grundeigentum. Dabei überließ man es dem Zufall oder dem göttlichen Einfluß, wie und wo die Grenzen verliefen. Der Wurf mit dem Beil, dem Hammer oder einem Pflugeisen spielte hier eine große Rolle. Man zog mitunter die Grenze zwischen Siedlungen auch dort, wo einander zwei Läufer, die zur gleichen Zeit in ihren Dörfern gestartet waren, trafen.

Waren Grenzen derart festgelegt, so galten sie als unverletzlich und nur durch rechtlichen Vertrag zu verändern. Leute, die eigenmächtig und zum eigenen Vorteil Grenzzeichen versetzten, mußten mit fürchterlichen Strafen rechnen. Man drohte mit Eingraben bis zur Achsel, Abpflügen des Kopfes und ähnlichem. Es ist allerdings nicht sicher, ob diese Strafen je vollzogen wurden[17], obzwar sich gewisse Parallelen dazu in jenen verbreiteten Sagen finden, in denen Grenzverrücker nach ihrem Tode ruhelos umherirren müssen, wobei sie zur Strafe den Grenzstein auf ihrem Rücken durch die Ewigkeit zu tragen haben.

Grenzen von Dörfern und Grundeigentum dienen dem Schutz des eigenen Raumes. Bewußte Grenzüberschreitungen verfolgen nicht selten den Sinn, Rechte auf dem Grund des anderen zu erwerben. Vor allem auf dem Gebiet des Weiderechtes gab es eine Vielzahl von Streitigkeiten, die mit einiger Zähigkeit geführt wurden und schließlich damit endeten, daß die Obrigkeit die Angelegenheit zugunsten des einen mit einem Vergleich schlichtete.

In ähnlicher Weise versuchen heute zum Beispiel Autofahrer, sich das Recht oder die Duldung, auf Plätzen zu parken, wo das Parken für gewöhnlich verboten ist, zu erobern. Die zunehmende Autoflut läßt die Leute ihr Vehikel auf Gehsteigen, in Halteverbotzonen und anderen Bereichen abstellen. Plätze wie jene vor den Kirchen, auf denen die Menschen früher miteinander sprachen, wurden so zu Parkplätzen.

Der Mensch ist aber auch bereit, für seine Grenzen zu kämpfen, denn innerhalb seiner Grenzen genießt er so etwas wie Freiheit. Das umgrenzte Haus – oder auch die umgrenzte Wohnung – ist der Geltungsbereich des Hausfriedens, den zu stören mitunter mit schweren Strafen belegt ist. In alten Vorschriften wird darauf hingewiesen, daß jeder in seinem Haus „Frieden haben soll".[18] Zu diesem Frieden gehört, daß niemand ohne Erlaubnis in das Haus einsteigen darf, daß vor dem Haus nicht „freventlich" gelaufen werden darf, daß niemand im Haus belästigt werden darf, daß unmittelbar beim Haus nicht geschossen werden darf und ähnliches. Dazu gehört auch, daß man, um den Hausfrieden nicht zu stören, als Gast mit einem anderen Gast einen begonnenen Streit außerhalb des Hauses weiterführt. Deshalb ist es üblich, daß miteinander im Wirtshaus hadernde Bauernburschen einander auffordern, vor das Haus zu gehen, um dort durch einen Raufhandel den Streit zu einem Höhepunkt zu bringen und zu beenden. Die Grenze des Hauses soll also nicht entheiligt und die Einwohner sollen nicht gestört werden. Den Bewohnern des Hauses ist Achtung entgegenzubringen, sie umgibt ein historisch gewachsener Schutz. Belästigungen sind zu unterlassen und können unterbunden werden.

In klassischer Weise sind in den Städten die Prostituierten angehalten, nur in den Zonen zu paradieren, in denen sie Hausbewohnern nicht lästig fallen. Entweder schuf man zu diesem Zwecke eigene Bereiche, in denen Dirnen ihrem Geschäft nachgehen konnten, sogenannte Sperrbezirke – zum Beispiel die Reeperbahn in Hamburg –, oder man fordert sie bei Strafe auf, gewisse Gegenden zu meiden. Es werden hier Grenzen festgelegt, die von Dirnen bei ihrem Geschäft nicht überschritten werden dürfen. Darauf hat die Polizei zu achten. Ihre Aufgabe besteht demnach darin, Belästigungen von Hausbewohnern zu verhindern. Als ich vor Jahren die Aktivitäten der Wiener Polizei studierte, fuhr ich auch in Funkstreifenwagen mit, deren Aufgabe es war, Dirnen in für sie verbotenen Gegenden aufzugreifen. Als ich anläßlich eines solchen Einsatzes Polizisten fragte, warum sie gerade in dieser ruhigen Gegend im II. Bezirk die Dirnen nicht in Ruhe ließen, rechtfertigte man sich damit, daß die Dirnen die dortigen Hausbewohner störten. Zumindest ein alter Mann, der im letzten Stock eines Hauses in dieser Region wohne, brülle regelmäßig das Wort „Schweine" zu den Damen hinunter. Damit hatte der Hausbewohner kundgetan, daß er den heiligen Bereich des von ihm bewohnten Hauses vor „leichten" Frauen geschützt wissen wolle. Und die Aufgabe der Polizei war es nun, diese Grenze zu sichern.

Übrigens bezieht sich auch das sogenannte mittelalterliche Asylrecht auf das Recht des Hausfriedens, wonach ein vor der Polizei Flüchtender in der Kirche Zuflucht und Schutz finden konnte. In der Kirche war er vor den Häschern sicher. Ausgeliefert konnte er nur werden, wenn ein hoher Geistlicher dies erlaubte. Auch die Wiener Universitätsgebäude dürfen von Polizisten nur nach Aufforderung durch den Rektor betreten werden, um polizeiliche Handlungen durchführen zu können. Die Grenzen bestimmter Häuser, wie die der Kirche und die der Universität, sind also heilig und besonders geschützt. Man hat die Grenzen zu beachten und derjenige, der die Grenze verletzt, macht sich schuldig.

Die Sphäre der Gemeinschaft und auch die des einzelnen Menschen ist von einer eigenen Heiligkeit. Sie ist mitunter rituell abgesichert, und den Grenzverletzer trifft der Fluch.

Der Bereich des eigenen Hauses und der eigenen Wohnung – dies soll hier deutlich gemacht werden – gilt in allen Kulturen als heilig und für Fremde unantastbar. Daher heißt es im Koran: „Ihr Gläubigen! Betretet keine fremden Häuser, ohne zu fragen, ob ihr gelegen kommt, ohne festzustellen, ob jemand da ist, und ohne über die Insassen den Gruß auszusprechen. Und wenn ihr niemanden darin trefft, dann tretet nicht ein. Wenn man aber zu euch sagt, ihr müßt umkehren, müßt ihr umkehren. Es ist aber keine Sünde für euch, Häuser zu betreten, die nicht bewohnt sind und in denen etwas ist, das ihr benötigt."[19]

Der Fremde, der Gast, muß also durch den Herrn oder die Frau des Hauses willkommen geheißen werden. Allerdings nehmen sich staatliche oder sonstwie mächtige Institutionen das Recht heraus, auch ohne ein solches Willkommen das Haus zu betreten. Dies widerspricht jedoch nicht dem grundsätzlichen Recht nach einer Grenze nach außen.

Da diese Grenze den Menschen wichtig ist, werden nicht nur Rituale, wie Grußformen und ähnliches, bei Eintritt verlangt, sondern bisweilen setzen Hausbesitzer viel Kunstsinn und Eifer darein, die Grenze, also Tor und Tür, besonders symbolisch zu gestalten. Bemerkenswerte, mit kunstvollem Schnitzwerk versehene Eingangstore gibt es an der ostafrikanischen Küste, wie die Ethnologin Eva Wiesauer beschreibt.[20] Das Tor als Eingang zum Haus soll zunächst durch prachtvolle Verzierungen die hohe Würde des Hausherrn verkünden. Andererseits ist mit dem Tor auch ein Abwehrzauber verbunden, um Unheil vom Haus abzuhalten. In Sansibar geschah dies durch Papierstreifen mit Koransprüchen, die man über den Türen zu befestigen pflegte. In anderen Gegenden entledigten sich die Hauseigentümer der bösen Geister durch Ziegen- und Hühneropfer beim erstmaligen feierlichen Betreten ihres Hauses.

Auch in europäischen Kulturen kann das Tor als Präsentation des würdigen Hausbewohners dienen. Man wendet dabei vielfältige Strategien an, wie vornehme Namensschilder, bunte Leuchten, noble Klingen und ähnliches, aber auch Symbole, die Böses abwehren sollen, sind verbreitet. So pflegen in Österreich, vor allem in den Dörfern, die Menschen, an ihren Eingangstüren neben der Jahreszahl die drei Buchstaben K+M+B am Beginn des Jahres hinzuschreiben. Der Hinweis auf die drei Könige des Morgenlandes – Kaspar, Melchior und Baltasar – verheißt Glück. Vorläufer dieser katholischen Symbole war das Drudenkreuz, der fünfzackige Stern, das Pentagramm, das die alten Bauern fürsorglich an die Stalltüre malten, um die Drud, die das Böse symbolisierende Hexe, oder den Teufel davon abzuhalten, Mensch und Tier Unglück zu bringen. Diese Hinweise deuten an, daß mit dem Tor zum Haus eine eigene Welt beginnt, in der der Mensch sich geschützt und geachtet sieht. Er ist den Blicken und Einflüssen von Mensch und Geistern entzogen.

Besucht jemand ein Haus, so macht er rituell auf sich aufmerksam, indem er an das Tor oder die Tür pocht bzw. eine Klingel betätigt. Kulturgeschichtlich haben sich die verschiedensten und kunstvollsten Formen entwickelt, mit denen dieses Ritual des Sich-Ankündigens durchgeführt wird. Es gibt Türklopfer, schön geschnitzt aus Holz und in vielfältigen Gestalten, z. B. geschmiedet aus Eisen, in Form von fantasievollen Hämmern. Auch erfand der Mensch schmiedeeiserne Glockenzüge und elektrische Klingeln mit den merkwürdigsten Tönen.

Alle diese Geräte deuten beim Zugang zum Haus oder zur Wohnung symbolisch die Grenze an, die nicht so ohne weiteres überschritten werden darf. Erst dann nämlich, wenn der Bewohner es für richtig hält, den Klopfenden oder Läutenden einzulassen. Auch das geschieht rituell durch Zeremonien der

Begrüßung, womit schließlich das Überschreiten der Grenze zum Haus oder zur Wohnung erlaubt wird.

In den modernen Häusern der Großstadt geschieht das Einlassen durch Betätigung eines elektrischen Impulses, der dem Wartenden die Tür öffnet, allerdings nachdem man sich über eine Gegensprechanlage davon überzeugt hat, wer vor dem Haus steht. Welche Rituale und welche Grußformeln eingesetzt werden, richtet sich nach denen, die man aufsucht: Will man eine Klosterpforte überschreiten, so empfiehlt sich ein „Gott segne Euch!", aber will man in das Büro eines sozialistischen Ministers, so ist es günstig, im Gruß nicht auf Gott zu verweisen. Besonders raffiniert gehen bettelnde Vagabunden und anderes fahrendes Volk vor. Für sie ist es nicht leicht, von vornherein zu wissen, wie sie Zugang in die Häuser, in denen sie milde Gaben erhoffen, finden. Es hat sich hier eine Tradition entwickelt, nach der Ganoven durch Zinken, das sind bestimmte Zeichen, die sie an den Häusern anbringen, ihre Kollegen darüber informieren, wie sie sich rituell verhalten sollen. Ein Kreuz als Zinke will andeuten, daß derjenige, der sich fromm gibt, fromme Sprüche hersagt, damit rechnen kann, beschenkt zu werden. Ein Hammer weist darauf hin, daß jemand, der sich als arbeitswillig darstellt, gerne aufgenommen und bewirtet wird. Es gibt noch eine Vielzahl anderer Zinken, die dem Fahrenden das Leben erleichtern. Die meisten haben mit Häusern und dem Zugang zu Häusern zu tun.

Mein Onkel, der Gemeindearzt in Schlierbach war, erzählte mir von Zigeunern, die vor dem letzten Krieg durch das Dorf gezogen waren. Einer ihrer Frauen, die ein Kind gebar, hatte er geholfen. Einige Zeit später seien andere Zigeuner gekommen. Mein Onkel stand vor seinem Haus, als der Chef der Bande vorbeikam, stehenblieb und meinte, mein Onkel brauche keine Angst zu haben, ihm würde nichts gestohlen werden, denn auf seinem Haus sei eine Zinke angebracht, die bedeute, daß er ein guter Mensch sei. Zinken und andere Symbole vermögen also darüber zu informieren, wer in dem Haus wohnt.

Es ist wichtig anzufügen, daß immer dann, wenn jemand in ein fremdes Territorium, zu einem Staatsbesuch, einem Fest, einem

Abendessen oder sonst einer Gelegenheit höflich eingeladen wird, ein Geschenk für den Gastgeber erwartet wird. Dieses Geschenk, es kann ein Blumenstrauß, teures Porzellan, kunstvoll verzierte Waffen, ein Buch oder sonst etwas sein, symbolisiert ein Anrecht auf einen würdevollen Empfang und ein prächtiges Mahl. Es handelt sich hiebei um eine rituelle Gegengabe für die zu erwartenden Gaben, denn jede Gabe verlangt eine Gegengabe.[21] Der Staatspräsident, der von einem mächtigen Kollegen finanzielle Unterstützung für sein Land erhofft, erscheint mit teuren Antiquitäten oder ähnlichem, und der Geschäftsmann nimmt zum Arbeitsessen im Hause eines Kompagnons eine Flasche teuren Schnapses mit. Es sind dies wichtige Riten, die beim Überschreiten von Grenzen eingehalten werden müssen, um die menschlichen Kontakte zu wirkungsvoll freundschaftlichen zu machen.

Alle diese rituellen Strategien weisen darauf hin, daß unser Alltag durch Grenzen bestimmt ist, und daß diese Grenzen tabu sind. Sie deuten aber auch an, daß hinter den Toren und Türen eine Welt beginnt, an der Fremde nicht so ohne weiteres teilnehmen dürfen. Und für den Eintretenden ist es wichtig, als jemand zu erscheinen, der dem Einladenden keine Gefahr bringt. Genauso ist es bei den lockeren und verschwindenden Staatsgrenzen: Der unverdächtige Autofahrer wird ohne Probleme weitergewunken. Die Rituale werden dabei immer spärlicher.

Zu den lockeren Grenzen gehören auch die Eingänge zu Sportplätzen und Theatern. Zahlt man die Gebühr für den Eintritt, so darf man sich problemlos in die neue Szenerie hineinbewegen. Allerdings ist auch hier die Einhaltung gewisser Rituale erforderlich, wie das Tragen einer spezifischen Kleidung, um die Schwelle überschreiten zu dürfen. In ein Wiener Hotel ließ man bis in die jüngste Zeit nur Herren eintreten, die eine Krawatte trugen. In einem berühmten Wiener Nachtlokal ist es heute noch so. Man kommt aber dem reichen krawattenlosen Gast heute dadurch entgegen, daß man ihm eine Krawatte anbietet.

Soll nun der Besucher huldvoll geehrt werden – dies vor allem dann, wenn man sich etwas von ihm erhofft, wie Geld, Hilfe,

Gnade oder sonst irgendwelche Vorteile –, so wird sein Empfang in der Regel mit feierlichen Ritualen umrankt. Besonders feierlich ging es zu, wenn in früheren Zeiten die allmächtigen Landesfürsten ihren Dörfern und Städten einen hoheitlichen Besuch abstatteten.

Von einem solchen Besuch, und zwar von dem einer Gräfin Waldburga in Lustenau im Jahre 1808 wird folgendes berichtet: „Die Ortsvorstehung und Richter ritten der gnädigsten Gräfin bis an die Grenze von Lustenau entgegen und begrüßten sie mit einer Ansprache. Unter Pöllerschüssen bewegte sich der Zug dem Grindel zu. Dort stand der erste Triumphbogen und in langen Reihen die Schulkinder mit Kränzen und Blumen. Die Kinder sangen bei der Ankunft der gnädigen Gräfin ein Lied und streuten Blumen. Dann folgten die Jünglinge und Jungfrauen und diesen angeschlossen in festlicher Kleidung die Hausväter, die ein Lied sangen, das nicht weniger als neun Strophen hatte. Dann war der zweite Ehrenbogen aufgestellt. Davor paradierten 24 Jünglinge in Wehr und Waffen mit Fahne, Trommeln und Pfeifen. Auf dem Wege zum Weiler standen die Hausmütter mit ihren Kindern. Dortselbst war der dritte Triumphbogen aufgestellt und bei der Kirche der vierte."[22]

Würdige Leute werden also würdig empfangen. Man rechnet es sich zur Ehre an, daß sie sich überhaupt herablassen, die eigene Welt – die Stadt oder das Haus – zu betreten. Es gibt aber nicht bloß Personen, deren Besuch höchst willkommen und erbeten ist, sondern es finden sich daneben auch Leute, die nicht im selben Maße erwünscht sind. Dazu gehören Schmuggler, Diebe, Spione und viele andere Grenzgänger, die sich mit allerhand Tricks einen einigermaßen würdevollen Eintritt verschaffen. Offensichtlich gehörte zu dieser Gruppe auch jener junge Mann, der 1972 während der Olympischen Spiele in München Aufsehen erregte. Als die Marathonläufer nach über 42 Kilometern knapp vor ihrem Ziel waren, mischte sich dieser Herr in Sportkleidung unter die abgerackerten Läufer, setzte sich, da er ja ausgeruht war, an die Spitze, lief unter dem donnernden Applaus der Tausenden Zuschauer in das Stadion ein und ließ sich für kurze Zeit als Sieger feiern.

Der Fernsehreporter, der damals den Lauf kommentierte, war, soweit ich mich erinnere, sichtlich durcheinander und murmelte nur verständnislos: „Wo kommt denn der her?" Dem Mann war es gelungen, sich als Läufer, immerhin bediente er sich der entsprechenden Symbole, auszugeben, um in den Genuß eines großartigen rituellen Empfangs zu gelangen. Die Welt lachte damals, aber sein Vater soll ihm eine Tracht Prügel verabreicht haben. Hochstapler aller Art wissen von der Bedeutsamkeit solcher Rituale. Ein nobler erschwindelter Empfang durch vornehme Menschen verschafft ihnen hohes Ansehen und viele Vorteile.

Grenzen, die nicht überschritten werden dürfen

Es gibt – dies sei ergänzend eingefügt – Plätze und Räume, die entweder nicht betreten oder nicht verlassen werden dürfen. Das Überschreiten ihrer Grenzen ist für bestimmte Personen verboten. Die Grenze bildet hier das Ende einer Welt mit einer spezifischen Kultur. Oben habe ich auf Staaten verwiesen, die ihren Bürgern untersagen oder untersagten, das Staatsgebiet zu verlassen. Nun möchte ich auf kleinere Bereiche eingehen.

Zur Abriegelung von Räumen kann es kommen, wenn befürchtet wird, daß Personen aus irgendeinem Anlaß dorthin flüchten, wenn jemand um seine noble Exklusivität bangt oder wenn eine besondere Kontrolle über Menschen ausgeübt werden soll (zum Beispiel im Gefängnis).

Im ersten Fall will man verhindern, daß Menschen sich einer Herrschaft entziehen. Aus diesem Grund wurde im August 1990 das Botschafterviertel in Tirana, der Hauptstadt Albaniens, mit einer breiten Mauer umgeben, die man oben noch mit Glasscherben auslegte, um Albaner davon abzuhalten, in einer westlichen Botschaft Zuflucht zu suchen. Noble Exklusivität wird dort angestrebt, wo Menschen ihre eigene Kultur unberührt von außen pflegen wollen und daher Schranken aufstellen. Dies ist so bei Botschaftsgebäuden, die ohne Einwilligung nicht betreten werden dürfen. Einen besonderen Charakter hatte einst der

Bezirk des chinesischen Kaisers in Peking, der treffend als „verbotene Stadt" bezeichnet wurde. Die Heiligkeit des Kaisers erhielt durch die Barriere nach außen hin ihre besondere Überhöhung.

In solchen Fällen sind es Grenzen ersten Grades, die errichtet werden, um andere Menschen vom Betreten des umgrenzten Gebiets abzuhalten. Ein anderer Grund, um Menschen das Verlassen eines Territoriums zu verbieten, kann darin liegen, daß man sie nicht einer anderen Kultur und anderen Wirklichkeiten aussetzen bzw. besser kontrollieren will. Im allgemeinen sind es Klöster, die Mitglieder an den Ort binden. Auch uns als Klosterschüler war es untersagt, das Ortsgebiet zu verlassen. In der Nähe des Klosters konnte man uns besser kontrollieren und man nahm daher an, wir würden unser Tun im Sinne der heiligen Mönche ausrichten. Einmal jedoch marschierte ein damals 16 Jahre alter Schüler – er war zwei Jahre vor mir (1955) – in den Nachbarort und geradewegs in einen Friseurladen. Dort fragte er, ob man Präservative verkaufe. Der Friseurmeister meinte, er würde solche Artikel nicht führen, und der Bursche verließ den Laden, ohne bemerkt zu haben, daß auf einem der Stühle ein Pater des Klosters, eingeseift zum Rasieren, saß. Dieser berichtete seinen Mitbrüdern von dem Vorfall, und am nächsten Tag wurde der junge Mann aus der Klosterschule gewiesen.

Das Verbot, den Bereich des Klosters zu verlassen, erfüllt also eine wichtige Aufgabe, nämlich die Insassen an die Wahrheiten des Klosters zu binden. Auch bei den weltlichen Kommunen zeigt sich ähnliches. Diejenigen, die es wagen, sich, wenn auch nur für kurze Zeit, ohne einen für die Gemeinschaft verbindlichen Grund zu entfernen, müssen damit rechnen, dafür zur Verantwortung gezogen zu werden. So war dies auch bei der sogenannten Mühl-Kommune, die ich bereits erwähnt habe. Als sogenannte „Wichtel" oder „Kleinfamilienmenschen" sahen sie auch jenen an, der ab und zu in der Nähe der Kommunensiedlung Dauerläufe unternahm. Als jedoch die klosterähnlich angelegte Kommune auseinanderfiel, war es für viele der ehemaligen Kommunarden eine freudvolle Erfahrung, sich wieder frei außerhalb des alten Terrains bewegen zu können. Bis dahin war es mit Schimpf geahndet worden, wenn Mitglieder der Kommune das Alleinsein fernab der Mauern suchten. Bemerkenswert ist, daß sowohl bei der Mühl-Kommune als auch bei den traditionellen Klöstern Mauern symbolisch andeuten, daß hier eine andere Welt beginnt. Die Grenzen dieser Welten zeigen aber auch an, daß die innerhalb der Mauern lebenden Menschen solche von einer besonderen Qualität sein wollen. Sie haben ihre spezifischen Rituale und Symbole, die sie gegenüber den Fremden auszeichnen. Der Mönch legt sich einen neuen Namen zu und erhält eine Kutte. Ebenso tat es der Kommunarde der Mühl-Kommune. Auch er lief in spezieller Kleidung herum. Auch die Tonsur, also eine Kopfrasur, wurde in gewisser Weise von den Kommunarden gepflogen, allerdings hatten sie zunächst alle, auch die Frauen, eine vollständige Glatze zu tragen.

Diese symbolische Hervorhebung geht Hand in Hand mit der Vorstellung, höherwertige Menschen zu sein, wie mir eine ehemalige Kommunardin bestätigte. Ihrer Erzählung nach hätten alle in dem Glauben gelebt, durch ihre sexuellen freien Normen einer Elite anzugehören, die sich von Kleinfamilienmenschen deutlich abhebe.

Überall wo es Grenzen gibt, gibt es auch Leute, die sie zu überschreiten versuchen, wenn nötig in unerlaubter Weise. Gewitzte Grenzüberschreiter und Schmuggler gehören ebenso wie Grenzen schlechthin zum kulturellen Leben des Menschen. Solche Grenzüberschreiter und Schmuggler haben viele Gesichter. Sie können sich als Bombenleger in Präsidentenpalästen einschleichen oder als Hochstapler einem Galadiner der englischen Königin beiwohnen. Bevor ich näher auf Leute dieser Art eingehe, ist es wichtig auf die Rituale bei der Grenzüberschreitung und das Problem des Verschwindens von Grenzen einzugehen.

Magie und Grenze

Grenzen sind heilig – dies habe ich in meinen vorhergehenden Ausführungen angedeutet und möchte es nun noch etwas genauer herausarbeiten.

Grenzen bieten Schutz, egal ob Landesgrenzen oder Grenzen eines Hauses, man kann sich dahinter zurückziehen, und bisweilen werden sie mit allen Mitteln verteidigt. Grenzen sind außerdem – dies zeigt die Urgeschichte und die Ethnologie – in nicht wenigen Kulturen eng mit magischen Praktiken verknüpft. Im Aberglauben sind es dämonische Gestalten, die die Grenzen des Hauses, eines Schlosses oder eines Territoriums bewachen. Der Fremde, der einen verbotenen Bereich ohne Erlaubnis betritt, wird erschreckt und oft übel zugerichtet. Es gibt Orte, z. B. Friedhöfe, die von solchen Dämonen – wie manche Märchen zeigen – geradezu bevölkert sind. Sie verjagen den zu verbotener Stunde Eindringenden bis zur Grenze des geheiligten Ortes. Aber auch den Dämonen sind mitunter Grenzen gesetzt, ähnlich wie den Polizisten, deren Macht bei der Jagd eines Verbrechers an der Grenze eines Landes erlischt.

Die alte magische Bedeutung der Grenze hängt wohl auch damit zusammen, daß derjenige, der eine Grenze überschreitet und ein ihm fremdes Territorium betritt, sich in eine andere, ihm mitunter verwirrende Welt begibt. Hiebei können magische Praktiken eingesetzt werden, oder man greift in alten Geschichten zur Magie, um Grenzen überhaupt überwinden zu können, wie zum Beispiel im Märchen von Ali Baba und den 40 Räubern. Durch den Spruch „Sesam öffne dich!" gibt der Berg eine riesige Höhle frei, in der Schätze aller Art glitzern und den Räubern ein schönes Leben verheißen.

Magische Tricks haben bisweilen heute noch ihre Faszination. Daran glaubt eine heute in Tirol lebende Frau, die auf eine sehr interessante und wechselvolle Vergangenheit zurückblickt. Sie hat in Deutschland, Jugoslawien und Argentinien gelebt und ist im Laufe der Jahre zu einer bemerkenswerten Schmugglerin geworden. Für sie war die Grenze etwas, das sie als Schmugglerin zu überwinden suchte. Ihre Erzählung ist als solche von einiger Spannung, daher sei ihr hier gefolgt: „Grenze bedeutet für mich nur schmuggeln, sonst nichts. Mein Mann hatte nichts übrig fürs Schmuggeln, aber mir machte es Spaß. Ich bin zwar nicht katholisch, aber mit der Hilfe des heiligen Antonius habe ich geschmuggelt, der ist der einzige, an den ich glaube. Der hat mir schon sehr geholfen. Das erste Mal hatte ich die Hilfe des Heiligen an der Lindauer Grenze zu Deutschland, knapp nach dem letzten Krieg. Ich war mit meiner Familie in Österreich, aber meine Mutter in Deutschland, und ihr wollte ich etwas bringen, in der schlechten Zeit. Von einem Bauern, bei dem wir gearbeitet haben, haben wir Speck und andere nahrhafte Sachen bekommen. Daraus habe ich ein herrliches Paket für die arme hungernde Mutter zusammengestellt. Auch eine Torte hatte ich für sie gebacken. Mein Mann hat sich inzwischen um die Kinder gekümmert, und ich bin losgefahren. Zur Grenze, zuerst einmal nach Lochau bei Bregenz. Dort saßen die Franzosen. Die wollten mich nicht nach Deutschland hinüber lassen. Meine Mutter stand auf der anderen Seite der Grenze. Dazwischen war Niemandsland. Ich habe sie nur klein gesehen. Ich habe geheult. Und ich durfte nicht hinüber. Der französische Zöllner hat geschrien: ‚Weg da, verbotenes Frau, du!‘

Ich ging nun traurig zu Bekannten, die ich in Bregenz hatte. Bei diesen war zufällig ein Herr, der mit einer Truppe fahrender Sänger gereist ist. Der hatte einen Passierschein nach Deutschland, für sich und seine Kollegen. Er hatte Mitleid mit mir und meiner Mutter und hat mich einfach auf die Liste der fahrenden Sänger gesetzt. Diesen Leuten schloß ich mich an. Sie wollten bei Lindau mit dem Zug über die Grenze. In Lindau am Bahnhof war der Zoll. Ich stand nun dort mit meinem Koffer, in dem all die herrlichen Dinge waren.

Meine Bekannten aus Bregenz hatten gemeint, ich würde mit dem Koffer niemals über die Grenze kommen, denn die französischen Zöllner würden mir alles wegnehmen. Nicht eine Zigarette darf man mitnehmen. Ich hatte nun große Angst, als ich in Lindau mit meinem Koffer am Bahnhof stehe. Ich betete jetzt zum heiligen Antonius: ‚Bitte mache mich unsichtbar! Ich will eine Tarnkappe!‘ Ich gebe dem Zollbeamten meinen Paß. Wir standen direkt an der Zollschranke. Ich betete zum heiligen Antonius, und auf einmal stehe ich am Bahnhofsplatz in Lindau – ich war bereits in Deutschland. Ich weiß nicht, wie ich da hingekommen bin. Ich weiß das bis heute nicht. Plötzlich stand ich da. Jeder hat mir gesagt, das gibt es nicht, du mußtest an den Zollschranken vorbei, es gibt keinen anderen Ausgang. Ich habe gesagt: Ich weiß es nicht. Ich bin plötzlich am Bahnhofsplatz gestanden. Ich muß unsichtbar gewesen sein." Diese Frau glaubt also fest an die magische Praktik des Gebets zum heiligen Antonius.

Auch in anderen Situationen habe ihr der freundliche Heilige geholfen: „Meine Tochter Monika hat sieben Kinder. Einer ihrer Söhne, Matthias, hat Cello gelernt. Als dieser etwas älter wurde, brauchte er ein größeres Cello. Wir fuhren nun, das war 1985, von Innsbruck nach Mittenwald. Mittenwald ist ja berühmt als die Stadt der Geigenbauer. Wir sind also zum Geigenbauer gegangen und haben dem Buben ein neues Cello gekauft. Das war sehr, sehr teuer. Der Zoll wäre entsprechend hoch gewesen. Wir wollten nun das Cello hinüber nach Österreich schmuggeln. Meiner Tochter war bei dem Gedanken, das Cello zu schmuggeln, übel zumute. Ich beruhigte sie. Kurz vor der Grenze haben wir den Cellokasten mit Erde eingerieben, daß er nicht so neu aussieht. So sind wir an die Grenze gekommen. Der österreichische Zöllner fragte: ‚Haben Sie etwas gekauft? Haben Sie etwas mit, was Sie am Hinweg nicht mithatten?‘ Sage ich: ‚Ja, Weißwürste.‘ Sagt er zu mir: ‚Fahren Sie einmal dort hinüber zum Zollhäusl.‘ Um Gottes willen, dachte ich mir. Meine Tochter Monika wird blaß. Und ich betete zum heiligen Antonius: ‚Mach das Cello unsichtbar!‘ Jetzt forderte der Zöllner uns auf: ‚Machen Sie den Gepäckraum des Autos auf!‘ Wir tun dies. Hier lag nun das Cello. Er nahm es und stellte es neben sich hin und untersuchte die Radkappen nach Rauschgift. Das ganze Auto hat er untersucht. Dann sagte er: ‚Sie können weiterfahren.‘

Der Matthias nimmt das Cello und stellt es rein. Der Zöllner hat das Cello nicht gesehen. Das war der heilige Antonius!" Und lachend fügte sie hinzu: „Das wußten Sie auch nicht, daß der heilige Antonius unsichtbar machen kann. Ich spende dem heiligen Antonius in der Kirche immer wieder etwas. Auch meine Tochter Monika spendet ihm ordentlich in seinen Opferstock, weil der Schmuggel mit dem Cello gut ausgegangen ist. Der heilige Antonius wird von uns bestens bedacht."

Hier haben wir es mit klassischer Magie zu tun, denn der Heilige wird durch Opferungen und Gebete aktiviert, um den freundlichen Schmugglern zu helfen. Auch der heilige Josef gilt übrigens als Freund der Schmuggler. Beide Heiligen werden also magisch mit der Grenze in Verbindung gebracht. Die an sie gerichteten Hilferufe verweisen auf Grenzen, die Barrieren zu anderen Welten sind, in die man nicht so einfach gelangen kann. Aber auch darauf, daß Grenzen mitunter etwas Dämonisches und Abweisendes darstellen. Dies mag zu der Vorstellung geführt haben, daß besondere überirdische Wesen unter bestimmten Umständen – wenn geopfert wird – ihre Hilfe anbieten.

Rituale bei der Überwindung von Grenzen

Häufig sind Übergänge von einem Raum in einen anderen mit besonderen Ritualen verbunden. Darauf habe ich aber schon hingewiesen. Hier will ich näher auf die Rituale an starren Grenzen eingehen. Je starrer die Grenze, um so komplizierter scheint das Ritual zu sein, das beim Übertreten der Grenze verlangt wird. Es ist jedoch gleichgültig, ob es sich dabei um Grenzen zu Staaten, Grundstücken oder Häusern handelt. Diese Rituale reichen vom Herzeigen eines Dokumentes bis hin zu einem freundlichen Gruß und dem Vorweisen eines Blumenstraußes.

Zunächst interessieren die Rituale an den Landesgrenzen mit ihren Grenzsoldaten und Zollbeamten. Besonders strenge Rituale sind beim Überwinden von Grenzen ersten Grades zu beobachten. Hier möchte ich eine kleine Geschichte voranstellen, die anschaulich zeigt, welche Bedeutung Symbole und Rituale für die Überschreitung derartiger Grenzen haben. Im Jahre 1945 hielten sich in Irdning im steirischen Ennstal, damals englische Besatzungszone, viele Flüchtlinge aus Wien und anderen Orten auf. Sie wollten, nachdem der Krieg zu Ende war, wieder nach Hause gelangen. Doch es war praktisch unmöglich, in die sowjetische Besatzungszone, zu der Wien gehörte, einzureisen. Die Sowjetsoldaten sollen sogar von Amerikanern ausgestellte Passagierscheine nicht anerkannt haben.

Die Demarkationslinie war also kaum zu überwinden. Da kam der damalige Bürgermeister von Irdning, es war im Sommer 1945, auf eine interessante Idee. Er ließ ein Dokument anfertigen, auf dem in deutscher, englischer und russischer Sprache stand, daß die betreffende Person in Irdning wohnhaft und ein Flüchtling, zum Beispiel aus Wien, sei, und daß gegen seine Abreise nichts einzuwenden wäre. Schließlich wurden alle „Dienststellen und Behörden" aufgefordert, ihn oder sie ungehindert reisen zu lassen. Unterschrieben war das Dokument vom Bürgermeister Matthias Mayerl. Um dieser „Bescheinigung" eine besondere Gewichtung zu geben, versah sie der Bürgermeister mit allen ihm in Irdning zu Verfügung stehenden Stempeln, unter denen sich derjenige des Pfarramtes, des Turnvereines, des Roten Kreuzes, ein Stempel mit den Heiligen Peter und Paul und andere befanden. Dadurch erhielt das Dokument eine besondere Heiligkeit, die die sowjetischen Soldaten beeindruckte und die Leute konnten passieren.

Dies sprach sich herum, so daß der Bürgermeister um die Ausstellung weiterer „Pässe" ersucht wurde. Als man dem Bürgermeister später auf die Schliche kam, wurde er verhaftet.[23]

Der Bürgermeister hatte also in klassischer Manier einen „Paß" erzeugt, ein Dokument, mit dem man passieren kann; in diesem Fall eine Grenze ersten Grades. Und eine solche ist schwer zu überwinden.

Aus eigener Erfahrung kannte ich die ehemaligen Grenzübergänge in Berlin. Um vom Westen in den Osten der Stadt zu kommen, benötigte man ein Visum, mußte einen bestimmten Geldbetrag umwechseln und hatte einen Nachweis über die geplanten Nächtigungsstationen zu erbringen. Dies wurde von einem DDR-Soldat oder einer DDR-Soldatin überprüft.

Gleichzeitig wurde der Proband mit anderen durch enge Gänge weitergeschoben und räumlich abgegrenzt. Man widmete sich ihm speziell hinsichtlich diverser Gegenstände, wie gefährlicher Bücher und fremder Währung. Und wenn er schließlich als geeignet empfunden wurde, die Grenze zu überschreiten, so stellte man ihm ein Formular aus und winkte ihn weiter. Das Formular mußte bei der Rückkehr in den Westen wieder abgegeben werden.

Dieses Übertrittsritual an der Grenze bewirkte in dem nach Osten strebenden Menschen das Gefühl einer ständigen Kontrolle. Ihm wurde angedeutet, daß er sich nun in eine Welt begibt, in der man sorgfältig darauf achtete, daß die hier übliche Wirklichkeit nicht gestört werde. Durch das Ritual des Grenzüberganges geht der Einreisende in eine andere Wirklichkeit über. Ihm wird klargemacht, daß er keine Gegenstände mit sich führen darf, die geeignet sind, die Menschen auf der anderen Seite zu entsetzen oder zu verwirren. Ein „ordentlicher", disziplinierter Mensch, so will es das Ritual, betritt eine andere Welt. Der Grenzübergang gestaltet sich auch bei anderen Grenzen ersten Grades prinzipiell ähnlich, wie etwa am Jordan, der Grenze zwischen Israel und Jordanien.

Um fremde Menschen, die vom braven Bürger in der Masse als gefährlich empfunden werden, fernzuhalten, werden oft auch bei lockeren Grenzen strenge Rituale und Kontrollen eingesetzt. Zu diesen Ritualen gehören das Vorweisen von Aufenthaltsbewilligungen, Einreiseerlaubnissen und ähnlichen Dokumenten. Der Menschenschmuggel mit seinen Schleppern, wobei im Verlauf der Darstellung darauf noch einzugehen sein wird, setzt hier intensiv ein.

Erschwernisse der Einwanderung finden sich in den traditionellen Einwanderungsländern, die heute Angst davor zu haben scheinen, daß zu viele Menschen ihre alte Heimat verlassen, um in „Ländern der unbegrenzten Möglichkeiten" eine angenehmere Existenz aufbauen zu können. Die Freiheitsstatue, ein altes Symbol der Einwanderung, hat an Bedeutung verloren. Unter ihrem Zeichen bemühen sich heute kleinliche Beamte, die Zahl der Eindringenden so gering wie möglich zu halten. Von Ritualen des Grenzübertrittes berichtete mir auch ein alter Bekannter aus meinem Heimatort Spital am Pyhrn in Oberösterreich.[24] Der Mann hatte vor dem Krieg in Südafrika und Australien mit einem Mittel gegen Hühneraugen, dessen Rezept er von einem österreichischen Emigranten in Johannesburg erhalten hatte, gute Geschäfte in Großkaufhäusern gemacht. Seine Absicht war es, dieses Mittel bei der Weltausstellung in San Francisco im Jahre 1938 in einer eigenen Koje anzupreisen. Deswegen hatte er sich bereits in Australien ein Visum für die USA, das damals, 1938, nicht so leicht zu bekommen war, besorgt. Das Problem war, daß dieses Visum in seinen österreichischen Paß gestempelt war, denn als er nach einem kurzen Heimaturlaub in den oberösterreichischen Bergen nach den USA reisen wollte, existierte Österreich nicht mehr, und der alte Paß hatte seine Gültigkeit verloren.

Dennoch begab er sich im Juni 1938 mit diesem Paß nach London, wo er das Schiff nach den USA nehmen wollte – erfolglos, denn die Schiffspassage wurde ihm verweigert, da sein Paß mit dem Anschluß Österreichs an Deutschland ungültig geworden war. In seiner Not suchte er nun die deutsche Botschaft in London auf und schilderte dort sein Problem. Der Botschafter erklärte ihm, dies sei einfach zu lösen, indem man lediglich das Visum für die USA aus dem alten Paß schneiden und in den neuen deutschen Paß kleben müsse.

Der Botschafter ließ alsdann Vorkehrungen treffen und versah die Klebestelle mit zwei Hakenkreuzstempeln. Somit war amtlich bestätigt, daß das Deutsche Reich nichts gegen die Ausreise dieses Mannes einzuwenden hatte.

Im Reisebüro erhielt er mit diesem Visum das Ticket für den Dampfer nach den USA. In New York legte das Schiff an, und die Passagiere konnten von Bord gehen. Zum Einreiseritual gehörte, daß spezielle Offiziere die Ankommenden nach einem bestimmten System prüften und sie nach ihrer Herkunft, ihren Absichten, ihrem Vermögen und ähnlichen Dingen fragten. Diejenigen, deren Visum gefälscht aussah oder die politisch verdächtig schienen, brachte man in ein Anhaltelager auf Ellis Island bei New York. Auch unser Mann mußte in dieses Lager. Darüber erzählte er: „Unter vielen Einwanderern blieb ich tagelang in diesem Lager. Dann holte mich ein Beamter und brachte mich vor einen Richter. Dieser fragte nach meinem Namen, meinem Beruf, meiner Herkunft und dem Ziel meiner Reise. Dabei blätterte er in dem Paß und besah das Visum genauer. Da schrie mich der Richter an: ‚Sie haben in Ihrem Paß ein Visum der USA, und das ist mit einem Hakenkreuzstempel geschändet worden!‘ Und weiter meinte er: ‚Ich erkläre dieses Visum daher für ungültig. Ihre Einreise ist damit verweigert. Mit dem nächsten Schiff werden sie nach Deutschland deportiert!‘ Mich traf das furchtbar, denn ich bin in meinem Wesen als Weltenbummler ein Kosmopolit.

Und die deutsche Staatsbürgerschaft hatte ich nur durch Zufall. Nun stand in meinem Paß: ‚deported‘. Nun war ich abgefertigt und sollte verjagt werden. Der Beamte führte mich aus dem Auffanglager hinaus. Er hielt ein Taxi an und gab dem Fahrer die Anweisung, zum Hafen zu fahren, wo zufällig ein deutsches

Schiff mit dem Namen ‚Hans' vor Anker lag. Auf dieses begleitete mich der Beamte. Er ließ den Zahlmeister holen und forderte ihn auf, mich auf dem Schiff zu arretieren. Der Zahlmeister nickte. Der mir unsympathische Einwanderungsbeamte ging von Bord. Der Zahlmeister erklärte mir, er müsse mich nun in die Arrestzelle des Schiffes sperren. Dort würde ich so lange bleiben, bis das Schiff amerikanisches Hoheitsgewässer verlassen hat. Das Schiff fuhr los, und nach drei Meilen entließ man mich aus der Zelle. Ich war nun wieder ein freier Mann, aber mein Plan, in San Francisco auf der Weltausstellung mein Hühneraugenmittel anzupreisen, war dahin."

An strenge Grenzrituale erinnern auch jene Rituale, die verhindern sollen, daß wenig würdige Personen in die heiligen Hallen von Staatspräsidenten, Äbten, großen Managern, Chefs von Versicherungen und ähnlichen Leuten eindringen. Der Besuch bei einem Präsidenten geht gewöhnlich so vor sich, daß der das heilige Gebäude betretende gewöhnliche Mensch von Polizisten gefragt wird, ob er überhaupt eine Einladung oder sonst eine Erlaubnis habe. Dann folgt eine kurze, aber intensive Kontrolle der Person des Betreffenden hinsichtlich Waffenbesitzes. Schließlich und endlich wird der Besucher weitergeleitet, in einen Raum, wo er auf die erlauchte Person zu warten hat.

Um zu hohen Beamten zu gelangen, bedarf es prinzipiell der Überwindung einiger Barrieren. Kleine Beamte in Dienerfunktion erwarten den Vorsprechenden, der ebenso eine Einladung haben muß, führen ihn in eine Art Wartezimmer, wo Sekretärinnen in Leibwächterfunktion eine gewisse Kontrolle über den Menschen auszuüben beginnen. Sie melden den Besuch weiter. Und nach einiger Zeit wird der Besucher schließlich in ein würdiges Zimmer gebeten, in dem der hohe Herr ihn empfängt. Die Wartezeit spielt eine gewisse Rolle, um die Würde der wichtigen Person zu unterstreichen. Er gibt dadurch kund, daß er nicht gleich empfängt, sondern es von seiner Huld abhängt, daß er überhaupt jemanden zu sich heranläßt. Die Grenze zu hohen Beamten ist also nicht so ohne weiteres zu passieren.

Genaue Rituale und Schritte sind einzuhalten, um schließlich zu dem würdigen Herrn zu gelangen. Etagen von Vorstandsdirektoren und ähnlichen Leuten sind für gewöhnlich überhaupt nicht zugänglich. Bereits die Portiere bedeuten ganz allgemein eine Barriere für den Eintretenden und schließlich sind es nicht nur Sekretärinnen, die die Grenze symbolisieren, sondern fest verschlossene Türen, die nur mit speziellen Codekarten geöffnet werden können. Personen, die im Besitze solcher Karten sind, gehören zum erlauchten Kreis der Firma, sie können Fremden damit einen Eintritt verschaffen. Für gewöhnlich sind es jedoch die Sekretärinnen, die nach entsprechender Nachfrage mittels elektrischer Kontakte die Tür zu der Heiligkeit der Chefetage öffnen.

Dem Besucher werden also sehr klar die Grenzen gezeigt, hinter denen der Beamte oder der Chef thronen. Die geografischen Grenzen der Türen, aber auch die Lage in einem hohen Stockwerk symbolisieren den Abstand zum gewöhnlichen Menschen. Grenzen dieser Art sind wichtig, um die Erhabenheit auszudrücken.

Grenzen ersten Grades sind auch die Grenzen zum Gefängnis. Für jemanden, der weder zu den Gefangenen gehört noch zu den Bewachern dieser Leute ist es nicht so einfach, in diese Institution zu gelangen. Für gewöhnlich erhalten nahe Angehörige die Erlaubnis, ihr vom rechten Weg abgewichenes Familienmitglied zu bestimmten Zeiten, meist einmal im Monat, für eine halbe Stunde oder einen ähnlichen Zeitraum aufzusuchen. Zu diesem Zweck erhalten sie von den Beamten einen Passierschein.

Das Gespräch mit dem Insassen findet dann in einem eigenen Gesprächszimmer statt, bei dem Besuchende und Besuchte einander gegenüber sitzen, getrennt durch einen langen und breiten Tisch, an dessen oberem Ende ein Justizwachebeamter Platz genommen hat, der darauf achtet, daß kein Schmuggelgut über den Tisch geht. Außerhalb dieser gesetzlich geregelten Besuchsmöglichkeiten gibt es noch die Chance, über eine Erlaubnis des zuständigen Bundesministeriums zum Beispiel aus wissenschaftlichen Gründen ein Gefängnis betreten zu dürfen. Dabei läuft der Kontakt über das Ministerium. Die Gefängnisoberen werden gebeten, den betreffenden Leuten Zugang in das

Gefängnis zu gewähren. So war es auch, als ich einmal mit 20 Studenten ein österreichisches Gefängnis aufsuchte. An dem gut abgesicherten Gefängnistor erzählte ich, daß ich mit Studenten für einen Besuch angemeldet wäre. Der Beamte vergewisserte sich der Richtigkeit meiner Angaben und informierte seinen Vorgesetzten. Dann wurden wir eingelassen und genau abgezählt. Der Chef des Gefängnisses empfing uns und teilte uns einen Herrn zu, der uns durch die Hallen des Gefängnisses führte und uns allerhand Dinge über den Strafvollzug erzählte.

Es war eine Grenze ersten Grades, die wir hier passierten. Zwei klar unterschiedene Welten werden durch die Schwelle zum Gefängnis hergestellt. Symbolisch und rituell wird diese Trennung aufrechterhalten. Zu den Ritualen gehören nicht nur das kontrollierte Gespräch mit den Besuchern, sondern auch die Zensur von Briefen und Literatur. Hinter den Mauern soll nur eine Wirklichkeit herrschen.

Grenzöffnung

Wir haben gesehen, daß Grenzen im Alltag der Menschen ständig gegenwärtig sind und daß Menschen mit Grenzen zu leben haben.

Nun will ich zeigen, daß vor allem der Wegfall von starren Grenzen häufig mit Ritualen verknüpft ist. Aber auch die Probleme, die nach solchen Grenzöffnungen einsetzen, sind im folgenden zu diskutieren.

Um dies an einem kleinen Beispiel zu studieren, fuhr ich im Juli 1990 mit dem Fahrrad nach Weitra unweit der Grenze zur Tschechoslowakei. Ich nahm in einem Bauerngasthaus Quartier und besuchte am nächsten Tag den feierlichen Akt der Öffnung eines Grenzüberganges. Eine Welt, die am Eisernen Vorhang geendet hatte, sollte nun geöffnet werden.

Es war also eine Grenze ersten Grades, die hier feierlich aufgehoben werden sollte. Und gerade, weil es sich um eine strenge, undurchlässige Grenze handelte, die Menschen Angst einflößte, geschah ihre Beseitigung und ihre Änderung in eine durchlässige und liberale Grenze – also in eine zweiten Grades – symbolisch und rituell in besonderer Weise.

In Pyhrabruck, nahe von Weitra, sollte ein kleiner Grenzübergang zunächst nur für Radfahrer und Fußgänger aufgemacht werden. Dort, wo früher eine Reichsstraße von Budweis nach Krems führte, war nichts geblieben als ein Feldweg bis hin zum Eisernen Vorhang, der nun eine Verbindung nach Norden bekommen sollte, in eine andere, fremde Welt, in der einst Freunde und Verwandte gelebt hatten und vielleicht auch noch leben.

Ich fuhr also mit dem Fahrrad nach Pyhrabruck. Auf einer großen, auf einem Hügel gelegenen Wiese, durch die der Feldweg führte und wo eine provisorische Grenzstation eingerichtet war, trafen einander die Bürgermeister und ihr Gefolge aus den Nachbarorten Weitra und Novy Hrda, das früher Grazen genannt worden war.

Die Bürgermeister hielten Ansprachen und hießen einander mit Brot und Salz willkommen. Der Bürgermeister von Weitra erwähnte in seiner Rede, daß diese Straße früher den Namen Kaiserstraße getragen hatte und nach dem Zweiten Weltkrieg gesperrt worden war. Die Nachbarorte hätten unmittelbar beieinander gelegen und dennoch hätten deren Bewohner kein Wort miteinander wechseln können. Nun hätten sich die Nachbarn zur Freundschaft die Hand gereicht. Er führte weiter aus: „Eine aufstrebende Entwicklung in unseren Ortschaften und Städten kann nur erfolgen, wenn dieser Grenzübergang wieder geöffnet wird ...“ Ein anderer Honoratior betonte: „Ihr werdet verstehen, daß wir uns mit euch freuen, wir, die wir das Glück hatten, diese Jahre in Frieden und Freundschaft zu leben. Durch ein halbes Leben wurden wir durch Stacheldrähte und Türme gehindert, daß wir gemeinsame frohe Stunden verbringen hätten können. Wir sind gemeinsam froh und glücklich, daß wir diesen Tag erleben dürfen. Man soll nicht von Frieden und Freundschaft reden, sondern danach handeln. Wir freuen uns, mit euch diesen Tag erleben zu dürfen.“

Eine Dolmetscherin übersetzte die Worte ins Tschechische. Applaus ertönte von beiden Seiten, und nun wurde auch den Ehrengästen Salz und Brot zur Begrüßung gereicht. Damit war die Grenze rituell geöffnet, und die Menschen strömten aufeinander zu. Die Zöllner, für die diese Grenze nun zu einer lockeren, wenig kontrollierten, also zu einer Grenze dritten Grades wurde, betrachteten die Pässe nur oberflächlich und hinderten die Menschen nicht daran, in die andere Welt, die ihnen bis jetzt verschlossen gewesen war, zu ziehen.

Es herrschte Erleichterung und Freude. Diese besondere Feier mit ihren Ritualen und Symbolen deutete den Übergang an von einer Zeit, in der hier Menschen durch eine starre Grenze voneinander geschieden waren, zu einer neuen Zeit, in der die Schranken keine Bedeutung mehr haben.

Ich schob mein Fahrrad über die Grenze. Eine Frau, Mitte sechzig, aus Grazen stammend und Volksdeutsche, wie sie sich bezeichnete, überquerte wie ich mit dem Fahrrad die Grenze. Sie erzählte mir von ihrer Freude und auch von den Problemen, die sie früher als Deutsche hier gehabt hatte. Sie meinte jedoch, ein intelligenter Mensch hasse nicht. Sie schilderte mir auch ihre Gedanken: „Hier hat die Welt aufgehört für uns. Ich habe mich immer gefragt, ob das viele Blutvergießen hier an der Grenze notwendig war. Jetzt sind wir dort, wo wir vor hundert Jahren waren. Die Leute, die von hier geflohen sind, für die war es ein Glück, denn denen geht es allen besser als uns. Die Alten, die kommen aus Heimweh hierher. Ein Mensch, der sich nicht seiner Heimat erinnert, ist kein echter Mensch." Sie war Arbeiterin in einer Molkerei und hatte die tschechische Sprache erst erlernen müssen. Aber sie zeigte sich mir gegenüber als eine Frau mit weitem Herzen, die sich gegen jene wehrte, die „Klappen vor den Augen haben".

Mit anderen Frauen, die früher hier zu Hause gewesen waren, besuchte ich den Friedhof und merkte, daß viele Grabsteine deutsche Namen trugen. Ich erfuhr von den Frauen, daß sie das erste Mal seit 1945 wieder hier waren. Sie suchten die Gräber ihrer Eltern. Eine alte Frau sagte zu mir: „Es ist ein schöner und ein trauriger Tag zugleich heute. Bis 1945 waren wir hier zu Hause. Dann mußten wir Hab und Gut verlassen. Wir haben viel mitgemacht. Es tut einem weh, wenn man zurückdenkt, denn das hier war unsere Heimat. Wir hätten nicht dableiben können, wir hätten das nicht ausgehalten. Wir können uns jetzt mit den Menschen, den Tschechen, nicht verständigen." Diese Frau war auf dem Friedhof, dessen deutsche Gräber von den Tschechen hier geachtet wurden, ihrer alten Heimat und deren Menschen nahe. Es war eine alte Welt, die vor ihr hier erstand. Sie gehörte hierher, war aber dennoch eine Fremde, wie der Hinweis darauf, daß sie sich mit den ortsansässigen Leuten nicht verständigen könne, andeutete.

Am Eingang des Dorfes, gleich nach dem Friedhof, war ein Transparent angebracht, auf dem in deutscher Sprache zu lesen stand: „Willkommen – Gutes Bier und schöne Frauen, es sind Gaben unserer Heimat." Dies zeigte die Bereitschaft an, miteinander zu leben und zu feiern. Das gute tschechische Bier rann in Strömen. Bier ist das klassische rituelle Getränk. Hier, wo ein vollkommen neuer Zustand mit dem Wegfall der alten Grenze hergestellt wurde, bedurfte man des Rituals, um sich den Übergang klarzumachen und zu verinnerlichen. Daß dabei der Alkoholgenuß eine große Rolle spielt, ist im Sinne einer derartigen rituellen Feier, denn diese wird erst zu einer solchen, wenn ein berauschendes Getränk gereicht wird, ganz im Stile des alten griechischen Symposions, bei dem der Wein eine große Rolle spielte.

Auch ich langte beim dargebotenen Bier zu und trank auf das Wohlsein der Menschen hier, die die Grenzöffnung rituell begingen. Es war nur die Feier an einem kleinen Grenzübergang, die ich hier miterleben durfte; durchaus ähnlich, aber im rituellen Akt des Feierns ungleich weitschweifiger, wilder und berauschender war das spontane Fest anläßlich des Falles der Berliner Mauer.

Auf die Rituale beim Fall der Mauer, weniger auf die politischen Plänkeleien, die diesen Fall begleitet haben, möchte ich nun näher eingehen. Mir geht es vorrangig um das Erleben der Menschen. Unzufriedenheit mit der politischen Führung, wirtschaftliche Probleme und das Wissen von einem schönen freien Leben im Westen hatten schon vorher eine Vielzahl von Menschen veranlaßt, über die durchlässig gewordene ungarische Grenze in den Westen zu fliehen. Immer mehr Menschen suchten in den Aufnahmelagern Schutz. Sie konnten sich der Unterstützung ihrer westlichen Landsleute sicher sein und mit einem guten Begrüßungsgeld rechnen. Dieses Begrüßungsgeld hatte einen hohen symbolischen Charakter, denn es verdeutlichte die Bereitschaft der Bundesrepublik, Menschen aus dem Osten aufzunehmen.

Das alte verknöcherte System mit seinen starren und korrupten Funktionären wurde offener in Frage gestellt, und endlich zogen die Menschen in Leipzig, Dresden und Berlin auf die Straßen. Eine Volksbewegung entstand innerhalb von Stunden. Menschen, die es bis dahin nicht gewagt hatten, öffentlich Kritik zu üben, liefen den Revolutionären nach. Die politischen Machthaber sahen, daß der Polizeiapparat nicht mehr funktionierte, und verloren zusehends die Kontrolle. Wie westdeutsche Zeitungen berichteten, kam es in dieser Situation – eher durch Irrtum und um die aufgebrachte Menge gnädig zu stimmen – zu der unfaßbaren Information, daß Menschen der DDR problemlos mit einem Paß über die Grenze in den Westen gehen könnten. Diese Nachricht erreichte die Leute am Abend. Sie fluteten zur Grenze, sie konnten es nicht glauben, was hier ausgesprochen wurde. In heiterer, gelöster Stimmung bewegte sich die Menge zur Mauer, zum Checkpoint Charly, dem klassischen Grenzübergang. Die verwirrten Grenzsoldaten ließen die Menschen passieren. Unglaubliches spielte sich ab.

Auch aus dem Westen waren die Leute zur Mauer gelaufen und feierten nun mit den Menschen aus dem Osten das Fallen der alten Grenze. Ein spontanes Fest mit deutschen Farben, Liedern und auch mit Alkohol entwickelte sich. Tränen standen den Leuten in den Augen, und sie feierten das Ende einer Teilung, einer Grenze, die Menschen und Wirklichkeiten voneinander getrennt hatte.

Ein junger Mann, ein Bekannter meiner Tochter, der zu dieser Zeit Ost-Berlin besuchte, erzählte ihr am nächsten Tag: „Um drei Uhr früh wurde ich von meinen Freunden geweckt. Sie sagten mir, die Mauer sei offen. Ich konnte dies nicht glauben. Ich glaubte, dies sei ein Spaß. Ich bin zur Mauer gelaufen, meine Straße, in der ich wohne, geht direkt zur Mauer hin." In diesem Moment sah er zum ersten Mal, daß seine Straße auf der anderen Seite der Mauer weiterlief.

Hier zeigte sich symbolisch, wie durch das Öffnen der Mauer eine Straße wieder ihre alte Existenz erhielt. So meinte der junge Mann auch zu meiner Tochter: „Ich habe nicht gewußt, daß meine Straße so lang ist." Diese Worte verweisen auf das Dilemma der Mauer.

Die Berliner Mauer war im August 1961 errichtet worden. Brutale Strategien hatten die Bürger der DDR daran gehindert, ihrem Staat zu entfliehen. Junge Menschen starben an der Grenze, getroffen von den Kugeln der Grenzsoldaten, und nun hatte die Mauer ihre Bedeutung und ihren Schrecken verloren. Mit Wein- und Bierflaschen in der Hand stürmte man auf die Mauer und schrie sich heiser vor Freude. Ein unglaublicher Tumult deutete das Ende einer grausamen Grenze an, einer

Grenze ersten Grades, die gewaltsam Menschen und Welten auseinandergehalten hatte.

Das Ritual dieser ersten Nacht der Freiheit wurde in den nächsten Tagen und Wochen fortgesetzt, als Künstler aus ganz Europa sich daranmachten, die Mauer von Berlin zu bemalen. Auf der westlichen Seite waren schon seit Jahren allerhand Bilder mit eigenartiger Symbolik aufgemalt worden. Die östliche Seite war grau geblieben. Nun konnte diese Seite ebenfalls bemalt werden, was auch geschah. Man sprach von der „längsten Galerie der Welt". Das vielleicht symbolisch eindrucksvollste Bild zeigt einen Trabi – das DDR-Auto Trabant —, der durch die Mauer fährt. Ein Teil dieser Mauerbilder wurde später versteigert. Die Mauer wurde auch zum Gegenstand des Scherzes. So stand auf einem T-Shirt zu lesen: „Ich will meine Mauer wiederhaben." Und in Manchester, England, so wird erzählt, gibt es ein Filmgelände, auf dem ein Stück der Mauer mit dem berühmten Checkpoint Charly nachgebaut worden ist.

Die Mauer, das wichtigste Symbol der alten, starren Grenze, wurde schließlich von eifrigen Andenkenjägern mit Hammer und Meißel bearbeitet, und jeder wollte ein Stück der Mauer haben. Freundlich nannte man diese fleißigen Leute „Mauerspechte". Auch meine Tochter wollte ein Stück aus der Mauer brechen. Es gelang ihr aber nicht, und so bat sie einen Herrn, der an der Mauer werkte und mit österreichischem Akzent sprach, ihr doch zu helfen. Der freundliche Herr stellte sich dann als Wiener vor, der in Berlin an der Universität Mathematik unterrichtete. Meine Tochter erhielt einige Mauerstückchen, von denen sie auch mir eines schenkte. Besonders wertvoll waren diejenigen, die auch etwas von der Bemalung erkennen ließen. Formell wandelte sich die Mauer zunächst in eine Grenze dritten Grades um. Die Grenzbeamten nahmen die Kontrolle nicht mehr ernst. Dies merkte meine Tochter, als sie den Checkpoint Charly passierte. Sie fragte den Beamten, indem sie ihm ihren Paß zeigte, wie sie als Österreicherin hinüberkäme, ob sie ein Visum brauche oder ähnliches. Der Mann war offensichtlich durch die neue Situation verwirrt und meinte zu meiner Tochter, er müsse seinen Vorgesetzten fragen. Sie solle mit ihrer Freundin kurz warten. Und außerdem bat er sie: „Stellen Sie sich an meine Stelle hierher und lassen sie niemanden durch, bis ich wiederkomme." Dies erheiterte meine Tochter und erschien ihr unglaublich, da man hier noch einige Tage zuvor mit äußerster Strenge die Grenze kontrolliert hatte.

Kurz darauf verschwand auch der Checkpoint Charly, und wieder einige Zeit später kam es zur sogenannten „Wiedervereinigung" der beiden Deutschland. Dieses schnelle Verschwinden der alten Grenze deutete allerdings für den erfahrenen Menschen bereits das Aufkommen neuer Schwierigkeiten an. Zu mir meinte daher einer meiner Ostberliner Freunde von der Humboldt-Universität: „Es wäre gescheiter gewesen, die Grenze nicht so schnell zu öffnen. Ich hätte mich als Politiker hingestellt und hätte mit dem Kopf über die Mauer geschaut und gesagt: „Wir wollen uns vereinigen. Jetzt laßt uns einmal verhandeln!" Doch der Lauf der Dinge ließ sich nicht mehr aufhalten. Es gab auch warnende Stimmen, die meinten, die DDR hätte einiges anzubieten, wie soziale Errungenschaften und ein gutes Schulsystem. Man solle dies in die Diskussion einbringen, aber auf sie hörte man nicht. Die Menschen zogen vielmehr in den Westen der Stadt und liefen in die Kaufhäuser, wo sie den Überfluß an Waren anstarrten. Ein englischer Schauspieler, der dies miterlebte, meinte dazu in einem Radiointerview: „Ich sah die Gesichter der Leute, die, als die Mauer fiel, nach West-Berlin kamen. Ihre Gesichter waren voll Gier nach dem Einkaufen. Sie wollten auf jeden Fall einkaufen!"

Die Leute aus dem Osten sahen nun den Weg in das Schlaraffenland des Westens freigemacht. So wird auch berichtet von Menschen aus der Tschechoslowakei, die nach der Grenzöffnung in die Läden des Waldviertels und Mühlviertels eilten und dort das Warenangebot bestaunten, ohne etwas zu kaufen. Von Studenten der Humboldt-Universität stammt der Spruch: „Der Sozialismus hat abgewirtschaftet, den Kapitalismus wollen wir nicht, da bleibt uns nur noch der Alkoholismus." Und tatsächlich, nach einigen Monaten, als man vom Westen aus daranging, das alte Wirtschaftssystem zu ändern, tauchten die ersten Probleme auf. Arbeitslosigkeit deutete sich mit der Übernahme neuer Wirtschaftsstrategien an. Ein altes, verlottertes Wirtschaftssystem verlangte seine ersten Opfer. Dies bewirkte Unzufriedenheit, und mein Freund von der Humboldt-Universität schrieb mir: „Viele der kleinen Leute haben die Euphorie des Herbstes weggesteckt und erkannt, daß sie zum x-ten Male in ihrem Leben die Zeche bezahlen, daß sie den bescheidenen Rahmen sozialer Sicherheit verloren haben und sich im Regen stehen fühlen. Es scheint sich zu erfüllen, daß die Menschen der alten DDR zu Deutschen zweiter Klasse werden. Der Frust über den unvorbereiteten Stoß in die neuen Bedingungen, das Überstülpen der bisher westdeutschen Gesetze und Regeln, ohne nur den geringsten erkennbaren Versuch, etwas Klitzekleines unserer Verhältnisse einbringen zu können, und die verlorenen sozialen Sicherheiten äußern sich furchtbar."

Für den Intellektuellen, der an den Sozialismus geglaubt hatte, brach eine Welt zusammen, und bei der Maueröffnung begann man nachzudenken, wie auch mein Freund: „Ich war 1945 achtzehn Jahre alt. Wenn ich ehrlich bin, muß ich sagen, ich habe die Politik dieses Landes mitgestaltet. Und letztlich hat sich mein ganzes berufliches Leben in einem Umfeld vollzogen, das bankrott gegangen ist. Und ein neues aufzubauen habe ich zwei Jahre vor meiner Emeritierung keine Lust. Sicher haben wir Universitätslehrer besser gelebt als die übliche Bevölkerung."

Als die DDR 1949 gegründet wurde, stand mein Freund als Student in Leipzig diesem Staat wohl auch mit einiger Distanz gegenüber, denn er gehörte zu denen, die nach der Melodie des alten Niedersachsenliedes eine heitere Nationalhymne für die DDR, die damals noch keine hatte, dichteten: „Von der Elbe bis zur Neisse geht die Deutsche Demokratische Republik. Zwischendrin ist alles Scheiße, unser Präsident ist Wilhelm Tieck." Heute meint er dazu: „Damit hatten wir Ärger, aber letztlich hat sich doch gezeigt, daß wir recht hatten." Wohl ist in seinen Gedanken einiges widersprüchlich, aber mein Freund deutet klug an, daß das Aufeinanderprallen von Wirklichkeiten Probleme mit sich bringt, daß aber auch die Schaffung neuer Wirklichkeiten, wie seinerzeit bei der Gründung der DDR, Schwierigkeiten nach sich zieht.

Der „kleine Mann" jedoch wußte und weiß in solchen Situationen für sich das Beste herauszuholen, sei es als Schmuggler, wie noch zu zeigen sein wird, oder eben als geschickter Ausnützer der Situation. Denn diese kleinen Leute hatten am meisten zu leiden – und Agenten des sogenannten „Stasi" soll es in allen Bereichen gegeben haben.

Die alte DDR beruhte auf einem System, das einen Druck auf den Menschen ausübte und ihn dauernd zu beherrschen schien. Und dieses System beseitigte man rituell, indem man auf die Mauer stieg und in die Welt brüllte.

Für jemanden, der fest in das alte System integriert war, kam die plötzliche Öffnung der Mauer wie ein Schock. Man hatte sich eingerichtet, sich daran gewöhnt, mit den Zwängen zu leben und sich anzupassen, wenn der Staat es wollte. Wenn der Staat jemanden in den allgegenwärtigen und alles durchleuchtenden Staatssicherheitsdienst aufnehmen wollte, tat der Betreffende mit, besonders Personen, die eine höhere Staatsstelle innehatten, eine Professur etwa, einen Posten als leitender Beamter oder Offizier. Aus einem Gespräch mit einer ungefähr 50 Jahre alten Frau, die für den Stasi gearbeitet hat, wird dies deutlich: „Der Staat gab uns Arbeit, Essen und Wohnung. Ohne Gewerkschaft (FDGB) und Partei (SED) konnte man bei uns nichts erreichen. Ich war damals jung und wollte hoch hinaus. Wäre ich nicht bei der Partei und der Gewerkschaft gewesen, so hätte ich nur schwer Bezugsscheine für Kleidung erhalten. Auch keine gute Arbeit, vielleicht im Bergwerk. Man hat auf alle Fälle Lebenschancen verloren. Man hatte sich zu fügen, und man wurde gefördert."

In den Liedern, die die jungen Leute im „Jungvolk" und in anderen Organisationen zu singen hatten, wurde ihnen eine ideale sozialistische Gesellschaft vorgegaukelt. Schon mit Schulbeginn wurden sogenannte „Kaderakte", also Personalakte, angelegt. Jeder wurde genau registriert und beobachtet. In den Betrieben gab es eigene „Kaderabteilungen", welche die Akten über die Genossen in Verwahrung hatten. Als guter Genosse, der eine für den Staat wertvolle Funktion erfüllte, durfte man keinen Umgang mit Leuten aus dem Westen haben. Dies erlebte ich, als ich mit einem liebenswürdigen ostdeutschen Kollegen in Ost-Berlin die Oper besuchte. Auch seine Tochter, eine Wirtschaftswissenschaftlerin in einer staatlichen Institution, war mit dabei. Nach der Vorstellung, als ich noch einige Worte mit dieser Frau wechseln wollte, wurde sie mir blitzschnell entzogen. Erst viel später wurde mir bewußt, daß sie nicht in meiner Gegenwart gesehen werden durfte.

Es lag ein großer Druck auf all denen, die Karriere machen wollten, sei es in der Wissenschaft oder in der Wirtschaft. So etwas wie Diskussion oder demokratischer Arbeitsstil gab es in den öffentlichen Einrichtungen nicht. Man hatte zu gehorchen und hatte es verlernt zu widersprechen. Sogar in den Gasthäusern, die ich aufsuchte, fiel mir auf, wie geduldig die Hungrigen den Anweisungen folgten. Einer meiner Freunde aus Ost-Berlin besuchte mit mir einmal ein Restaurant in Prag. Als ich dem Kellner wegen einer Nachlässigkeit Vorwürfe machte, konnte er dies nicht fassen. Verwundert, leicht verärgert über mich und mit staunendem Mund folgte er der Auseinandersetzung. Ich deutete die Reaktion meines Freundes als typisch für jemanden, der in der DDR leben gelernt hatte.

Besondere Anerkennung fanden wohl diejenigen Leute in der DDR, die allem, was mit dem Westen zusammenhing, pflichteifrig aus dem Weg gingen und auch nicht daran dachten, eine Reise über die Grenzen nach dem Westen zu unternehmen. Dienstreisen wurden daher auch selten beantragt und genehmigt. Man kannte zwar gut die Länder des Ostens bis hin zur Mongolei, jedoch der Westen mit seiner fremden Wirklichkeit sollte verschlossen bleiben.

Dies war auch die Aufgabe des Stasi, darauf zu achten, ob eine gewichtige Person nicht zu viele Kontakte mit dem Westen hatte. Und Leute in hoher Stellung, wie eben Herren der Universität, wurden regelmäßig, wenn sie zu Vorträgen im Westen waren oder mit westlichen Wissenschaftlern korrespondierten, nach Dingen befragt, die für die Stasi interessant sein könnten.

Wie sorgfältig brave Staatsbeamte darauf bedacht waren, nicht als staatsgefährdend oder ähnliches verdächtigt zu werden, sah ich einmal daran, daß ein mir sehr sympathischer Professor mich

bat, nicht mehr auf das an ihn gerichtete Briefkuvert „Hoch-
wohlgeboren" zu schreiben, wie ich es für gewöhnlich tue.

Dieses System entwürdigte also und demütigte den Menschen.
Er spürte die Demütigung und die Willkür des Staatsapparates
ständig. Wenn z. B. in eine staatliche Verkaufsstelle 100 Kilo
Orangen (Apfelsinen) geliefert worden waren, so wurden von
diesen nur 20 Kilo im Laden verkauft. 20 Kilo verteilten die Verkäuferinnen unter sich, und den Rest verkaufte man schwarz zu
Überpreisen. Und wenn jemand ein Auto wollte, so mußte er die
zuständigen Leute schmieren, um es vor der Zeit – meist waren
es gegen 15 Jahre, die man auf ein Auto zu warten hatte – zu
erhalten.

Diese volkseigenen Betriebe wurden zu Selbstbedienungsläden
der dort Beschäftigten. Mir wurde von einem 250 Personen
umfassenden Betrieb, in dem Elektromotoren hergestellt
wurden, erzählt, daß von den 250 Leuten in der Regel nur 120
arbeiteten. Einmal wurden dem Betrieb zur großen Freude des
Leiters an einem Montag 120 Schlagbohrmaschinen geliefert,
aber am Freitag darauf waren nur noch 45 davon vorhanden. Es
gab auch dem Betrieb zugeordnete Spitzensportler, die aus der
Betriebskasse bezahlt wurden, den Betrieb aber oft nicht einmal
kannten. Auch Mißbrauch der Sozialfürsorge irritierte die Menschen und machte sie offen für die Welt der Marktwirtschaft. In
diesem Sinn versteht sich wohl ein Spruch, den der Volksmund
nach 1985, als das Denkmal Friedrichs des Großen wieder in
Ost-Berlin aufgestellt wurde, dichtete:

Großer Friedrich, steig hernieder,
regier uns lieber.
Laß in diesen schweren Zeiten
lieber den Honecker reiten."

Das Öffnen der Grenze machte die Menschen zunächst glücklich. Sie hatten es für unmöglich gehalten, daß die Mauer einmal
fallen könnte. Mit ungläubigem Staunen überschritten sie die
Grenze, wie aus der Schilderung einer Frau mittleren Alters hervorgeht: „Als wir das erste Mal im Leben die Grenze gesehen

haben, haben wir gezittert und geweint. Wir fuhren nach Coburg, der nächsten größeren westdeutschen Stadt nahe der Grenze und haben mit den 100 Mark Begrüßungsgeld, die wir erhielten, staunend vor den Kaufhäusern gestanden. Die Türen sind von selbst aufgegangen. Wir haben nicht gewußt, daß es so etwas überhaupt gibt! Da lagen Südfrüchte, Säfte, Lebensmittel in den Regalen, die wir noch nie in natura gesehen hatten. Es war wie im Schlaraffenland! Wir haben nur Obst gekauft, sonst nichts. Mir sind die Tränen über die Wangen gelaufen. Davon hatten wir nicht die geringste Ahnung gehabt! Das war also das verpönte kapitalistische Ausland, unser größter Feind!?"

Sehr geschickt haben nun „kleine" Leute dieses Öffnen der Grenze für sich ausgenützt und Strategien entwickelt, um mit List die voraussehbaren Nachteile zu umgehen und positiv umzudeuten. So wurde mir von einem Staatsbeamten der DDR erzählt, der im Alter von 45 Jahren entlassen wurde. Mit dem relativ geringen Arbeitslosenentgelt der DDR wollte er sich nicht zufriedengeben, daher zog er unmittelbar nach der Grenzöffnung in ein Westberliner Aufnahmelager. Er bekam dort ein Bett, das er jedoch nie benützt hat, vielmehr schlief er nach wie vor bei seiner Frau zu Hause. Er kassierte das Eingliederungsgeld und 1 500 D-Mark Arbeitslosenunterstützung. Er tauschte 400 D-Mark davon um und erhielt 2 000 Ost-Mark dafür. Dies war mehr, als er je im Monat verdient hatte.

Das Aufeinandertreffen verschiedener Wirtschaftsformen nützten zwei Fleischer nach dem Fall der Mauer, die mitten durch die Bernauerstraße geführt hatte. Links lag Ost-Berlin und rechts West-Berlin, und jeder der beiden besaß auf einer Seite einen Laden. Hatte nun der Fleischer auf der Ostseite aus seinem volkseigenen Betrieb sechs Schweinehälften erhalten, so überredete ihn der Westfleischer, ihm fünf davon zu verkaufen. Er bezahlte seinem Kollegen das Fleisch und legte noch 50 D-Mark drauf. Den Vorteil hatten beide: Der Ostfleischer brauchte auf diese Weise nichts zu verarbeiten, und der Westfleischer war zu billiger Ware gekommen.

Der Prozeß des Wandels einer Kultur, wie in der DDR und im gesamten kommunistischen Osten, war und ist nicht vorauszuberechnen, weil er ohne Beispiel ist. Die östlichen Staatsformen, die nun zugunsten der Marktwirtschaft zurückgedrängt werden, sind das Ergebnis einer Utopie. Diese Utopie hatte sich als Auflehnung gegen die Degradierung des Menschen in den alten feudalen, aristokratischen und bürgerlich-„kapitalistischen" Gesellschaften entwickelt.

So wurde die Tradition des alten Potentaten offensichtlich durch seine kommunistischen Nachfolger weitergetragen. Das ließen sich die Menschen aber nicht gefallen, sondern sie suchten und suchen nach Möglichkeiten, um in Freiheit ihr Glück zu finden. Und daher mußte die Grenze fallen. Die Menschen der DDR, die in den Westen strömten, erlebten in den Kaufhäusern ihren großen Schock. Sie wollten alles haben, was sie sahen, aber nicht kaufen konnten. Geschäftsleute des Westens machten sich daran, den Menschen im Osten neue Waren und ein Leben in Wohlstand vorzugaukeln. Der „satte" Westen, der im Überfluß schwelgt, fühlte sich bald als Wohltäter und Almosengeber.

Im kleinen zeigt sich dies an einem guten Beispiel, welches ich aus einer Fernsehsendung kenne: Ein Brüderpaar, beide in den hohen Siebzigern, leben im selben Dorf, welches jedoch durch die Grenze geteilt war. Der eine im Westen und der andere im Osten. Durch Jahre konnten sie einander nicht sehen. Nachdem die Grenze gefallen war, trafen sie einander täglich. Der Bruder aus dem Westen unterstützte nun den aus dem Osten. Der reiche Bruder half fortan dem armen. Diese Situation scheint typisch für die Situation nach der Grenzöffnung zu sein. Der Bruder aus dem Osten rückte in die Rolle des bemitleidenswerten Zeitgenossen und sah sich abhängig und gedemütigt.

Nicht lange nach der Öffnung der Grenzen kam man im Westen allerdings auch dahinter, daß man in Ungarn, der Tschechoslowakei und der DDR günstig einkaufen konnte. Es entwickelte sich, zunächst nach Ungarn hin, ein reger Tourismus. Die Geschäftshäuser in den ungarischen Nachbarstädten wurden von Österreichern gestürmt. Man kaufte so ziemlich alles, eben weil es billig war. Und man aß sich in den Restaurants tüchtig an und ließ den ungarischen Wein fließen. Ich beobachtete Leute, die allein wegen des Essens nach Ungarn fuhren. Groß ließen sie sich auftischen, das Fett der dicken ungarischen Gänse rann ihnen aus den Mundwinkeln, und gierig schlangen sie Kuchen und andere Süßspeisen hinunter. Die Märkte der Städte Raab und Ödenburg wurden von Österreichern regelrecht belagert, die in großen Taschen Gemüse, Eier, Käse, Fleisch, Honig und andere nahrhafte Dinge davonschleppten. Manche wackeren Österreicher ließen sich sogar ihre Zahnprothesen in Ungarn fabrizieren, und noble Wiener suchten Schuster auf, die ihnen günstig handgemachte Schuhe anpaßten. Andere wieder bestellten Anzüge bei ungarischen Schneidern. Ein Herr, dessen Gattin – sie läßt sich sogar ihre Haare in Ungarn frisieren – eine besondere Aktivität in diesen Dingen beweist, ließ sich in Ungarn von Kopf bis Fuß mit handgefertigten Sachen einkleiden und erinnert heute entfernt an einen ungarischen Adeligen.

Eine Frau aus Gmünd an der tschechischen Grenze berichtete mir von diesen Einkäufen: „Unsere Leute waren unverschämt. Sie haben alles drüben eingekauft: Kleidung, Werkzeugstücke. Lebensmittel. Sachen, die gar nicht notwendig sind und die wir im Überfluß haben. Geschäfte wurden leergekauft. Nahrungsmittel haben sie hier an die Viecher verfüttert. Geschäftsleute sind hinübergefahren, auch einfache Leute und Bauern. Leute, die ohnehin alles in Hülle und Fülle haben, sind hinüber, um Butter zu kaufen, ganze Kartons, von denen die Tschechen nicht genug hatten. Ganze Kofferräume voll Hühner haben sie herübergebracht. Ich habe gehört, daß Tschechen manche Leute von uns angespuckt haben, weil sie vor leeren Regalen gestanden sind. Die Unseren haben alles ausgeplündert. Und viele sind hinüber und haben in den Gasthäusern drei oder vier Schnitzel gegessen. Und dazu haben sie ordentlich Bier getrunken. Es war unverschämt. Bis sie betrunken waren, haben sie gesoffen. Und mit den Kellnerinnen haben sie sich ihren Spaß erlaubt. Sie haben mit ihrem Geld angegeben und den Kellnerinnen Geld in den Busen gesteckt. Das gehört sich nicht."

Diese Beschreibung schildert anschaulich die Situation des reichen Nachbarn, der mit seinem Geld beweisen will, daß er der Herr ist. Er gibt sich als Gönner und haut ordentlich auf den Tisch. Im wahrsten Sinn des Wortes. Man spielt sich beinahe als

Besatzer auf und möchte entsprechend hofiert werden. Und im Großen spielt sich dasselbe auf dem Gebiet der ehemaligen DDR ab, wo westliche Wirtschaftsbosse mit ihrer wirtschaftlichen Ideologie und ihrem Geld das Land und die Menschen vereinnahmen wollen.

Anders allerdings sieht die Situation für jene aus, die vom Osten in den Westen kommen. Ihnen blieb das Staunen. Das Begrüßungsgeld, das DDR-Bürger erhielten, ging schnell auf im Erwerb von Bananen und anderen Dingen. Schlaue Leute aus der DDR ließen sich nach dem Fall der Mauer dieses Begrüßungsgeld in Ost-Mark wechseln und marschierten wieder zurück.

Die ersten Tage nach der Öffnung der Grenzen zur Tschechoslowakei fluteten Menschen herüber nach Österreich, in die Dörfer und Städte des Wald- und Mühlviertels. Dazu erzählte mir eine ältere Frau: „Es kommen viele Tschechen herüber, aber sie haben zuwenig Geld. Sie schauten sich viel an. Jetzt kaufen sie auch schon ein. Es sind friedliche Leute."

Die Öffnung der Grenze änderte für die Menschen des Ostens eine Welt. Damit hängt natürlich das Problem zusammen, kein Geld zu haben, um entsprechend einkaufen zu können. Daneben aber wird auch eine eigenartige, für kommunistische Systeme typische Einstellung zur Arbeit deutlich: Man hat dort gearbeitet, weil es verlangt wurde, aber nicht, um zu Geld oder Prestigeobjekten zu gelangen. Dieses Aufeinanderprallen der Wirtschaftssysteme, das die großen Gelehrten an den Universitäten kaum analysieren – jedenfalls können sie keine praktikablen Überlegungen einbringen –, brachte auch mit sich, daß Leute aus dem Osten in den Westen zogen, um zu guten Arbeitsplätzen zu gelangen. Allerdings wurde gerade dieser Zugang von Arbeitern, die bereit sind, auch für wenig Lohn zu arbeiten, zum Problem. So heißt es in einem deutschen Bericht: „Arbeitskräfte aus dem Osten sind wesentlich billiger, sie werden in niederen Lohngruppen eingestuft, und falls sie vorher arbeitslos waren, bezahlt das Arbeitsamt ein Jahr lang bis zu 50 Prozent der Lohnkosten. Die betriebswirtschaftlichen Vorteile solcher Umtauschaktionen entdecken immer mehr Berliner Firmen ...

Die Verdrängung von Westlern durch Ostler auf dem Westberliner Arbeitsmarkt, vom Landesarbeitsamt vornehm ‚Umstrukturierung' genannt, schlägt sich auch in den Statistiken nieder ... Die Zunahme der Arbeitslosen hat mit der ungeliebten Ost-Konkurrenz zu tun ... Etwa 130 000 Pendler aus Ost-Berlin und dem brandenburgischen Umland strömen an jedem Werktag nach West-Berlin, um dort zu arbeiten ... Sie verdienen häufig weniger als Westkollegen, die vergleichbare Arbeit verrichten. Aber mehr, als im Osten gezahlt wird, ist das allemal." [25]

Um zu den begehrten Dingen des Westens zu gelangen, entwickelten sich in der Folge der Grenzöffnung bemerkenswerte Lebensformen, wie ich zeigen werde.

Der Alltag nach der Grenzöffnung

Der Alltag in den Orten wie Gmünd im Waldviertel, Wien oder West-Berlin hat sich seit der Grenzöffnung gewaltig geändert. Der Verkehr hat zugenommen, stinkende Autos aus dem Osten verärgerten die Menschen entlang den Durchzugsstraßen. Speziell in der Nähe der Wiener Mariahilfer Straße oder im II. Wiener Gemeindebezirk suchten geschickte Verkäufer zu günstigen Preisen den Menschen aus Ungarn, Polen und der Tschechoslowakei die Dinge zu verkaufen, die sie lange ersehnt haben. Dazu gehören elektronische Geräte, Radioapparate, Jeans, Uhren und Kaffee. Devisenhändler verkauften hier auf dem schwarzen Markt Österreichern, die im Osten einzukaufen gedachten, dortige Währung.

Die Mariahilfer Straße war nach der Grenzöffnung in den Händen von Tschechen und Ungarn. Kleine Läden, in denen Dinge angeboten wurden, die den Leuten aus den Ländern des Ostblocks begehrenswert erschienen, sind aus dem Boden geschossen, und Menschenmassen bewegten sich die Straße hinauf und hinunter.

Von den Wienern und Wienerinnen unterscheiden sich die Besucher aus dem Osten durch eine andere Kleidung, durch andere Taschen und durch ihre Vorliebe für Plastiktüten. In

Trauben stehen sie vor den Schaufenstern und prägen das Bild dieser Straßen, vor allem an den Wochenenden.

Neue kulturelle Formen hatten in Wien Eingang gefunden, so die Picknicks auf den Bänken des Volksgartens, des Maria-Theresien-Parks und ähnlicher Anlagen. Autobusse beherrschten die Parkplätze um den Ring und in der Nähe des Praters. Täglich in der Früh kamen sie an, aus Polen und anderen Ländern. In den Bussen wird gefrühstückt und anschließend suchte man die Läden auf, vor denen man zunächst Schlange stand. Dieses Schlangestehen haben sie im Osten erlernt. Das geduldige Warten von Menschen in „zeitloser" Kleidung, typischen Jeans und Turnschuhen, und auch mit speziellen Haarmoden, die bei uns bereits der Vergangenheit angehören – wie längeres Haar der Männer mit Koteletten –, gehörte bald zum Straßenbild von Wien und ebenso von West-Berlin.[26]

In West-Berlin, wo man die Menschen dieser Art freundlich als „Zonis" oder „Ossis" bezeichnete, und ebenso in Wien sind es auch die bunten Reklametaschen von angesehenen Warenhäusern, welche die Leute aus dem Osten mit Vorliebe verwendeten. Neben elektronischen Geräten wurden, wie es heißt, Südfrüchte und angeblich auch Weichspüler und diverse Delikatessen in diesen Plastiktüten transportiert. Ein besonderes Interesse, wie mir auffiel, zeigten Wien-Besucher aus dem Osten auch an der Hochkultur. Man saß vor den Museen, besuchte die Hofburg und fuhr in den Prater. Desgleichen stieß man immer wieder auf Jugendliche aus Ungarn, Polen oder der Tschechoslowakei, die voller Ehrfurcht um ein schnelles teures Auto herumstanden und dieses fassungslos bewunderten. Und noch etwas erregte meine Aufmerksamkeit auf der Wiener Mariahilfer Straße: der rege Andrang der Menschen aus dem Osten in einem großen Sex-Shop. Kaum jemand kaufte etwas darin, vielmehr starrte man all die pornografischen und ehehygienischen Dinge an, die es im Ostblock keineswegs öffentlich zu sehen und schon gar nicht zu erwerben gab. Einer der Verkäufer des Sex-Shops hatte viel Verständnis für diese Leute und schleuste sie in einer Reihe durch den Laden. Die Weggehenden verabschiedete er noch mit freundlichen Scherzworten.

Die Grenzgänger aus dem Osten bewunderten unsere Welt und hofften aber auch, an dieser zu profitieren. Um zu gutem Geld zu kommen, verstanden es Leute aus Polen geschickt, einen Schwarzmarkt in Wien, der vom Mexikoplatz an die Donau übersiedelte, einzurichten, auf dem sie Waren aus ihrem Land billig anboten. Durch den Wechselkurs machten sie einträgliche Gewinne. Auf diese Weise kamen sie zu dem Geld, das sie brauchten, um Dinge in Wien einzukaufen, während umgekehrt Wiener Händler die Gelegenheit nützten, polnische Schwarzhändler direkt zu beliefern. Auf dieses Thema will ich später näher eingehen.

Skepsis gegenüber den armen Fremden

Mittlerweile ist seit der Grenzöffnung einige Zeit verstrichen, und die Kontakte zwischen Inländern auf der einen Seite und einkaufenden, einwandernden und die Abwechslung suchenden Ausländern auf der anderen Seite haben sich nicht zum Besten entwickelt. Skepsis machte sich breit und Angst vor den Leuten, die wie ein Gewitter über Wien und andere Städte hereinbrachen.

Die hier Lebenden sahen sich zunächst mitunter bedrängt und bedroht, weil sie nicht wußten, was auf sie zukam.

Drastisch erlebte ich dies im Waldviertel am Vorabend jener feierlichen Grenzöffnung, als ich mit Arbeitern und Bauern am Gasthaustisch saß und über das Problem der Grenzöffnung redete. Bald fiel mir die Skepsis auf, die diese Leute der Zukunft entgegenbrachten. Die Erinnerung an die Vertreibung spielte im Denken noch mit. Man verwies darauf, daß die geflüchteten Menschen große Besitzungen zurücklassen mußten. Der Wirt meinte, er kenne solche Flüchtlinge, die jedoch auch aus Stolz keine Lust hätten, über die Grenze nach Norden zu gehen. Außerdem würden sie sich wundern, wie es drüben nun aussähe. Und die Wirtin fügte hinzu: „Wie die Tschechen den ersten Tag herüber konnten, da haben wir sie überall in der

Stadt gesehen. Wir haben uns mit ihnen gefreut. Aber dann kamen sie wieder und gingen in die Läden, nur, um die Sachen anzuschauen. Man kann nicht normal einkaufen gehen. Ich glaube, das kann man erst in drei oder vier Jahren, wenn sich alles normalisiert hat. Die Leute hier sind schon skeptisch. Es kommen Tschechen, die verkaufen Honig an der Tür und Schnaps. Das ist etwas kraß. Manche Leute hier haben Angst und wagen es nicht, ihr Haus zu verlassen. Man hört oft Geschichten, daß man Tschechen in einem Geschäft beim Stehlen erwischt hat. Es stehlen zwar die Österreicher auch, aber die Leute von drüben dürfte das mehr reizen."

Am Wirtshaustisch wird eine Wirklichkeit aufgebaut und bestätigt. Äußerungen wie die der Wirtin verhelfen zu einfachen Wahrheiten, die den Kontakt mit den Fremden von drüben ver-einfachen. Schließlich wurde von der Wirtin eine Gefahr für den Wohlstand dieser Gegend prophetisch angedeutet: „Wir haben hier ein Freizeitzentrum bekommen. Immer mehr Fremde wurden durch dieses angezogen. Jetzt, wenn die Ausländer aus der Tschechei kommen, stören sie doch das alles irgendwie. Ich bin kein Fremdenhasser, aber die Menschen von drüben, die ja nichts haben, passen nicht mehr in das Schema des Waldviertels hinein. Man muß mit vielen Fremden nun rechnen. Für das Waldviertel ist das wahrscheinlich nicht gut."

Am Nebentisch saßen zwei eher vagantisch aussehende Herren. Sie mischten sich in das Gespräch und setzten sich zu uns. Der eine hielt der Wirtin entgegen: „Als die Grenze zu Ungarn geöff-net wurde, haben Geschäftsleute im Burgenland demonstriert, weil sie eine Abwanderung der Kaufkraft fürchteten. Aber tatsächlich lassen die Ungarn im Burgenland mehr Geld als die Österreicher in Ungarn. Die Österreicher fahren hinüber, weil sie dort billig fressen und sich mit Dirnen vergnügen können. Das Fremdenverkehrsprojekt des Waldviertels ist eine parteipo-litische Angelegenheit. Denn die Idylle trügt, die Luft ist schlecht. Hier wurde eine antitschechische Schulpolitik gemacht. Wir haben gesagt: der Scheißkommunismus. Und wir waren heilfroh, daß niemand herüberkommt. Die sind 40 Jahre eingesperrt gewesen. Man fürchtet die Tschechen. Die kommen nicht daher mit einem großen dicken Mercedes. Und wer nicht anständig frißt und säuft, ist ja für uns kein Mensch." Die Wirtin betonte, sie hasse die Tschechen nicht, aber man könne mit ihnen nicht reden, nur die Alten würden Deutsch sprechen: „Wenn man mit jemandem nicht reden kann, so ist es schwierig, sich zu verständigen."

Die Diskussion, wie sie in anderen Wirtshäusern in ähnlicher Weise wohl häufig geführt wurde, deutet das Problem des Fremden an, der in die Kultur nichts einbringen kann und der sich ihr als jemand nähert, der in der Situation des Bedürftigen und Bettelnden ist. Diesem begegnet man mit Vorsicht. Man weigert sich, ihn als seinesgleichen zu akzeptieren. Überhaupt, wenn es sprachliche Schwierigkeiten der Verständigung gibt. Derjenige, der aus dem Osten kommt und sich grundsätzlich vom wohlhabenden Urlauber aus dem Westen unterscheidet, muß in dieser Situation zu Überlebenstricks greifen. Er weiß sich als unerwünscht, und daher ist es für ihn notwendig, zumindest Geld zu haben, um einigermaßen akzeptiert zu werden. Aber da sein Geld aus dem Osten hier keinen Wert hat, greift der Fremde zurück auf klassische Strategien. Zu diesen gehört der Handel mit Dingen, die hier verkauft werden können. Schwarzmärkte entstehen, und das Hausiererwesen gelangt zu neuer Blüte. Das ist verdächtig. Und dies drückte der Wirt so aus: „Seit die Grenze offen ist, waren bereits mindestens hundert Böhmen hier und wollten Zigaretten, Käse, Wodka und andere Dinge verkaufen." In den Worten des Mannes klingt Skepsis mit. Er sieht dem Ansturm von Menschen, die aus einer anderen, ärmeren Welt kommen, mit Furcht entgegen. Er betrachtet sie als nicht gleichwertig, denn er gehört einer vermeintlich höheren Kultur an. Er ist der Überlegene, von dessen Güte der andere abhängig ist. Der soziale Kontakt ist von diesem Hintergrund bestimmt.

Dies wurde mir deutlich, als ich am Tag der Grenzöffnung mit einem Mann sprach, der bei der Feuerwehr des kleinen Waldviertler Grenzortes tätig ist und dessen Aufgabe darin bestand, den Ansturm der Autos bei der Öffnung der Grenze zu regeln. Auch für ihn sind die Fremden aus Böhmen mit einem Hauch des Sonderbaren und Gefährlichen umgeben. Daher meinte er:

„Für uns war das hier das Ende der Welt. Jetzt wird die Grenze aufgemacht. Wir werden erst sehen, was auf uns zukommt. Wir werden uns überraschen lassen müssen. Die Leute kommen herüber, um die Freiheit zu schauen. Sie haben ja nichts, sie sind arme Hunde, wenn sie herüberkommen. Mit ihrem Geld können sie jetzt noch nichts anfangen...

Es wird aber sicherlich einmal besser werden. Irgendwie haben sich die Leute hier gefürchtet, denn man wußte ja nicht, wie es drüben aussieht. Wenn wir rübergeschaut haben, haben wir Wachtürme und Wachhunde gesehen. Uns war dies alles unheimlich. Und jetzt dürfen sie herüber. Es ist klar, daß man diesen Leuten gegenüber skeptisch ist." Ein anderer Mann versuchte die Menschen von drüben zu verstehen: „Die Leute, die hier von der Tschechei herüberkommen, denen merkt man an der Mimik an, daß sie glücklich sind. Es ist eine gigantische Sache. Für die dort war die Grenze eine Mauer. Von den Tschechen sprechen viele Deutsch, von uns aber keiner Tschechisch." In diesen Worten klingt Mitgefühl an, aber auch ein gewisses Maß an Skepsis, Angst vor dem, was kommen wird. Die Freiheit, die den Menschen drüben nun leuchtet, kann für die Menschen hier zum Problem werden, und zur Last. Man merkt sie in den Läden, sie verstellen den Weg, ihre Autos versperren Straßen, und man hat Angst vor der Kriminalität.

Kriminalität

Das Öffnen starrer Grenzen fördert durch die eingetretene Unsicherheit und Verwirrung die Kriminalität: Autodiebstahl, Autoeinbruch, Taschendiebstahl und Kreditkartenbetrug und andere Formen abweichenden Verhaltens mehrten sich nach dem Fall des Eisernen Vorhangs. In diesem Sinn äußerte sich mir gegenüber ein Professor der Humboldt-Universität im Oktober 1990: „Das Überstülpen bisher westdeutscher Gesetze und Regeln und die verlorenen sozialen Sicherheiten äußern sich bei uns in besorgniserregendem Anstieg von Rowdytum, Bandengewalt mit blödsinnigsten rechts- und linksextremistischen Motivationen, sowie in eskalierender Raub- und Gewaltkriminalität. Daraus erwachsen gefährliche Rufe nach einem Law and order gewährleistenden starken Mann!"

Ähnliche Gedanken äußerte im Rundfunk eine deutsche Schriftstellerin, die von einem durch das Öffnen der Grenzen bedingten Chauvinismus sprach. Polen, Tschechen und Ungarn, die in den Monaten der Grenzöffnung – zum Teil in Autobussen – nach Wien strömten und strömen, sollen nach Berichten der Polizei Diebstähle von Videokameras etc. verübt haben. In den Reisebussen sollen die betreffenden österreichischen Gesetze, z. B. die relevanten Stellen des Strafgesetzes von 1987, welches 1988 in Kraft getreten ist, von den Reiseleitern vorgelesen worden sein. Nach diesem Gesetz werden gewisse Delikte nicht weiter verfolgt, wenn der Schaden gering ist.

Der Gefahr einer derartigen Kriminalität über die Grenze hinweg begegnete Österreich dadurch, daß im Herbst 1990 für Polen das Visum verpflichtend wurde. Nach Aussagen des Wiener Polizeipräsidenten sei dadurch die Kriminalität in Wien „eklatant" zurückgegangen. Er stellte fest: „Von polnischen Touristen verursachte Ladendiebstähle, aber auch Autobeschaffungen sind um ein Vielfaches weniger geworden."[27] Und außerdem wolle er nicht leugnen, daß die „importierte Kriminalität" den Sicherheitsbehörden „nach wie vor zu schaffen" mache.

Am 18. Mai 1991 kamen die europäischen Polizeipräsidenten in Athen zusammen, um neue Strategien gegen das „grenzüberschreitende Verbrechen" zu erörtern. Zu diesem „grenzüberschreitenden" Verbrechen, wie Wiens Polizeipräsident ausführte, gehören im besonderen Wohnungseinbrüche, bei denen Sparbücher und Geld grundsätzlich nicht interessant sind, sondern es vielmehr um Fernsehapparate oder andere Elektrogeräte geht, die dann auf dem schwarzen Markt in Ungarn, der Tschechoslowakei oder in Polen angeboten werden. Jeder zweite Einbruch in Wien, so meint die Polizei, zielte darauf ab. Diese Form des organisierten Verbrechens greift nach den Überlegungen des Polizeipräsidenten auf alle Lebensbereiche über. Zugleich gewinne ein spezieller Typus von Verbrecher an Bedeutung. Er unterscheide sich grundsätzlich von jenen Gesetzesübertretern, die bis dahin das Leben im dunkeln der Großstadt diktiert haben, nämlich den klassischen Kassenschränkern, Zuhältern und Stoßspielern. Für diese noblen Leute war und ist der Normalbürger tabu. Mit ihm kommt er nicht in Berührung. „Heute jedoch", so Wiens Polizeipräsident, „ist dies anders. Die ‚klassische' Galerie gibt es nicht mehr. An ihre Stelle ist internationales Gangstertum getreten, das sich selbstverständlich mit heimischen Gesetzesbrechern verbündet."

Die Polizei ist, wie ich aus Diskussionen mit Kriminalbeamten weiß, ratlos, wie sie dieser Art der Kriminalität begegnen solle. Man hat sich mit der „importierten" Kriminalität abgefunden. Österreich und vor allem Wien wurde zu einer Art Drehscheibe des Verbrechens. Quer durch Österreich läuft, wie noch zu zeigen sein wird, eine der großen Suchtgiftrouten, und schließlich ist es zu einer Zunahme von Erpressung und gezielt ausgeführten Raubüberfällen gekommen, was von der Polizei ebenfalls mit ausländischen Verbrechern in Verbindung gebracht wird. Für die Wiener Polizei ergibt sich bei der Aufklärung das große Problem, daß nach dem Wiener Meldegesetz Ausländer nur sehr schwer festzustellen und zu überprüfen seien. Allerdings, wie Wiens Polizeipräsident betont, hat diese Form der Kriminalität nichts mit den klassischen Gastarbeitern zu tun: „Ihre Straffälligkeit macht weit unter einem Prozent aus. Die wirklichen Gastarbeiter sind die bravsten Bürger von allen."[28]

Die Grenzöffnungen stellen die Polizei also vor große Schwierigkeiten, aber sie ermöglichen auch eine grenzübergreifende Zusammenarbeit mit den Staaten des Ostens. „Die grenzüberschreitende Wanderungskriminalität" wurde zu einer gewaltigen Herausforderung für die Polizei. Besonders stark zeigt sich nach 1991 die Unsicherheit der Beamten auf der tschechischen Seite der Grenze, wo die Grenzpolizei, weil es an einem entsprechenden Gesetz noch fehlt, kaum funktioniert.[29] Die tschechischen Orts- und Bezirkspolizeiabteilungen sind nur mangelhaft in der Lage, die Zunahme der Autounfälle und der Gewaltkriminalität zu bewältigen. Die Polizei spürt die Internationalisierung der Kriminalität und weiß, daß z. B. der Großteil der Verbrechen im grenznahen Hof (Deutschland) von Tschechen verübt wird. Die frühere „eiserne" Grenze ist zu einer offenen geworden, über die Menschen aus dem asiatischen Raum illegal nach Österreich zu kommen versuchen. Der Grenzzaun ist weg, aber neue Probleme haben begonnen. Und manche Tschechen sollen sich ängstlich fragen: „Wann werden uns unsere Nachbarländer wieder umzäunen?"

Auch sowjetische Kriminelle tauchen in den Städten des Westens auf und suchen Käufer für russisches Kriegsmaterial. Es ist so zu einer „vertrauensvollen" Zusammenarbeit mit deutschen Zuhältern gekommen. Im Auto eines dieser Herren fanden Grenzbeamte, denen aufgefallen war, daß die Kofferräume durchhingen, 389 Handgranaten des Typs „MF 1" aus „sowjetischen Armeebeständen." Für die organisierte Kriminalität war die deutsche Einheit höchst förderlich. Und die weitverzweigte „Russen-Mafia" nützte nun die neugewonnenen Stützpunkte nicht bloß zum Waffenhandel, sondern auch zu sehr einträglichen Geschäften anderer Art, wie Devisenbetrug (wobei die mit sowjetischen Hintermännern zusammenarbeitenden Kaufleute Exportverträge rückdatiert haben), Autodiebstahl, bei dem gestohlene Luxusautos in die UdSSR geschleust wurden, und Urkundenfälschung. Urkunden, wie Arztzeugnisse und Technikerdiplome, werden gefälscht, um Rußland-Aussiedlern einen günstigen Start im Westen zu ermöglichen. Kriminelle Profis aus dem Osten machen der Polizei in Berlin das Leben schwer. Wirtschaftsdelikte und Großbetrügereien häufen sich. Ein Polizeibeamter charakterisierte die Situation so: „Die arbeiten hier im Westen so, als wäre hier das absolute Paradies, wo man auf einen gefälschten Wisch Millionen bekommt." Moskaus Polizei, die gegen die 3 500 Banden in der UdSSR nicht mehr ankommt, warnte ihre westlichen Kollegen vor einem Treck von Ganoven. Diese würden enorme Unterstützung in den „Emigrantenkolonien" westdeutscher Großstädte erhalten, so teilte Moskaus „Hauptabteilung zur Bekämpfung der organisierten Kriminalität" in einem Informationsschreiben mit.

Neben dem Schmuggel aus der UdSSR (s. u.) fällt der Berliner Polizei auf, daß kriminelle Russen nach Mafia-Muster es sogar auf eigene Leute abgesehen haben, um an ihren illegalen Geschäften zu profitieren. Nach Polizeischätzung sollen zum Beispiel 90 Prozent der Spielhallen von jüdischen Emigranten aus Rußland kontrolliert werden.[30] Die in Deutschland bereits etablierte Emigrantenkolonie steht also unter einem ziemlichen Druck.

Kriminalsoziologisch ist hier bemerkenswert, daß sich bereits so etwas wie eine eigene kriminelle Subkultur entwickelt hat, die in den Nischen der Gesamtkultur ihren illegalen Vorteil sucht. Ganz ähnlich scheint es auch in Wien zu sein, wo beispielsweise um den Mexikoplatz russische Devisenhändler sich festgesetzt haben und gute Geschäfte machen (s. u.). Sowjetische Mafiosi sollen sogar als Eintreiber krimineller Geldforderungen fungieren.

Als Spezialisten dafür bieten sich nach Beobachtungen der Polizei Tschetschenen an. Diese Tschetschenen sind Mitglieder einer moslemischen Bevölkerungsgruppe aus dem Kaukasus. In der Szene der sowjetischen Kriminalität sind sie die brutalsten Zuhälter. Als Berliner Polizisten einen Erpresser gefaßt hatten, nahm der Erpreßte plötzlich alle seine Beschuldigungen zurück, denn der Verhaftete war ein Tschetschene.[31]

Es demonstriert sich hier also nach Öffnung der Grenzen eine spezifische Kultur der Kriminalität: Neue Strategien und neue Formen der Gewalt treten auf, die erst langsam in den Griff zu bekommen sind. Geschickt nützen ausländische Kriminelle aus dem Osten eine liberale Rechts- und Gesellschaftsordnung für ihre Zwecke. Es scheint, daß die Überlegung, der Westen, vor allem Österreich und Deutschland, sei so etwas wie ein „Paradies für Leute mit krummen Absichten, die östlichen Kriminellen anfeuere." Und tatsächlich hat die Polizei, wie schon angedeutet, ihre Schwierigkeiten, diesen Menschen auf die Schliche zu kommen. Dies bestätigte mir auch ein Polizist aus dem II. Wiener Gemeindebezirk, dem Bezirk, in dem der bekannte Mexikoplatz liegt.

Hinter dieser eingeschleusten Kultur der Kriminalität liegt eine alte Tradition der Händler und Herumzieher, also von Leuten, die geschickt und schnell Situationen zu durchdenken haben, um zu überleben. Es handelt sich hiebei um Menschen, die ansonsten das Stigma des Ausgestoßenen tragen, wie Zigeuner oder Juden. Für sie ist es wichtig, nach Strategien zu suchen, die es ihnen ermöglichen, zu überleben.

Verwirrung nach der Grenzöffnung: das Dilemma der Wissenschaftler und das Geschäft der Grenzgänger

Das Aufreißen starrer Grenzen, also Grenzen ersten Grades, die Wirklichkeiten und Lebensformen voneinander trennen, führt, wie ich schon gezeigt habe, zu Verwirrung und oft auch zu Chaos.

Dies zeigt der Zerfall der Sowjetunion: Durch neue Wirklichkeiten werden alte Systeme zerstört und entstehen neue Grenzen. Es kommt zu Verwicklungen, engem Nationalismus, Streit und dem Verlauf neuer Grenzen und vielen anderen Problemen. Kriegerische Auseinandersetzungen werden geführt, oder man versucht mit anderen Mitteln, „Rechte" zu verteidigen oder zu erkämpfen. Grenzöffnungen gereichen jedoch jenen Leuten zum Vorteil, auf die ich schon hingewiesen habe und noch hinweisen werde, die als Schmuggler, Geldwechsler und schlaue Händler die Situation zu nützen wissen. Solche Leute waren es etwa, die den völlig von der „Wende" überraschten und nach neuen Einsichten ringenden DDR-Bürgern sofort großartige Angebote bezüglich des Verkaufs von Rittergütern, Schlössern und ähnlichen Dingen vorlegten. So kaufte ein Herr, der durch Adoption zu einem noblen Adelstitel gekommen war, im Namen einer amerikanischen Firma ein Schloß in der ehemaligen DDR. Wahrscheinlich will man in diesem Schloß gegen gutes Geld romantische Amerikaner beherbergen. Sein Geschäftspartner war ein Bürgermeister, der nach einigen Monaten sah, daß er das Schloß zu billig hergegeben habe. Es gelang ihm aber nicht, den Kaufvertrag rückgängig zu machen.

Ein anderes großes und menschlich bedauernswertes Problem ergab sich, als ehemalige DDR-Flüchtlinge nach der „Wiedervereinigung" ihre zurückgelassenen Grundstücke und Häuser wieder in Besitz nehmen wollten, was die jetzigen Bewohner derselben verwirrte und verärgerte. Zwei Ansprüche standen einander gegenüber. Auf der einen Seite derjenige, wonach man sein Eigentumsrecht durch Flucht nicht verloren hat, und auf der anderen Seite derjenige, der davon ausgeht, daß die Häuser und Grundstücke von den Flüchtlingen bewußt verlassen worden waren und man sich daher durch Kauf und Fleiß das Recht darauf erwerben konnte.

Das wohl größte Problem aber ergab sich mit der sogenannten Privatisierung des früheren Staatsvermögens, zu dem Betriebe aller Art und die gesamte Industrie gehörten. Nach klassischen Regeln einer freien Wirtschaft wurde eine Gesellschaft, die „Treuhand", gegründet, die fortan dieses gewaltige Vermögen verwalten sollte. Ausländischen Unternehmern gelang es dabei relativ günstig – allerdings gegen allerlei Auflagen —, diverse Einrichtungen mitsamt großen Grundflächen zu erwerben. Derartige neue Wirklichkeiten überfluteten die Menschen der früheren DDR, die sich nun „kolonialisiert" sahen. Die freie Marktwirtschaft wollte ihren Siegeszug im Osten antreten, und es zeigte sich nun etwas Bemerkenswertes: Die Wissenschaftler der Ökonomie, von denen die Universitäten voll sind, wußten plötzlich kein Rezept für diesen neuen Zustand. Trotz hochdotierter Forschungsaufträge begannen die Leute an den Universitäten nur zögernd, über ihre Tabellen und Koordinatensysteme hinauszublicken. Darüber schrieb das Nachrichtenmagazin „Der Spiegel" mit Hohn: „Die Welt, wie Ökonomen sie sehen, ist zweidimensional. Die meisten Probleme passen in ein Koordinatensystem, die Lösung läßt sich einfach ablesen ... Solch ein Modell bedarf sorgfältiger Vorbereitung. Alle Annahmen müssen soweit abstrahiert werden, bis sie mit der Realität, auf der sie angeblich beruhen, nichts mehr zu tun haben ..."[32] Tatsächlich hatte sich kaum jemand Gedanken darüber gemacht, wie eine Plan- in eine Marktwirtschaft zu verwandeln sei. Im „Spiegel" heißt es daher: „Hilfe dürfen sich die Politiker nicht erhoffen, jedenfalls nicht von den Ökonomen. Die sind tatsächlich ratlos."[33] Allerdings haben die Ökonomen G. und H.-W. Sinn versucht, dieses große Problem zu diskutieren und Lösungen anzubieten. Sie verweisen dabei unter anderem auf die Notwendigkeit der Einflußnahme auf die Löhne in den alten DDR-Betrieben und der Auszahlung von „Bleibeprämien".[34] Aber auch dieses Modell stößt auf Kritik: „Das Modell ist theoretisch brillant und praktisch wertlos. Es funktioniert nur auf dem Papier, ceteris paribus. Die Mentalität der Menschen, ihr fehlendes Know-how - alles ausgeklammert ..."[35]

Mit diesen Skizzen will ich auf die Schwierigkeit für Spezialisten, welche die Universitäten beherrschen, verweisen, die mit einer Situation, wie sie nach der Öffnung der starren Grenzen sich ergab, kaum oder nicht fertigwerden. Denn der Alltag der Menschen schaut anders aus, und letztlich regeln jene den Markt, die auf heimlichem und gesetzlich düsterem Weg ihre Geschäfte als Grenzgänger, als Autoschmuggler, Betrüger und fahrende Händler, betreiben. Es sieht so aus, als seien es diese Leute, die über Schwarz- und andere Märkte den Ausgleich der Systeme herbeiführen und die in den alten Gebieten des Kommunismus beheimateten Menschen mit den für sie notwendigen Sachen versorgen, zumindest für eine gewisse Zeit. So wie jene Zigeunerinnen, die auf dem Markt von Hermannstadt in Siebenbürgen die dort aus Ungarn eingeschmuggelten Antibabypillen verkaufen.

Neue symbolische Wirklichkeiten

Wenn eine Kultur eine andere überlagert oder mit einer anderen in Kontakt gerät, dies ist gleichermaßen so bei Eroberungen und Grenzöffnungen, kommt es, wie schon erwähnt, zu neuen symbolischen und rituellen Wirklichkeiten.

Ein bedeutendes Symbol für das Leben in der alten DDR war das Kino. Es war eine Fluchtstätte, in die man sich zurückziehen konnte. Das Kino, oder besser: das „Filmtheater", besaß auch eine wichtige rituelle Funktion. Es diente nicht nur den Filmvorführungen, sondern in vielen Dörfern und Städten auch den

Jugendweihen, Vereinsversammlungen und vielen anderen öffentlichen Veranstaltungen. Vor allem die Jugendweihen mit ihrem an religiöse Zeremonien anklingenden Charakter übten auf die Bürger der DDR einen großen Reiz aus. Die Jugendweihen verbanden die Menschen in einem gemeinsamen Fest miteinander, und sie vermittelten den jungen Leuten das Gefühl, auf feierliche Weise Mitglied ihrer sozialistischen Welt geworden zu sein. Das Öffnen der Grenzen ließ die Jugendweihen fragwürdig erscheinen, aber da sie von solch hoher symbolischer Bedeutung waren, wollten viele sie nicht so einfach weggewischt sehen.

Es war also das alte Filmtheater, in dem diese Rituale für die Jugend veranstaltet wurden. Mit der Grenzöffnung überschwemmten nun neue Wirklichkeiten der Filmindustrie die DDR und machten das frühere Kino zu einer veralteten Stätte einer Kultur von gestern. Westdeutsche Filmverleiher und Kinokettenbesitzer wollten nun Geschäfte machen und versuchten, über die früheren sozialistischen Funktionäre den ostdeutschen Kinomarkt zu erobern. Bemerkenswerterweise waren diese Funktionäre früher als Zensoren der in der DDR gespielten Filme tätig. Sie hatten peinlich darauf zu achten, daß symbolisch nicht westliches Gedankengut einfloß. Dieselben Herren waren angeblich bestrebt, der westdeutschen Kinoindustrie den Weg zu ebnen. Die Grenzöffnung änderte das Leben in den Filmtheatern der DDR schlagartig. Die früheren Zentren der Unterhaltung und der Geselligkeit verloren bis zu 50 Prozent ihrer früheren Besucher, und von den 827 DDR-Kinos mußten 90 schließen.

Medienforscher aus Ost-Berlin und Leipzig rechneten mit einem Rückgang von 15 bis 20 Millionen Kinokarten für 1990 gegenüber 1989.[36] Es zeigte sich, daß die Produktionen des Westens mit ihren Pornos und Horrorgeschichten die Menschen im Osten kaum reizten. Und Filme osteuropäischer Herkunft verschwanden schnell von den Spielplänen. Seit der Preis für eine Karte nach der Währungsunion von 1,85 D-Mark auf 6–8 D-Mark emporschnellte, ist für die Menschen im Osten, die „Ossis", das Kino zu einer teuren Angelegenheit geworden. Billiger ist es, einen Videofilm zu leihen. Der kostet 6 D-Mark und ist für die ganze Familie. Videotheken schossen deshalb aus dem Boden und verdienten gut. Die alten Kinos in ihrem heruntergekommenen Zustand wurden unter den Mächtigen der westlichen Filmindustrie aufgeteilt. Diese will, laut „Spiegel"-Bericht, eine neue Kinokultur schaffen, die ein großes Geschäft zu werden verspricht.

Von hohem symbolischem Wert ist auch der Wandel auf dem Zeitungs- und Zeitschriftenmarkt. Profis aus dem Westen gelang es, durch geschickt aufgemachte Zeitschriften die Leser der früheren DDR für sich zu gewinnen. So erreichte ein Bilderblatt acht Monate nach dem Start mit einer Auflage von gut 900 000 Exemplaren schon jeden vierten der 13,4 Millionen Einwohner über 14 Jahre der einstigen DDR. Es war damit die „meistgelesene Zeitschrift im neuen Osten".[37] Diese Zeitschrift S. genoß ungeheure Attraktivität, wie eine Redakteurin, die zu SED-Zeiten in einem DDR-Kombinat die Betriebszeitung „Dampferzeuger" gestaltet hat, erzählte. Die vielen Sexthemen im Blatt gefielen ihr als Frau zwar nicht, aber die Leute reagierten begeistert, wenn sie hörten, von welcher Zeitung sie kam. Zum Thema Sexualität meinte jedoch der Verlagsleiter aus dem Westen: „Die geben das nur nicht offen zu." Er beruft sich dabei auf Leserbefragungen und hat die Absicht, weiter in dieser Richtung zu arbeiten und noch zuzulegen.[38] Die Herren aus dem Westen sind sich klar, daß sie hier im Osten einen großen Markt erreichten. Dabei erscheint es ihnen allerdings wichtig, symbolisch nicht die alte DDR zu diskriminieren, sondern die Menschen mit allerhand Tricks, zu denen auch die Themen mit deftiger Sexualität gehören, zu gewinnen.

Eine ganze Symbolwelt, die im Alltag von wesentlicher Bedeutung ist, stellt sich langsam um und schafft neue Wahrheiten. Neue Wahrheiten werden auf dem Gebiet der einstigen DDR geschaffen, wenn Studenten darangehen, farbentragende Studentenverbindungen, die im alten Regime verpönt waren, nach alter Tradition wieder aufzumachen. In vielen Universitätsstädten ist man eifrig dabei, auf dieses alte Kulturgut zurückzugreifen. Zu einem bemerkenswerten symbolischen Akt kam es, als am 22. September 1990 neu- oder wiedergegründete Burschen-schaften und Corps aus Greifswald, Berlin und Leipzig auf der Burg Saaleck einen Mensurtag (Fechttag) veranstalteten. Dieser Tag hatte eine besondere symbolische Bedeutung, da er ein paar Tage vor der Wiedervereinigung stattfand. Daher sagte der Fechtmeister auch am Beginn dieses Mensurtages, daß dies nicht nur der erste, sondern auch der letzte Mensurtag in der DDR sein würde. Außerdem machte er darauf aufmerksam, daß jeder Fechtende sich nach dem DDR-Strafrecht strafbar mache.

Der Mensurtag verlief ohne Probleme, und nach altem studenti-schem Ritual saßen die Teilnehmer noch lange beim gemeinsa-men Bier.[39] Symbolisch wurde durch dieses Mannbarkeitsritual der Wandel des alten Systems angedeutet. Die Menschen müssen sich mit den neuen Wirklichkeiten auseinandersetzen und versuchen, in dieser neuen Welt zu überleben, nämlich in einer Welt, die vorrangig durch einen Eroberer bestimmt ist. Ganz ähnlich ist es, wenn ein Stamm den anderen überfällt und von dessen Mitgliedern verlangt, ihre alten Symbole aufzugeben und die neuen zu übernehmen. So taten es auch die alten Pha-raonen, welche die Namen ihrer Vorgänger ausmeißeln ließen, um so symbolisch alte Wirklichkeiten mit ihren speziellen Göttern, an die sie nicht mehr glauben wollten, verschwinden zu lassen.

Besonders junge Menschen sahen im Fall der Mauer das Symbol für einen neuen Aufbruch. Es ist in diesem Sinn wichtig zu erwähnen, daß zwei Jahre nach der Vereinigung gerade die Umgebung der alten Berliner Mauer, die zum großen Teil bereits abgerissen war, von jungen Leuten rituell erobert wurde, womit wohl auch symbolisch eine Kritik an alten und vielleicht auch neuen sozialen Grenzen vorgeführt wurde. So entstanden – und entstehen weiter – an der Berliner Mauer provisorische und ille-gale Kaffeehäuser, Jugendtreffs und Diskotheken. Eingerichtet sind sie in desolaten, leerstehenden Häusern, von denen es im neuen Ost-Berlin viele gibt. Dort feiern Burschen und Mädchen Partys mit Cocktails und Tanz, wobei – dies hat einen besonde-ren symbolischen Charakter – man an alte noble Tanztraditionen anzuschließen scheint. Diese Faszination der Mauer bestimmt das Leben der Jugendlichen und Studenten, für die es ein symbolisches Abenteuer ist, an einem Ort zu feiern, der zwischen zwei Welten gelegen hat und an dem eine neue Kultur entsteht. In diesem Sinn drückte es ein Disc-Jockey in einer Fernsehsendung im Februar 1992 aus: „Hier treffen Welten aufeinander, dies zeigt sich in der Musik. Ein eigenartiger Beat hat sich hier entwickelt, in dem sich westliche Musik mit der Rauheit der alten DDR mischt. Eine solche Kultur ist nur in geteilten Städten vorstellbar, wie zum Beispiel in Jerusalem."

Die Mauer als starre Grenze hat ihre rituelle trennende Funktion verloren. Mit ihrem durch Wachttürme und Minenfelder bestückten Umfeld war sie ein Symbol des Schreckens, aus welchem sich ein Symbol einer heiteren Wirklichkeit entwickelt hat. Die alten Symbole der Grenze haben Tanzlokalen mit einer neuen wilden Musik Platz gemacht.

Umweltschutz und Grenzöffnung

Ein paar Gedanken sind noch zum Thema der Einschätzung der Umwelt einzubringen. Jede Gruppe, also jede Ideologie, hat ihre spezielle Beziehung zu der sie umgebenden Umwelt und dem, was mit ihr verknüpft ist, wie Tiere und Pflanzen. Es gibt Kulturen, in denen Tiere hoch geachtet werden und man sich hütet, sie zu verzehren, so in Indien, und es gibt Kulturen, in denen Tiere nur dazu da sind, von uns getötet und hinuntergeschlungen zu werden. Prallen solche voneinander verschiedene Kulturen aufeinander, so kann es zu Schwierigkeiten hinsichtlich der Einstufung der Umwelt des Menschen kommen. So war es auch nach der Grenzöffnung der DDR. Für die alte DDR war die Erhaltung der Umwelt eher Nebensache. Ihr stand die Technik als eine wunderbare Errungenschaft des Menschen im Vordergrund. Die Technik rangierte vor der Natur. So erinnere ich mich, als ich um 1985 durch die Wälder um die Wartburg marschierte, daß die Luft merkwürdig nach Schadstoffen roch. Zu diesem alten Dilemma, das eng mit der heruntergekommenen Industrie der alten DDR zusammenhängt, gesellte sich nun ein neuer Tourismus, der durch den Wegfall der Grenzen möglich wurde, nämlich ein Tourismus, der, in Massen betrieben, jene Gebiete, die bis dahin kaum zugänglich waren, zu erdrücken scheint. Eine solche Gegend befindet sich im Harz um den sogenannten Brocken, der scherzhaft vor der Grenzöffnung von den Anrainern in der ehemaligen DDR als höchster Berg der Welt bezeichnet wurde, denn er sei unbesteigbar, sowohl von Westen als auch von Osten. Radardornen, Lauschantennen und sowjetische Camps machten diesen Gipfel, den Goethe dreimal bestiegen und Heine besungen hatte, zu einer Festung, auf die außer Militärs und Geheimdienstleute niemand vordringen konnte. Nach 29 Jahren Absperrung des Brocken trieb entfesselte Wanderlust die Menschen auf diesen Berg. In einem Bericht dazu heißt es: „Oben lassen sich Ossis und Wessis beim Gang um die drei Meter hohe Betonmauer von Sowjetsoldaten einen guten Tag wünschen, genießen bei klarer Herbstluft den Rundblick in 130 Kilometer Ferne und die Wurst vom Imbißwagen."[40]

Der Leiter des Nationalparks Hochharz, Uwe Wegener, bezeichnet diesen Ansturm, manchmal sind es bis zu 25 000 Menschen pro Tag, als eine „Katastrophe". Wegener, ein Biologe, versucht zwar mit Kollegen, den Tourismus in Schranken zu halten, doch offensichtlich nicht mit viel Erfolg. Der Brocken, auf dem Goethe die Walpurgisnacht ansiedelt, gehört zu den 14 Landschaften zwischen Ostsee und Rhön, die noch vom DDR-Ministerrat unter Naturschutz gestellt worden sind. Dennoch – vielleicht gerade darum – sind ausgerechnet diese Gegenden unmittelbar nach der Grenzöffnung Ziel diverser Aktivitäten geworden. Die Übergangszeit, in der die Normen des Bundesnaturschutzgesetzes im „Wirrwarr" dieser Zeit nur schwer griffen, veranlaßte Investoren und Spekulanten, Freizeitparks, Hotels und auch Privathäuser in die Reservate „einzuschmuggeln". Wilde Camper kippen nun den Inhalt ihrer Chemietoiletten in Wälder und Gewässer, Surfer mißachten auf ihren Surfbrettern die Vogelreservate an den Seeufern. Bürgermeister und Gemeinden umgehen die Schutzbestimmungen, um durch

Anlage von Sportboothäfen und ähnlichem zu Geld zu kommen.[40]

Die Naturschützer haben es also nicht leicht, in einer Situation, in der sich reizvolle Gebiete der alten DDR den Menschen aus dem Westen öffnen und in der die Bewohner derselben auf das Geschäft aus dem Westen hoffen. Man will sich das Geschäft „mit den Touristen nicht vermasseln" lassen und beklagt sich, wenn eine Gegend für den Tourismus gesperrt werden soll. So bekämpften die Einwohner von Prerow auf dem Darß den neuen Nationalpark, der mit Hilfe des World Wide Fund for Nature (WWF) eingerichtet wird. Ihre Gegner waren nun die Grünen, die die Natur schützen wollten und ihnen dadurch jedoch die Chance, durch den Fremdenverkehr jetzt nach der „Wiedervereinigung" zu Geld zu kommen, nahmen.[41] Bei der Grenzöffnung zeigte sich, daß die Menschen im Osten Vorstellungen aus dem Westen, wie die des Naturschutzes, nicht akzeptieren wollen, zumindest so lange nicht, bis auch ihnen angenehmer Wohlstand es erlaubt, Umweltschützer zu sein. Für die Leute der alten DDR erscheint Umweltschutz offensichtlich noch als eine Art Luxus, den „grüne" wohlbestallte Spezialisten sich leisten.

Hierin wird wiederum klar, daß Grenzöffnungen zunächst Verunsicherung, Verwirrung und auch Normlosigkeit schaffen. Gedanken des Umweltschutzes sind noch fremd in einer Welt, die durch ein System diktiert wurde, in dem die Technik triumphierte und die Natur ihr untergeordnet wurde. So beklagte sich ein Vertreter des Deutschen Alpenvereins, man müsse im Osten Deutschlands mit der Aufklärung „dort anfangen, wo wir in den fünfziger Jahren begonnen haben."[42] Die Menschen aus dem Osten, die nach der Grenzöffnung auf die Berge im Westen strömen, genießen die neue Freiheit und müssen erst lernen, daß es so etwas wie Naturschutz gibt. Auf der einen Seite also stehen satte Bürger, die sich einer unberührten Natur erinnern, und auf der anderen Seite bemühen sich Menschen um eine Änderung ihrer mißlichen Lage.

Schließlich ist es nicht zuletzt das Instrument des Autos, welches den Menschen im Osten in der jetzigen Situation besonders fasziniert, denn dieses macht einen Massentourismus in weitreichendem Maße überhaupt möglich. Das Auto wurde auch im Osten zum Symbol des fortschrittlichen, modernen und strebsamen Bundesbürgers. Damit ergibt sich ein vorrangiges Problem. Es sind die schlechten Autos, die auf dem Gebiet der alten DDR von Händlern aus dem Westen günstig erworben werden. Der Spruch „Tut dein Auto rosten, so verkauf es nach dem Osten!" zeigt ein großes Dilemma auf, vor dem die Menschen stehen. Autos in miserablem Zustand finden den Weg zu früheren DDR-Leuten und gefährden somit Mensch und Natur. Seit der Grenzöffnung ist die Zahl der Verkehrstoten um ein Vielfaches angestiegen. Man nimmt dies offensichtlich als Opfer für die lange herbeigesehnte Situation hin, in der der Mensch sich jene Wünsche zu erfüllen hofft, die ihm das Schlaraffenland des Westens vorgegaukelt hat. Das Auto als Ausweis des Mannes, der sich etwas leisten kann und der es zu etwas gebracht hat, deutet die Umwälzung nach der Grenzöffnung gerade hinsichtlich des Umweltschutzes symbolisch in ihrer ganzen Dramatik an.

Die Öffnung von Grenzen – ein allgemeines Phänomen

Öffnungen von Grenzen ersten Grades sind auch Erstürmungen oder Aufbrüche von Gefängnissen, wie die Besetzung der Bastille im revolutionären Paris. Auch hier kommt es zu einem Kontakt verschiedener Wirklichkeiten. Menschen, die unter dem Druck der Institution Demütigung und Erniedrigung erfahren haben, werden nun mit einer Welt konfrontiert, die ihnen fremd ist und in der sie in Freiheit zu bestehen haben. Das schafft Schwierigkeiten. So wird erzählt von Haftentlassenen, sie würden vor versperrten Türen stehenbleiben, um auf jemanden zu warten, der ihnen aufsperrt. Daß Türen offen stehen, daran müssen sie sich erst gewöhnen.
Grenzen ersten Grades werden auch beseitigt, wenn Königspaläste gestürmt und heilige Bezirke erobert werden. Dem

gewöhnlichen Volk steht nun geografisch eine Welt offen, von der es vorher mit Gewalt durch Leibwächter und ähnliche Leute ferngehalten wurde. So war es, als 1848 Studenten und Arbeiter mit der schwarz-rot-goldenen Fahne in die Wiener Hofburg drangen und den Kaiser zur Flucht zwangen. Für eine kurze Zeit regierte in Wien die Demokratie, symbolisiert durch den Zugang zu heiligen Räumen. Auch als die auf freier Sexualität basierende Kommune des Otto Mühl im Burgenland, der Friedrichshof, sich auflöste, also ihre durch eine Mauer symbolisierte Grenze nicht mehr als Grenze gesehen wurde, erlebten die früheren Kommunarden eine neue Welt (s. o.).

Mit all diesen Gedanken will ich kurz andeuten, daß jede Form des Öffnens von starren Grenzen, sei es die von Staaten, Gefängnissen und heiligen Bezirken, wie die des Schlosses eines Kaisers, neue Lebensmöglichkeiten aufzeigen. Und dies ist das Faszinierende, auf das hier aufmerksam gemacht werden soll.

Isolierte Räume und abweichendes Verhalten

In jeder Kultur gibt es abgegrenzte Bereiche, in denen andere, oft freizügigere Normen existieren als auf den sonst öffentlichen Plätzen und Bereichen. Dies kann der Fall sein aufgrund einer Erklärung der zuständigen Leute, so zum Beispiel kann ein ansonsten solider Gastraum während der Zeit des Faschings zu einem Ballsaal gemacht werden, in dem die trinkenden und tanzenden Menschen fröhlich ihre Ehepartner betrügen, Leute, mit denen sie sonst auf Distanz leben, vertraulich mit dem „Du-Wort" belegen und auch sonst Handlungen setzen, die niemand von ihnen erwarten würde. Die Grenze des Ballsaals ist somit auch Grenze einer gewissen Frivolität.

Grenzen zu einem freizügigen Benehmen können auch die Grenzen zu Bädern sein, in denen Menschen einander mehr oder weniger nackt begegnen. Die Freikörperkultur mit ihrer Präsentation des nackten Körpers schuf eine Reihe von oft mit dicken Zäunen geschützten Arealen, wo die im Alltag geltenden Normen des Anstandes aufgehoben sind. Hier ist es möglich, nackt zu speisen, nackt sich beim Spaziergang zur Schau zu stellen oder nackte Leute anzusprechen. In diesen Bereichen gilt das Einverständnis des Nacktseins, allerdings nur innerhalb der räumlichen Grenzen. Diese können Zäune sein oder lediglich Bodenmarkierungen, die darauf hinweisen, daß man nun die Kleidung ablegen könne. Überschreitungen dieser Grenzen durch bekleidete Personen, die nicht die Absicht zeigen, sich nackt zu präsentieren, können als unziemlich begriffen werden. Es gelten hier andere Regeln des Anstands, nämlich Regeln, die zur Grunderfordernis die Nacktheit haben, welche ein wesentliches Symbol für die im FKK-Bereich agierenden Personen ist. Allerdings sind sie auch angehalten, auf dem Platz spezielle Regeln zu befolgen. Zu diesen gehört neben der Pflicht zur Nacktheit eine gewisse Distanz zu sexuellen Aktivitäten. Die Organe der Sexualität sind zwar frei sichtbar, aber sie dürfen gewissermaßen nicht aktiviert werden. Ein lockeres Verhalten in dieser Richtung würde zu Verunsicherungen und zu Schwierigkeiten in der Kommunikation führen. Nacktheit wird als natürlich gesehen. Und eben weil dies verlangt wird, orientiert man sich an den üblichen Normen der „Anständigkeit". Innerhalb eines symbolisch bezeichneten Areals, in dem wohl gewisse Normen akzeptiert werden, pflegt man also Nacktheit mit dem Bewußtsein, etwas zu tun, das sonst als nicht erlaubt gilt. Grenzen verdeutlichen diesen Bereich.

Es gibt aber auch Bereiche und Räume, in denen ein Abgehen von Normen oder ein bewußter Normbruch nur darum möglich ist, weil es an Instanzen, wie Polizisten oder anderen wichtigen Leuten, fehlt, die auf die Einhaltung der Normen achten. Solche abgegrenzten Räume können auch hochgelegene Hütten sein, in denen gefährliche Orgien stattfinden und in die sich kaum Gendarmen verirren. Oder versteckte Zimmer in Gasthäusern, in denen suspekte Leute einem verbotenen Glücksspiel nachgehen. Hierher gehören auch moderne U-Bahn-Züge in den Großstädten. Von der Berliner U-Bahn wird berichtet, daß Raubüberfälle, Messerstechereien, Nötigungen und Zerstörung des Inventars eine Fahrt für die Fahrgäste „zu einem Horror-Trip" machen. Auch aus anderen deutschen Städten wurden im Frühjahr 1991 Schreckensszenen in den U-Bahnen gemeldet. Trotz Sonderkommandos der Polizei gelingt es Jugendbanden in Städten wie Berlin, Frankfurt oder Hamburg, die Bahnen zu Stätten ihrer Aktionen zu machen. Es sind Graffiti-Sprayer, deren Hauptgebiet die Sachbeschädigung ist, die sogenannten Skinheads, die es vorziehen, Passagiere zu schlagen, und jugendliche Ausländer, die ein bestimmtes Gebiet behaupten wollen.[43] In der Zeitschrift „Der Spiegel" wird beispielhaft aufgezählt: „Am 6. April 1991 registriert die Polizei mehrere Überfälle, bei denen Jugendliche von Gleichaltrigen mit einer Pistole bedroht und zur Herausgabe von Geld und Wertsachen gezwungen werden. Am 13. April wird die Frontscheibe eines fahrenden U-Bahn-Triebwagens durch Steinwürfe zerstört. In der folgenden Nacht besprühen Unbekannte 30 abgestellte U-Bahn-Wagen; einer der Sprüche lautet ‚Go fucking Soko'. Der Schaden, der in Hamburg durch solche Attacken verursacht wurde, beträgt allein im März und April 1991 mehr als vier Millionen Mark ... Mit dem Vandalismus wächst die Angst der Fahrgäste."[44] Für die Jugendlichen, die so ihre Mannbarkeitsrituale und Raufereien in den U-, aber auch S-Bahnen austragen, sind die Bahnsteige und die Waggons Räume der Gesetzlosigkeit, in denen sie regieren können. Es handelt sich also um Bereiche, die nur schwer durch die staatliche Gewalt kontrollierbar sind. Man kann hier Gewaltakte setzen, die zum einen schnell und ohne Probleme mit der Polizei durchgeführt werden, und die zum anderen die hohe Aufmerksamkeit der Presse und damit der Öffentlichkeit genießen.

Mit solchen Geschichten der Gewalt und mit der Belästigung der braven Bürger hängen auch Revierabgrenzungen zusammen. Die jeweiligen U-Bahnbereiche werden von verschiedenen Banden „regiert", die es nicht zulassen, daß konkurrierende Banden sich hier breitmachen. Die Reviere, so auch in Los Angeles oder in den USA, werden verteidigt. Sprayer aus anderen Bezirken, denen es gelingt, ihre Zeichen in fremden Revieren anzubringen, erwerben Ansehen und müssen damit rechnen, verprügelt zu werden, wenn man sie erwischt. Die U-Bahn-Bereiche stellen also Räume dar, in denen Jugendbanden ihren vom braven Bürger höchst verachteten und verbotenen Aktivitäten nachgehen können. Und das wissen die Burschen. Ihnen kommt aber auch zugute, daß in den modernen U-Bahn- und S-Bahn-Zügen die Schaffner so gut wie verschwunden sind. Münzautomaten ersetzen die Fahrkartenverkäufer, und an die Stelle des Zugabfertigers ist die Videokamera getreten. Es haben sich also Räume gebildet, in denen es möglich ist, eigene Regeln der Gewalt aufzustellen und sie durchzusetzen.

Reviere ähnlicher Art, jedoch mit weniger Brutalität, schaffen sich in den Großstädten Bettler. Sie sind eifrig darauf bedacht, daß ihre Zonen nicht von anderen Bettlern für ihr Gewerbe benützt werden. Solche Zonen können die Plätze bei der Kirche, Fußgängerbereiche und diverse Passagen sein. Ich selbst konnte beobachten, wie Wiener Bettler Konkurrenten, die auf der Suche nach neuen Plätzen waren, vertrieben.

Um mit der Polizei nicht in Konflikt zu kommen, wenn unmittelbar bei der Kirche gebettelt wird, werden Aufpasser eingesetzt, die dem bettelnden Kollegen das Nahen eines Polizisten sofort kundtun. Der vom Bettler beherrschte Raum wandelt sich auf diese Weise blitzartig in ein Gebiet, in dem Ordnung und Ruhe herrschen, aber keine Bettler. Ist der Polizist verschwunden, so werden die alten Herrschaftsrechte des Bettlers über den Platz bei der Kirche wieder sichtbar. Spezialisten für die Verteidigung ihrer Arbeitsgebiete sind die Straßenmaler, die bereit sind, Absprachen mit anderen Künstlern zu treffen, um in Ruhe der für gewöhnlich verbotenen Tätigkeit des Straßenmalens nachgehen zu können.

Es gibt also Räume oder Areale, in denen oder auf denen es Menschen gelingt, etwas zu betreiben, das ansonsten verachtet oder öffentlich verboten ist. Und zwar weil die öffentliche Kontrolle entweder versagt oder hinters Licht geführt wird. Ein von den Normen der braven Bürger abweichendes Handeln wird so ermöglicht.

*„Strahlende" Räume – Zollfreie Plätze, Kleinstaaten und
Orte der Verkündigung*

Unter dem Begriff „strahlende Räume" verstehe ich hier relativ
kleine, geografisch abgegrenzte Räume oder Plätze, von denen
aus das Leben in Nachbarregionen – aber nicht nur in diesen –
in irgendeiner Weise beeinträchtigt, beeinflußt oder sogar emp-
findlich getroffen werden kann. Zu solchen Bereichen gehören
jene überschaubaren Territorien, von denen aus Schmuggler
und Finanzspekulanten ihre Geschäfte machen. Ihre Abgrenzung und ihre Souveränität beschützen sie vor dem Zorn der
anderen Menschen und Länder. In früheren Zeiten waren es versteckte, weit abseits gelegene Plätze, meistens Inseln, von denen
aus Piraten ihr wagemutiges, aber wenig achtbares Gewerbe
durchführten.
Sie fühlten sich sicher, weil sie in der verborgenen Ferne den
Zugriffen ihrer Gegner entrückt waren. Die Tradition dieser
heimlichen Nester wird weitergeführt – allerdings nur in gewisser Hinsicht – von kleinen Staaten, die oft nicht größer als eine
Stadt sind und den Ruf genießen, Steuerparadiese zu sein. Liech-
tenstein, Monaco, Hongkong, die Kanalinseln, Gibraltar,
Andorra und andere Mikrostaaten üben eine Faszination auf
jene aus, die als gutverdienende Unternehmer wenig Steuer
zahlen wollen und daher um die Staatsbürgerschaft in einem
dieser Kleinstaaten vorstellig werden. Schließlich gibt es sogenannte Briefkastenfirmen in diesen Ländern, das sind Firmen,
die nur auf dem Papier existieren. Solche dienen findigen
Leuten für ihre dunklen Geschäfte, durch die schwarzes, also
nicht versteuertes Geld und das Geld aus verbotenem Handel,
wie dem mit Drogen und Waffen, reingewaschen wird (s. u.).
Aber auch für Schmuggler sind derartige Plätze interessant, denn
für gewöhnlich sind die dorthin eingeführten Waren entweder
von der Zollabgabe völlig ausgenommen oder nur gering
besteuert. Genaugenommen gehören auch die Zollfreizonen
und die Zollfreigeschäfte, wie sie z. B. auf Flugplätzen eingerichtet sind, hierher.
In diesen Ländern und Zonen kaufen Alltags- und professionelle

Schmuggler günstig ein, um dann die für sie billige Ware über die Grenzen zu bringen. Als ich vor einigen Jahren mit dem Fahrrad in die Pyrenäen, nach Andorra, fuhr, erlebte ich riesige Autoschlangen mit derartigen Einkäufern. Große Geschäfte macht Paraguay mit seinen 5 000 Tax-free-Läden, in denen drahtlose Telefone aus Südkorea, Kartoffelchips aus den USA, Pfeifentabak aus Dänemark, Marihuana für den Karneval in Rio und vieles andere erworben werden können. Die hier en gros gekauften Waren gehen den Weg des Schmuggels in andere Länder. Ein einheimischer Zöllner meinte dazu: „Paraguay ist ein Art Trampolin in die Welt."[45] Schließlich werden die Jahr für Jahr in Brasilien gestohlenen Autos in Paraguay „legalisiert". Ausgestattet mit falschen Dokumenten werden sie wieder exportiert, manchmal sogar nach Brasilien.

Paraguay wirkt also auf sein Umfeld und verdient gut an den Aktivitäten, die in den Nachbarländern verpönt sind, wie der Schmuggel gestohlener Autos, aber auch die Aufnahme von international gesuchten Ganoven. So fanden in Paraguay KZ-Ärzte, Schwindler, Ex-Diktatoren und Mafiosi gegen entsprechendes Geld Aufnahme.[46] Schmuggelgeschäfte in großem Stil werden auch von Gibraltar aus in Booten durchgeführt, und zwar unter anderem mit Zigaretten, unter denen bisweilen Drogen verpackt sein sollen. Der spanische Fiskus verliert durch diese Unternehmungen jedes Jahr an die 50 Millionen D-Mark.[47] Gibraltar, das seit 1704 britisch ist, hat im Zuge der Abgrenzung zu Spanien eine eigene Kultur entwickelt, die geprägt ist durch ein Völkergemisch aus Italienern, Maltesern, Juden und Portugiesen, die alle vom Handel prächtig zu leben scheinen. Als 1969 unter General Franco die Grenze zu Spanien für 16 Jahre zu einer starren wurde, erlebte diese spezifische Händlerkultur ihre Bestätigung. Ihre Distanz zu Spanien vertiefte sich, und man nutzte den Vorteil der Abgrenzung für große Geschäfte. In den letzten Jahren sollen auf Gibraltar bei 20 000 Briefkastenfirmen gegründet worden sein, die unter anderem im Verdacht stehen, Gewinne aus dem Drogengeschäft und schwarzes Geld spanischer Steuerhinterzieher zu hüten. Angeblich soll es schwer sein, hier Drogengeld „reinzuwaschen", wie ein Bankchef behauptet, da die Banken auf Gibraltar Bankreferenzen verlangen und keine größeren Barbeträge nehmen.[48]

Aber dennoch gehen die Finanzgeschäfte in diesem abgegrenzten geografischen Raum gut, und viele in Spanien wohnende Ausländer haben ihre Kontos offenbar in Gibraltar.[49] Es ist vor allem aus diesen Gründen verständlich, daß die auf Gibraltar lebenden und Geschäfte treibenden Menschen nicht daran interessiert sind, daß die Grenze Gibraltars zu Spanien verschwindet. Während man im westlichen Europa darangeht, Grenzen niederzureißen, ist man in Gibraltar und auch woanders daran interessiert, daß Grenzen belassen werden. Gibraltar scheint also ein gutes Beispiel dafür zu sein, daß das Aufgeben von Grenzen nicht im Sinne aller Beteiligten ist. Grenzen schaffen einen eigenen Bereich, der Menschen erwünscht sein kann, um eben eine eigene Welt zu erhalten, von der aus sie Einfluß auf die äußere nehmen mögen, entweder als Schmuggler oder eben auch als Betreiber von Radiostationen, die als „Orte der Verkündigung" bezeichnet werden können.

Eine solche Station richteten findige Wiener in Bratislava, in der ČSFR an der österreichischen Grenze gelegen, ein. Von dort können sie ihre Sendungen nach Österreich bringen, ohne deswegen mit dem österreichischen Gesetz in Konflikt zu geraten, nach dem eine solche Radiostation einer staatlichen Bewilligung u. ä. bedarf. Reportagen, welche die Leute dieses Senders zum Beispiel in Wien durchführen, werden nach Bratislava übermittelt, von wo sie sofort wieder nach Österreich ausgestrahlt werden. Die Radiostation in Preßburg, die unter günstigen Bedingungen betrieben werden darf, ist somit ein eigener geografischer, von Österreich abgegrenzter Bereich, von dem aus sehr geschickt die österreichische Normenordnung umgangen wird.

Ein „Ort der Verkündigung" ist auch die Redner-Ecke im Hyde-Park zu London. Dieser Platz gewährt jedem, der sich dort aufhält – aber nur in diesem abgegrenzten Bereich —, die Möglichkeit, Reden jeden Inhalts zu halten, allerdings nur an Sonntagen. Dieses Recht besteht seit 1872. Als nach dem letzten Golfkrieg Araber vom Redner-Eck aus die Sache Saddam Husseins vertraten und der Welt von den Verbrechen der damaligen Alliierten erzählen wollten, bekamen sie Probleme mit den Zuhörern, jedoch die Polizisten verhalfen den Rednern zu ihrem Recht, in diesem speziellen „Eck" ihre Meinung zu verkünden.[50] Abgegrenzte Bereiche dieser Art, wie ich sie hier geschildert habe, verdanken ihre Existenz vor allem dem Umstand, daß von ihnen aus Einflüsse jeder Art – durch Schmuggel, Geschäfte, Sendungen oder Reden – auf die übrige Welt genommen werden können. Grenzen schützen sie und sichern ihre Existenz.

Der Schwarzmarkt

Schwarzmärkte sind Märkte, auf denen illegal vor allem geschmuggelte Waren angeboten und verkauft werden. Dort treffen einander Leute, die die üblichen gesetzlichen Bestimmungen hinsichtlich des Verkaufs von Waren geflissentlich umgehen. Für gewöhnlich etablieren sich Schwarzmärkte an belebten Plätzen großer Städte, also in Gegenden, wo viele Menschen miteinander in Kontakt treten können. Wichtig für die am Schwarzmarkt beteiligten Menschen ist ein gewisses Maß an Anonymität. Die Berührung zwischen Käufer und Verkäufer ist eine momentane, sie ist sofort beendet und läßt keinem der beiden die Chance der Reklamation. Und jeder kann behaupten, seinen Geschäftspartner nicht zu kennen. Der verbotene Handel läuft ohne die üblichen Formalitäten ab. Es werden keine Rechnungen oder Verkaufsbestätigungen ausgestellt, der Handel wird in der Regel durch eine kurze Frage des potentiellen Käufers oder Verkäufers eingeleitet und schnell abgewickelt. Die soziale Situation des Ortes bzw. des Schwarzmarktes gibt solchen Fragen die Rechtfertigung und den Sinn. Er ist also so etwas wie eine illegale Austauschbörse mit gewissen Regeln und Ritualen, durch die Menschen miteinander in Verbindung treten, um verbotene Geschäfte durchzuführen.

Typologie der Schwarzmärkte

1. Der klassische Schwarzmarkt etabliert sich nach einem Krieg, also in Zeiten der Not, in den größeren Städten in verwinkelten Straßen und in den Parks. Auf ihm versuchen hungernde und bedürftige Menschen zu den Dingen, wie Butter, Fleisch oder Zigaretten, zu gelangen, die sie entbehren müssen. Dies sind Waren, die nur knapp vorhanden sind. In einer derartigen Mangelwirtschaft blühen Schwarzmärkte, auf denen allerdings die

benötigten Waren zu überhöhten Preisen abgegeben werden. Hierin liegt das große Geschäft der klassischen Schieber.

2. Von solchen Schwarzmärkten unterscheiden sich grundsätzlich jene, wie sie zum Beispiel nach der Öffnung der Grenzen des Ostens 1989, in Wien, Berlin und anderswo entstanden. Auf diesen Schwarzmärkten gibt es keine Dinge zu überhöhten Preisen, und es werden Waren verhandelt, mit denen man ein schnelles Geschäft macht und zu gutem Geld zu kommen hofft. Schwarzmärkte dieser Art entstehen also dann, wenn keine Notsituationen im eigentlichen Sinn existieren, wenn aufgrund der verschiedenen Währungssysteme und eines irrealen Wechselkurses Waren für Menschen eines Landes sehr billig sind. Die billige Ware verlockt zum Kauf und bringt dem Schmuggler Gewinn. Für gewöhnlich fließen die Waren in Länder, die ohnehin schon im Wohlstand leben. Die Währung dieser Länder ist „hart", attraktiv und wertvoll. Ihr steht die auf dem Weltmarkt eher wertlose Währung in den ärmeren Ländern gegenüber.

Mit dem Öffnen und Lockern der Grenzen ergibt sich eine neue Situation. Plötzlich ist es nicht mehr schwierig, Waren in das andere Land zu bringen und Geld günstig umzutauschen. Dennoch haben sich die Wirtschaftssysteme der entsprechenden Staaten noch nicht aneinander angeglichen. Diese Periode ist die Zeit der Schmuggler und Schwarzmärkte.

3. Die dritte Form von Schwarzmärkten bezieht sich auf Waren, die in einem Staatsgebiet verboten sind, weil sie von den Regierenden als gefährlich, gesundheitsschädlich, sittenwidrig oder persönlichkeitszerstörend betrachtet werden. Dazu gehören die Schwarzmärkte, auf denen Drogen, Pornografie und andere unerwünschte Dinge verhandelt werden. Solche Schwarzmärkte, die allerdings nicht Plätze im eigentlichen Sinn, d. h. geografisch nicht als solche auszumachen sind, finden sich auch in den diversen Anstalten, wie Gefängnissen und Klöstern, in den vor allem aus disziplinären Gründen von den Insassen gewisse Dinge ferngehalten werden.

Die Schwarzmärkte, wie ich sie hier typologisch zu analysieren versuche, hängen auch eng mit dem Schmuggel zusammen. Allerdings sind jene des ersten Typs, die in Notsituationen entstehen, nicht unbedingt an den Schmuggel gebunden, denn es werden dort auch Waren gehandelt, die im Inland erzeugt werden, deren Verkauf aber streng geregelt ist. Dazu gehört etwa auch die genaue Kontrolle über das Schlachten des Viehs, um so die Allgemeinheit gleichmäßig mit Nahrung versorgen zu können. Die folgenden Beschreibungen beziehen sich auf das Geschehen auf den Schwarzmärkten und nicht auf den Schmuggel im eigentlichen Sinn, dem ich mich später widmen werde.

Schwarzmarkt der knappen Güter

Die klassische Zeit der Schwarzmärkte war die Zeit nach dem letzten Krieg in allen größeren Städten der besiegten und zerstörten Länder. In Wien, auf das ich mich zunächst beziehe, war es der sogenannte Resselpark am Karlsplatz bei der Technischen Hochschule, auf dem die hungernden und armgewordenen Wiener der Nachkriegszeit zu den Waren zu kommen hofften, die sie hatten entbehren müssen.

Der sogenannte „Schleichhändler" war damals eine Berühmtheit. Ihm wurde auch in einem 1947 herausgegebenen Bändchen mit dem Titel „Ringelspiel der Zeitgenossen" ein eigenes Kapitel gewidmet. Es heißt darin unter anderem: „Dieser Mann, von dem man spricht, ist eine volkswirtschaftliche Notwendigkeit, die von der Exekutive geleugnet und verhaftet wird ... Daß man im besagten Handel (Schleichhandel) alles bekommt, was man sonst nicht kriegt, ist eine Binsenweisheit ... Um sie (die Schwarzhändler) bezahlen zu können, ist es in den meisten Fällen allerdings unerläßlich, das, was man von seinen Vätern ererbt, nicht mehr zu besitzen, um das andere erwerben zu können ... Die unentwegte Kontrolle der D-Züge und Rucksäcke zur Verhinderung des Schleichhandels dient der Aufrechterhaltung des numerus clausus innerhalb der mit unserer Versorgung befaßten Gilde, weil sie alle Ungelernten abschreckt und nur dem Tüchtigen freie Eisenbahn sichert."[51]

Der Schwarzhändler hat danach also eine wichtige Funktion bei der Beschaffung von Gütern, die vom Land und von weither in die Städte gebracht werden. Ihm gelingt es, die vom Staat vorgeschriebene Zwangsbewirtschaftung zu durchlöchern, allerdings verlangt er seinen Preis, und der kann bisweilen sehr hoch sein. Die Wiener „Schleichhändler" waren gewiegte Burschen, die gute Geschäfte machten und zu viel Geld kamen. Dazu berichtet ein Herr aus den Jahren nach 1945, der zunächst in einer Bäckerei arbeitete, aus eigener Erfahrung: „Es gab offiziell nach dem Krieg in Wien nichts zu kaufen. Am Schleich (am Schwarzmarkt) konnte man mit allen nur erdenklichen Waren Geld machen. Ich hatte in der Bäckerei Zugang zu Backwaren, Hefe und Salz. Der Kurs am Schleich war: Ein Kilo Salz zu ein Kilo Schmalz. Ich habe mir immer – wie die anderen Kollegen auch – bei Dienstschluß einige Semmeln mitgenommen, um sie zu verkaufen oder gegen irgendwelche Waren einzutauschen. Das waren meine Nebengeschäfte in der Bäckerei. Und außerdem kam ich durch einen Engländer, der bei meinen Eltern wohnte und als Verwaltungsbeamter tätig war, zu Geld. Der Mann brachte einmal einen großen Sack voll hochwertiger Seife nach Hause. Er bat mich, sie für ihn zu verkaufen. Ich gab ihm pro Stück 5 Schilling, verkaufte es aber um 20 Schilling. Ich machte also kein schlechtes Geschäft, denn eine solche Seife war gefragt. Gefragt waren auch amerikanische Zigaretten, die diversen Nahrungs- und Genußmittel, Stoffe, Gewand, alles, was man sich nur vorstellen kann. Dies ließ sich verkaufen. Heute kann man es sich nicht mehr vorstellen, wie es da am Resselpark zuging. Hier und da gab es eine Razzia, dann ließen die Leute, um als unverdächtig zu erscheinen, alles liegen und stehen. Dabei gab es ein entsetzliches Geschrei, und Gänse und Enten flogen durch die Luft. Einmal, ich hatte fast alle meine amerikanischen Zigaretten bereits verkauft, sprach mich ein Kunde an. Wir gingen um ein Hauseck, um den Preis auszuhandeln. Da zeigte er seine Marke, er war ein Kiberer (Polizist) von der Wirtschaftspolizei. Er nahm mich fest. Es gelang mir aber, meiner Freundin, die mit dabei war, meine letzte Zigarettendose unbemerkt zu übergeben. Bei der Polizei konnte man also nichts mehr bei mir finden. Der Kiberer wurde aber nun beauftragt, mich zu meiner Arbeitsstätte zu begleiten. Damals war ich aber nicht mehr bei der Bäckerei. Am Weg dorthin bin ich ihm davongelaufen. Ich habe den Kiberer aber später noch öfter getroffen. Er bot mir an, mich am Schwarzmarkt zu decken. Als Preis dafür wollte er die Hälfte meines Gewinns, darauf bin ich aber nicht eingegangen. Mir war er widerlich, weil er den armen Mädels Zigaretten und Schokolade wegnahm, die sie für ihre Liebesdienste von den Amis bekommen haben." Interessant an der Beschreibung seiner Vergangenheit auf dem Schwarzmarkt ist der Hinweis auf das Ritual, mit dem ein Geschäft eingeleitet wurde. Auf die entsprechende Frage hin marschierte man an einen versteckten Ort.

Auf dem Schwarzmarkt schließlich kann der Produzent nahrhafte Güter, wie Kartoffeln, Kraut und Mehl, feilbieten und einen wesentlich höheren Preis für seine Ware erzielen, als er offiziell von den zuständigen Stellen zu erwarten hätte. Geschickte Bauern umgingen die zentralen Institutionen, welche die Verteilung der Güter vornahmen, und lebten gut davon. Ähnlich war dies im kommunistischen Rumänien: Für einen Liter Milch wurden dem Bauern von der Kollektive beispielsweise 4 Lei bezahlt. Verkaufte er jedoch die Milch „schwarz" an seine heimlichen Kunden, so konnte er mit 12 Lei rechnen. Die Spanne war enorm.

Ein früherer Polizist, der 1946 in einem Wiener Außenbezirk tätig war und viel mit Schwarzmarkthändlern zu tun hatte, schrieb mir auf meine Bitte folgenden Bericht nieder: „Bis 1945 war das Polizistenwachzimmer S. ein vornehmes Café, in dem angesehene Bürger verkehrten ... Die behaglichen Polstermöbel mit den Tischen mit Marmorplatte wichen nüchternen Büromöbeln... Zwischen dieser erschreckenden Schlichtheit lagen Säcke mit Kartoffeln, Kraut, Mehl und sonstigen landwirtschaftlichen Produkten, die beschlagnahmt worden waren. Welcher Produzent lieferte schon gerne seine Erzeugnisse um wenige Groschen den zuständigen Stellen ab, wenn er dafür am Schwarzmarkt das Hundertfache oder gar Luxus- und Gebrauchsartikel bekam, die offiziell in den Geschäften nicht verkauft wurden. Auch ein großes Weinfaß stand einmal zwischen den Nahrungsmitteln. Es war ebenfalls beschlagnahmt worden mit seinem begehrenswerten Inhalt. Alle diese Gegenstände waren aber für die Polizisten, deren Magen ständig vor Hunger knurrte, tabu. Um das Hungergefühl etwas zu lindern, tranken die Polizisten viel Wasser. Nachts konnte ich beobachten, daß der Wachkommandant und der Polizist, der den Staatstelegraphen bediente, viel Wasser tranken. Darüber machte ich mir keine Gedanken. Später kam ich dahinter, daß die beiden Wein aus dem Faß getrunken und den fehlenden Wein wieder mit Wasser aufgefüllt haben. Wie lange das Weinfaß im Wachzimmer stand, weiß ich nicht mehr. Nach einiger Zeit erhielt der Eigentümer des Fasses dieses wieder zurück. Er hatte offensichtlich gute Verbindungen. Als er es übernahm, kostete er den Inhalt, ohne mit der Wimper zu zucken. Dann begann er gönnerhaft zu schmunzeln und brachte das Faß dem Polizeirittmeister, dem Leiter des Polizeikommissariats S. Der war – im Gegensatz zu uns einfachen Polizisten – an Geschenke gewöhnt. An das Teilen mit uns dachte er aber nie.

Uns erschien es nun als ein Wunder, daß dieser verwöhnte Offizier plötzlich von einer gönnerhaften Laune befallen wurde und unserem Wachzimmer das Weinfaß spendierte. Er hob dabei hervor, daß er Einsicht mit den hungernden und fleißigen Polizisten habe. Und mit diesen würde er gerne teilen. Wir Polizisten waren geradezu gerührt, und begierlich füllten wir unsere Becher mit der aus dem Weinfaß rinnenden Flüssigkeit. Der Wachkommandant und der eine Polizist standen allerdings mit Sorgenfalten im Gesicht abseits.

Als wir aus dem Becher tranken, merkten wir, daß es fast reines Wasser war, was wir im Becher hatten. Der gönnerhafte Rittmeister stand mit kaltem Blick dabei und forderte uns alle auf, auf sein Wohl zu trinken. Eine Stunde lang mußten wir auf seinen Wunsch hin zechen, so lange, bis der scheußliche Inhalt des Fasses in unseren Mägen war. Als dann das Faß leer war, begann die Strafpredigt dieses mitleidlosen Offiziers. In dieser Rede wurden wir als zügellose Säufer ohne Rechtsempfinden hingestellt, die im Gegensatz zu Jesus Christus nicht Wasser zu Wein, sondern Wein zu Wasser verwandelt hätten. Für eine solche Diebesbande wie uns sei auch das leere Faß zu schade, denn dieses hätten wir ja gegen Kraut oder Kartoffeln eintauschen können. Das leere Faß holte der Weinhändler wieder zurück und brachte es, wieder mit Wein gefüllt, unserem Vorgesetzten. In der Folge wies uns dieser Weinhändler schmunzelnd eine behördliche Bewilligung vor, mit der er seinen Wein auf den Schwarzmarkt transportieren konnte.

Einmal erklärte uns der Mann, hämisch lächelnd, daß auch das Vermehren von Wein gelernt sein müsse. Vielleicht, wenn er einmal Lust habe, würde er uns dies beibringen."

Schlaue Polizisten haben also auf dem Schwarzmarkt in Zeiten der Not nahrhafte und angenehme Vorteile, wenn sie, wie in diesem Fall, etwa dem Weinhändler einiges nachsehen. Die Praktik des Bestechens ist, wie schon erwähnt, also wesentlich mit der Existenz des Schwarzmarktes und überhaupt mit dem Schmuggel verbunden. Beide Seiten erhoffen sich durch das vorsichtige Verletzen der Rechtsnormen ein genüßliches Leben.

Strukturell ähnlich dem Schwarzmarkt nach dem Krieg in Österreich und Deutschland ist heute die Situation, wie schon erwähnt, in den Ländern, die durch Niedergang des Kommunismus und seiner Wirtschaftsordnung in Not geraten sind. Im November 1990 befand ich mich in Siebenbürgen, um eine Forschung über die Landler, die wegen ihres Glaubens vertriebenen Österreicher, durchzuführen. Dabei kam ich auch mit Rumänen in Kontakt, die mir erzählten, ihre Kleidung, zu der westliche Jeans gehörten, ihre Schuhe und noch einige wichtige Dinge, wie Waschmittel, würden sie nur auf den Schwarzmärkten erwerben können. Es sind vorwiegend Zigeuner, die solche Waren aus Ungarn herbeischaffen. In dem Zug, mit dem ich damals nach Siebenbürgen fuhr, befanden sich auch Zigeuner, die offensichtlich auf Schmuggelfahrt waren. Dicht gedrängt standen sie in überfüllten Waggons und hatten allerlei Taschen bei sich, um die sich jedoch die Zöllner nicht kümmerten.

Besondere Probleme mit der Versorgung gibt es in der Sowjetunion, wo Märkte und Kaufhäuser leer sind. Das alte kommunistische System mit seiner zentralen Lenkung funktioniert nicht mehr, und Menschen befürchten, in dieser Situation der Verwirrung zu keinen Waren mehr zu gelangen. Daher ist jede Ware, die irgendwie auf dem Markt auftaucht, faszinierend und findet ihren Käufer. Die Ware, auch wenn sie nicht benötigt wird, ist zum Symbol von persönlicher Freiheit und Wohlstand geworden. Interessant ist in diesem Zusammenhang auch ein Gespräch, das zwischen Leuten in einer Warteschlange und einem Neuankömmling stattfindet: „Was gibt es hier zu kaufen?" – „Und wieviel?" – „Zwei pro Person, heißt es."[52] Oft geben die Verkäuferinnen nur begrenzte Stückzahlen an die Kunden ab, oder es werden Waren unter dem Preis angeboten. Es handelt sich dabei um Diebsgut aus diversen Produktionsstätten. Käufer finden sich, und die Miliz hat so gut wie keine Chance zuzugreifen. Der Schwarzmarkt floriert, vielleicht besser als der offizielle, denn dort wird bereits in der Molkerei gewässerte Milch angeboten, oder es werden Äpfel der Preisklasse 1 verkauft, die eigentlich in die Preisklasse 2 gehören. Der Mensch in der Sowjetunion und auch in anderen ehemaligen Ostblockländern versucht den Staat, von dem man sich betrogen sieht, hineinzulegen. In diesem Sinn verstehe ich die rumänischen Bauern, bei denen ich eine Feldforschung durchgeführt habe, wenn sie die Milch, die sie abzuliefern haben, wässern – „taufen", sagen die Siebenbürger Landler dazu. Ihre Milch verkaufen sie „schwarz", weil sie dabei etwas verdienen.

Auf dem Schwarzmarkt werden in diesen Ländern Dinge angeboten, die man sich oft von der Produktion abgezweigt hat. Die Polizei, die auch daran profitieren dürfte, schaut zu bzw. weg. In Hermannstadt etwa treiben neben den Marktständen, wo nur ein bißchen Gemüse, eingelegte Pfefferoni und recht dürftige Fleischwaren angeboten werden, Zigeuner in dichten Knäueln ihre Geschäfte und bemühen sich um westeuropäische Währung. Auf derartigen Schwarzmärkten finden sich auch Ganoven, die mit allerlei Tricks Kunden fangen. So verkauften in Leningrad sehr schlaue Gauner gutverpackten roten „Kaviar". Sie hatten je 100 Gramm in kleine Plastikbeutel gefüllt, gaben pro Käufer nur einen Beutel ab und riefen dabei noch: „Gar nicht erst anstellen, es reicht nicht für alle!" Sie machten auf diese Weise sich selbst interessant und ihre Ware begehrenswert. Zu Hause allerdings mußten die Käufer entdecken, daß man ihnen gekochten, mit Tomatensoße beschmierten Sago als Kaviar angedreht hatte. Manche Käufer sollen diese Frechheit sogar bewundert haben.

Von einem anderen Gauner auf dem Schwarzmarkt berichtet Tatjana Tolstoja: „Sein Opfer war mein Vater. Vor ihm auf der Straße ging ein unscheinbarer Mann mit einer durchsichtigen Plastiktüte, in der Delikatessen und Raritäten lagen: indischer Tee, den es manchmal jahrelang nicht zu kaufen gab, eine Dose brasilianischen Kaffees, Fleischkonserven. Mein Vater fragte den Mann: ,Verzeihen Sie, in welchem Geschäft haben Sie das gekauft?' – ,Ach, das konnte man bei uns in der Arbeit bestellen', sagte der Passant verlegen. ,Alle haben bestellt, und ich natürlich auch. Und jetzt frage ich mich die ganze Zeit, warum ich eigentlich so versessen darauf war. Kaffee bekommt mir nicht wegen des Blutdrucks ... Von dem Zeug aus der Konserve bekomme ich Sodbrennen ... nach Tee kann ich nicht einschlafen ...' – ,Dann verkaufen Sie mir die Sachen doch, was meinen Sie?' schlug mein Vater hocherfreut vor. ,Ich weiß nicht ... Ich habe gedacht, ich gebe sie den Nachbarn ... Aber was soll's, nehmen Sie sie ruhig ...', willigte der Passant ein. Mein Vater öffnete die Sachen erst zu Hause. In der Teepackung waren Papierschnitzel, in der Kaffeedose Sägespäne, und die Fleischkonserven erwiesen sich als billige Gemüsekonserven mit falschen Etiketten."[53]

Die Schwarzmärkte im europäischen Osten sind wohl nicht immer auf einen bestimmten Platz konzentriert, aber sie funktionieren. Es sind bisweilen „fliegende" Märkte, die daher nicht so ohne weiteres von den Milizen lokalisiert werden können. Waren aus Westeuropa, zunächst Nylonstrümpfe, Waschpulver, Wolle und ähnliche Dinge, dann Uhren und Elektrogeräte aller Art haben eine gewisse Tradition auf den schwarzen Märkten im Osten. Schon in den fünfziger Jahren waren gewiegte österreichische Geschäftsleute mit derlei Waren unterwegs, die sie nach Osten schmuggelten, womit sie stets etwas bei sich führten, mit dem man bestechen konnte. Aber auch Matrosen, Lastwagenchauffeure und andere Leute belieferten den Osten mit geschmuggelter Ware aus dem Westen.

Der Mexikoplatz in Wien

Eine besondere Bedeutung für diese Geschäfte hat sich der Wiener Mexikoplatz bei der Donau an der Reichsbrücke erworben. Das heutige bunte Treiben auf diesem Platz besitzt eine interessante Geschichte, die in der Nähe des Stephansdoms im I. Wiener Gemeindebezirk ihren Anfang genommen hat: In den fünfziger Jahren hatte dort der Ungarnflüchtling E. D. auf der Suche nach einer Gelegenheit, Geld zu verdienen, ein kleines Geschäft mit speziellen Waren eröffnet. Er bot Dinge an, die in den sozialistischen Staaten damals nicht produziert wurden, wie Plastiktüten, Kugelschreiber, Armbanduhren und Nylonhemden, und die andererseits für die Wiener nicht mehr interessant genug waren. D. kaufte diese Sachen billig ein und verkaufte sie den damals noch spärlichen Touristen aus dem Osten, vor allem den Matrosen auf den Donauschiffen. Dabei nahm er Geld in Ostblockwährung an, die für die Banken keinen Wert hatte. Dieses Geld wieder gab er, für beide Teile gewinnbringend, an Leute weiter, die in Länder hinter dem Eisernen Vorhang fuhren und das Risiko auf sich nahmen, dieses Geld hinüberzuschmuggeln.

Der ehemalige Ungarnflüchtling bekam in der Folge großen Zulauf, denn in Warschau, Budapest und Prag hatte sich bald herumgesprochen, daß man bei D. in Wien gegen Ostblockwährung, für die man sonst nichts im Westen erhielt, wunderbare Dinge kaufen konnte. Auf diese Weise soll E. D. die Mode der Ostblockschickeria diktiert haben.[54] Wer auf sich hielt, der trug D.-Hemden und reinigte sie mit dem Waschpulver von D. Sogar Witze tauchten über D. im Osten auf: Ein Wien-Reisender fragte beim staatlichen Reisebüro in Ungarn: „Entschuldigen Sie bitte, wo kann ich in Wien den Stephansdom finden?" Die Antwort: „Einfach, Genosse, gegenüber von D.!"

Durch die Geschäfte des D. hat der Eiserne Vorhang, wie man erzählt, eine erste Lücke erhalten. Verbreitert wurde sie dann von einem Kaufmann aus der Ukraine, der zunächst neben D. auf dem Stephansplatz ein Konkurrenzunternehmen aufmachte. Der Mann aus der Ukraine erwartete sich gute Geschäfte, doch er täuschte sich, denn D. bekämpfte seine Konkurrenz erfolgreich. Der Ukrainer stand vor dem Ruin und wollte sich aus Gram über seinen Mißerfolg von der Reichsbrücke stürzen, so wird scherzhaft erzählt. Auf dem Weg dorthin überquerte er den Mexikoplatz und blieb „wie vom Donner gerührt" stehen, blickte auf die eben einlaufenden Schiffe und ersparte der Besatzung von da an den Einkaufsweg in die Innenstadt.[55] Die an Land gehenden Besatzungen der Schiffe aus den Donaustaaten des Ostens, einschließlich der UdSSR, fanden nun auf dem Mexikoplatz Gelegenheit, für sich, ihre Familien und die Schwarzmärkte im Osten höchst attraktive Dinge gegen ihre in Wien ansonsten wertlose Währung einzukaufen.

Ein illegaler Ost-West-Handel setzte nun ein, und mit Schmuggelgut beladene Schiffe fuhren in den Osten. Neue Läden wurden von Leuten aus dem Osten, die nicht mehr zurückwollten, eröffnet und mit der Aufschrift „Waren aller Art" versehen. Diese Tradition wird bis heute fortgesetzt. Während es früher hauptsächlich Matrosen waren, die den Mexikoplatz besuchten, sind es heute – nach der Öffnung der Grenzen – alle möglichen Leute aus dem Osten, die sich hier Dinge, vor allem Elektrogeräte und Videos, erhoffen, mit denen sie ihren sozialen Status zu Hause aufpolieren und sich das Vergnügen des Wohlstandes leisten können. Der Mexikoplatz entwickelte sich so zu einer Kuriosität, die in Reisemagazinen als „Basar vom Mexikoplatz" oder als „Basar zwischen Hoffnung und Enttäuschung" beschrieben wurde.

Schwarzmärkte aufgrund verschiedener Währungen

Auf dem Mexikoplatz kam es im Laufe der Zeit zu einem Wandel des alten Schwarzmarkttypus. Von einem Schwarzmarkt, auf dem nach begehrten Dingen gesucht wird, änderte sich der Mexikoplatz zu einem Markt, auf dem beide Teile, Käufer und Verkäufer, aufgrund des Währungsunterschiedes profitieren. Dieser zweite Schwarzmarkttypus ist im wesentlichen dadurch geprägt, daß Leute, die über eine „schlechte" Währung verfügen, eine „harte" erwerben. Auf dem Mexikoplatz kann also weiterhin in Ostwährung gezahlt, aber auch Ost-Geld günstig eingewechselt werden. Während meiner häufigen Besuche auf dem Mexikoplatz konnte ich eine Reihe von Ausländern – vor allem Russen, Georgier und Ukrainer – beobachten, die Österreicher unmittelbar vor der kleinen Bank auf dem Mexikoplatz ansprachen, um ihnen ihre Dienste als Geldwechsler anzubieten.

Ich führte ein Gespräch mit einem Herrn, der Einblicke in die klassische Szene des Schmuggels auf dem Mexikoplatz hatte und mit einigen Schmugglern in engem Kontakt stand. Er erzählte mir: „Einer meiner Bekannten war ein genialer Schmuggler, damals, vor über zehn Jahren, als die Grenzen noch geschlossen waren. Zuerst hat er Uhren geschmuggelt, dann Pornos und schließlich falsches Gold. Am Mexikoplatz gab es falsche Goldbarren. Damals, vielleicht gibt es das heute noch. Diese Goldbarren waren punziert, sie haben ausgesehen wie echte Goldbarren. Sie haben auch dasselbe Gewicht gehabt. Es war Blei, welches mit einer dicken Schicht Gold umgeben war. Das hat man den Ostleuten als echtes Gold verkauft. Der hat das noch in Rumänien verkauft. Das Gold wurde in Hongkong erzeugt und am Mexikoplatz verkauft. Er hat die Barren jedenfalls vom Mexikoplatz bezogen. Die Währung war dort nichts wert, die Leute dort haben in Devisen (Mark etc.) gespart und in Gold. Das Gold war sicheres Handelsgut. Diese Barren konnte man feilen, es war so dick vergoldet, daß man nur das Gold gesehen hat. Mit solchen Sachen hat man am Mexikoplatz Geschäfte gemacht. Aber besonders interessant war der Uhrenschmuggel. Am Mexikoplatz wurden in einem Jahr vier Millionen Uhren schwarz verkauft. Das war vor zehn Jahren. Das waren Billiguhren aus Hongkong. Die wurden hier von Schmugglern eingekauft und dann in den Ostblock hinüberverkauft. Das waren die Uhren, die die Ostblockleute getragen haben. Sie wurden meistens mit dem Schiff die Donau hinunter geschmuggelt. Kaffee wurde auch eine Zeit vom Mexikoplatz nach Jugoslawien geschmuggelt, das war das beste Geschäft. Es war hauptsächlich A.-Kaffee. Den haben die Schmuggler hier gekauft und dort zu einem wesentlich höheren Preis verkauft, als der Wechselkurs ist, denn zu jeder Ostwährung gibt es einen Wechselkurs am Schwarzmarkt. Früher hat es in Jugoslawien keinen Kaffee gegeben. Es gab nur einen Ersatzkaffee. Man hat jeden Preis bezahlt, um einen echten Bohnenkaffee zu bekommen.

Früher konnte man sich Dinar auch schwarz am Mexikoplatz kaufen. Die Gefahr dabei war aber, daß auch viele gefälschte Dinars unterwegs waren, auch gefälschte Forint. Da hat man aufpassen müssen. Angeblich haben Länder wie Ungarn Agents provocateurs hergeschickt mit gekennzeichneten Forints, die der Normalverbraucher nicht gekannt hat, um zu sehen, welchen Weg die Forints nehmen."

Vom Mexikoplatz aus ging der traditionelle Schmuggel über die alte Wasserstraße der Donau, und man war in großem Maße erfinderisch, um Schmuggelware von hier in die Länder des Ostens zu bringen, wo eine echte Nachfrage nach Gütern, die auch Prestigecharakter haben, wie Uhren und Kaffee, bestand. Vom Mexikoplatz aus gingen also Güter auf die Schwarzmärkte des Ostens, wo mit überhöhten Preisen begehrte Waren angeboten wurden (erster Typus). In der Folge witterten Spezialisten große illegale Geschäfte auf dem Mexikoplatz und ließen sich dort nieder.

Der Wechselkurs war und ist günstiger als der offizielle und der Kunde somit bestens bedient. Die Polizei mischt sich kaum mehr in diese illegalen Geschäfte ein, es hat vielmehr den Anschein, als wären Protegés am Werk (s. u.). Die Geldtransaktionen werden mit auffallender Offenheit durchgeführt. Auch in den versteckten, manchmal in Hinterhöfen gelegenen Lokalen, die „Waren aller Art" anpreisen, funktioniert der Geldwechsel. Das aus dem Osten kommende Geld der Einkaufstouristen wird eingetauscht gegen die harte Währung des Westens, die von Österreichern und anderen Leuten aus dem Westen hierhergetragen wird.

Gerade in der Zeit nach der Grenzöffnung, als der Alltagsschmuggel des „kleinen Mannes" oder der „kleinen Frau" von Ungarn nach Österreich zu florieren begann (s. u.), machten sie auf dem Mexikoplatz an der Donau ihre großen Geschäfte. Im

Zuge meiner Forschungen sprach ich mit der Tochter eines Devisenhändlers auf dem Mexikoplatz – sie ist Studentin —, die sich allerdings weigerte, mir etwas auf Band zu sprechen. (Schließlich kenne sie mich von meinem Buch über Forschungsmethoden[56] her und wisse, wie ich vorgehe, meinte sie. – Ich fand dies erheiternd.) Jedenfalls erfuhr ich von ihr, daß ihr Vater, ein Mann aus Rußland, nach seiner Ankunft in Wien zunächst in einer kleinen Firma als Arbeiter beschäftigt war. Nachdem er selbst eine Firma eröffnet und dann wieder zugesperrt hatte, ging er daran, mit dem illegalen Devisenhandel sein Geld zu verdienen: Wie die anderen auch kauft er Ostgeld, zum Beispiel Rubel oder Forint, auf und zahlt den Touristen aus dem Osten etwas mehr an Schillingen, als die Banken ihnen geben. Dieses so erworbene Geld verkauft er später, wenn der Kurs für ihn günstig ist, an die Bank bzw. häufig auch an Leute, die Ostgeld benötigen. Die Bank auf dem Mexikoplatz, die sogar – im Gegensatz zu anderen Wiener Banken – an den Samstagvormittagen offenhält, ist sein Geschäftspartner. Und er hat keine Probleme mit ihr. Die Beamten der Bank nehmen keinen Anstoß daran, daß die illegalen Geldwechsler unmittelbar vor ihrer Türe ihren einträglichen Geschäften nachgehen.

Ihrem Vater mache der Devisenhandel heute Spaß, meinte die Studentin, früher habe er ihn lediglich aus persönlicher Not betrieben. Seine Geschäfte haben sich inzwischen ausgeweitet, und seine Kunden kommen heute sogar in seine Wohnung. Nach den Schätzungen meiner freundlichen Gesprächspartnerin, die die Szene auf dem Mexikoplatz durch ihren Vater gut zu kennen scheint, sind 60 Prozent der Händler auf dem Mexikoplatz georgische Juden oder Rückwanderer aus Israel. Die russischen Juden behaupteten zwar, nach Israel weiterreisen zu wollen, deswegen hätten sie ja den Ausreiseantrag in der UdSSR gestellt, doch sie dächten nun nicht mehr daran.

Es handelt sich hierbei also um das klassische Problem von Menschen, die ihrer alten Lebenswelt entfliehen wollen, wobei ihre Chancen zu überleben und zu Geld zu kommen, darin bestehen, daß sie zwischen Kulturen vermitteln – in diesem Fall durch Handel und Geldwechselgeschäfte. Der Mexikoplatz, dessen Lage an der Donau ihm ein internationales Flair verleiht, scheint dazu der ideale Ort zu sein, und es hat sich hier auch so etwas wie eine gemeinsame, überregionale Kultur der Geldwechsler entwickelt. Die große, dem heiligen Franz von Assisi geweihte Kirche, die auf einem weiten Platz bei der Reichsbrücke errichtet worden ist, bildet einen eigenartigen, reizvollen Kontrast zu den vielen kleinen Läden, die sich in den Gassen rund um den Mexikoplatz ausbreiten. Die Ausweitung der Szene scheint – zum Ärger der Anwohnenden – grenzenlos fortzuschreiten, ebenso wie der Schmuggel, der von hier ausgeht. Die von den Leuten aus dem Osten mitgebrachte Ware, wie Taschenuhren, von denen ich einige erworben habe, Kaviar und Krimsekt, werden von den ansässigen Händlern gekauft, zu einem Preis, der für Verkäufer und Käufer profitabel ist. Für den Besucher aus dem Osten ist es günstiger, statt der Währung Ware mitzuführen und dieselbe hier zu verkaufen. Er erhält auf diese Weise mehr Westgeld, als wenn er das Geld, das die Ware im Osten kostet, mitgeführt hätte: Wenn z. B. in Budapest eine Flasche Sekt für 100 Forint – es handelt sich um eine fiktive Summe – zu haben ist, so kann er in Wien dafür vielleicht um 50 Schilling mehr erzielen, als er etwa für die 100 Forint bei einem Geldwechsler auf dem Mexikoplatz bekommen würde.

Auf dem Prinzip des verschiedenen Wertes der Währungen beruhen auch Polenmärkte, die sich nach Öffnung der Grenzen in diversen Städten zumindest zeitweilig etabliert haben. In Wien bot sich den Polen, die auf gewissen Traditionen aufbauen, natürlich der Mexikoplatz als idealer Schwarzmarkt an. Wodka, Salami, Käse, Bleikristall und andere geschmuggelte Dinge fanden eine Schar österreichischer Abnehmer. Im Frühjahr 1989, dem Beginn der „Poleninvasion", versammelten sich dort bis zu 1 500 Menschen, um ihr Schmuggelgut anzupreisen. Die Zollfahndung duldete dies zunächst, wurde aber schließlich aktiv. Allerdings nur für kurze Zeit, wie man aus den Tageszeitungen erfahren konnte, denn aufgrund einer „geheimnisvollen Weisung" hätten sich die „Beamten in alle Windrichtungen zerstreut". In einer Zeitung hieß es dazu: „Warum? Niemand will es wissen. Das Finanzministerium bestätigte die Auflösung (der mobilen Einsatzgruppe des Zolls), der Grund war aber auch dort nicht bekannt."

Zu deuten ist das geschilderte Verhalten der Zollfahnder vielleicht dadurch, daß mächtige Gruppen, die mit den professionellen Schmugglern in Kontakt stehen, hier am Werk sind. Ihnen scheint es gelungen zu sein – vielleicht über politisch potente Personen (so mutmaßte ein Polizist mir gegenüber) —, auf die Zollfahndung einzuwirken. Allerdings dürften diese Personen, die bei ihrer Geschäftsabwicklung in Ruhe gelassen werden wollen, sich an der polnischen Konkurrenz gestoßen haben. Jedenfalls wurde den schmuggelnden Polen nach nicht allzu langer Zeit mehr oder weniger öffentlich nahegelegt, ihren Schwarzmarkt vom Mexikoplatz – wo spezifische Gruppen, vor allem russische Emigranten, ihren traditionellen Handel pflegen – in die Nähe des Praters zu verlegen. Es ereignete sich also der bemerkenswerte und wohl einmalige Fall, daß an und für sich illegale Aktivitäten, nämlich Schmuggel von Waren und der Verkauf derselben, sozusagen unter der „Aufsicht" der Behörde von einem Ort zum anderen verlegt wurden. Nach und nach, als immer mehr Polen und auch andere Leute des Ostblocks mit ihren Waren nach Wien kamen, um zu Schillingen zu gelangen, wanderte der Schwarzmarkt – wahrscheinlich auch von offiziellen Stellen angeregt und geduldet – bis hin zur Donau, in die Gegend der Hafenzufahrtstraße.

Ein großes Areal, auf dem die knatternden Autobusse und PKWs Platz zum Parken fanden, stand den Polen seit Frühjahr 1990 für ihre Tätigkeit zur Verfügung. Ein mir bekannter Fahrradspezialist, der mein Rennrad in Ordnung hält und dessen Werkstätte in der Nähe des Mexikoplatzes liegt, machte sich ebenfalls seine Gedanken zum Polenschmuggel. Einige Passagen des mit ihm geführten Gesprächs sind aufzeichenswert, weil sie gut die Problematik, der sich ein eingesessener Händler gegenübersieht, wiedergeben: „Dort am Polenmarkt geht es zu wie am Flohmarkt. Die Polen stehen beinhart dort. Die Polizei läßt sie unbehelligt. Bestraft werden die, die bei ihnen einkaufen. Ein Bekannter von mir hat sich bei den Polen Bettzeug gekauft. Er hat dafür gleich 500 Schilling Strafe bezahlt. Alles kann man dort kaufen. Von Würsteln über den Schnaps, Zigaretten, Textilien, Schuhe, Luster, Kaffeegeschirr und so weiter. Alles, was man sich vorstellen kann, gibt es da. Alles, was man aus Polen herausschleppen kann, wird hier verhökert. Man könnte das sicher eindämmen, wenn man die Grenzen genauer kontrollieren würde. Man müßte uns Händler vor diesen Leuten schützen. Es kann sein, daß die Behörde den Schmuggel als Wirtschaftshilfe an die Polen betrachtet und sagt: Die sollen das verkaufen. Man kann sich nur wundern, wie gut die mit ihrem Krimskrams verdienen."

Auch deutet der Mann an, daß sich nicht wenige Polen zu wahren Meistern der Schmuggelkunst entwickelt hätten: „Es ist unglaublich. Es gibt Polen, die reisen von Polen in die Tschechei, dort verkaufen sie Dinge. Und kaufen wieder ein. Dann geht es nach Ungarn, verkaufen, kaufen ein. Fahren nach Österreich, verkaufen, kaufen ein. Und fahren wieder nach Polen. Hier in Wien kaufen sie die Radiogeräte, die Wolle usw. Sie grasen ein paar Länder ab. Hier verkaufen sie sehr viel Polnisches, das sehe ich an den Preisen. Eigentlich unverschämt: Die verkaufen die geschützten Waren. Die Waren, die sie in Polen schützen, die verkaufen sie hier für teures Geld. Zu mir kommt ein polnischer Buschauffeur öfters herein. Er hat in Polen so eine Werkstatt wie ich. Ich habe ihm alte Schaltungen u. ä. Sachen, die ich aussortiert habe, gegeben. Der hat sich gefreut. Er hat erzählt, 80 Schilling zahlt man – umgerechnet – für eine solche Tagesreise. Wenn da jemand 2 000 oder 3 000 Schilling umsetzt, so ist er Weltmeister. Die verdient er in Polen in zwei, drei Monaten nicht. Es ist unglaublich, was die für Gelder machen. Ich verstehe nicht, wie kann man beim Zoll einen Luster nicht entdecken. Die Polen haben Wohnzimmerluster zum Verkaufen. Selbst wenn man mit dem Autobus kommt, muß das doch augenscheinlich sein. Das ist doch ein sperriges Gerät. Offensichtlich machen sich die österreichischen Zollbeamten keine Mühe, die Autos zu untersuchen. Ein paarmal habe ich Polen mit ihren Autos gesehen. Da stehen sie. Sie zerlegen den Kofferraum, geben die Seitenwände herunter, von da holen sie etwas heraus. Wo die die Sachen überall verstecken, ist ja unglaublich!" Und zum Thema des „legalen" Absiedelns der Polen vom Mexikoplatz weiß er: „Die dort auf dem Mexikoplatz wollen ihre Geschäfte in Ruhe machen. Oft hat sich das überschnitten. Vielleicht waren es auch die Wiener Sozialisten, die die Polen abgesiedelt haben, wegen der SPÖ-Wähler. Dafür verlieren sie die Stimmen in der Gegend am Kai, wo die Polen jetzt sind."

Andererseits konnte ich beobachten, daß die Händler auf dem Mexikoplatz sehr wohl daran interessiert sind, daß die Polen und andere Leute aus dem Ostblock bei ihnen einkaufen, vor allem Elektrogeräte u. ä. Dinge. Aber dies können sie nur, wenn sie ihr Schmuggelgut auch verschachern. Mir fiel auf, daß Händler vom Mexikoplatz mit kleineren Lieferwagen zur Donau, dem neuen Schwarzmarkt, fuhren, um dort ihre österreichische Ware an den Mann zu bringen. Jedenfalls dürften die schmuggelnden Polen Leute mit Sinn für Spekulation und Wagemut sein. In Polen sind sie die stolzen Besitzer von Westgeld und können damit fein leben oder es in andere Geschäfte stecken.

Besucher aus Polen nützen aber auch die Chance der Schwarzarbeit. Es finden sich Firmen, die gerne bereit sind, gegen billiges Geld für ein paar Tage polnische Burschen einzustellen. Darauf wies auch mein Freund vom Fahrradhandel hin: „Die Schwarzarbeit ärgert manche schon, denn das Lohnniveau sinkt. Eine Putzfrau, die ich kenne, ärgert sich, weil das Lohnniveau dadurch sinkt. Und im B. (einer Zeitschrift) ist jeden Donnerstag eine Seite für die Tschechen: ‚Tschechische Mädchen putzen für Sie, gehen für Sie einkaufen.‘ – ‚Tschechischer Bauingenieur hilft bei Gartengestaltung und Bauarbeiten.‘

Jeden Donnerstag sind, schätze ich, zwischen zwölf und fünfzehn Annoncen. Sogar am Strich regen sie sich schon auf. Polenmädln verlangen für eine ganze Nacht 300 Schilling. Eine solche Annonce habe ich schon gelesen. Es gibt genug Probleme. Interessant ist dabei das Desinteresse der Polizei."

Mein Gesprächspartner stellte auch seine persönlichen Nachforschungen über Polizei und Zoll auf dem Mexikoplatz an: „Wie am Mexikoplatz der Polenschwarzmarkt angefangen hat, hat es geheißen: keine offizielle Polizei. Damit sie sie nicht vertreiben.

Da standen zwei in Zivil und zwei von der Zollfahndung. Wir haben uns einmal den Spaß gemacht und die Polizei verfolgt. Samstag war, nachmittag, und fad war uns. Mich begleitete einer, der die Polizei kannte. Er hat bei mir ausgeholfen. Es haben sich mindestens drei Pärchen von Polizisten getroffen, die den Markt durchstreift haben. Natürlich haben die auch eingekauft. Für uns war es interessant, daß wir einmal die Polizei beobachteten. Die haben die Schmuggler nur beobachtet. Vielleicht, wenn Waffen gehandelt würden, dann wären sie eingeschritten. Bei Bagatellesachen, so wurde mir erzählt, sollen sie die Anweisung haben, wegzuschauen. Wenn einer wirklich einen heißen Stoff hat, dann werden sie schon etwas gemacht haben. So etwas haben die Polen aber nicht. Aber sie haben, vom Schafkäse angefangen über die Schinkendosen zur Kleidung, alles. Sie stehen jeden Tag dort, jetzt beim Handelskai. Sogar eine eigene Fußgängerampel wurde errichtet. Das ist wie ein Flohmarkt, dort stehen 3 000 bis 4 000 Leute jeden Tag.

Wenn man mit dem Auto hinkommt, muß man durch den Korridor durch, und beim Ausgang steht die Zollfahndung und hält die Käufer, nicht die Verkäufer, auf. Die Verkäufer interessieren sie gar nicht mehr. Der Zollfahnder gibt sich nicht zu erkennen. Ausweis und Kofferraum auf – und geht schon! Was hat es gekostet? Ein Bekannter von mir hat, wie gesagt, 500 Schilling gezahlt. Das geht so: Er muß das gleiche zahlen, was er gezahlt hat. 200 Schilling hat er bezahlt, 100 hat er Strafe gezahlt und der Zoll hat 84 Schilling, glaube ich, ausgemacht. Das hat man ihm an Ort und Stelle ausgerechnet. Die werden sich schon erkundigen, wie die Preise sind. Was natürlich die Polizei versucht, um der Polen Herr zu werden, sind glatzerte (abgenützte) Autoreifen. Sie sind darauf gedrillt. Wenn da irgendwo ein Polenauto steht, schauen sie hin. Für einen glatzerten Autoreifen nehmen sie ihnen 500 Schilling ab. Jetzt haben wir da einen gehabt: drei glatzerte Reifen zu je 500 Schilling. Während die Polizisten die Nummerntafeln abgeschraubt haben, sind sie draufgekommen, daß unter dem polnischen Kennzeichen ein französisches war. Ich weiß das, weil ich den Polizisten das Werkzeug geborgt habe, damit sie die Tafeln herunternehmen können. Offensichtlich sind die Polen ohne Autonummern heimgefahren. Trauen tun sie sich schon etwas, das ist unglaublich!"

Diese Beschreibung meines Mechanikers, die er während der Arbeit an einem alten Rad abgab, erfaßt die Situation in ihrer ganzen Buntheit. Zollfahnder bemühen sich um die Käufer der geschmuggelten Ware, jedoch der Schwarzmarkt wird in seiner Art nicht gestört. In vornehmer Distanz üben die Beamten ihr Geschäft aus und warten auf Zollsünder. Interessant ist der Hinweis auf die offensichtlich einzig wirksame Kontrolle von Polen, nämlich über die Prüfung ihrer Autoreifen. Der Autoreifen wird mehr und mehr zum Symbol für Menschen, die als fremd und problematisch angesehen werden.

Der Polenmarkt am Kai hat wie der Mexikoplatz seinen eigentümlichen Reiz. Zwischen den Gleisen der Uferbahn, die dem Transport der Hafengüter dient, und der Donau zieht sich zwischen der Schnellbahnbrücke und einem bekannten Fischrestaurant ein breiter Landstreifen aus grobem Schotter mit dürren Bäumen und spärlichem Gras. Hier parken die Autos und Autobusse der Polen. Anfang März des Jahres 1990 erlebte ich an einem Samstag die Hochblüte dieses Marktes. In langen parallelen Reihen standen Polen und Polinnen, vor sich die Ware, und riefen den Vorbeidrängenden zu. Manche Reihen wurden durch Autos gebildet. Die Motorhauben dienten als Verkaufspulte, und ich hörte Worte wie: „Billig, billig." Die Menschenmenge wogte daran vorbei. Unter den Käufern der geschmuggelten Waren erkannte ich an der Sprache Ausländer und Gastarbeiter, die hier einen für sie billigen Markt entdeckt hatten. Hier auf dem Markt zeigt sich die Bedeutung der Sprache als Zeichen sozialen Prestiges. Gastarbeiter, die aus slawischen Sprachgebieten kommen, versuchten, sich auf deutsch mit den polnischen Händlern zu verständigen. Aber auch Österreicher blieben stehen und kauften. Zigarettenstangen gingen von Hand zu Hand. Werkzeuge, wie Hammer, Zangen und Bohrer, entdeckte ich ebenso wie Schreibmaschinen, Unterwäsche, Hemden und russische Uhren. Es war so ziemlich alles zu kaufen, was zum täglichen Leben gehört. Dazu zählen auch Honig, Käse und Salami. Neben diesen Dingen entdeckte ich

Samoware aus Rußland, Bleikristall aus der Tschechoslowakei, geschnitzte hölzerne Adlerfiguren aus Polen und Sonnenbrillen unbekannter Herkunft. Ich konnte beobachten, auf welche Weise alle diese Schmuggeldinge auf den Schwarzmarkt gelangt waren: In Koffern lagen sie versteckt zwischen Handtüchern und Wäsche; in den PKWs dienten alle möglichen Hohlräume dem Transport – so holten Polen die Waren hinter den Scheinwerfern, aus der Türverschalung, unter den Sitzen und neben dem Motor hervor. Es schien, als hätten sich ganze Familien, Nachbarschaften und Dörfer hierher auf den Schwarzmarkt an der Donau aufgemacht.

Auch die Autobusse waren bei der Ankunft hier zum Bersten gefüllt. Aus Koffern und Taschen tauchten die Köstlichkeiten auf, sogar bemalte Ostereier, eines um fünf Schilling, wurden den Vorbeischlendernden aufgedrängt. Ich nahm mir vier von diesen Eiern und zahlte mit einem 20-Schilling-Schein, der genau geprüft wurde. Zu Recht, denn die Scheine dieser Art waren vor ein paar Tagen abgelaufen. Obwohl sie noch galten, weigerte sich nun die Frau, sie zu nehmen. Da kam plötzlich Bewegung unter die Anbieter, schnell verschwanden die Sachen, und die Händler liefen zu ihrem Autobus. Es war ein falscher Alarm, kein Zöllner war zu erblicken. Ich stand da, die Eier in der Hand und auch den Geldschein, aber die Frau war plötzlich weg.

Nach ein paar Minuten hatte sich die Szenerie wieder beruhigt. Ich suchte die Frau mit den Ostereiern und fand sie auch. Ein junges Mädchen erkannte mich als denjenigen, der nicht bezahlt hatte. Ich beglich die Rechnung, zufrieden, dies tun zu können. Die Frauen quittierten meine Ehrlichkeit, ohne eine Miene zu verziehen.

Der schwarze Markt bietet also eine wunderbare Chance, so viel Geld zu verdienen, um damit im früher fernen, aber jetzt plötzlich sehr nahen Polen halbwegs prächtig leben zu können. Familienväter aus Polen quetschen deshalb an den Wochenenden neben Frau und Kindern allerhand Dinge in ihre kleinen, stinkenden und manchmal verrosteten Autos, um nach Wien oder Berlin zu fahren. Sie überwinden vier Zollkontrollen und bieten am Samstag – so war es in Wien – ihre Ware zu einem Spottpreis für die Österreicher an. Und darunter sind wahrscheinlich auch solche, die die billig erstandene Ware im eigenen Laden teuer weiterverkaufen. Auf die Fragen, warum sie diese Touren, die einige Mühe erfordern, auf sich nehmen, meinte ein Pole: „Wir brauchen das Geld, jeden Schilling. Von dem Geld, das wir zu Hause verdienen, leben wir wie die Tiere." Während er dies sagte, blickte er hoffnungsvoll auf die vor ihm ausgebreiteten Dinge, an die sich neugierige Blicke hefteten: polnische Salami, drei Flaschen polnischer Wodka, einige Heiligenbilder, Unterhosen, Butter, Nägel, Seife und bunte Hemden. Nach der Öffnung der Grenze kamen also die Leute aus dem Osten in Scharen mit Dingen, die zum polnischen Alltag gehörten. Daher reglementierten die Behörden ab Juli 1990 diesen Schmuggeltourismus und gestatteten den fahrenden Händlern nur zweimal pro Woche die Ausreise, wobei sie bloß sogenannte Geschenke mit sich führen durften, oder nur „Dinge für den persönlichen Bedarf", von den Zigaretten nur eine Stange, pro Auto. Bestimmungen dieser Art hielten die wackeren Schmuggler aus dem Osten jedoch nicht ab, nach Wien auf den Schwarzmarkt zu kommen. Im Frühsommer 1990 scheint es unmöglich, die Autokolonnen, die zu den österreichischen Grenzstationen drängen, zu kontrollieren. Versuche, die polnischen Alltagsschmuggler in ihren Autos nach Schmuggelware, die listenreich überall im Auto versteckt ist (s. o.), zu durchsuchen, führten zu zwölfstündigen Wartezeiten an den Schlagbäumen für die „normalen" Touristen. Der Personalmangel beim Zoll ließ den polnischen Spezialisten, wie ein Beamter erklärte, die Chance, ihre schönen Dinge unbehelligt in Österreich einzuführen, und erst die Einführung der Visumpflicht für Polen im Herbst 1990 beendete schlagartig den Schwarzmarkt an der Donau. Bis dahin jedoch herrschte Hochbetrieb. Wohl führten Beamte Kontrollen durch, jedoch mit wenig Erfolg, denn der Strom der Schmuggler ließ sich nicht stoppen, und schließlich war es den Beamten wohl auch unangenehm, diese kleinen Schmuggler aus dem Osten, die wegen ein paar Devisen den Weg hierher gekommen waren, zu schikanieren, wie ein hoher

Beamter ausführte: „Wohl führen wir von Zeit zu Zeit Razzien durch. Aber das ist so, wie wenn man mit einer Fliegenklatsche auf ein Stück Fleisch hinklatscht, das voll von Fliegen ist. Man erwischt nur ein paar. Der Großteil summt davon. Wenn man weggeht, sind sie alle wieder da. So ist es auch auf dem Markt. Und außerdem sind die meisten Leute auf dem Polenmarkt harmlose, arme Hunde, die nur ein paar Devisen mit nach Hause nehmen wollen. Die großen Profis, die Alkohol- und Zigarettenschmuggler, die sind nicht hier auf dem Markt. Die leben schön eingebürgert in Wien und ziehen von dort ihre Fäden. Die sollte man fassen, und nicht die kleine Polin mit ihrem Kopftuch."

Kommt es wirklich zu einer Razzia, so werden die ausgestellten Dinge schnell verpackt, und ihre Besitzer verschwinden damit in den Autos und Autobussen. Von den Hunderten Schmugglern wird eine Handvoll erwischt. Es kommt zu Geschrei, und die Polizisten ärgern sich, aber nach einiger Zeit stehen die Händler wieder in Reih und Glied am Kai.

Auch eine Großrazzia konnte Anfang April 1990 den Betrieb an der Donau nicht eindämmen. In einem Zeitungsbericht heißt es dazu: „Der Kampf gegen den Schwarzhandel in Wien hat begonnen. Beamte der Zollfahndung und des Marktamtes führten am Samstag (31. März 1990) auf dem neuen Buspark-platz entlang der Hafenstraße in Wien-Leopoldstadt, dem Zentrum des Schleichhandels, eine Groß-Razzia durch. Unter-stützt wurden sie von 130 Polizisten. – Der Großeinsatz wurde notwendig, weil bei bisherigen Einsätzen bereits 30 Beamte von den zum Großteil aus Polen stammenden Händlern verletzt worden waren. Ohne Polizeischutz konnten Zollfahnder oder Mitarbeiter des Marktamtes den Parkplatz nicht mehr betreten ... Auch diesmal kam es zu Ausschreitungen. Einige Schwarzhänd-ler mußten sogar festgenommen werden ... Das Ergebnis der ersten, von Innenminister Dr. L. bereits angekündigten ‚Aktion scharf' übertraf alle Erwartungen. Allein die Beamten des Markt-amtes konnten 200 Schwarzhändler auf frischer Tat ertappen und sofort bestrafen. Die Zollfahnder mußten rund 70mal ein-schreiten. Sie beschlagnahmten die Waren der Gäste aus dem

Osten. In erster Linie handelte es sich dabei um Spirituosen und Zigaretten ... Alle Hände voll zu tun hatte die Polizei bei der Kontrolle der Fahrzeuge der Schwarzhändler ..."

Trotz dieser Großaktion konnte der Schwarzmarkt bis zur Visumspflicht nicht beseitigt werden. Die vielen kleinen Schmuggler tauchten wie ein Heer von Ameisen auf, verschwanden wieder und waren wieder da. Zum Problem wurden sie schließlich für die in der unmittelbaren Nachbarschaft lebenden Menschen, z. B. beklagte sich die Wirtin eines dortigen Gasthauses, daß die illegalen Verkäufer ihre Notdurft direkt in die Donau verrichteten und auch sonst störten.

Dennoch ging der Schwarzmarkthandel ungehindert weiter, als große Plakate an den Bäumen angebracht wurden, auf denen in fünf Sprachen zu lesen stand, daß es verboten sei, Schwarzmarktgeschäfte durchzuführen, und daß die Verkäufer zu bestrafen seien. Im Mai 1990 boten sich mir idyllische Einblicke in das Leben auf dem Schwarzmarkt. Ich fuhr mit dem Fahrrad, vom Prater kommend, zu dem großen Platz an der Donau. Ungefähr 200 Meter vor den ersten Schwarzmarkthändlern parkte ein grüner Kleinbus, vor dem klar erkennbar Zollbeamte standen. Meinem Gefühl nach hatten sie eine eher symbolische Funktion, denn in das Treiben auf dem Markt, wo sie vielleicht selbst, wenn sie privat unterwegs waren, einkauften, mischten sie sich nicht ein. Nur selten hielten sie ein abfahrendes Auto mit österreichischem Kennzeichen auf, von dem sie zu Recht vermuteten, daß Leute darin saßen, die auf dem Schwarzmarkt groß eingekauft hatten. Die polnischen Schmuggler breiteten ungeniert ihre Waren aus und ignorierten die Zollbeamten geflissentlich. Bei den anderen Zugängen, die für Fußgänger und Radfahrer geöffnet waren, stand kein Zollbeamter. Also Radfahrer und Fußgänger hatten keine Probleme, hier Schmuggelgut einzukaufen und mitzunehmen. In meinen Aufzeichnungen habe ich das vielfältige farbenprächtige Treiben an der Donau festgehalten: „Ich suche heute, am 1. Mai, nach einer Kristallglocke. Ich habe das letzte Mal eine solche hier gesehen. Ich frage einen Polen, der einige Kristallsachen vor sich liegen hat, nach einer Glocke. Er versteht mich nicht. Ich zeichne die Glocke in die Luft und sage: Bimbim. Sein Gesicht erhellt sich, er sagt: Sponek. Und holt eine aus seinem Auto. Ich beobachte einen Wiener Kleinbus. Der junge Mann, der mit einer großen Menge Pappkartons vor diesem Bus steht, spricht Wienerisch, dann aber auch Polnisch. Bald kommen Polen und kaufen je einen Karton, in dem sich eine kitschige Uhr mit einem Barometer befindet, um 150 Schilling. Manche nehmen auch drei Stück. Der Mann erklärt mir, die Waren seien ordnungsgemäß verzollt. Er komme vom Mexikoplatz. Die Polen würden seine Sachen in Polen weiterverkaufen, gegen Gewinn. Auch Besteck hat er, um ca. 400 Schilling. Also eine billige Sache."

Mit einem Teil des hier eingehandelten Geldes kaufen polnische Händler Sachen aus dem Westen (s. o.), die es in Polen nicht gibt, wie eben diese bemerkenswerten Uhren. Mit dem polnischen Geld, das sie dafür bekommen, werden dann Waren in Polen gekauft, die sie hierherschaffen. Dafür bekommen sie gutes österreichisches Geld. Und so setzt sich dieser Kreislauf fort. Die Polen sind geschickt und wissen, gute Geschäfte zu machen. Der Schwarzmarkt blüht, und es ist Leben hier, wovon meine Aufzeichnungen zeugen: „Ich bin wieder auf dem Polenmarkt am Handelskai. Die Leute sitzen in Reihen, sie tratschen miteinander und mustern neugierig die kauflustig blickenden Wiener. Polnische Frauen preisen Unterwäsche an. Viel Kleinkram, Nippfiguren aus Bleikristall und sonst allerhand Dinge werden angeboten. In der Mitte des Platzes steht ein fahrbarer Würstelstand (Würstchenbude). Ich kaufe mir eine Kleinigkeit. Der Eigentümer dieses Standes hat die Notwendigkeit seines Einsatzes für das Marktgeschehen hier gut erkannt. Der Verkäufer, der seine Würsteln in einer slawischen Sprache verkauft, unterhält sich daneben in einem derben Wienerisch mit einem jungen Burschen, wahrscheinlich seinem Freund. Sie sprechen über die jungen Polinnen, die, nach den Erfahrungen des Würstelmannes, leicht zu verführen wären. Am Ende einer Verkaufsreihe sitzt ein junger Mann mit seinem kleinen Sohn. Einige Flaschen Bier haben sie vor sich stehen, neben anderen kleinen Dingen, einer Kristallschale, einer Uhr, einem kleinen Elektroauto und einem Kochtopf. Die beiden sind mir sympathisch:

Vater und Sohn, die die weite Fahrt hierher gemacht haben, um diese paar Sachen zu verkaufen. Im Moment kommen keine Käufer. Ich gehe hin und gebe dem Kind zehn Schilling. Beide freuen sich."

Nicht nur in Wien fielen die Polen und andere Leute aus dem Osten mit Waren für den Schwarzmarkt ein, sondern auch in anderen Städten der Grenze, so etwa in Linz. In welchem Ausmaß geschmuggelt wurde, zeigt ein Bericht über 26 Polen, die Schmuggelgut von insgesamt 4 200 Kilogramm nach Österreich transportieren wollten. Die Zollwache-Behörde auf dem Bahnhof einer niederösterreichischen Grenzstadt hatte durch „unkonventionelle Maßnahmen" in Erfahrung gebracht, daß mit dem aus Warschau kommenden Schnellzug eine große Menge Ware für den Schwarzmarkt in Wien unterwegs sei. Die Beamten, die die anderen Reisenden nicht unnötig warten lassen wollten, ließen deshalb den Waggon, in dem die schmuggelnden Polen mit ihrem Gut untergebracht waren, einfach abhängen. Dann räumten sie ihn aus und fanden 72 650 Zigaretten, Feldstecher, Pelzkappen, Silberfuchsstolen, Fotoapparate, Staubsauger, Mixer, Werkzeuge und Sportartikel. Alles in allem 42 Säcke zu je 100 Kilogramm. Die Polen wurden angehalten, 32 000 Schilling Geldstrafe zu zahlen und eine Kaution von weiteren 10 000 Schilling zu hinterlegen.

Der „Reiseleiter" der Polen erklärte, daß die Gruppe nach Italien unterwegs sei, und daß man die Zeit bis zum Anschluß in Wien-Süd zum Verkauf der Ware hatte nützen wollen. Demnach hatten die Herren aus Polen die Absicht, sich ihr Urlaubsgeld für den Aufenthalt in Italien in Wien zu erarbeiten. Das beschlagnahmte Schmuggelgut wurde verplombt und von den österreichischen Zöllnern ihren italienischen Kollegen in Tarvis übergeben. Der Plan der Polen war also gescheitert.

Ähnlich, vielleicht noch ärger, ging es auf dem Schwarzmarkt in Berlin zu. Man sprach von „größeren Dimensionen" als denen in Wien. An „schwachen" Schwarzmarkttagen boten in Berlin an die 5 000 Ost-"Touristen" ihre Waren an. Obwohl die Polizei an einem Wochenende große Mengen an Schmuggelgut beschlagnahmte und 161 Händler in den Osten abschoben, ließ sich dieser Markt nicht eindämmen und schon gar nicht kontrollieren. Um die einmal abgeschobenen Schmuggler in Schach zu halten, wurde ein roter Stempel in ihre Reisepässe gedrückt. Jedoch dürfte auch dies wenig Erfolg gehabt haben, denn mit dem Trick, den Paß verloren zu haben, läßt sich problemlos ein neues Ausweispapier beschaffen. Jedenfalls tummelten sich an den „starken" Tagen im Frühjahr 1990 bis zu 15 000 Polen auf dem Schwarzmarkt in Berlin in der Nähe des Potsdamer Platzes. Zunächst, Anfang 1989, als der polnische Markt sich in Berlin entwickelte, stand man diesem von seiten der Behörde eher gleichgültig gegenüber, da man meinte, der Markt würde für „viele arme Teufel" eine schiere „Überlebensstrategie" bieten. Doch der Zustrom wurde immer größer, und zu den kleinen Schmugglern gesellten sich professionelle Schwarzhändler, die ungeniert frische Handelsware auf Tischen und Decken ausbreiteten. Berlin zog die Polen magnetisch an, weil Berlin der einzige Ort war, den Polen ungehindert anfahren konnten. Allerdings stand die damalige DDR den vielen Polen äußerst skeptisch gegenüber. Die DDR war für die Polen zwar bloß ein Transitland, aber dennoch kauften sie auf der Durchfahrt die Läden leer und zogen deshalb regelmäßig den Haß der Ostdeutschen auf sich.

Polen haben sich zu wahren Spezialisten auf dem internationalen Schwarzmarkthandel entwickelt. Sie unternehmen regelrechte Reisen, um die Schwarzmärkte zu versorgen, vor allem mit Alkohol. Der billigste reine Alkohol in Europa ist in Jugoslawien zu haben. Ein Liter davon kostete im Mai 1991 auf dem Markt von Subotica 30 Dinar. Das sind im Schwarzwechselkurs ca. 100 Forint (17 Schilling). Wie aktiv polnische Schmuggler am Werk sind, zeigt, daß im April 1991 in einem einzigen polnischen Autobus 1 260 Liter Alkohol von den ungarischen Behörden beschlagnahmt wurden. Schmugglerbanden bieten nach Auskunft ungarischer Zöllner Rentnern und Arbeitslosen Geld, damit sie sich auf Autobustour begeben und dabei die betreffenden Dinge mitnehmen. Manch ein Autobus unternimmt endlose Rundfahrten. Er bringt Fernsehapparate oder Maschinen aus der Sowjetunion nach Ungarn. Dort werden Zigaretten und

Kaffee gekauft und nach Rumänien gebracht. In Rumänien nehmen die Buspassagiere Frotteehandtücher und Strickwaren auf und führen sie nach Jugoslawien ein, wo diese Sachen schließlich gegen Alkohol eingetauscht werden. Der Profit aus einer solchen Reise kann derart groß sein, daß man sich davon bereits einen westlichen PKW kaufen kann. Hat man einen solchen Wagen, so reist man wieder nach Jugoslawien, allerdings mit einem Benzintank, in den ein Loch gebohrt ist, um bis zu zwölf Flaschen Alkohol unterbringen zu können. Getankt wird der Wagen mit jenem Sprit, den man im Behälter der Scheibenwaschanlage unterbringen kann. Damit läuft er nach der Grenze einige Kilometer, bis eben das Schmuggelgut unbeobachtet herausgenommen werden kann. Häufig werden auch hinter den Kotflügeln bis zu 20 Liter reinen Alkohols verstaut.

Die Zollbeamten an der ungarischen Grenze stehen den Schmugglern machtlos gegenüber. Schließlich kommen viele von vornherein gleich mit zwei Reisepässen. Wird ein solcher erwischt und ihm der Paß für die Dauer des Verfahrens abgenommen, so verläßt er mit dem zweiten Paß das Land. Symbol der polnischen Tüchtigkeit war im April 1990 ein Flohmarkt im ungarischen Sopron, Ödenburg. Dieser Markt wurde gänzlich von den Polen dominiert, obwohl es dort für Ausländer verboten ist, Handel zu treiben. In Sopron wurde alles von den Polen verkauft, was möglich ist. Westliche Textilien ebenso wie Dinge aus dem Osten. Gezahlt wurde in Forint. Diese an und für sich unbeliebte Ostwährung wurde später in Schilling gewechselt, und zwar auf der großen Einkaufsstraße von Sopron, wo Österreicher diesbezüglich angesprochen wurden. Auf diese Weise kamen Polen zu ihrer Westwährung und Österreicher zu relativ billigen Forint, um in Sopron einkaufen zu können.

Die polnischen Geldwechsler sind angeblich bandenmäßig organisiert, wobei es drei Bosse gibt. Polnische Spezialisten reisen auch zum Beispiel in die Sowjetunion, um dort Schmuck, Gold, Kaviar, Wodka und andere Dinge zu kaufen. Diese Sachen werden nach Österreich eingeführt und weiterverschachert. Dafür erwirbt man hier vor allem elektronische Geräte, die wiederum nach Polen und in die Sowjetunion geschafft werden.

Der Profit ist grundsätzlich enorm, wie ich erfahren habe. Polen mit Koffern und Taschen sind auf den Dampfern an der Küste der Krim und am Schwarzen Meer genauso ein bekannter Anblick wie in Athen, Istanbul oder Wien. Der Verkauf einiger Stangen Zigaretten, einer Vase aus Bleikristall, von ein paar bemalten Tonschüsseln oder billigen Osttextilien, alles Dinge, die sich in einem Koffer leicht transportieren lassen, bringen den Polen Gewinne in Höhe mehrerer Monatsverdienste. Die Reisenden zwischen Ost und West nutzen geschickt die unterschiedlichen Wechselkurse der Ostwährungen aus und machen so einen guten Gewinn. In Polen gibt es für diese Tätigkeit einen speziellen Begriff: Export-Import-Ferien. Das bedeutet, daß Polen, wenn sie für einen Tag nach Wien kommen, um etwas zu kaufen oder zu verkaufen, dabei mehr verdienen als in einer Woche in ihrem Beruf. Dies zeigt sich leicht an einer kleinen Rechnung auf dem schwarzen Arbeitsmarkt, die mir ein Kenner der Szene auseinandersetzte: Der durchschnittliche Pole verdient umgerechnet 1 240 Schilling im Monat. Wenn er in Österreich für 60 Schilling in der Stunde schwarz arbeitet, die 60 Schilling also brutto für netto verdient, hat er nach zweieinhalb Tagen einen Monatslohn in der Tasche. Es kann sein, daß Firmen, die angemeldete Arbeitskräfte aus Polen beschäftigen, unter ihren Hilfsarbeitern, ohne es zu wissen, Professoren oder Lehrer haben, denn in Polen verdient ein Universitätsprofessor weniger als der durchschnittliche Arbeiter."

Die Österreicher spielen bei diesem Handel sehr gerne mit. Es gibt bereits organisierte Absatzkanäle in Wien und Niederösterreich. Und viele der polnischen Händler haben es nicht mehr notwendig, auf dem Handelskai neben dem Auto ihre Waren anzubieten. Sie haben ihre Kontaktadressen. Die billige Ware aus dem Osten wird abgenommen und preisgünstig in Österreich weiterverkauft. Und nicht zuletzt muß natürlich gesagt werden, daß es ohne Kundschaft in Österreich keine Händler auf der Straße gäbe.

Die Schwarzmärkte wurden auch zum Symbol der neuen Freiheit im Osten. Alte Ketten wurden gesprengt, und man genoß es, auf illegale Weise die verschiedenen Währungsformen zum

eigenen Gewinn zu nutzen. Zum Problem wurde der Mexikoplatz und der Wiener Schwarzmarkt insgesamt, wie er 1989 und
1990 entstanden ist, für die Zollbeamten. Ein freundlicher Herr
dieses Metiers, der sich auch Gedanken über die soziale Herkunft der Schmuggler gemacht hat, berichtete mir unter
anderem über die Strategien der Beamten auf dem Schwarzmarkt:

„Es sind zwar nicht nur Polen, es sind andere auch, die schmuggeln, aber speziell bei den Polen sind Aktivitäten des Schmuggelns typisch. Es muß in ihnen drin liegen. Die Tschechen
machen es nicht so intensiv. Die Polen haben eine längere
Erfahrung. Die Tschechen schmuggeln erst seit kürzester Zeit.
Bei den Tschechen finden sich Rechtsanwälte bis hin zur Arbei-
terschaft. Die soziale Herkunft ist sehr gestreut. Sie alle schmuggeln, weil die Diskrepanz zwischen Schillingkurs und Kaufkraft
hier wie dort riesengroß ist. Wir haben uns einmal ausgerechnet,
daß ein polnischer Durchschnittsverdiener mit dem Verkauf
einer Stange Zigaretten ca. 3/4 seines Monatsgehaltes verdient.
Es kommt auf den Einkaufspreis an. Er kauft dort eine Stange
um 70 Schilling, amerikanische Zigaretten. Es gibt Originalware
und Lizenzerzeugnisse aus dem Ostblock. Mit Vorliebe sind es
original-amerikanische Produkte. Die Ware kommt meist aus
den Duty-free-Shops, den Baldona-Shops (wie die Intershops in
der DDR), teilweise auch von den Fähren. Es ist auch möglich,
daß Container mit Zigaretten in ein Waldstück gebracht werden.
Da kommt ein Lastwagen, der stellt den Container dorthin. Und
dorthin fahren Taxis oder ganze Autobusse und kaufen. Das ist
richtig organisiert. In den polnischen Autobussen, die hierher-
kommen, sind vielleicht nur 10 Prozent wirklich Touristen. Bei
den anderen 90 Prozent der Busse handelt es sich um reine
Schmuggel- und Verkaufsfahrten. Diese Leute kommen aus allen
Kreisen. Ich bin oft draußen auf dem Polenschwarzmarkt an der
Donau. Ich habe schon Einsatzleitungen gemacht. Wir machen
regelmäßig Razzien auf dem Schwarzmarkt. Aber die haben nur
Ramsch dort. Es treten dort Zoll, Polizei und Marktamt gemeinsam auf. Als Anhängsel ist noch die Fremdenpolizei dabei. Man
teilt sich das auf. Den Ramsch bekommt das Marktamt. Das ist

nicht der Rede wert. Wir vom Zoll werfen uns auf die Dinge, die einen größeren Handelswert präsentieren oder Monopolsachen sind. Zigaretten, Spirituosen. Aber auch andere Sachen. Das Bleikristall ist ganz verschieden. Es ist sowohl das polnische schlechte Bleikristall dort vertreten wie auch zunehmend gutes böhmisches. Man merkt es am Schliff. Wir machen Stichproben. Allzuviel will man am Platz nicht machen. Aus mehreren Gründen. Erstens, wenn die zu zweit sind, ist immer die Gefahr eines Angriffes. Es gibt immer wieder etwas. Gerade die Polen sind oft alkoholisiert. Der Wodka geht rundum. Überhaupt im Winter, wenn es kalt ist. Da sind sie immer etwas aggressiv. Der Rest der Einsatzgruppe steht bei der Ausfahrt, der schaut sich die Autos an. Nicht nur die Polen, sondern in erster Linie die Abnehmerverdächtigen."

Der Staat schützt die eigene Produktion, und gerade die illegal eingeführten Zigaretten sind eine große Konkurrenz für die Wiener Trafikanten. Bei meinen Begehungen des Schwarzmarktes fiel mir auf, daß Zigaretten, im Gegensatz zu den anderen Dingen, nicht öffentlich angeboten wurden. Wenn jemand den Eindruck erweckte, ein Raucher und kein Zollbeamter zu sein, so wurde er angesprochen, ob er Zigaretten haben wolle. Dies erlebte auch ich. Mich sprach an der Donau ein Pole bloß mit dem Wort „Zigaretten" an. Ich verneinte, bemerkte aber, wie er für andere diese Genußware aus seinem Auto, wo sie gut versteckt lag, herausholte. Mit Zigaretten öffentlich zu handeln erschien ihm wohl als gefährlich. Ich wollte wissen, wie diejenigen, die man beim Zigarettenhandel erwischte, auf die Aktivitäten der Beamten reagierten. Mein Gesprächspartner fuhr fort: „Da gibt es verschiedene Typen. Die einen sagen: ‚Ihr habt mich erwischt, was kostet das?' Dann gibt es die anderen, die nichts davon wissen wollen. Da gibt es fast ein Sprichwort: Einen Polen kann man mit dem blutigen Messer neben der Leiche erwischen, der wird immer noch sagen, er war es nicht. Was ich bei den Polen immer wieder bemerkte: Es ist jeder für sich allein. Jeder weiß, was er bekommen kann. Die haben keine Volkswirtschaft im Auge, keinen Aufbau oder Wiederaufbau. Jeder schaut für sich, wie er einen wirtschaftlichen Vorteil herausholt. Die Polen schmuggeln überall, sogar nach Rußland fahren sie, dort hauen sie mit dem Westgeld auf den Tisch. Sogar in der Türkei. Es gibt Türken, die sagen, auf manchen Plätzen in Istanbul hält man es nicht aus, weil dort so viele Polen stehen. Es ist erschreckend, unter welchen Lebensbedingungen die Polen durch die Gegend fahren."

Der Beamte deutet hier an, daß vor allem Polen jede Mühe auf sich nehmen, in den Autos schlafen und sich kasteien, um Geschäfte zu machen. Und kritisch fährt er fort: „Das regt die Leute auf, das führt zum Fremdenhaß. Man fühlt sich vielleicht persönlich bedroht, und man denkt sich: Muß ich jeden in mein Haus hereinlassen? Ich habe gerne Gäste, bei mir ist jeder willkommen. Aber nicht, wenn 60 oder 70 nicht mehr sehr saubere, teilweise angesoffene Typen hereinkommen und sich ausbreiten. So ist dies auch im Land, wir sind hier, und nun brechen die über uns herein. So begrüßenswert die Entwicklung von allen Seiten ist, so ist dies doch ein Problem. Der Schmuggel ist so ein Mißbrauch des Gastrechtes, er entspricht der offenbar herrschenden Selbstbedienungsmentalität." Jedenfalls schienen die Schwarzmärkte, die nach der Lockerung der Grenzen in Wien und an der Donau entstanden, von einem besonderen Reiz für die vor allem aus Polen Heranreisenden zu sein.

Das Vorbild aller dieser Schwarzmärkte bleibt jedoch der Mexikoplatz im II. Wiener Gemeindebezirk.

Die Anziehungskraft dieses Platzes nützen übrigens auch österreichische Geschäftsleute, wenn sie den Besuchern aus dem Osten ihre Waren anbieten.

So fiel mir ein Geschäft auf dem Weg von der ungarischen Grenze nach Wien auf, in dem offensichtlich Elektrogeräte billig verkauft wurden und das den stolzen Namen „Mexikoplatz" trägt. Der Schwarzhandel an der Donau strahlt weit über Wien hinaus, und die Menschen aus dem Osten wissen um die Qualität des Mexikoplatzes. Allerdings sind Wiener Geschäftsleute verärgert über die Konkurrenz der zureisenden Händler. Sie wissen, daß in den Geschäften mit der Aufschrift „Waren aller Art" unredliche Geschäftspraktiken gepflogen werden. So erzählte mir ein Mitarbeiter meines Freundes, des Fahrradmechanikers: „... im ersten Jahr sind die Inhaber der Geschäfte hier als Wirtschaftshilfe von der Steuer befreit. Erst wenn man einen Umsatz erkennt, kann man eine Pauschale errechnen. Nach dem ersten Jahr wandelt man dann einfach die Firma um, weil sie doch eine GmbH ist. Die rennt dann auf einem anderen Namen. Dann fängt der ganze Schmäh (Trick) von vorne wieder an. Es sind drei oder vier Großfamilien, denen das Ganze da am Mexikoplatz gehört. Das spielt sich so wie im Prater ab.“

Um billige Ware verkaufen zu können, gibt es schlaue Strategien, mit denen Steuer und Zoll wirksam hintergangen werden. Man schickt die Ware entweder in verschiedenen Ländern herum oder schmuggelt sie. Und schließlich sind auch Leute auf dem Mexikoplatz tätig, die politische oder ähnliche Beziehungen haben dürften, um Razzien und anderen Aktionen der Polizei oder des Zolls wirksam begegnen zu können (worüber ich nicht näher berichten darf).

Dies alles wissen die Leute, die in der Nachbarschaft des Mexikoplatzes leben. Ich sprach mit einem freundlichen Ehepaar, welches unmittelbar das Geschehen erlebt. Sie erzählten mir von reichgewordenen ausländischen Händlern, die mit ihrem „Handel mit Waren aller Art“ gut verdienen. Einige treten als Wollverkäufer auf und verkaufen geschmuggelten Alkohol und geschmuggelte Zigaretten. Unter dem Ladentisch sind es die Devisen, die verkauft werden.

Ein junger Firmenangestellter schilderte mir: „Die Händler hier sind präpotent gegenüber den Bewohnern, vor allem gegenüber den alten. Meine Mutter hatte schon einige Probleme. Einmal beklagte sie sich bei einem Ladenbesitzer, der in unserem Haus seine Waren verkauft, er solle die Türe leiser schließen. Der Mann reagierte bösartig und fuhr sie lediglich drohend an: Stört dich etwas? Die alten Vorgärten hier um den Mexikoplatz sind ein schöner Schmuck, aber die ausländischen Händler kümmern sich darum einen Dreck. Sie verwenden die Gärten als Ablage ihrer Kartons, in denen ihre Waren hergebracht werden. Statt der Blumen gibt es hier eine Kartonidylle. Die Kartons stehen herum und schauen furchtbar aus. In fast jedem Haus hier gibt es ein solches Geschäft, und die Gärten werden ruiniert. Den Händlern ist es egal, ob der Vorgarten grün ist oder nicht. Zwar dürfen sie im Vorgarten nicht zum Verkauf anbieten, aber sonst können sie über den Vorgarten verfügen. Die Wiener, die hier wohnen, wollen schon ausziehen von hier. Das Öffnen der Grenze hat sich furchtbar für uns ausgewirkt. Ein ganzer Schwall bricht seitdem über uns herein. Man hat das Gefühl des Aufgefressenwerdens. Die Inländer werden hier zur Minderheit, eine fremde Welt tut sich auf. Damit werden die Wiener nicht fertig."

Die alte Wirklichkeit, zu welcher der Mexikoplatz als ein genau abgegrenzter Bereich gehörte, wobei die umliegenden Gassen unberührt blieben, hat sich verändert. Mit dieser alten Wirklichkeit hatte sich der Wiener abgefunden: Man mied den Platz einfach.

Nun jedoch haben die Händler vom Umfeld des Mexikoplatzes Besitz ergriffen, die Vorgartenstraße entlang und bis weit hinunter in die Lassallestraße. Der Wiener sieht sich mit einer neuen Kultur konfrontiert. Seinen Unwillen darüber tut er voll Bitterkeit kund: „Unsereins kann nicht mehr auf dem Gehsteig gehen. Die alte gewachsene Kultur stirbt. Blumenläden, Greisler (Gemischtwarenhändler) und Wirtshäuser sterben, statt dessen erscheinen Schilder: ‚Waren aller Art'. Eine Monokultur macht sich breit. Vor einiger Zeit pflegte eine Frau unseren Vorgarten sehr brav und mit Liebe. Es gab Blumen und Schmetterlinge. Und dann wurde plötzlich ein Laden mit ‚Waren aller Art' in unserem Haus eingerichtet. Nun war es aus mit den Blumen und den Schmetterlingen. Der Vorgarten wurde gerodet. Die Händler hier kümmern sich einen Dreck um die Menschen, die da wohnen. Wenn man ihnen die Tür aufhält, sagen sie nicht einmal danke. Man wagt es nicht, ihnen die Meinung zu sagen."

Ein anderer Bewohner dieser Gegend erzählte mir: „Einmal stritt ein Freund mit einem dieser Händler. Dieser pfiff, und sofort waren sechs Ausländer da, die ihn schlagen wollten. Mein Freund hat sich aus dem Staub gemacht." Und ein jugoslawischer Hausmeister in der Vorgartenstraße meint: „Die Ausländer sind furchtbar hier. Sie pinkeln überall hin und werfen ihre Tschicks (Zigarettenstummel) weg. Einmal habe ich mich bei einigen Händlern über ihr Benehmen aufgeregt, auf einmal war ein Rollkommando mit neun Leuten da. Man hat mir die Türe eingetreten."

Interessant ist an dieser Feststellung, daß sich Alteingesessene und frühere Einwanderer gleichermaßen über die neuen Fremdlinge ärgern. So erinnert sich ein Wirt: „Die Einwanderer von früher waren noch eine echte Bereicherung. Da ist man im Schanigarten (Gasthausgarten) gesessen und hat sich über das bunte Leben hier gefreut."

Die einzige Bedürfnisanstalt auf dem Mexikoplatz reicht nicht für die vielen Einkäufer, und ein Polizist auf dem Mexikoplatz meint: „Bis 1989 war das Leben hier beschaulich. Dann sind die Polen gekommen und haben uns überschwemmt. Von einem Monat zum anderen haben wir alle Hände voll zu tun gehabt. Taschendiebstähle, Einbrüche, auch von organisierten Banden waren an der Tagesordnung."

Für mich wurde diese neue kriminelle Situation um den Mexikoplatz, die ganz allgemein eng mit dem Öffnen der Grenzen zusammenhängt (s. o.), offenkundig in einem Gespräch, das ich mit einem Versicherungsvertreter führte. Dieser Mann erzählte mir, seine Vorgesetzten in der Versicherungszentrale hätten ihnen, den Vertretern, untersagt, im Gebiet und im Umfeld des Mexikoplatzes Versicherungsverträge für Einbruchsdiebstahl, Wohnungseinbruch u. ä. abzuschließen.

Abschließende theoretische Gedanken zum Phänomen des Schwarzmarktes

Ich habe oben zu zeigen versucht, wie die Lebenswelten der Schwarzmärkte aussehen. Der eine Typus von Schwarzmarkt, der klassische, tritt in Zeiten der Not, vor allem nach Kriegen, wenn die notwendigen oder begehrten Güter knapp sind, in Erscheinung. Überhöhte Preise sind die Folge, und die legendären Schieber machen ihr Geschäft, denn die hungrigen oder (nach Zigaretten, Alkohol u. ä.) süchtigen Menschen sind gerne bereit zu zahlen. Anders sieht es beim zweiten Typus aus. Zu diesem Typus gehören der Polenmarkt an der Donau in Wien, aber auch der berühmte Wiener Mexikoplatz. Für sie ist charakteristisch, daß billige Ware angeboten wird, um Käufer zu locken. Dies kann sein, um, wie bei den Polen, schnell zu westlichem „hartem" Geld zu gelangen, um Devisen zu besitzen, oder um im Westen einzukaufen. Es werden auch geschmuggelte, preislich günstige Güter aus dem Westen – gewöhnlich sind es eher Luxusgüter, wie elektronische Geräte – an Leute aus dem Osten verkauft, die einen relativ niedrigen Preis in Ostwährung zahlen können. Verbunden mit einem solchen Schwarzmarkt ist für gewöhnlich auch jede Form von Devisenschmuggel. Gemeinsam haben beide Typen von Schwarzmärkten, daß auf ihnen Waren zum Verkauf angeboten werden, die kraft Gesetz verboten sind oder geschmuggelt wurden.

Und noch etwas fällt auf: Auf beiden Schwarzmärkten tummeln sich en masse Fremde, nämlich Leute, die aus einer anderen Kultur oder einem anderen Gebiet zum Schwarzmarkt gelangen. Sie bringen Dinge aus einer anderen Welt herbei, sie gehören nicht hierher, sie sind Vermittler. Auf den klassischen Schwarzmärkten sind es Bauern vom Land oder Angehörige von Gruppen, die traditionell Wandernde sind. Und auf dem Mexikoplatz sind es Menschen aus dem Osten, aus Rußland, Rumänien oder Polen, die als Händler, aber auch als Käufer verbotener Waren auftreten.

Als Fremde sind sie dazu prädestiniert, sie haben aber auch das Problem der Konfrontation mit den Eingesessenen, denen es schwerfällt, dieses bunte Treiben und verwirrende Chaos zu tolerieren.

Die Kulturen der Zöllner

Der Zöllner und der Zoll

Der Beruf des Zöllner ist ein bereits in der Bibel erwähnter Beruf. Dort werden die Zöllner als eher kleine Ganoven dargestellt, die sich mit allerlei Tricks Vorteile verschaffen. Seit es Grenzen gibt, gibt es auch Gebühren, die irgendwelche mächtigen Leute einzuheben das Verlangen haben. Klassisch ist der Wegzoll, der weit in die Antike zurückgeht. Um bestimmte Wege und Straßen benützen zu dürfen, müssen Wandernde eine Leistung, zumeist eine Geldleistung, erbringen.

Wegzölle gibt es bis heute. Die Benützung von Autobahnen oder von Privatstraßen hinauf auf irgendwelche Berge ist bisweilen an die Entrichtung einer Maut gebunden.

Wegzölle haben eine Geschichte und tauchen in Geschichten immer wieder auf. So wird von den Forschungsreisenden George Wheeler und Jacques Spon, die sich aufgemacht haben, die alte Orakelstätte Delphi zu entdecken, berichtet, sie seien in einer Bucht gelandet und von finsteren türkischen Gesellen empfangen worden. Diese hätten ihnen je einen Taler Wegzoll abgeknöpft, und erst dann konnten sie ihres Weges ziehen.

Maut wurde auch an den diversen Stadtgrenzen von den zum Markt fahrenden Bauern und Händlern eingehoben. Und auch im Volksbrauchtum spielt die Maut eine Rolle. So bei Hochzeiten etwa: In Siebenbürgen ist es üblich, daß Burschen den Weg des Hochzeitspaares und der Hochzeitsgäste durch ein Seil absperren. Erst nach Bezahlung einer Maut oder nachdem sie auf einige Getränke eingeladen haben, dürfen die Hochzeiter weitermarschieren.

Ähnlich war es auch im meinem oberösterreichischen Heimatdorf. Dort wurde eine Schranke errichtet, um das Hochzeitspaar zur Entrichtung einer Maut zu bewegen. Bräuche dieser Art sind vielfältig, sie verweisen auf die Bedeutung von Weg und Zoll. Karawanenstraßen, Händlerwege und Pfade von Abenteurern waren traditionelle Schauplätze von Absperrungen, Kämpfen und räuberischen Umtrieben.

Es gibt Leute, die meinen, die klassische Form des Zolls sei der Straßenraub gewesen, nämlich jene Aktivität von Nomaden, die, um zu kostbaren Gütern zu gelangen, durchziehende Händler überfielen und beraubten. Hatten die Händler ihr Hab und Gut abgegeben, so ließ man sie meist in Ruhe weiterziehen. Wegelagerer führten diese Tradition weiter – und dies bis heute.

Damit will ich andeuten, daß historisch so etwas wie eine Abgabe mit der Benützung von Straßen und beim Überschreiten von Grenzen verknüpft war. Und derjenige, der auf die Abgaben zu achten hat, ist der Zöllner.

Die Aufgabe der Zöllner und das Problem der Kontrolle über die Schmuggler

Zur wesentlichen Aufgabe des Zöllners gehört es, die Einfuhr verbotener und unverzollter Waren zu verhindern. Dies ist seine gesetzliche Pflicht, und um seinen Auftrag zu erfüllen, bedarf es der Erfahrung, der Menschenkenntnis und geschickter Strategien. Es gilt, dem schlauen Schmuggler auf die Schliche zu kommen. Und dies ist nicht so einfach.

Die folgende Geschichte soll beispielhaft zeigen, wie abenteuerlich das Leben von Zöllnern – in diesem Fall eines Polizisten, der jedoch bei der Kontrolle der alten Schwarzmärkte die Rolle des Zöllners übernahm – sein kann. Auf meine Bitte hin schilderte mir ein Polizist, der nach dem letzten Krieg in einem niederösterreichischen Wachzimmer tätig war, in einem Brief die Heldentat eines kühnen radfahrenden Kollegen: „An einem sonnigen Tag im Frühjahr 1946 läutete bei uns im Wachzimmer Fischamend das Telefon: Ein LKW, der von einem Mann in russischer Uniform gelenkt werde, bewege sich auf der Enzersdorfer Straße. Der Anrufer gab sich nicht zu erkennen und hängte auf. Mein Kollege L. stürzte zu seinem Dienstfahrrad und strampelte, obwohl keine Chance bestand, den LKW einzuholen, auf der Enzersdorfer Straße in Richtung Schwadorf davon. Außerhalb von Fischamend sah er schon den LKW, der mit ungefähr 30 Stundenkilometer dahinratterte. Da L. früher einmal Radrennen gefahren war und dauernd mit dem Fahrrad – ein anderes Verkehrsmittel hatten wir damals nicht – im Rayon unterwegs war, war er in Übung und nahm das Wettrennen mit dem LKW auf. Und er holte, vielleicht durch Rückenwind, den LKW ein. Er sprang vom Fahrrad auf das Trittbrett des LKW und setzte dem Lenker, der eine russische Uniform trug, die Dienstpistole an die Schläfe und nötigte ihn, den LKW anzuhalten. Er kontrollierte den Wagen und stellte fest, daß auf dem LKW amerikanische Zigaretten und ungarischer Tokayer geladen waren, alles geschmuggelt. Der Fahrer gestand auf wienerisch, daß er sich die Uniform angezogen hatte, um diese Ware ohne Probleme auf den Schwarzmarkt transportieren zu können."

Der brave Polizist stellte also einen Schwarzmarktschmuggler und nahm dafür einige Mühe auf sich. Er kam auf diese Weise zu Ansehen, und man spricht heute noch über ihn.

Irgendwie stehen die Zollbeamten aber auch zwischen zwei Fronten, denn sie haben es mit „kleinen" Leuten zu tun, die ihre eher kleinen Bedürfnisse auf dem Schwarzmarkt zu befriedigen suchen. Ein hoher Zollbeamter meinte zu mir: „Wir stehen in der Mitte und haben das permanente Gefühl: Wir machen es niemandem recht. Wir sind die Bösen. Dadurch entsteht eine Aggressivität gegenüber den Leuten. Es kann sein, daß auf diese Weise so etwas wie Unsicherheit beim einzelnen Zöllner entsteht. So kann es zu Aggressivität kommen. Es entsteht ein gewisser Frust. Machen wir unten eine Kontrollaktion am Schwarzmarkt, so sagen die einen: ‚Ihr habt recht, gebt´s ihnen (den Polen)!' Geht man gegen sie los, sagen die anderen: ‚Die armen Polen, laßt sie doch in Ruhe!'"

Der Zollbeamte beklagt seine Situation als Kontrollorgan des Staates, das den Schmugglern das Handwerk zu legen hat. Denn die Schmuggler treten, so wie schon früher, in vielerlei Gestalt auf, nicht nur als Autoschmuggler, sondern auch in einer klassischen Gestalt, wie mein Gesprächspartner weiter ausführt: „Eine lustige Sache: Wir haben vor einigen Jahren, als ich meinen Finanzkurs gemacht habe, einen Vortragenden, einen Hofrat, gehabt, der hat immer vom Schmuggler mit dem Rucksack erzählt, der über die grüne Grenze ist. So wie er es von den fünfziger und sechziger Jahren her gewohnt war. Wo gibt es das heute noch? Ein Schmuggler, der über die grüne Grenze geht? So meinte man. Aber ein paar Jahre sind vergangen, und es ist heute aktueller denn je. Was sich heute links und rechts von den Zollämtern abspielt, das ist bemerkenswert. Zur Demonstration: Der Sektionschef G. hat vor einiger Zeit behauptet, es gibt in Österreich keinen organisierten Zigarettenschmuggel, sondern es kommt alles im Kofferraum herein. Das ist ein Blödsinn."

Dieser Gedanke unterstreicht die Vielfältigkeit des Aufgabenkreises des Zöllners und die Notwendigkeit, einigermaßen mit Geschick und Verstand vorzugehen. Er lebt in einer Kultur, zu der wesentlich Strategien der Verdächtigung gehören. Der Verdacht ist es, der ihm seine Legitimation gibt und ihn schließlich zum Erfolg führt. Es ist nämlich z. B. unmöglich, alle Autos und Autobusse zu kontrollieren, so daß der Zöllner großzügiger vorgehen muß, um den Verkehr nicht allzulange zum Stocken zu bringen. Und er muß sich deshalb teils mit Erklärungen zufriedengeben, daß keine Schmuggelwaren mitgeführt werden. So war es im Jahre 1990, als man verhindern wollte, daß Schwarzarbeiter aus dem Osten nach Österreich kamen. Hier tat es eine Erklärung des Einreisenden, wie der Zollbeamte ausführte: „Hat der Pole die Erklärung unterschrieben, daß er hier keiner Erwerbstätigkeit nachgehen darf, so bekommt er am Einreisestempel ein Ringerl (einen Kreis). D. h., wir wissen, daß er das unterschrieben hat. Wird er einmal erwischt, wird das rot unterstrichen. Wird er das zweite Mal erwischt, wird ‚Ein'(reise) durchgestrichen, und er geht in den ‚Schub', ab nach Hause. Das ist eine Maßnahme, damit man hier ein bisserl eine Evidenz hat. Auf der anderen Seite: Das Imperium schlägt zurück. Was steigt an: die Zahl der verlorenen und gestohlenen Pässe. Wenn er das (Ringerl) im Paß drinnen hat, schmeißt er den Paß weg. Es häufen sich die Anzeigen, daß Pässe verlorengegangen sind bei der polnischen Botschaft."

Der Zöllner weiß um die Tricks der Grenzgänger und ist sich daher darüber im klaren, daß gewisse Formen der Kontrolle geradezu sinnlos sind. Dennoch versucht er, seinen Gegner, den schmuggelnden Grenzgänger, zu ertappen. Dazu gehören nicht nur Ausdauer und Erfahrung, sondern auch Pfiffigkeit. Auf letzteres scheinen die Beamten besonders stolz zu sein, wie ein Herr der Zollbehörde ausführt: „90 Prozent der aufgeflogenen (entdeckten) Schmuggelaffären gehen zurück auf das Achtgeben durch unsere Leute. Verschiedenste Kriterien sind da maßgebend: Verhalten des Fahrers – man bekommt mit der Zeit einen Blick dafür. Es gibt ja Indikatoren, zum Beispiel, wenn jemand nervös wird. Ich weiß von Kollegen und Schulungen (!), auf was man da schauen soll, und welche Risikofaktoren es gibt, und wann man da einmal nachschauen soll. Ein geringer Teil (der aufgedeckten Fälle) beruht auf Informationen durch die Polizei, durch Ermittlungsergebnisse der Sicherheitsbehörden. Es wird ein Fahndungsprofil erstellt, das verschiedene Faktoren aufweist. Wenn bei jemandem diese und jene Kriterien zusammentreffen, dann ist er verdächtig."

Auf die einzelnen Kriterien geht der Herr vom Zoll nicht ein. Genaueres will er mir nicht erzählen, was ich verstehe.

Dann fährt er fort: „Eine große Gruppe von Schmugglern erwischt man über den Flugverkehr. Da ist die Wahrscheinlichkeit, erwischt zu werden, größer. Da gibt es mehr Zeit, nach den klassischen Verstecken, doppelten Böden usw., zu suchen." Als ich ihn auf den Schmuggel von Drogen, die oft in Kondome gesteckt und so geschluckt werden, anspreche, meint er: „Das ist das schwierigste, das kann man unmittelbar bei einer Grenzkontrolle – außer der Betreffende verhält sich furchtbar auffällig – nicht feststellen. Dazu bräuchte man auch Informationen über die Person während des Fluges."

Und schließlich schilderte der Zollbeamte den Vorgang der Zollkontrolle im Detail: „Kommt ein polnisches Fahrzeug, vollbesetzt mit fünf Leuten. Die Arbeit des Zöllners beginnt damit, daß er ihnen einen Zettel in die Hand drückt, auf dem auch in polnischer Sprache steht, was sie einführen dürfen und was nicht. Die einen tun so, als ob sie nicht lesen könnten. Dann endlich bequemt sich einer zur Unterschrift. Und dann steigt er aufs Gaspedal, weil er glaubt, er ist weg. Das kennen unsere Beamten schon.

In Kolonnen kommen sie an, dann wird der Paß kontrolliert, dann bekommt er das Formular. Unsere Zöllner sind ja gleichzeitig auch Grenzpolizisten und machen die Sicherheitskontrollen (am Auto). Dann bekommt er einen Stempel in den Paß. Dann wird er, wenn Zeit und Gelegenheit ist, gebeten, sein Fahrzeug an den Rand zu stellen. Was haben Sie mit? In 90 Prozent der Fälle sagen sie: ‚Wir haben doch nichts mit, um Gottes willen!‘ Der Zöllner läßt sich nicht beirren: ‚Jetzt machen Sie halt einmal den Kofferraum auf.‘ In vielen Fällen gibt es ein betroffenes Schweigen. Es bequemt sich einer nach hinten und macht dann auf. Mit mehr oder minder großem Widerwillen. Dann gibt es Abstufungen. Der eine hebt den Koffer raus, der andere sagt zum Zöllner sinngemäß: ‚Nehmen Sie sich den Dreck heraus, wenn Sie ihn sehen wollen!‘ Wieder ein anderer ist derart erbost, daß er den ganzen Packen dem Zöllner vor die Füße schmeißt. Der Zöllner versucht, seine Ruhe zu bewahren. Die anderen sitzen noch im Auto drinnen. Dann sagt der Zöllner: ‚Bitte, steigen auch Sie aus, ich möchte mir anschauen wie es unter den Sitzen ausschaut!‘ Na gut. Dann kommen so sukzessive alle die Dinge zum Vorschein, die mitgebracht wurden, der Satz Schraubenschlüssel, die Kristallvase usw. Beurteilt man das jetzt nach unseren Rechtsvorschriften, dann heißt es: Lieber Freund, diese Ware hast du nicht deklariert, du hast versucht, zu schmuggeln. Daher verfallen die Sachen dem Staat. Du mußt soundso viel Schilling bezahlen. Dann beginnt in der Regel die große Tragik. Der eine fängt sofort an zu schreien, der andere äußert sich erbost über den österreichischen Staat, was er sich erlaubt, hier Nazimethoden anzuwenden. Und dann kommt das große Problem: kein Geld, nix Geld. Dann wird es schwierig, dann greift der Zöllner zu einem Mittel am Rande der Legalität, er sagt: Lieber Freund, Reisepaß her, du fährst an den Rand dort, und es gibt erst ein Weiterfahren, wenn du die Strafe bezahlt hast. Regelmäßig, innerhalb von ein paar Stunden, treiben diese Leute das Geld auf. Wenn sie etwas dabeihaben, dann zahlen sie gleich. Prinzipiell wird einmal versucht, der Strafe zu entkommen, indem man sagt, man hat kein Geld. Oft sind sie ja nicht allein, das Geld wird dann zusammengelegt. Diese Aktion kann sich über Stunden hinziehen und blockiert den Beamten in seiner Tätigkeit. Die Beamten müssen sich einiges gefallen lassen."

Ein besonderes Problem für den modernen Zöllner ist das Problem des Drogenschmuggels. Weltweit bemühen sich Beamte an den Grenzen, Drogenschmuggler zu erwischen. Nur selten gelingen wirklich große Funde, meist allerdings dann, wenn bereits Informationen vorliegen. Ich sprach mit einem Zollbeamten, der zu einem Fachmann der Drogenfahndung auf dem Wiener Flughafen wurde. Er arbeitet eng zusammen mit seinem Hund, der auf die Suche nach Drogen – vor allem Haschisch, Heroin und Kokain – abgerichtet worden ist.

Wien ist eine Anlaufstelle und Durchgangsstation für Drogenschmuggler, die entweder die Flugroute Singapur-Bombay-Wien, oder Bombay-Zürich-Wien wählen.

Ist der Schmuggler einmal in Wien angekommen, so schaut er, nach den Recherchen der Zöllner, so schnell wie möglich zum Südbahnhof zu gelangen und dort den Zug nach Italien zu besteigen. Die Zollbeamten wissen von diesen Routen und richten ihre Verdächtigungen danach aus. Personen, die sich auf diesen Touren befinden, erscheinen demnach besonders verdächtig.

Ein Zollbeamter erzählte mir dazu über einen Schlepper, nämlich einen Drogenkurier, der selbst nicht süchtig ist, wodurch er sich von einem bloßen Dealer, einem drogenabhängigen Drogenhändler unterscheidet: „Einmal wurde ein Alkoholiker als Schlepper die Strecke von Bombay über Zürich, Wien nach Rom eingesetzt. Um 9:30 Uhr, kam das Flugzeug in Wien an. Der Schlepper ging in den Transitraum, wo er abwartete, daß sein Gepäck in das Flugzeug, das um 17:00 Uhr nach Rom weitergeht, gebracht wurde. Um 15:30 Uhr verließ der Mann den Transitraum. Durch seinen langen Aufenthalt war er verdächtig geworden. Seine Absicht war es, mit dem Zug nach Rom zu fahren, um dort sein Gepäck abzuholen. Er wollte auf diese Weise dem Risiko begegnen, erwischt zu werden. Da er verdächtig war, schaute man aber seinen Paß genauer an und kam darauf, daß er gefälscht war. Der Schlepper, ein Inder, war Alkoholiker, brauchte 80 Zigaretten und einen Liter Whisky pro Tag. Mit Zigaretten haben ihn die verhörenden Zoll- bzw. Kriminalbeamten geködert. Er gab an, in Bombay angeheuert worden zu sein. Man hatte ihn angesprochen und ihm gesagt, er solle Gold oder Edelsteine in Paketen schmuggeln. Aber ausdrücklich meinte er, er habe nicht gewußt, daß er es mit Suchtgift zu tun hatte. (Dies sei typisch für solche Schlepper.) Der Inder hatte große Schulden, man hatte ihm Geld versprochen. Leute, die einen britischen Reisepaß haben und nicht Englisch sprechen, sind verdächtig." Und der Beamte ergänzte: „Im Röntgenbild erkennt man im Koffer aufgrund von Schatten die Drogen, auch im Transitraum gibt es ein derartiges Gerät." Und schließlich ist es der Geruch, der den Verdacht des Drogenschmuggels erhärtet. Der Cannabis-Geruch wird als „lauter" bezeichnet und der von Heroin als „gering".

Ein Hund, der für die Drogensuche ausgebildet werden soll, wird zuvor genau getestet, vor allem hinsichtlich seiner Schärfe. Und er muß schußsicher sein. Der Abrichtungskurs für den Drogenhund dauert fünf Monate. Trainiert wird grundsätzlich mit dem einschlägigen Suchtgift. Steht kein solches zur Verfügung, so tut es im Notfall auch Schafkäse oder gewöhnliche Klebestreifen, um den Hund auf den Geruch des Rauschgiftes zu drillen. Hat der so abgerichtete Hund Drogen aufgestöbert, so muß ihm das Gefundene sofort entrissen werden, damit er es nicht fressen kann, denn sonst stirbt er daran.

Der Hund des Zollbeamten ist also ein gutunterrichteter und zielsicher handelnder Gefährte, der trefflich mithilft, Drogenschmuggler zu verdächtigen – denn sind Drogen im Gepäck, so riecht der Hund sie schon auf dem Förderband.

Eine intensive Suche dauert für den Hund 20 bis 30 Minuten. Dann muß eine Stunde Pause eingelegt werden, denn man darf den Hund nicht überfordern. Für das empfindliche Geruchsorgan des Hundes spricht, daß er die Drogen bereits riecht, wenn sie nicht länger als zehn Stunden in einem Paket gelegen haben.

Das Talent des Hundes gesellt sich also trefflich zu den anderen Instrumenten der Verdächtigung durch Zollbeamte.

Das Bemühen des Zöllners, Schmugglern über Verdachtsmomente auf die Spuren zu gelangen, wurde besonders im Gebirge zur harten Arbeit, so an der Tiroler Grenze zur Schweiz. Ich sprach im Paznauntal mit alten Schmugglern – ich war mit dem Fahrrad dorthin gefahren – und erfuhr viel über ihre abenteuerlichen Schmuggelfahrten während der Zeit nach dem Ersten Weltkrieg, als Kaffee und Saccharin interessante Produkte waren, die man aus der Schweiz herüberbrachte, um sie hier den Tirolern zu verkaufen. In die Schweiz trieb man verbotenerweise Vieh, um zu Geld zu kommen. Die Finanzer, die Zollbeamten, mußten ebenso wie die schmuggelnden Bauernburschen gute Bergsteiger sein. Dies geht aus der Erzählung eines alten Schmugglers hervor, mit dem ich in Kappl im Paznauntal bei einem Gläschen Schnaps saß: „Bis neun Stunden bin ich marschiert. Die Finanzer haben mich nie erwischt. Ich habe Glück gehabt. Sie sind unserer Spur im Sommer nachgegangen. Im Winter, da hat der Wind und der Schnee alles verweht. Im Sommer hat man die Spuren am Boden besser gesehen. Die Finanzer sind diesen nach, sie haben mich aber nie erwischt. Einmal sind wir um dreiviertel zwölf auf die Toxer Scharte hinauf. Die Finanzer sind hinter einem Stein gehockt, mit einem Hund. Der erste von uns hat seinen Sack abgestellt, da sind die Finanzer mit dem Gewehr plötzlich da gewesen. Wir haben die Säcke weggeworfen. Ich habe gewußt, erwischen darf ich mich nicht lassen. Wenn sie einen erwischt haben, hat man eine Strafe gekriegt, die Ware war hin. Da hat man doch lieber die Sachen weggeworfen. Damit man besser springen kann. Die Finanzer sind uns nicht nach, sie sind beim Stein oben geblieben. Sie haben auf keinen geschossen."

Die Zollbeamten, die Finanzer, die in den Tiroler Bergen ihren Dienst versahen, hatten also eine mühsame Arbeit zu verrichten, um den Schmugglern das Handwerk zu legen. Interessant ist, daß die Zollbeamten – und dies wird heute noch so gehalten – in der Regel nicht aus der Gegend stammen, wo sie ihren Dienst versehen, damit keine Kumpanei zwischen Finanzern und

Schmugglern entsteht. Ähnlich war es auch am Rhein bei Lustenau. Die Zöllner, die zunächst kaum eine persönliche Beziehung zu den dortigen Menschen hatten, bemühten sich aufrichtig, Schmuggler zu erwischen. Da in Lustenau, wie auch in anderen Gegenden, vor allem in Zeiten der Armut zwischen Bevölkerung und Schmugglern eine intensive Bindung bestand, hatten es die Zöllner besonders schwer, Schmuggler zu verdächtigen. Eine nette Schmugglergeschichte, die mir eine alte Wirtin in Lustenau erzählt hat, dokumentiert dies: „Mein Urgroßvater hat auch Seide geschmuggelt. Früher durfte ein Finanzbeamter bzw. ein Zollbeamter oder ein Gendarm bei Nacht in kein Haus. Sie mußten bis Tagesanbruch warten. Einmal hatten die Schmuggler gemerkt, daß das Haus in der Nacht von Grenzern umstellt wurde. Darauf haben sie die geschmuggelten Waren sehr gut im Haus versteckt. Alles konnten sie aber nicht verstecken. So viele Verstecke hatten sie nicht. Und damit man ihnen nicht draufkommt, haben sie den Rest verbrannt. Sobald der Tag anbrach, sind die Finanzer in das Haus und haben gesagt: ‚Jetzt sind wir da. Warum hat der Rauchfang während der Nacht geraucht?‘ Darauf haben die Schmuggler gesagt: ‚Die Großmutter hatte Bauchweh. Sie hat sich in das Bett gelegt. Und daher haben wir ihr eine warme Suppe gemacht.‘ Die Schmuggler waren gescheite Leute, einen dummen Schmuggler hätte man gleich erwischt."

Die alten Schmuggler konnten mit der Sympathie der Menschen rechnen, wenn es galt, die Finanzer zu täuschen. Darauf geht eine alte Paznaunerin ein, die mich und meinen Begleiter zu einem Schnaps in ihrem hochgelegenen Haus einlud: „Einmal, in den dreißiger Jahren, sah ich im Kornacker einen Finanzer liegen. Da dachte ich, da sind Schmuggler unterwegs. Da sind dann der Johann und sein Freund heruntergekommen. Leider hat der Finanzer sie erwischt, denn jeder hat ein halbes Kilo Kaffee mitgehabt. Deswegen wurden sie bestraft. Obwohl sie es nur für den Eigengebrauch hatten. Der Kaffee wurde ihnen von den Finanzern weggenommen. Sie haben ihn sich wahrscheinlich selbst behalten. Die Finanzer waren dauernd unterwegs, um nach Schmugglern zu suchen."

Die Unbeliebtheit des Zöllners unter der Bevölkerung geht auch aus der Erzählung eines alten Schmugglers aus Unken, einem Ort an der Grenze zwischen Tirol und Deutschland, hervor: „Einem vom Zoll ist schon spitz geworden (bekanntgeworden), daß ich schmuggeln tu. Der war der oberste Beamte vom Zoll. Seine Frau war verwandt zu mir. Von ihr wußte ich, daß die Zöllner manchmal sich bei ihnen zu Beratungen zusammensetzen. Dabei hat die Frau gehorcht, wenn sie im Wohnzimmer gesprochen haben. Einmal hat sie zu mir gesagt: ‚Max, da drinnen ist einmal dein Name gefallen!‘ Da ist mir schiach gekommen[57] (habe ich Angst bekommen). Durch die Frau war ich nun gewarnt. Nun hieß es aufpassen, denn jetzt bin ich auf der Liste. Das waren österreichische Zöllner. Mir kam es komisch vor, daß die Unseren so scharf waren, wenn der Kaffee von Österreich nach Deutschland hinausging. Das ist doch Sache der Deutschen. Ich mußte mich vor ihnen allen hüten."

Der Mann war den Zöllnern also verdächtig und daher versuchten sie, ihn auf frischer Tat zu ertappen. Wenn sie keinen Erfolg hatten, so darum, weil der hoffnungsvolle Schmuggler rechtzeitig gewarnt wurde.

Ein alter Wirt eines bereits aufgelassenen Gasthauses im Paznauntal, der alten Schmugglergegend, erzählte mir von den vielen Zöllnern, die man vor dem Krieg hier eingesetzt hatte, in Galtür, Ischgl und Kappl. Und dennoch war die Kontrolle durch die Finanzer eine sehr lückenhafte, da sie nicht verhindern konnten, daß zum Beispiel Bohnenkaffee aus der Schweiz über die Jöcher herübergebracht und privat bis nach Landeck verhandelt wurde.

Eine alte Zöllnerkultur gibt es in Lustenau, wo, wie schon hingewiesen, wegen der nahen Schweizer Grenze das Schmuggeln zum Alltag gehörte. Dies ist in alten Dokumenten bereits belegt. Diese Dokumente zeigte mir liebenswürdigerweise Herr Regierungsrat Bösch, den ich an einem verregneten Vormittag im Lustenauer Gemeindearchiv während meiner Radtour kennenlernen durfte. Aus einem Dokument erfuhr ich, daß 1817 ein typisches Hungerjahr war, in dem das Kreisamt der „Einschwärzung" verbotener Ware, aber ebenso der „Ausschwärzung" von lebenswichtigen Dingen, die man im Land behalten wollte, wie zum Beispiel Kartoffeln, streng nachging.

Ein Zollamt gibt es in Lustenau schon seit 1796. Geschmuggelt wurde mit Zucker, Tabak und Kaffee. Der Tabakschmuggel im großen Stil begann um 1800, als der Staat sein Tabakmonopol festlegte. Aus einem anderen Dokument geht hervor, daß die Zollämter ein Leumundszeugnis von jenen Leuten verlangten, die sie des Schmuggels für verdächtig hielten. Mit ihren Verdächtigungen hatten es die Zöllner allerdings nicht leicht, da die Gemeindebehörden eher, wie aus anderen Unterlagen zu schließen ist, auf der Seite der Schmuggler waren.

Die Zöllner im Tiroler Gebirge standen bei ihren Verdächtigungen also einer ganzen Schmugglerkultur gegenüber, die nicht so leicht zu durchschauen war. Der ehemalige Wirt im Paznauntal, den ich schon erwähnt habe, erzählte mir dann bei einem Bier Einzelheiten, die einen guten Einblick in die schwierige Arbeit der Zöllner gewähren: „Nach dem Ersten Weltkrieg hat man Zigarren geschmuggelt, Virginias und Prisagos. Die Prisagos sind heute noch die besten Zigarren in der Schweiz. Die hat man billig gekauft in der Schweiz. Und die Kellner hier in den Gasthäusern haben sie verkauft. Die Leute sind zu ihnen gekommen und haben ab und zu ein Schachtele (einen kleinen Karton) gekauft. Heute fahren die Schmuggler im Auto hinüber. Heute gibt es auch keine Zöllner mehr. Die Zollstationen in den Bergen sind alle aufgelöst worden, in Kappl, Ischgl und anderen Orten. Wie der Hitler gekommen ist, hat er sofort Zollhäuser gebaut. In Kappl vier, in Ischgl vier, in Mathon vier und in Galtür auch welche. Von 1938 bis 1940 sind die gebaut worden. Vorher hatten die Österreicher kein Zollhaus, die Zöllner waren privat eingemietet. Die Pfunder Schmuggler waren rebellischer. Die waren grob mit den Zöllnern. Bei Zaunders geht der Bach. Dort ist die Grenze. Ich bin auch einmal hinüber. Es hat damals viel Schnee am Joch gehabt. Man mußte über die Ochsenscharte gehen. Es war ein schöner Übergang mit einem herrlichen Schnee. Dorthin konnten die Zöllner, die Schweizer und die Österreicher, hinsehen. Ich habe dort oben nicht stehenbleiben können. Da bin ich hinunter, zur Xanderalpe, über Bergwiesen mit Lärchen, steil, zum Bach hin. Ich habe mich bei einer Lärche hingeworfen. Und habe etwas herumgeschaut. Da sind zwei Zöllner heruntergekommen. Die haben mich verfolgt. Die haben mich angehalten. Ich gehe auf Samnaun, habe ich gesagt, ich gehe arbeiten, weiter nichts. Ich hatte einen Paß bei mir. Ich muß mitgehen, haben sie gesagt, ich bin ein Schmuggler. Ich hatte 20 Franken bei mir, die hatte ich in meinen Holzstock hineingebohrt. Sie wollten ihn mir abschneiden. Ich mußte vorausgehen, zum österreichischen Zollamt. Der Chef war dort und hat gesagt: ‚Jetzt kommt wieder so ein Schmuggler.‘ Ich mußte mich hinsetzen, man hat meine Daten aufgenommen. Ich hatte einen Paß bei mir und auch ein paar Schillinge. Da konnten sie mir nichts machen. Sie haben mich genau abgesucht, jeden Zentimeter. Meinen Stock haben sie angeschaut. Es war so ein Haselstock. Schweizer Geld durfte man nicht haben. Was ich nun tue, hat mich der Chef gefragt. Ich gehe halt heim, habe ich gesagt, wenn ich da nicht hinüber darf. Dann bin ich gegangen, nach Samnaun, nicht zurück. Dort habe ich Saccharin gekauft und ein paar Stangen Zigaretten. Hundert Meter hinter dem Zollhaus bin ich hinunter, so frech war ich."

Die Zöllner, die täglich ihre Streifen machten – auch sie stammten nicht aus der Gegend, sondern hauptsächlich aus dem Unterinntal —, plagten sich redlich, wirksamen Verdacht auszusprechen. Doch ihnen standen gewiegte Schmuggler gegenüber, die in eine charakteristische Kultur an der Grenze eingebunden waren.

Eine solche existierte auch an der Salzburger Grenze zu Deutschland, in der Nähe von Lofer und Unken, wo ich einen Kaffeeschmuggler der Vorkriegszeit traf. Seine Aufgabe war es, Kaffee auf Schleichwegen zu einem deutschen Bauern an der Grenze zu bringen. Dessen Aufgabe wiederum war es, den Kaffee nach Bad Reichenhall zu transportieren. Das Geld aus dem Schmuggelgeschäft wurde geteilt, denn auch für den Bauern war es ein Risiko. Schließlich hatte er bayerische Grenzer im Haus zur Miete. „Und die sind uns nicht draufgekommen, daß wir schmuggeln. Das ist mir ohnehin schleierhaft", meinte der Schmuggler lachend. Damit deutete er auf alte

Traditionen des Schmuggelns hin, denen die Zöllner nicht gewachsen sind.

Eine Möglichkeit, unkontrollierte Ware über die Grenze zu bringen und sie nicht der Verdächtigung des Zöllners auszusetzen, ist die Bestechung. Die Bestechung ist ein klassisches, bereits in der Bibel beschriebenes Instrument, um dem verbotenen Handel Grenzen zu öffnen. Von einem versierten Herrn, der als Händler im Nahen und Fernen Osten unterwegs war, weiß ich folgendes: „Zwischen Afghanistan und Pakistan liegt der Kaibapaß. Dort ist eine Zone im Niemandsland, wo es Werkstätten gab, Waffenschmieden, in denen alte Gewehre nachgemacht wurden. Die Leute sind dort sehr kriegerisch, eher Nomaden. Die Waffen wurden an die Nomaden Afghanistans und Pakistans verkauft. Es war ein großes Niemandsland. Die Waffen wurden also in beide Richtungen geschmuggelt. Wenn die Zöllner dahintergekommen sind, so hat man sie bestochen. Man ging so einem Kampf aus dem Weg. Ein Teil des Salärs der Zöllner dort besteht in der Bestechung durch den Schmuggel. Die sind so schlecht bezahlt, weil man dies voraussetzt. Ich bin einmal mit dem Auto durch den Irak gefahren, ich habe von Persien ein paar Sachen mitgehabt. Weil ich dem Zöllner nichts gezahlt habe, ist er mir nachgelaufen und hat geschrien: ‚Bakschisch!‘ Und ein anderes Mal habe ich bei der Einreise nach Persien von der Türkei erlebt, daß man einen Österreicher, der gar nicht geschmuggelt hat, der aber nichts geschmiert hat, zwei Wochen warten ließ. Man hat ihn zwei Wochen nicht abgefertigt. Für die schnelle Abfertigung wollten die Zöllner Geld."

Kontrolle und Abfertigung hängen mitunter davon ab, daß man dem Zöllner geradezu rituell eine Gabe überläßt, die dem Schmuggler oder Händler das Tor der Grenze öffnet. Einer genauen Kontrolle läßt sich vorbeugen, indem man dem Zöllner für seine freundlichen Dienste bei der Nichtkontrolle auch etwas zukommen läßt. Darauf geht ein Schmuggler der Vorkriegszeit aus dem Salzburgischen ein: „Auch mein Vater hat geschmuggelt, wie er jung war, nach dem Ersten Weltkrieg. Dann nicht mehr. Er hat hauptsächlich Salz geschmuggelt. Aber auch andere Sachen, die draußen billiger waren. Wir haben uns mit einigen

Grenzern vertragen. Ein paar Grenzer gab es, die gewußt haben, daß wir schmuggeln, aber sie haben nichts gesagt. Manche waren schon sehr scharf auf uns." Lachend fügte er hinzu: „Die haben schon sehr aufgepaßt. Aber im Wirtshaus waren wir ruhig, damit wir uns nicht verraten. Ich habe ein paar Schmuggler gekannt, die haben sich Grenzer gekauft, damit sie ihnen sagen, wann sie Dienst haben. Diese Grenzer haben dann ein Auge zugedrückt."

Bestechung des Zöllners scheint also das klassische Mittel zu sein, um mit verbotenen Dingen problemlos über die Grenze zu kommen. Es wurde auch von einem Österreicher angewendet, um einen Schildkrötenpanzer nach Österreich zu schmuggeln: „Ich habe festgestellt, daß der Schildkrötenpanzer so groß ist, daß er in kein normales Gepäckstück, Reisetasche, Koffer u. ä. hineingepaßt hat. Ich mußte jetzt für den Schildkrötenpanzer aus Pappkartons eine eigene Verpackung basteln. Ich habe ihn also mit Packpapier, Karton und anderen Dingen ummantelt. Und habe dann viele, viele Meter an Klebeband rundherum gewickelt. Ich habe, wie man bei uns sagt, ein Jugo-Packerl daraus gemacht. Das Problem war also: Wie bringe ich den Schildkrötenpanzer aus Angola nach Österreich? Wenn man längere Zeit im Ausland arbeitet, noch dazu für ein renommiertes Unternehmen wie die VÖEST, dann kennt man auch angolanische Zöllner, vor allem die Zolloffiziere. Mit Hilfe eines dieser Zolloffiziere, die in diesen Ländern bestechlich sind, ist mir die Ausfuhr gelungen. Ich habe ihn mit ein paar Paletten Bier, Whisky und Zigaretten bestochen. Prinzipiell wird jedes Gepäckstück, ohne Ausnahme, aufgemacht. Nicht aber, wenn man beim Zoll jemanden kennt, wie z. B. ich den Zolloffizier. Zu dem bin ich hin und habe ihm gesagt: ‚Ich habe einen Schildkrötenpanzer aus Santiago de Cuba.‘ Das ist in Angola, von dort habe ich ihn her. ‚Ich möchte ihn unbedingt mit nach Österreich nehmen.‘ Er hat allwissend gelächelt. Und dann hat er gesagt: ‚Look, my friend, das kostet soundso viel.‘ Darauf ich: ‚Geld bezahle ich dafür nicht, aber ein paar Flaschen Whisky und ein oder zwei Paletten Bier.‘ Darauf hat er ein weises Lächeln aufgesetzt und hat gesagt: ‚Das geht in Ordnung.‘ Und dann hat er gemeint, er wird am Tag meiner Ausreise aus Luanda auf dem Flughafen sein und persönlich darauf achten, daß dieses eine Paket eingecheckt wird. Und er ist auch dort gestanden, als ich hingekommen bin. Er hat seine Untergebenen beordert: ‚Gepäck nicht anschauen, mit der Kreide o. k. draufmachen und einchecken.' So habe ich den Schildkrötenpanzer aus dem Land gebracht." Durch das Kreidezeichen erhielt der gutverpackte Schildkrötenpanzer eine neue Qualität, er wurde zu einem Gegenstand, der frei die Grenzschranken passieren durfte. Der wackere Österreicher brachte aber auch andere verbotene Gegenstände durch Bestechung außer Landes. Wichtig war für ihn zunächst, überhaupt Kontakte zu einem ansprechbaren und freundlichen Zolloffizier zu bekommen: „Ich habe mich mit ihm langsam angefreundet und ihn in das Hotel Panorama kommen lassen. Kennengelernt habe ich ihn durch einen seiner Verwandten, der Zolloffizier am Flughafen war. Der hat ihn mir vermittelt." Und als er ihn dann brauchte, um die Sachen problemlos außer Landes zu bringen, teilte er ihm dies mit. Der Zollbeamte stellte sich darauf ein und tat, was der Mann aus Österreich erwartete: „Ich kam also mit dem Karton, in dem ein Elefantenzahn und ein Leopardenfell verpackt waren, zum Zoll. Der diensthabende Zollbeamte, den ich nicht kannte, sagte: ‚Aufmachen!' In diesem Moment stand schon mein Bekannter, er war der Vorgesetzte, da und sagte: ‚Nichts aufmachen, das ist ein Freund von mir. Die Sache hier ist einfaches Arbeitsgut.' Der untergebene Zollbeamte antwortete jedoch: ‚Es muß aber aufgemacht werden.' Der Vorgesetzte wieder: ‚Nicht aufmachen!' Nun begannen beide zu streiten. Die Polizei kam hinzu, und sofort war eine Menschentraube da. Und während die stritten, nahm ich das Gepäck und gab es auf das Förderband. Und schon war es weg." Die Möglichkeiten, Zöllner zu bestechen, sind vielfältig. Spannend schilderte mir dies ein Schmuggler: „Es war strengstens verboten, nach Algerien Pornos oder größere Mengen an Alkohol und Zigaretten einzuführen. Es hat zwei Möglichkeiten gegeben, um diese Dinge nach Algerien zu schmuggeln. Die eine war, wenn man das Zauberwort ‚mon ... cousin', d. h. mein alter Verwandter, zum Zöllner gesagt hat. Wenn man in seinem

Handgepäck oder im Koffer Pornos hatte, so hat man eine Flasche Whisky auf den Boden gestellt. Das war ein Ritual. Man ist in einer Schlange gestanden. Es war ganz still beim Zoll. Immer, wenn der erste abgefertigt war, hat man es rascheln gehört, weil jeder seine Flasche Whisky mit dem Fuß weitergeschoben hat. Dann kam man dran. Und wie der Zöllner gesagt hat: ‚Bitte, Gepäck aufmachen‘, hat man mit dem Fuß den Whisky zu ihm geschoben. Er hat hinuntergegriffen und die Flasche weggestellt und hat gesagt: ‚In Ordnung, Koffer zumachen!‘ Wenn man dem Zöllner also Whisky oder auch Zigaretten gegeben hat, hat man etwas einführen können."

Ein besonders raffinierter Trick, um den algerischen Zöllner zu einer eingeschränkten Kontrolle zu bewegen, war, auf das Gepäck einige Konserven Schweinefleisch zu legen. Schweinefleisch, ‚Haluf‘, ist für die Mohammedaner etwas Unheiliges, Giftiges. Dazu berichtete der Schmuggler weiter: „Wenn der Zöllner gesagt hat: ‚Aufmachen!‘, dann hat man aufgemacht, und da ist oben das Schweinefleisch gelegen. Er hat gefragt: ‚Was ist das?‘ – ‚Haluf!‘ Darauf er: ‚Haluf! Haluf! Zumachen!‘ Das greift er nicht an. Man hat zugemacht und ist weitergegangen." Und lächelnd fügt der Schmuggler hinzu: „Das war auch eine Möglichkeit, verbotene Dinge in Algerien einzuführen."

Bestechung, um Waren über Grenzen zu bringen, sind auch in den Gefängnissen üblich, wo einige Beamte es als eine Aufbesserung ihres kargen Lohnes ansehen, wenn Gefangene oder deren Angehörige ihnen Geld zustecken, damit die Kontrolle weniger streng wird. Das Gefängnispersonal ist zur genauen Untersuchung der in das Gefängnis eingebrachten Gegenstände verpflichtet. So werden die dreimal im Jahr zugelassenen Pakete liebevoller Verwandter genau besichtigt und durchsucht. Kuchen, Brote, Würste und ähnliche Dinge werden durchgeschnitten oder durchstochert, um zu verhindern, daß gefährliche Gegenstände, wie Pistolen und Messer oder bloß Geld, den Gefangenen zukommen. Trotz dieser Kontrollen ist der Schmuggel im Gefängnis für das Leben der Gefangenen von großer Bedeutung. Das wissen die Aufseher und lassen einen Schmuggel in einem gewissen Rahmen durchaus zu. Schließlich verdienen manche von ihnen gut daran. Oder werden sogar selbst zu geheimen Transporteuren der im Gefängnis verbotenen Dinge.

Typen der Schmuggler und Typologie des Schmuggelns

Schmugglertypen

Im vorigen Kapitel habe ich ausgeführt, wie Zöllner Schmugglern auf die Schliche zu kommen versuchen und ihnen Fallen stellen. Das Schwergewicht lag bei den Zöllnern. Nun will ich mich vorrangig den Schmugglern widmen und an Beispielen zeigen, daß diese erfinderische und fantasievolle Leute sind, die ständig auf der Suche nach immer neuen Strategien und Tricks sind, um Zöllner hinters Licht zu führen.

Es gibt mehrere Typen von Schmugglern. Ein Typus ist der des Alltagsschmugglers, ein anderer der des sozialen Rebellen – ich werde weiter unten auf diese Typen näher eingehen, und auch auf jene, die gegen guten Gewinn gewerbsmäßig Schmuggelunternehmen betreiben. An dieser Stelle will ich zeigen, daß gewisse Leute aufgrund ihrer kulturellen Herkunft und ihres Berufes eine gewisse Prädestination zum Schmuggeln mitbringen. Danach richten sich auch deren Schmuggelinteressen, also ihre Ideen, zu Geld zu kommen.

Für alle herumziehenden Gruppen und fahrenden Völker, zu denen die Zigeuner, Juden, Armenier und andere gehören, gehört das Schmuggeln gewissermaßen zu ihrer Kultur, eben weil sie stets dabei sind, Grenzen zu überwinden. Diese Menschen sind Kulturträger, indem sie Dinge über Grenzen bringen, die dringend benötigt werden oder einfach attraktiv sind. In der Typologie der Schmuggler sind außerdem jene führend, die von ihrem Beruf her angehalten sind, Grenzen zu überqueren. Dazu gehören unter anderem das diplomatische Personal, Seeleute, Lenker von Lastkraftwagen, Stewards in Zügen und andere Leute. Ein besonderes Interesse am Schmuggel dürften ehemalige Angestellte von Botschaften der alten DDR gehabt haben.

Eine Angestellte einer westlichen Botschaft im ehemaligen Ost-Berlin erzählte mir dazu: „Einer dieser Leute zum Beispiel arbeitete nur am Mittwoch als Diplomat. Am Montag hat er die Sache vorbereitet und am Dienstag hat er die Ware weiß Gott wohin verscherbelt (verkauft)."

Eine besondere Tradition des Schmuggelns ist schließlich mit den Seeleuten und den Flußschiffern verbunden. Flußschiffer an der Donau waren es auch, die spätestens seit den siebziger Jahren Billiguhren auf dem Wiener Mexikoplatz erstanden und sie dann in die Länder des Ostblocks verkauft haben. Aber auch Kaffee fand den Weg von Wien, meist über die Donau, nach Jugoslawien. Man sprach vom „besten Geschäft", das Matrosen machten. Zu den Spezialisten an der Grenze gehören außerdem die Fernfahrer. Diese Herren bauen auf der alten Kultur der Fuhrwerker auf, für die es seit dem Mittelalter charakteristisch ist, daß sie mit allerhand Tricks die Maut an den Grenzen zur Stadt zu umgehen versuchten. Sie verstanden es bisweilen sehr geschickt, verbotene oder zu besteuernde Dinge schlau verdeckt auf ihren Wagen an den Mautstellen vorbeizubringen.

Moderne Fernfahrer führen die alten Tricks weiter. Ihnen gelang es, vor allem vor dem Öffnen der starren Grenzen, allerhand Waren in die Länder des Ostens zu bringen. Dazu erzählte mir ein damit befaßter Zollbeamter: „Auch mit der Fernfahrerszene habe ich zu tun gehabt. Unter ihnen gab es die sogenannten ,Schwedenfahrer', die ihre Routen so wählten, daß sie von Österreich durch die Tschechoslowakei und Polen nach Schweden fuhren. Und dabei schmuggelten sie. Sie versorgten die Menschen im Osten mit allerhand wichtigen Dingen. In der Blütezeit dieser Tour (in den siebziger Jahren und später) machten sie schöne Geschäfte mit Pornografie, Kaffee, Jeans und anderem. Um diese Routen offiziell fahren zu können, führten sie irgendeine blödsinnige Ware mit sich. Die Jeans und den Kaffee haben sie in Polen verscherbelt. Und von Polen nach Schweden brachten sie Wodka und machten damit große Geschäfte bei den trinkfreudigen Schweden. Von dort nahmen sie wieder Kaffee nach Polen mit und so weiter." Auf meine Frage, welche Unternehmen sich darauf spezialisiert hätten, antwortete der Zollbeamte: „Größtenteils kommen sie aus R. und P. (im nördlichen Niederösterreich). Es gibt dort ganze Dynastien, die als Fernfahrer Schmuggelgut durch die Länder fuhren. Um die Waren vor den Zöllnern zu verbergen, haben sie Zollverschlüsse manipuliert oder sonstwas. Oder sie haben die Plane auf den Lastwagen präpariert. Das ging einige Jahre recht gut. Sie fuhren frisch überall herum und machten Profite. So lange, bis wir vom Zoll die Köpfe herausgefischt haben. Aber 1988 war es schlagartig zu Ende, als die Polen die Visafreiheit erhalten haben. Jetzt sind es die Polen, die durch ganz Europa schmuggeln."

Auch ein Wiener Croupier, der in einem saudiarabischen Spielkasino beschäftigt war, erzählte mir von den Schmuggeltricks der LKW-Fahrer. Begehrt ist in dem streng islamischen Land der Alkohol, dem auch die Prinzen lustvoll zuzusprechen scheinen. Ein beliebter Trick, um Alkohol über die Grenze zu bringen, ist folgender: Ein LKW ohne Alkoholika fährt zum Zoll und wird genau kontrolliert. Dem Fahrer werden die Einreisepapiere ausgestellt, allerdings fährt er mit seinem Wagen nicht über die Grenze. Nun naht sich der Grenze ein zweiter LKW, in dem sich Alkoholika befinden. Der Fahrer hält an, läßt sich unauffällig von dem anderen Fahrer die Einreisepapiere geben, und fährt problemlos hinüber. Der erste LKW dreht um und fährt zurück. Die Fahrer haben bei solchen Aktionen bereits einige Routine, so daß den Beamten der Schwindel entgeht.

Große Schmuggelspezialisten sind auch in den internationalen Zügen unterwegs. So wurde berichtet, daß österreichische Zollbeamte im Speisewagen des polnischen Schnellzuges „Sobieski" Schmuggelverstecke entdeckt haben, und zwar in einem Schrank und in einer Toilette. Insgesamt fanden, wie es heißt, die „Spürnasen" 23 000 Zigaretten, die von drei polnischen Bediensteten des Speisewaggons nach Österreich geschmuggelt hätten werden sollen. Die Zöllner erwiesen sich als Leute mit einem „Herz für Passagiere" und ließen die Leute des Speisewagens, da gerade Mittagszeit war, unter ihrer „Aufsicht" weiter kochen und servieren. Erst in Wien nahm man die Schmuggler fest.[58] Grundsätzlich scheint auch der Beruf des Kellners oder

der Kellnerin vor allem in Zeiten der Not eine besondere Beziehung zum Schwarzhandel und zum Schmuggel zu haben. So waren es in Wien bis zum Jahre 1955 die Kaffeehäuser, in denen man geschmuggelte amerikanische Zigaretten bekam. Und die früheren Schmuggler in Tirol und Vorarlberg wußten, daß sie in den Gasthäusern dankbare Abnehmer ihrer über die Jöcher und über den Rhein geschmuggelten Dinge fanden.

Zu den berufsmäßig Reisenden gehörten schließlich die Sportler der früheren Oststaaten, denen es gestattet war, zu bestimmten ausländischen Wettkämpfen zu fahren. Dieses Privileg nützten einige, um Dinge, wie Uhren und Radios, in ihr Land zu schaffen. Auf diese Weise wurde in den fünfziger Jahren der damalige ungarische Starfußballer Puskas zum Uhrenschmuggler. Und um 1950 waren es Mitglieder einer Wiener Fußballmannschaft, die aus der ČSSR Schmuggelware einführten. Vor allem an Fleisch war man damals in den Zeiten der Not interessiert. Es wird erzählt, eine Wiener Mannschaft habe ein tschechisches Team siegen lassen und dafür einige Kilo Fleisch erhalten, das sie dann nach Österreich schmuggelten.

Gewiß sind unter die berufsmäßig Reisenden auch jene Leute zu rechnen, die im Auftrage einer europäischen Firma in einem Ost- oder Überseestaat beschäftigt sind. Weiter oben habe ich von dem Herrn berichtet, der einen arabischen Zöllner unter anderem dadurch abhielt, sein Gepäck zu kontrollieren, daß er Schweinefleisch obenauf legt. Auch die bereits erzählte Geschichte von dem Schmuggel mit dem Schildkrötenpanzer zeigt deutlich, daß Menschen, die berufsmäßig Grenzen zu überwinden haben, allerlei Strategien entwickeln, um Zöllner zu täuschen. Ein entsprechendes, geradezu routiniertes Auftreten, das diesen Leuten eigen ist, erzeugt den Eindruck im Zöllner, es mit einer vertrauenserweckenden Person zu tun zu haben. Der geschickte Schmuggler, der das Leben und die Rituale an den Grenzen kennt, weiß sich rasch auf die jeweilige Situation einzustellen.

Es sind grundsätzlich zwei Komponenten, die den gescheiten Schmuggler ausmachen: zunächst einmal sein Verhalten im Kontakt mit dem Zöllner. Dazu gehören ein selbstsicheres Auftreten und ein gewisses Maß an Höflichkeit, welches dem Beamten zu schmeicheln vermag.

Zum zweiten ist es für den erfolgreichen Schmuggler kennzeichnend, daß er blitzschnell auf die sich wandelnden Situationen, die aus dem Augenblick entstehen und dem Schmuggler helfen, unangenehmen Kontrollen zu entkommen, reagieren kann. Dazu paßt der zweite Teil der Geschichte jenes im Ausland tätigen Österreichers, der ein Leopardenfell und einen Elefantenstoßzahn aus Afrika ausführte: Beides darf aus Gründen des Artenschutzes in Österreich nicht eingeführt werden. Der Mann hatte die beiden Andenken, gut verpackt, mit seinen diversen Koffern als Fluggepäck aufgegeben. Der Flug ging über Paris. In Paris mußte er übernachten. Inzwischen waren diese Gepäckstücke weiter nach Wien geflogen. Am nächsten Tag kam der kühne Mann gegen 22:00 Uhr mit einem anderen Flugzeug in Wien an. Darüber erzählte er: „Das Gepäck war schon in Wien. Ich hatte Angst, daß der österreichische Zoll es schon gesehen und aufgemacht hatte. Aber Gott sei Dank war dem nicht so. In der Maschine, mit der ich nach Wien flog, saß auch der österreichische Finanzminister A. mit einer Delegation. Ich dachte mir, dies ist eine große Chance für mich. Als wir in Wien Schwechat gelandet waren, ging ich vor dem Minister und seinen Leuten sofort zur Paßkontrolle. Nun sah ich meine Gepäckstücke dort beim Förderband liegen. Ich ging zu einem der Zöllner und sagte ihm ruhig: Das dort ist mein Gepäck, darf ich es mir nehmen? Genau im richtigen Moment kam nun der A. mit seiner Delegation, und ich war mitten darunter. Die Zöllner haben salutiert, vor mir auch, und ich bin mit den verpackten Stoßzähnen und dem Leopardenfell durch (die Schranken). So habe ich diese Sachen nach Wien geschmuggelt."

Der „offene" Schmuggel

Grundsätzlich lassen sich die Strategien der Schmuggler in drei Typen einteilen: der „offene" Schmuggel, der „versteckte" Schmuggel und der „heimliche" Schmuggel.

Besonders raffiniert sind die Strategien dann, wenn der Transport einer Ware offen durchgeführt wird, sie also nicht vor den Zöllnern versteckt wird. Ich will diese Strategie als „offenen Schmuggel" bezeichnen. Charakteristisch für diesen Schmuggel ist, daß er schnell und reibungslos durchgeführt wird, wie der Trick eines Wiener Pelzhändlers: „In Ungarn, vor allem in Budapest, habe ich vor zwei Jahren Pelzmäntel, die dort billig sind, eingekauft. Der österreichische Zoll war mir einfach zu hoch, daher heuerte ich Mädchen an, die diese Mäntel anzogen und damit ohne Probleme über die Grenze nach Wien fuhren. In Wien habe ich die Mäntel dann teuer verkauft."

Zum „offenen" Schmuggel gehört auch der Trick des um 1880 in Warschau als erstes von sechs Kindern einer jüdischen Familie geborenen Schmuel Goldfisch. Seine Karriere begann mit 16 Jahren, als er zu Fuß von Warschau nach Hamburg marschierte, wo er bei Bekannten seiner Mutter das Handschuhmachen erlernte. Er zog weiter nach England und schließlich in die USA. In New York arbeitete er bei einem Handschuhmacher und wurde schließlich Vertreter für Lederhandschuhe. Um dies zu werden, hatte er seinem Chef angeboten, diese Ware auch in jenen Gebieten an den Mann zu bringen, wo noch nie ein Laden Handschuhe abgenommen hatte. Als Vertreter wurde Goldfish, wie er sich nun nannte, zum großen Star. Er soll ein Genie an Überredungsgabe gewesen sein, aber auch ein genialer Schmuggler. Es wird über ihn erzählt, er habe seine Handschuhlieferanten in Europa gebeten, die linken und rechten Handschuhe getrennt an verschiedene amerikanische Häfen zu schicken. So konnte er Zölle sparen, indem er die Kartons mit den linken Handschuhen billig als Ausschußware in einem kanadischen Hafen ersteigerte, ebenso die Sendung mit den rechten im Hafen von New York. Dann machte er aus den rechten und linken Handschuhen wieder Paare, verkaufte sie teuer und hatte Zoll gespart.

Derselbe Goldfish war es auch, der 1913 ein New Yorker „Nickelodeon" betrat, in dem Kurzfilme über die Leinwand flimmerten. Fasziniert verließ er diesen Ort, ging zu seinem Schwager Lansky und teilte diesem mit, er solle mit ihm in das Filmgeschäft einsteigen. Goldfish änderte seinen Namen später in „Goldwyn", ein Name, der schließlich durch die Bezeichnung der Filmfirma „Metro-Goldwyn-Mayer" weltberühmt wurde.[59]

Diese Geschichte des (mir sympathischen) Herrn Goldfish verweist auf die klugen Strategien von Schmugglern und auf deren regen Erfindungsgeist, der geschickt die legalen und sozialen Hürden zu nehmen weiß.

Zu den klassischen Methoden des „offenen" Schmuggels gehört neben der Bestechung von Zollbeamten – darauf werde ich noch mehrmals verweisen – die Deklarierung einer an und für sich zollpflichtigen oder verbotenen Ware als nicht zollpflichtig, wie zum Beispiel von Heroin als Düngemittel. Oder die Erklärung, die betreffende Ware hätte einen geringeren als den tatsächlichen Wert, um Zollkosten zu sparen. So importierte ein Tiroler Blumenhändler ganz offiziell Blumen zu sehr günstigen Bedingungen. Allerdings betrachteten die Zollbeamten einmal die mitgegebenen Papiere näher und stellten fest, „da müsse ein Hund begraben sein". Sie kamen schließlich dahinter, daß der Wert der importierten Blumen weitaus geringer deklariert war. Angeblich soll ein Zollbeamter bei früheren Blumenschmuggeleien mit dem Händler zusammengearbeitet haben.

Eine andere Art des offenen Schmuggels ist der Schwindel mit der Mehrwertsteuerrückvergütung. Hier handelt es sich zwar um keinen echten Schmuggel, aber es wird die Tatsache, daß Waren wirklich oder vorgeblich über die Grenze gehen, geschickt genützt. Für inländische Waren, die ins Ausland gebracht werden, muß in Österreich, Deutschland und anderen Ländern keine Mehrwertsteuer gezahlt werden, jedoch ein eventueller Zoll im Einfuhrland. Schlaue Schmuggler lassen sich an der Grenze die Ausfuhr einer Ware bestätigen, schmuggeln sie in das andere Land und holen sich den bezahlten Mehrwertsteuerbetrag. Der Gewinn, den sie dabei einstreifen, ist mitunter bedeutend. Andere Spezialisten führen die Ware gar nicht aus, sie lassen sich aber deren Ausfuhr an der Grenze bestätigen und kassieren das entsprechende Geld. Das beste Geschäft machen schließlich jene Leute, die die Ware gar nicht gekauft haben, sondern sich falsche Rechnungen darüber ausstellen lassen. An der Grenze erklären sie dann, die Ware, die es eigentlich gar nicht gibt, ausführen zu wollen. Sie legen die entsprechenden – falschen – Papiere vor und lassen sich die Mehrwertsteuer „rückerstatten". Das kann ein gutes Geschäft sein. Ein ehemaliger aus Jugoslawien stammender Fußballer eines Grazer Vereins kam auf diese Weise zu beträchtlichem Geld. In einer Zeitung heißt es dazu: „Der Fußballer hat seine Gage aufgefettet. In Grazer Elektro-Großhandlungen besorgte er sich bündelweise Blankoformulare und trug fingierte jugoslawische Käufer ein. Der Fußballer verleitete den Zollbeamten P. zum Amtsmißbrauch, er mußte in Spielfeld die Formulare abstempeln." Dieser „offene" Schmuggel, bei dem Zöllnern und anderen Leuten etwas vorgegaukelt wird, hat viele Facetten, er ist aber typisch für das Geschäft mit der Grenze.

Der „versteckte" Schmuggel

Charakteristisch für diese Art des Schmuggels ist, daß illegal zu transportierende Waren am oder im Körper versteckt bzw. in Behältern direkt beim Zoll über die Grenze geschafft werden. Drogen- und Waffenschmuggler wissen mit viel Geschick und Erfahrung auf diese Weise ihre Ware durch den Zoll zu bringen. In den Kapiteln über den Drogen- und Waffenschmuggel werde ich eine Reihe derartiger Tricks näher schildern. Schlaue Taktiken haben auch jene modernen Schmuggler entwickelt, die sich nach dem Öffnen der Grenzen – meistens waren und sind es Leute aus Polen – durch das Schmuggeln von Dingen des Alltags (siehe dazu das Kapitel über den Schwarzmarkt) ihren Lebensunterhalt verdienen.

Das klassische Versteck in den Autos ist der sogenannte „Koffer", wie der in der Karosserie oder sonstwo von Schmugglern eingebaute Hohlraum zum Transport der Schmuggelware in Wien genannt wird. Dazu erzählte mir ein Spezialist: „Solche ‚Koffer' sind Einschnitte zum Beispiel in den Kotflügel eines Autos. Das sind Schmuggelverstecke. Man läßt dort einen ‚Koffer' im Auto einbauen, wo man nicht so leicht hinkommt. Das wissen auch die Zöllner. Entweder man hat sie geschmiert, daß sie darüber hinwegsehen, oder der Koffer war so gut gemacht, daß sie ihn nicht finden konnten."

Verstecke richten manche auch in den Reifen der Autos ein. Gerade beim Rauschgiftschmuggel verspricht man sich davon einen sicheren Transport. Das Rauschgift wird dabei richtiggehend in den Reifen hineinvulkanisiert, so daß ein Entdecken nur in den seltensten Fällen möglich ist. Über einen derartigen Rauschgiftschmuggler, der den Stoff sehr geschickt aus Afrika nach Europa brachte, erzählte mir einer seiner Kollegen: „Dieser Miguel, mit dem ich im Camp in der angolanischen Hochsavanne beisammen war, hat sich sein Gehalt mit einem blühenden Rauschgifthandel aufgebessert. Das hat sich so abgespielt: Er war ein begeisterter Speedwayfahrer. Aus Österreich ließ er sich seine Maschine schicken. Mit dieser ist er herumgefahren und war sehr flexibel. Er fuhr in die Dörfer, wohin für gewöhnlich die PKWs nicht mehr fahren können. Da seine Mutter Portugiesin war, konnte er Portugiesisch und hatte schnell erfahren, daß in diesen Dörfern Rauschgift angepflanzt und von den Leuten selbst zubereitet und verwendet wurde. Sie haben es an die Kubaner verkauft. Er hat auch erfahren, daß man mit diesem Rauschgift, es war Indian-Hanf, in Angola selbst ein gutes Geschäft machen kann. Offiziell ist es in Angola bei Todesstrafe verboten, mit Rauschgift zu handeln. In den Dörfern aber, den Provinzialgegenden, ahndet man dies nicht, da auch die Dorfobrigkeiten selbst Rauschgift nehmen. Dieser Miguel hat nun Rauschgift von Tschampa nach Luanda geschmuggelt. Tschampa liegt ungefähr 300 Kilometer vor der Grenze zu Namibia. Und Luanda liegt 100 Kilometer in der Luftlinie von Tschampa entfernt. Da es keine öffentlichen Verkehrsmittel dort gibt, konnten wir Tschampa nur mit Militärflugzeugen erreichen. Mit diesen Flugzeugen haben sie auch Obst, Fleisch und andere Dinge geführt. Miguel hat nun das Rauschgift, das er aus den Dörfern bezogen hat, einfach in die Reifen des Speedwayrades eingebaut. Das Rauschgift hatte er sich mit Whisky, Gin, Kognak oder Radios eingehandelt. Diese Speedwaymaschine mit dem Rauschgift in den Reifen ließ Miguel nach Luanda fliegen. Er ist selbst mitgeflogen. In der Nacht hat er das Rauschgift aus den Reifen herausgegeben und es in Luanda an einem geheimen Ort deponiert. In Luanda hat er das Rauschgift zum Teil weiterverkauft. Den anderen Teil hat er nach Europa gebracht. Zu diesem Zweck wurden die Reifen innen noch besonders austapeziert. Das war eine Wahnsinnsarbeit. Für das Rauschgift, das er in Luanda verkaufen ließ, bekam er Geld in der Landeswährung. In den Reifen der Maschine ging nun der größte Teil des Rauschgiftes per Schiff – gemeinsam mit Material der VÖEST – nach Europa. Kein Mensch hätte gedacht, daß sich in den Reifen eines Motorrades solche Dinge befinden. Einige Zeit stand das Motorrad in Genua in der Zollfreizone. Irgendwann ist Miguel hinuntergefahren und hat das Motorrad ausgelöst. Es wurde wie normales Übersiedlungsgut behandelt. Obwohl der Zoll auch dabei Stichproben macht, ging er dieses Risiko ein. Später habe ich erfahren, daß Miguel mit diesem Motorrad von Genua nach Wien gefahren ist, mit dem Rauschgift in den Reifen. Mit dem Geld, das er mit dem Rauschgift gemacht hat, hat er ein Kaffeehaus aufgemacht. In Wien dürfte er das Rauschgift, das in kleinen Briefchen versteckt war, in die Rauschgiftszene eingebracht haben. Wahrscheinlich hat er dazu einen Draht gehabt. Nach eineinhalb Jahren hat er sein Lokal wieder verkauft. Damit hatte er nun weißes Geld, also Geld, von dem er nachweisen konnte, daß er es von woher hat. Er transferierte es nach Portugal und lebt dort heute als Geschäftsmann.“

Ganz im Stile jener Leute, die als Fahrende verbotene Waren durch die Lande transportieren und mit der Einfalt der Zöllner rechnen, wurde Miguel zum Spezialisten für Schmuggel: Er weiß von den Zöllnern und ihren Gewohnheiten und richtet sich darauf ein, genauso wie es Seeleute, Stewards und anderes fahrendes Volk tun.

Der „heimliche" Schmuggel

Diese Art des Schmuggels ist die klassische und wohl auch älteste Art des Schmuggels, jene Art nämlich, bei der die Zollstationen, meist im Schutz der Nacht, auf verschwiegenen Wegen umgangen werden. Man überschreitet die Grenze in der Hoffnung, von den eifrigen und wachsamen Zöllnern, den Grenzern, nicht erwischt zu werden. „Heimliche" Schmuggler waren die alten Salzschmuggler ebenso, wie die modernen Menschenschmuggler es sind, und jene Schmuggler, die in kleinen Booten den Zigarettenschmuggel im Mittelmeer dirigieren. Schmuggler dieser Art waren auch an der Tiroler und Vorarlberger Grenze unterwegs.

Ein Tiroler Schmuggler aus der Gegend um Lofer, ein kühner Grenzgeher, mit dem ich einen schönen Nachmittag bei einem Bier verbracht habe, erzählte mir, wie er um 1935 zum Schmuggeln kam: „Es gab da einen Vermittler, der hat mir regelmäßig einige Säcke mit Kaffee gebracht. Diese mußte ich über die Grenze bringen. Und zwar zu einem Bauern bei Mühleck. Der lagerte nun diesen Kaffee. Seine Aufgabe war, ihn nach Reichenhall zu liefern. Mit dem Kaffee, den ich ihm gebracht habe, war ich immer in den Nächten unterwegs. Ich kenne an der Grenze dort jeden Stein. Dreißig Kilo Kaffee waren dabei in meinem Rucksack verpackt. Damit bin ich durch das Gelände gegangen. Meine Wege wußte ich. Ich bin nicht immer den gleichen Weg gegangen. Wichtig war, den Zöllnern auszuweichen. Sie gingen ihren Weg, und den durfte ich nicht kreuzen. Sie haben mich nie erwischt. Bezahlt wurde der Kaffee von dem Mann in Reichenhall. Der hatte seine Abnehmer. Erst wenn die Ware bei ihm war, haben wir unser Geld bekommen ... Der Mann hat Leute gesucht, die den Transport über die Grenze übernehmen. In 30-Kilo-Säcken war der Rohkaffee verpackt, und die sollten hinübergebracht werden. Daher kreuzte er eines Tages bei mir auf und fragte mich, ob ich es übernehmen wolle, den Kaffee nach Bayern zu bringen. Ich habe ja gesagt. Für das Kilo hat er mir eine Mark versprochen. Für einen Sack also 30 Mark, das war für mich viel Geld. Seinen Namen hat er mir nie preisgegeben. Das war um 1950. Ich hätte ihn nie verraten können. Der Kaffee wurde mir gebracht, ich wußte aber nicht, wer ihn bringt. Er ist einmal im Monat gekommen, oder auch alle zwei Monate."

Der Mann genoß offensichtlich das Ansehen, das er als Schmuggler hatte. Schmuggeln wurde so, zumindest eine Zeitlang, zum Beruf dieses an der Grenze lebenden Burschen. Schließlich – dies setzte der Kaffeehändler wohl voraus – baute der Schmuggler auf alten Traditionen auf. Von denen er mir später auch ausführlicher berichtete: „Bereits als Bub wußte ich vom Schmuggeln hier. Die Zeiten waren schlecht, das Salz war draußen in Deutschland billiger, vor allem das Viehsalz. Damals, vor dem Krieg, ich war auch dabei, wurde das Salz in Säcke gepackt und diese unter Sagscharten (Sägespänen) versteckt, die wir von einem Sägewerk in Mühleck herüberholten. Einmal sind uns die Zöllner dabei draufgekommen. Vielleicht hat man dort gesehen, wie wir einen Salzsack verpackt haben. Wahrscheinlich war es Verrat."

Die alte Schmuggelkultur überlieferte dem Burschen auch die Strategien, mit deren Hilfe er Schmuggelgut mehr oder weniger ohne Schwierigkeiten über die Grenze transportierte.

Auch der Tierarzt von Lofer bat den jungen Mann in der schwierigen Nachkriegszeit, bestimmte Medikamente, die er für seine Praxis dringend benötigte, aus Deutschland herüberzuholen. Gegen etwas Entgelt tat er dies auch zur Zufriedenheit seines Auftraggebers, der selbst wiederum Teile der geschmuggelten Medikamente im Raume Salzburg weiterverhandelte. Es ist eine bunte Welt des Schmuggels, die sich hier auftut. Die obigen Beispiele und etwas ausführlichen Beschreibungen sollen dartun, wie Schmuggler Strategien – die hier typologisch auseinandergehalten wurden – entwickeln, um in der jeweiligen Situation ihr Geschäft höchst wirkungsvoll ausüben zu können. Die berufsmäßigen Schmuggler sind dabei im Vorteil, denn sie bauen auf bisweilen alten Traditionen auf.

Schmuggel im Alltag

Schmuggel gehört nicht nur zum Leben großer Ganoven und Schiebertypen, sondern auch zum Alltag des kleinen Mannes und der kleinen Frau. Auch hier gibt es historische Traditionen, die sogar in Legenden und Geschichten von der heiligen Familie, die gezwungen war, über Grenzen zu gehen, auftauchen. In einer dieser Legenden wird erzählt, wie Maria und Josef auf ihrer Flucht nach Ägypten an der Grenze vom Zöllner gefragt wurden, ob sie etwas zu verzollen hätten. Maria verneinte, ebenso Josef, der allerdings einen kleinen Beutel Tabak mit sich führte. Josef zeigte etwas Nervosität, so daß der Zöllner sofort annahm, der Mann müsse Schmuggelware besitzen. Er befühlte Josefs Rock und fand den Tabakbeutel, zog ihn heraus und hielt ihn Josef hin. Josef beruhigte sich nun und sagte mit fester Stimme: „Meine Frau stillt das Kind. Sie braucht einen Kräutertee. Dies hier ist Tee."

Der Zöllner schaute ungläubig und öffnete den Beutel. Und tatsächlich erblickte er duftende Lindenblüten. Der Tabak hatte sich also wunderbar in einen harmlosen Tee verwandelt. Der Zöllner winkte, und die heilige Familie konnte passieren. Seitdem, so meinen fromme Leute, sei der heilige Josef der Schutzpatron der Schmuggler, der diejenigen, die ihn anrufen, angeblich vor dem durchdringenden Auge der Zöllner behütet.[60] Schmuggeln scheint demnach kein schlimmes Vergehen bzw. keine Sünde zu sein. Und es wird von vielen auch nicht so empfunden. In diesem Sinn schreibt Ludwig Finckh, der offensichtlich Sympathien für Schmuggler hatte und wahrscheinlich selbst ein leidenschaftlicher Schmuggler war: „Nein, Sünde, ist Schmuggeln nicht, kann es nicht sein. Wenn's not tut, schmuggelt der Pfarrer, der Lehrer, der Küster. Hat nicht der liebe Gott selbst einmal geschmuggelt, oder doch Josef, der Ziehvater?" Derselbe Autor unterscheidet dann zwischen den verschiedenen Formen des Schmuggels: „Es gibt große und kleine Schmuggler. Die Großen treiben es mächtig und gewerbsmäßig, mit doppelten Böden und Schmuggelwesten, und werden nie erwischt. Die Kleinen, das sind die, welche alltäglich über die Grenze müssen und ihr Päcklein Stumpen oder Grieß in die Tasche stecken. Die Kleinen werden immer gefaßt und bestraft. Aber keiner kann es lassen. Denn Schmuggeln ist überlisten, den Witz üben, Sport, ein Kampfspiel, und Sport ist schön. Manche schmuggeln mit Lust und Liebe, mit inniger Freude."[61] Auch eine Erklärung für das Wort Schmuggel bietet Finck an: „Schmuggel kommt von Schmiegen. Man schmiegt sich den Verhältnissen an.“[62] Im Etymologischen Wörterbuch von Kluge heißt es dagegen, daß das Wort „schmuggeln“, ein Nordseewort, seine Wurzel im germanischen „smeug“ habe, was soviel heißt wie: „heimlich und tückisch lauern“.[63] In der Literatur taucht „schmuggeln“ im heutigen Sinne, nämlich als der „heimliche Transport von Waren über die Grenze“, bereits im 17. Jahrhundert auf.[63] Wie dem auch sei, jedenfalls ist Schmuggeln eng mit Grenzen, menschlicher Abenteuerlust und Erwerbssinn verbunden. Und daher ist es für jeden interessant, auch für denjenigen, für den Schmuggeln kein Beruf ist, für den es zum Alltag gehört und der es nur sporadisch betreibt. Auf solche gewitzten Leute soll nun näher eingegangen werden.

Schmuggel als Alltagserlebnis gehört zu den Menschen, die an der Grenze leben oder dieselbe überqueren. Besonders in den Zeiten nach den Kriegen, als die Menschen in Österreich und Deutschland Hunger litten, sahen viele im Alltagsschmuggel von Waren (vor allem aus der Schweiz) eine willkommene Gelegenheit, den eigenen dürftigen Speisezettel aufzubessern.

Wie raffiniert Menschen nahrhafte Dinge aus der Schweiz herüberbrachten, davon kündet die folgende Geschichte, die aus der Zeit um 1920 stammen dürfte: Eine Bauersfrau fuhr im Zug. Als sie einstieg, legte sie fürsorglich ein Paket mit gutem Schinken unter die Bank, auf der sie saß. Die Frau hatte einen langen Rock an und keinen kurzen, wie er damals in Mode kam, denn in Grenzgebieten ist es wegen des Schmuggels klüger, mit langen Röcken unterwegs zu sein. Als der Zug zur Grenze kam und ein Zollbeamter die Frau fragte, ob sie etwas zu verzollen habe, antwortete sie lachend: „Ich sitze auf meinem Schinken.“ Der Zollbeamte schaute auf die Frau, die tatsächlich deutliche Rundungen hatte, nickte und ließ sie in Ruhe.

Heute gibt es in Österreich und anderen Ländern des Westens keine Mangelwirtschaft mehr, jedoch in den Ländern des Ostens. Dort blüht der Schmuggel im Alltag. Aber auch im Westen gibt es ihn noch, trotz des relativen Wohlstandes. Ein hoher Zolloffizier im Finanzministerium schilderte mir dazu seine Überlegungen: „Jeder bekommt heute bei uns alles, was er braucht. Und trotzdem gibt es Schmuggel. Der Schmuggel spielt sich heute ab, wenn man über die Grenze fährt. Es sind vor allem Hausfrauen, die im Grenzgebiet in Deutschland einkaufen, in Italien, in der Schweiz, in Ungarn oder in der ČSFR. Bei diesem Schmuggel spielt nicht der Mangel eine Rolle, sondern das Preisgefälle, das es bei vielen Waren gibt. Das ist für den ‚Normalverbraucher' die einzige treibende Kraft. Hinzu kommt noch ein zweiter Aspekt – wir haben dazu eine Umfrage bei einem bekannten Meinungsforschungsinstitut in Auftrag gegeben. Eine Frage bezog sich auf den Zoll. Da wurde erhoben, daß 50 Prozent der Österreicher Schmuggeln nicht als Delikt ansehen. Ich würde den Prozentsatz noch höher ansetzen. Es gibt also beim Schmuggeln kein subjektives Unrechtsbewußtsein. Den Staat darf man anscheinend schädigen, glauben die Leute. Es ist ähnlich wie mit der Steuerhinterziehung. Beim Schmuggeln hat man die Befriedigung, daß man sofort einen Vorteil hat. Bei einem kleinen Teil der Leute spielt auch der Nervenkitzel an der Grenze eine Rolle: Werde ich erwischt oder werde ich nicht erwischt."

Schmuggeln ist somit eine spannende Angelegenheit, die nicht nur den Schmuggler fasziniert. Um dieses Phänomen zu studieren, begleitete ich unmittelbar nach der Erleichterung des Reiseverkehrs einige „Alltagsschmuggler", wie ich sie bezeichne, in die ungarischen Grenzstädte. Ich merkte, mit welcher Lust Österreicher die für sie preisgünstigeren ungarischen Waren einkauften und in ihre Autos luden. Die Zollbeamten an der Grenze duldeten, so schien es, diese Transporte des täglichen Bedarfs. Einen besonderen Höhepunkt erlebte dieser Alltagsschmuggel in den Jahren 1988 und 1989, also in einer Zeit, da man für gute Schillingwährung eine Menge Forint nicht nur „schwarz" auf dem Mexikoplatz, sondern auch offiziell in den Banken erhielt. Busunternehmer veranstalteten richtige Einkaufsfahrten vor allem nach Ödenburg, dem ungarischen Sopron, unweit der österreichischen Grenze, und machten gute Geschäfte damit. Zum Entsetzen der Ungarn und einsichtiger Österreicher holten sich die Einkaufsfahrer das „letzte aus den Regalen", wie ein Zollbeamter es formulierte. Auch in der Tschechoslowakei, wie oben schon ausgeführt, machte man sich über die Waren her, doch rigorose Ausfuhrbeschränkungen und eine gewissenhafte Kontrolle durch tschechische Zöllner machten es den Alltagsschmugglern schwerer. Jedoch nicht alle Lebensmittel, die herübergebracht wurden und werden, sind zu verzollen. Es bestehen pro Person gewisse Freigrenzen, das heißt, es dürfen Waren, deren Wert im Inland unter einem gewissen Betrag liegt, ohne Probleme von einer Person eingeführt werden. Bei vier Insassen pro Auto verteilt sich der Betrag auf diese vier Personen. Importverbote bestehen lediglich für Wurstwaren und Milchprodukte.

An diese Bestimmungen scheint sich jedoch kaum jemand zu halten. Jedenfalls nicht die Dame, die es mir gestattete, sie bei ihren Fahrten in ihrem PKW nach Ungarn zu begleiten. Ich hatte auf diese Weise die freundliche Gelegenheit, den ausufernden Alltagsschmuggel an der ungarischen Grenze zu studieren. Ich will nun erzählen, was ich dabei alles erlebte:

An einem Märztag des Jahres 1990 hatte ich, wie vereinbart, um ca. 8:00 Uhr auf dem Wiener Schwedenplatz zu warten. Die Dame erschien in ihrem geräumigen Auto, in dem bereits zwei wackere Pensionistinnen saßen. Sie dienten offensichtlich der Legitimation für den Fall, daß die Zollkontrolle doch etwas zu rigoros ausfiel. Auch ich hatte meine Funktion.

An der Grenze staute es sich etwas, doch wir konnten schnell passieren. Wir tauschten rituell Geld. Die Dame erwähnte, man dürfe nur um 500 Forint Lebensmittel aus Ungarn ausführen, weil die Leute zu Recht den Ausverkauf ihrer grundlegenden Nahrungsmittel befürchteten. Wir rollten in Gjör, dem alten Raab, ein. Es war Markttag. Die fleißige Dame kaufte Gemüse und aß an einer Bude eine gemäßigte Portion ungarischer Wurst, von der sie mir bereits während der Fahrt vorgeschwärmt hatte. Die Dame kannte sich aus, sie kannte die Geschäfte, denn sie kam in regelmäßigen Abständen hierher, um für ihren Haushalt und die vielen Einladungen, die sie gab, gute und vor allem preiswerte ungarische Nahrungsmittel anzubieten. Den werten Gästen, zu denen auch ich mich bis vor einem Jahr – dann kam es zu einem mißlichen Streit – rechnen durfte, wurden trefflicher

Käse und andere Köstlichkeiten vorgesetzt. Diese Fahrten erinnern entfernt an die Wanderungen mutiger Nomaden, die Grenzen überquerten und sich die Dinge holten, die sie brauchten.

Aber nicht nur Eßwaren kaufte die Dame hier ein, auch Kleidung erstand sie. Sie nützte die billigen Tarife der Schneider und Schuhmacher. Für den feinen Wiener sind überhaupt ungarische Schuster und Schneider von Interesse, denn sie stellen um einiges billiger die so hochgeschätzten Maßanzüge und Maßschuhe her.

Charakteristisch für den Alltagsschmuggler dieser Art war das Verhalten der Dame in einem ungarischen Supermarkt. Auch ich solle Käse einkaufen, drängte sie mich. Ich merkte, daß die Verkäufer schon auf die Österreicher vorbereitet waren. Die freundliche Dame, deren Herr Gemahl ein hoher österreichischer Finanzbeamter ist, packte dann ein: gefrorenes Gemüse, Teigwaren, Kastanienreis und viel Käse. Sie kaufte nicht bloß ein paar Stück, sondern ordentlich. So ca. 15 Portionen Kastanienreis zu 25 dag pro Packung. Ich selbst wählte zurückhaltend ein Brot und einen Becher Joghurt.

Etwas später, wir waren in der Stadtmitte, wurde mir eröffnet, daß die drei Damen nun den Friseur, der sei hier „wahnsinnig billig", besuchen wollten. Ich solle inzwischen durch den Ort spazieren. Der Friseur, so entdeckte ich nachher, verteilt bereits Visitenkarten auf deutsch. Die drei Damen verschwanden. Nach einer Zeit traf ich sie wieder, nun mit herrlichen Frisuren.

Nicht nur zum Friseur geht man hier, sondern auch zum Zahnarzt, wie es heißt. Die Grenze nach Ungarn ist also nicht zuletzt eine Barriere zu den Friseuren und Zahnärzten. Das Überschreiten der Grenze verhilft zu nobler Lebensart. Hier in Ungarn kann sich der „kleine Österreicher" als Herr fühlen, hier kann er nobel und teuer auftreten.

Er ähnelt den Amerikanern in den fünfziger Jahren, die nach Österreich kamen und hier wegen des Geldes unterwürfigst behandelt wurden. Dafür gab man ihnen das Gefühl, nobel zu sein. Genauso ergeht es jetzt den Damen, die zum Friseur gehen. Auch hier also der Grundsatz der Noblesse.

Wir gingen dann essen, dabei sprachen wir auch über die Frisuren. Eine davon hatte nur 100 Forint gekostet, also ca. 20 Schilling, „das sei einmalig". Die eine Dame, die Schwiegermutter, wäre heute ohnehin zum Friseur gegangen. In Wien würde man dafür mindestens 300 Schilling zahlen, ohne Trinkgeld. Der Friseurladen war angeblich voll von Österreichern. Alle drei Damen hofften, daß dieser Zustand des billigen Einkaufens andauere.

Solche Leute bezeichne ich als Alltagsschmuggler. Zweifellos gibt es Alltagsschmuggler auch unter denen, die aus dem Osten nach Wien reisen, um Video- und elektronische Geräte zu kaufen. Viele dieser Alltagsschmuggler kommen in Autobussen. Auf einen solchen Autobus mit Wiener Kennzeichen stieß ich auch in Györ. Daraus hüpften Damen über 60, Pensionistinnen, die im Eilschritt mit der Einkaufstasche in den Supermarkt liefen. Die Dame, die mich in ihrem Auto mitgenommen hatte, rechnete mir z. B. vor, daß sie durch ihren hiesigen Friseurbesuch die Fahrtkosten eingespart hatte.

Hier zeigt sich die Kultur der Alltagsschmuggler. Eine Kultur, die sich nach dem Fall des „Eisernen Vorhangs" entwickeln konnte. Ich weiß von einem Herrn, der von einem Ort an der tschechischen Grenze im Waldviertel zu Fuß hinüber in einen tschechischen Grenzort marschierte, um dort ein Rennrad um umgerechnet 430 Schilling zu erwerben. Damit fuhr er zurück nach Österreich, wo er es mit großem Gewinn um 1 000 Schilling auf dem Marktplatz in L. weiterverkaufte. Ein mir sehr sympathisches Ehepaar, das auch zu Alltagsschmugglern wurde, erzählte mir folgendes: „Wir fahren alle zwei Monate nach Ungarn zum Einkaufen. Früher haben wir alles eingekauft: vier oder fünf Kilo Butter, zehn Kilo Käse. Wenn schon, denn schon! Die Sachen haben wir eingefroren. So haben wir längere Zeit Lebensmittel gehabt. Wir haben sogar damals mit dieser Butter gekocht, ansonsten kochen wir mit Öl, denn Butter ist ja etwas Besonderes."

Der Alltagsschmuggler hofft auf günstige Preise und wertvolle Ware. Er hat aber nicht die Routine des Profis, daher kann ihn Schmuggeln bisweilen in Angst und Schrecken versetzen, obwohl er das Risiko in Kauf nimmt. Diese Unsicherheit klingt auch in folgender Schilderung einer freundlichen Dame an, die mit ihren Freunden im Auto während des Winters 1989 aus Budapest kommend zur Grenze gefahren kam: „Im Auto saßen Georg, sein Bruder Helmut, deren Mutter und ich. Insgesamt hatten wir 20 Kilo Käse bei uns. An der Grenze kommt der Zöllner zum Auto, da hüpft Georgs Bruder, er hat es gelenkt, aus dem Auto. Mir ist das Herz stehengeblieben vor Schreck. Und macht den Kofferraum auf. Der Zöllner hat nur gefragt, was da hinten ist. Georgs Bruder hat gesagt: Das ist mein Werkzeug. Damit war der Zöllner zufrieden und ließ uns in Ruhe." Gefühlsmäßig machte Georgs Bruder das Richtige, er öffnete den Kofferraum, um zu demonstrieren, daß er nichts, was schmuggelnswert ist, bei sich habe. Dennoch war die Situation für die Beteiligten beklemmend.

Auf diese Alltagsschmuggler, zu denen auch die vielen Urlaubsreisenden gehören, verweist auch ein Zollbeamter: „Das Gros der Schmuggler machen heute die Normalverbraucher aus, die für den täglichen Bedarf über die Grenze fahren, und die Urlaubsreisenden, die Massen, die heute in die Türkei oder nach Griechenland fliegen. Es gibt praktisch niemanden, der nicht etwas mitnimmt, das über der Reisefreigrenze liegt. Heute ist die Grenze der Wert von 1 000 Schilling. Waren bis zu diesem Wert dürfen legal eingeführt werden, ausgenommen Zigaretten und Alkoholika. Die sind das beliebteste Schmuggelgut. Derzeit dürfen pro Person 2,25 Liter Wein oder Sekt, 1 Liter Hochprozentiges und 1 Stange (200 Stück) Zigaretten oder 200 Gramm Tabak oder 50 Zigarren eingeführt werden."

Der Beamte registriert den Schmuggel hier als eine Sache der Selbstverständlichkeit und des Alltags. Zwar führt man regelmäßig Stichproben durch, doch sind diese gerade in Zeiten des Urlaubsverkehrs eine ungemeine Belastung, wie der Zöllner ausführt: „In regelmäßigen Abständen sollten die Stichproben durchgeführt werden. Unser größtes Problem ist das Verkehrsaufkommen, nämlich Fahrzeuge aus der Kolonne herausnehmen und die Leute befragen und schauen, ob das stimmt, was sie erzählen. Da schneide ich unser größtes Problem an: den

Verkehrsstrom, der sich in den letzten Jahren entwickelt hat. So haben voriges Jahr insgesamt an die 143 Millionen PKWs die österreichischen Grenzen passiert. Hochgerechnet hat es ca. 483 Millionen Grenzübertritte gegeben. Daraus ersieht man, daß der Kontrolltätigkeit der Zöllner Grenzen gesetzt sind. Der meistfrequentierte Grenzübergang ist die Autobahn am Walserberg im Sommer, wenn die Kolonne von München bis Salzburg steht. Da gibt es relativ wenig Kontrollen. Je dichter kontrolliert wird, desto länger sind die Wartezeiten für die Reisenden. Und wenn es dann um viereinhalb und sechs Stunden geht, dann fragt man sich,wieweit dies noch zumutbar ist. Umgekehrt bekommen wir die Vorwürfe, daß wir nicht entsprechend kontrollieren."

Gerade Urlauber sind es, die zu Exponenten des Alltagsschmuggels werden. Sie sind aber auch Opfer von Geschäftsleuten, die damit spekulieren, daß Urlauber die im Ausland für sie billige Ware kaufen und in die Heimat schmuggeln. So erlebten nach einem Zeitungsbericht Österreicher eine „böse Überraschung", als sie während ihres Urlaubs auf einer griechischen Insel günstige Pelze eingekauft hatten. Der schlaue Pelzhändler hatte ihnen eingeredet, daß es kein Problem sei, die erworbenen Pelze über die Grenze zu bringen. Die Urlauber hatten an der Grenze auch keine Probleme, da die Zollbeamten sie nicht kontrollierten. Aber einige Zeit nach dem Urlaub kriegten Zollbeamte die Käuferlisten des Pelzhändlers auf irgendeine Weise in die Hände und luden nun höflich die Käufer ein, im zuständigen Zollamt zu erscheinen und die Zollgebühr zu bezahlen.

Alltagsschmuggler, die das Wagnis des Schmuggelns lockt und die für sich einen Vorteil erhoffen, gehören zum Leben an der Grenze. Sie sehen es als kein besonderes Delikt an, den Zoll zu betrügen. Und die Zöllner wissen das.

Keine Probleme sahen auch die 1989 aus dem Osten kommenden Besucher Wiens, wenn sie Dinge aus ihren Heimatländern nach Österreich schmuggelten, um sie hier auf dem Schwarzmarkt zu verkaufen, wie ich weiter oben schon ausführlich dargestellt habe. Plastisch schilderte mir ein Zollbeamter den Erfindungsreichtum der Alltagsschmuggler, der dem der Professionals nicht nachsteht: „Besonders beliebt für solche

Schmuggler aus Polen oder sonstwo ist der Grenzort L., denn dort ist die Strecke zwischen dem tschechischen Grenzposten und dem österreichischen sehr weit. Ungefähr in der Mitte dieser Strecke zweigt ein Waldweg ab. Dort bleiben die mit ihren Bussen stehen. Es gibt zwei Möglichkeiten. Eine: Leute steigen aus mit den Taschen und den Zigaretten oder sonstigem Schmuggelgut und gehen durchs Dickicht hinüber. Das haben wir schon nachweisen können, und wir haben Leute auch schon festgenommen. Der Bus fährt weiter, und diese, sagen wir fünf Leute werden aus der Passagierliste gestrichen. Der Reiseleiter sagt, die sind nicht mitgefahren. Im Ortsgebiet von L. steigen die dann wieder zu, nachdem sie über die grüne Grenze marschiert sind. Oder: Die steigen in der Wartezeit an der Grenze aus, verstecken das Gut im Wald und fahren über die Grenze. Dann holen sie sich die Sachen von Österreich über die grüne Grenze. Es ist ja unwahrscheinlich, was die Leute für Arbeit auf sich nehmen. Einmal haben Frauen während der Fahrt von Polen Zigarettenpackerln in Stoff eingenäht. Dann sind diese im Wald deponiert worden. Man ist dahintergekommen, weil man jemanden an der grünen Grenze gesehen hat. Beim Zusteigen in L. hat man sie erwischt."

Der Alltagsschmuggel hat seinen Reiz, Grenzen werden listig überwunden, und er vermag abenteuerliche Freude zu vermitteln.

Schmuggler als soziale Rebellen

Armut und die Tradition sozialen Rebellentums

Schmuggeln ist nicht nur Abenteuer und ein großes Geschäft, sondern es hat zu gewissen Zeiten, so in denen der Not und der Armut, auch etwas mit sozialem Rebellentum zu tun. Schmuggeln wird daher nicht als Verbrechen gesehen, sondern als eine Tat, mit der man sich gegen die „Ungerechtigkeit" des Staates wehrt. Daher meinte auch eine alte Lustenauer Wirtin, auf die ich mich noch öfter beziehen werde, daß Schmuggeln keine Sünde sei. Sie selbst habe auch ein „bisserl" Zucker, Saccharin und Kaffee geschmuggelt.

Unter sozialen Rebellen verstehe ich im folgenden Leute, die vor allem aus einer eher bäuerlichen Welt kommen und die es nicht dulden, daß ihnen durch Mächtige gewisse Verbote auferlegt werden. In klassischer Weise lehnten sie sich gegen die Feudalherrn auf, die sie zwangen, Abgaben und Robote zu leisten. Sie wurden zu Räubern, die den Reichen und den Besitzenden die Dinge wegnahmen, von denen sie meinten, daß sie dieselben zu Unrecht innehätten. Einer der großen sagenhaften Rebellen ist Robin Hood, aber auch der um 1950 erschossene sizilianische Bandit Salvatore Guiliano, den man den König von Montelepre nannte, gehört zu ihnen. Gerade in Zeiten der Armut und wirtschaftlicher Krisen wird eine Tendenz zur epidemischen Vermehrung dieses Rebellentums sichtbar.[64]

Der soziale Rebell wehrt sich gegen den Landherrn, der dem Bauern die Ernte wegnimmt, und gegen den aristokratischen Jäger, der dem Bauern verbietet, das Wild zu schießen. Der soziale Rebell bekämpft die Verbote, die ihn oder seinesgleichen daran hindern, ein Leben in Würde zu führen. Der soziale Rebell, wie ich ihn verstehe, ist kein Revolutionär oder Ideologe, sondern jemand, der sich auf alte Rechte beruft, wie auf das alte

Recht der Jagd oder eben das Recht, Waren einzuhandeln, von wo man will. Mit dem sozialen Rebellentum ist auch der Traum von Freiheit verknüpft. Einen solchen Traum träumt der Wilderer, aber auch der Schmuggler, der sich über die Verbote des Warenverkehrs erhebt. Aber nicht jeder Schmuggler ist ein sozialer Rebell in diesem Sinn, sondern lediglich der, der aus einer ärmlichen, meist bäuerlichen Gesellschaft kommt und der begehrte Waren, wie Kaffee, Tabak oder Zucker, in eine Kultur der Armut einbringt und so den Menschen hilft.

Schmuggler dieser Art sind angesehene Leute, sie sind Helden der „Kleinen", sie genießen die Sympathien der Bevölkerung, und sie können mit ihrer Unterstützung in ihrer Auseinandersetzung mit der Obrigkeit rechnen. Bei den Gesprächen, die ich mit alten Schmugglern im Paznauntal führte, wurden die obigen Überlegungen unterstrichen. Man betonte mit Nachdruck, daß es vor allem arme Bauern, Bauernknechte und Bauernsöhne waren, die als Schmuggler zu Geld zu kommen hofften. Es gab gerade in der Vorkriegszeit sehr arme Bauern, nicht nur im Paznauntal. Nicht alle wurden satt mit dem, was der Hof zu bieten hatte. Hatte ein Bauer mehrere Söhne, so haben sie sich „um einen Nebenverdienst geschaut", sie sind schmuggeln gegangen, bereits in sehr jungen Jahren. In gewisser Weise erinnern die alten Schmuggler an die alten Wildschützen, denn beide versuchten, durch allerhand Listen ihren und ihrer Leute Mittagstisch aufzubessern. Es gehörte Mut dazu, dies zu tun. Ein solches soziales Rebellentum der Schmuggler ist alt. In einem späteren Kapitel werde ich darauf noch einmal näher eingehen.

Zu sozialen Rebellen wurden um 1817 wackere Burschen aus Lustenau an der Schweizer Grenze. Dieses Jahr 1817 war ein typisches Hungerjahr, wie es viele gab. Das Kreisamt erließ ein Verbot, wonach die „Einschwärzung" verbotener Waren, aber ebenso die „Ausschwärzung" von Kartoffeln an der Grenze Vorarlbergs unter Strafe gestellt wurde. Erst im Jahre 1796 hatte man im Reichshof Lustenau ein k. u. k. Zollamt errichtet, und in der Folge entstanden auch Strategien des Schmuggels. Die großen Schmuggelgüter waren Zucker, Tabak und Kaffee.

Aus Dokumenten, in die mich in Lustenau ein freundlicher

Regierungsrat Einblick nehmen ließ, geht hervor, daß die Zollämter für verdächtige Personen ein Leumundszeugnis von den Gemeinden verlangten. Die Gemeinden aber trachteten danach, sich für den Schmuggler zu verwenden, denn schließlich waren die Menschen dieser Gegend arm.

Die alten Schmuggler Lustenaus blicken somit auf eine lange Tradition zurück, und man spricht heute noch voll Hochachtung von ihnen. Sogar der Heimatdichter und Künstler Otto Hofer aus Lustenau, der mich zum Tee einlud, hatte sich von der Seite des Volkstumsforschers her mit den Schmugglern befaßt, und er empfindet Sympathien für sie, eben als die einstigen Helden der „kleinen Leute", die Ansehen genossen, weil sie schlau die Barrieren der Grenze zu überwinden vermochten.

Herr Hofer beschrieb mir gegenüber in lobenden Worten die alten Schmuggler: „Wenn man in Lustenau in einer Runde sitzt und ein paar ältere Männer oder Frauen dabei sind, dann dauert es meist nicht lange, und einer erzählt eine lustige Geschichte von Schmugglern. Einmal kam ich mit einem alten Schmuggler ins Reden. Er schimpfte gerade über die Nicht-Lustenauer. Ich habe ihm gesagt, daß ich ein Lustenauer bin. Da war er gleich freundlicher. Ein Kerl ist das, untersetzt, bullig, eine rote Nase, eine heisere Stimme, aber das Herz am rechten Fleck. Das muß ich sagen! Er hat mir erzählt, daß er einmal mit Freunden schmuggeln war. Da sah er einen Zöllner, wie er langsam auf und ab ging. Die Schmuggler sind zehn Minuten stehengeblieben. Dann ist es ihm zu blöd geworden, und er hat gesagt: ,Pst, ich gehe hinunter.' Dann hat er einen Schrei getan. So, daß er selbst erschrocken ist. Und die Zöllner haben ihn geschnappt. Sie haben sich gedacht, er hat Schmuggelsachen bei sich. Was hat er aber mitgehabt: Schilfrohr. Die Zöllner haben sich geärgert." Gegen den schlauen Schmuggler kommt der Zöllner, zumindest in den Erzählungen, nicht an. Daher sind die Schmugglergeschichten, wie sie Herr Hofer erzählt, meist heiter, und der Grenzer ist darin der Dumme.

Bei den Schmugglern konnte man auch billig einkaufen. Ein alter Schmuggler aus der Zeit nach dem Ersten Weltkrieg schilderte mir, wie er zweimal in der Woche die Leute wie ein Hausierer aufsuchte. Damals sei die Not groß gewesen, Arbeit habe man keine bekommen, und das Schmuggeln sei ein Weg gewesen, die Armut zu lindern.

Im Gespräch mit mir wies er auf die traurige Situation hin, in welcher die früheren Bauernknechte leben mußten, für die es überhaupt schwer war zu heiraten, denn es durften nur die heiraten, Mann oder Frau, die „ein Heimatli", also eine Wohnstätte, ihr eigen nennen konnten. Die anderen mußten ledig bleiben. Unter den Schmugglern befanden sich also vor allem jene, die kein Bauerngut zu verwalten hatten, somit also unverheiratete Burschen.

Auch in den dreißiger Jahren, unter der Regierung Dollfuß, da sei es allen im Paznauntal schlecht gegangen. Die Burschen und Männer wagten sich deshalb mit Schmuggelgut über die Jöcher, und die Ehefrauen waren froh, daß die Familie wieder etwas zu essen hatte.

Das Schmuggeln wird als interessante und profitable Beschäftigung begriffen, wie es auch ein alter Schmuggler tat, der mir folgendes erzählte: „Warum man in den zwanziger und dreißiger Jahren geschmuggelt hat, ist ganz einfach zu erklären: Ein Arbeiter hatte 50 bis 60 Groschen Stundenlohn. Ein Professionist, ein Gelernter mit Prüfung, einen Schilling. In der Schweiz hat der Kilo Zucker 50 Groschen gekostet und bei uns 1,36 Schilling. Wenn man als Schmuggler Zucker herübergebracht hat, so hat man das Kilo für einen Schilling verkaufen können. Dabei hat man 50 Groschen Gewinn gehabt. Sogar die Frau eines Gendarmerieinspektors hat Zucker von uns Schmugglern genommen. Alle haben damals gespart mit dem Geld, so gut man konnte. Auch arme Familienväter wurden zu Schmugglern."

Einer meiner Südtiroler Gesprächspartner meinte: „Oft hat man als Schmuggler an einem Tag das Dreifache, das man als Lohn im Monat gehabt hat, verdient. Wir haben als Burschen in den zwanziger Jahren bei Bauern gearbeitet und keiner von uns hat viel Geld gehabt. Durch das Schmuggelgehen haben wir aber gut verdient. Das Schmuggeln war keine Spielerei."

Die Schmuggler waren stolze Leute, für die der Schmuggel keinen Rechtsbruch bedeutete. Sie stellten durch den Schmuggel einen alten Zustand wieder her, einen Zustand, in dem es ihnen, wie sie meinen, zumindest besser ging.

Der schneidige Schmuggler

Das Schmugglerleben hatte daher eine große Bedeutung für die jungen Burschen an der Grenze. Vor allem gilt dies für die Gebirgsgegenden, wo es nicht nur eines gehörigen Mutes, sondern auch einer gehörigen Portion Kraft bedurfte, um verbotene Waren über die Grenze in den Bergen zu schaffen. In dem Gespräch mit einem alten ehemaligen Schmuggler aus Südtirol, der in der Nähe des Brenners als Sohn eines Sägewerkarbeiters aufwuchs, klingt dies alles an: „Nach dem Ersten Weltkrieg ist die Währung in Italien immer schlechter geworden, und in Österreich war damals alles besser und billiger. In Österreich hat man viele Dinge bekommen, die es in Italien nicht gab. Und wenn man sie in Italien bekam, so waren sie sehr teuer. Gefragt waren in Italien Zigaretten, Tabak, Nähwaren, Zwirn und solche Sachen. Alle diese Sachen haben wir geschmuggelt, aus Österreich herüber. Eingekauft haben wir in Sillian. In der Nacht sind wir mit der Schmuggelware unterwegs gewesen. Wir mußten gut aufpassen, denn die Italiener hatten Posten aufgestellt. Die Schmuggler waren Bauernsöhne und vor allem Weltkriegsteilnehmer, lauter schöne, starke und große Burschen, die bis zu 60 Kilo über die Berge tragen konnten. Es war damals eine schlechte Zeit, in der uns die Leute wollten (geschätzt haben), weil wir Tabak, Zigaretten und Zwirn gebracht haben. Bis Bozen sind wir mit unseren Sachen gekommen." Und mein Gesprächspartner fügte hinzu: „Die Schmuggler damals waren echte Bärenteufel, die stundenlang gehen konnten."
Wie breit gefächert der Personenkreis war, aus dem die Schmuggler kamen, zeigt ein Bericht des Gemeindeblattes von Landeck, vom 27. September 1947, also in einer Zeit der Not. Beispielhaft verweist er auf die Tricks, mit denen gearbeitet wurde: „Im Zuge umfangreicher Zugkontrollen konnte die Gendarmerie-Erhebungsabteilung Landeck mehrere gute Fänge von

Schleichhändlern machen. So verhaftete sie einen Schilehrer und Bauern aus Ischgl mit einem Kilo Saccharin, das er in Innsbruck an den Mann bringen wollte, einen Ausländer des Landecker Lagers, der größere Mengen Saccharin in einer Damenunterhose eingenäht am Leibe trug, einen Ausländer mit ziemlich viel Saccharin, das er, mit einem Papier verdeckt, in seiner Aktentasche mit sich trug, einen Eisenbahner aus Absam mit einem Rucksack voll Schweizer Tabak (133 Pakete!), einen Dreher aus Oberösterreich, der 6 1/2 Kilo Butter und 1 Kilo Speck in Vorarlberg weitervertauschen wollte, bei der Kontrolle am Bahnhof in der Dunkelheit aber entkommen konnte."

In diesen Zeilen wird deutlich, daß Schmuggeln geradezu eine allgemeine Angelegenheit von Leuten ist, die sich rebellenhaft über Gesetze erheben und versuchen, die Gunst des Augenblicks für sich zu nützen. Schmuggler in Zeiten der Not wußten, daß sie auch eine wichtige Aufgabe für notleidende Menschen erfüllten und als „schneidige" Burschen einen guten Ruf genossen. Unter Freunden und Bekannten betonten sie die Kühnheit ihrer Taten. Darüber erzählte mir ein Lustenauer Schmuggler: „Hatten die Schmuggler ein paar Ladungen gut herübergebracht, sind sie meist in die Wirtschaft (Wirtshaus) und haben bei ein paar Gläsern Most oder Schnaps lang und breit erzählt, wie man die Grenzer überlistet. Man war da ein schneidiger Kerl."

Die Dorfgemeinschaft war mit diesen Schmugglern einverstanden. Sie waren akzeptiert. Ihre Gegner waren die Zöllner, und die waren stets dahinter, sie zu erwischen. Dabei konnte es auch zu blutigen Zwischenfällen kommen, wie in einer alten Kirchenchronik, in die ich Einblicke nehmen durfte, berichtet wurde. Es heißt dort: „Am 10. März 1885 wurde Ludger Grabher von einem Finanzwachmann in den Hintern geschossen. Dieser erlitt sehr große Schmerzen und wurde zum Krüppel gemacht." Und in der Lustenauer Chronik ist zu lesen: „Anno 1853 forderte das verbotene Gewerbe ein neues Opfer. Josef Bösch, ein sehr junger, verheirateter Mann, wurde auf einem Schmugglerschiff am Rhein von einem welschen Kaiserjäger totgeschossen." Schmuggler selbst sind selten bewaffnet. „Wenn man einen Prügel braucht, so liegt meistens einer herum", meinte Herr

Hofer zu mir. Zu ihren wichtigsten Strategien gehört schlicht der Grundsatz: Je näher beim Zollhaus man schmuggelt, desto sicherer war man!

Der geschickte Schmuggler brauchte Mut, die Nähe der Zöllner zu suchen, um sich als unverdächtig darzutun. Er wußte, die Menschen dieser Gegend waren auf seiner Seite. Wie ein alter Schmuggler betonte: „Du hättest gehen können, wohin du wolltest, niemand hätte dich verraten. Und was du verdienst, ist deine Sache. Man ist in den Wald mit dem Rucksack, in dem war der abgepackte geschmuggelte Kaffee versteckt. Man ist zu Fuß von Haus zu Haus und hat gefragt, ob man einen Kaffee braucht. Die Nacht haben wir im Heu verbracht."

Freilich konnte man auch Probleme haben, wie derselbe Schmuggler ergänzte: „Einmal bin ich in ein Haus. Der Mann und die Frau sind am Tisch gesessen. Ich habe gefragt, ob sie einen Schweizer Kaffee brauchen. Er fragt, wo ich den habe. Ich sage draußen am Fahrrad. Ich hole euch ein Paket. Und wie ich mich umdrehe, sehe ich aus dem Augenwinkel die Zolluniform. Und wie ich die sehe, bin ich zum Rad gelaufen und war so schnell ich konnte dahin."

Je nach Gelegenheit war man in Gesellschaft oder auch alleine unterwegs. Alleine vor allem dort, wo schwierige Gebirgsjöcher zu überwinden waren, wie im Paznauntal. Dort sprach ich mit einem alten Schmuggler, den ich hoch oben, in Kappl, aufsuchte: Die jungen Burschen des Paznauntals marschierten über die Jöcher in die Schweiz, wo sie die Dinge, die sie benötigten, einkauften. Um das Schweizer Geld für diese Einkäufe zu haben, schmuggelten sie Vieh oder bloß Kuhhäute, die sie jenseits der Grenze mit Gewinn verkaufen konnten. Der Schmuggler in Kappl erzählte weiter: „Um das Geld, das wir für den Viehhandel bekommen haben, haben wir eingekauft. Dreißig Kilo hat jeder sich aufgelegt: Saccharin, Kaffee. Später bin ich den Weg alleine gegangen, nicht mehr mit Vieh. Und ohne andere Schmuggler. Dann konnte ich ruhen, wann ich wollte, oder weitergehen. Unter 30 Kilo habe ich nie getragen. Zweimal hatte ich 50 Kilo aufgelegt. Neun Stunden habe ich für einen Weg gebraucht. Wenn ich abgestellt habe, haben die Knochen schon etwas gekracht. Man hat mehr verdient, wenn man etwas schwerer aufgelegt hat."

Ich sprach auch mit einem ehemaligen Wirt, der in der Nähe von Kappl noch immer in seinem alten, nun nicht mehr besuchten Gasthaus wohnt. Das Gasthaus liegt an der Straße und wirkt etwas gespenstisch. Der Wirt, eine wuchtige Erscheinung, bat uns in das Gastzimmer mit seinem alten Gebälk, den alten Möbeln und dem uralten Kachelofen, an den sich einst wohl viele Schmuggler gelehnt haben. Als junger Bursche war auch der Wirt ein großer Schmuggler: „Bohnenkaffee oder nur Kaffee haben unsere Schmuggler aus der Schweiz hierhergebracht. Den Bohnenkaffee hat man bis in die Stadt getragen. Er wurde privat verkauft. Nun ist aber die Zeit des Schmuggelns vorbei. Früher haben wir gut verdient. Sonst hätte ich eh kein Geld gehabt. Damals, vor und nach dem Krieg, war das Paznauntal gut mit Zöllnern besetzt. In Galtür, Ischgl, Kappl saßen sie. Heute gibt es kaum mehr Zöllner da. Wir sind damals bereits mit 17 Jahren und auch jünger schmuggeln gegangen, aber auch Fünfzigjährige waren als Schmuggler unterwegs. Viele haben für den Eigenbedarf geschmuggelt. Für die jungen Burschen war es auch Spaß, freilich. Hauptsächlich haben sie Saccharin geschmuggelt. In Schachteln (Kartons) mit je 300 000 Stück. In Innsbruck hat man sie gut verkaufen können. Das war ein bißchen ein Gewinn. Auch der Zigarettenschmuggel war ein Gewinn, die amerikanischen Zigaretten. Das waren echte amerikanische Zigaretten, die die Schweizer selbst importiert haben. Im Samnauntal war der Prinz, so hat er geheißen, der Hauptverkäufer für den Schmuggler. Das war der Händler. Er hat sogar die Zigaretten in München eingekauft. Hat sie auf den Lastwagen aufgeladen. Und hat so alles nach Samnaun gebracht. Die Samnauner durften alles zollfrei importieren. Das ist ein schweizerisch-deutsches Abkommen, es ist schon 300 Jahre alt. Der Prinz kriegte die Zigaretten zum Arbeitspreis, ohne Staatssteuer. Er hat also groß eingekauft, er war der Hauptkönig. Und die Paznauner, aus Kappl, Ischgl und anderen Orten, sind hinüber, hauptsächlich zum Prinz. Und der Prinz hat drüben auch wieder andere, kleine Geschäfte, beliefert. Die Paznauner brauchten aber Franken, um bei ihm einkaufen zu können. Oder sie machten ein Tauschgeschäft, nach dem Krieg hauptsächlich mit den Wehrmachtsferngläsern. Die hat der Prinz gerne gekauft und hat sie in der Schweiz weiterverkauft. Auch Ziegen- und Marderfelle hat er von uns gekauft. Marderfelle waren in den dreißiger Jahren sehr gefragt. Hauptsächlich haben die Schmuggler das Geld bringen müssen, Franken. Ich bin auch ein paarmal hinübergegangen. Die Franken haben wir von den Leuten, die in der Schweiz gearbeitet haben oder dort auf Urlaub waren, bekommen. Da ist man zu denen gegangen und hat 30 oder 50 Franken gekauft. 1949 und 1950 haben wir für den Franken 30 Schilling bezahlt. Dann ist man hinüber und hat dafür ein paar Stangen Zigaretten gekauft. Die Ischgler haben ganze Kartons gekauft. In einem Karton waren 50 Stangen drinnen. So einen Karton haben sie in einen Rupfersack gegeben."

Ich fragte nach diesem Sack mit dem eigentümlichen Namen, und der Wirt erzählt weiter: „Das ist so ein Sack, in den man unten zwei Kartoffeln hineingegeben hat, um die man einen Strick herumbinden konnte. Dann einen Riemen, mit dem hat man den Sack auf dem Rücken getragen. Solche Säcke waren früher üblich. Auch eine Magd, die irgendwohin gegangen ist, hat so einen Sack gehabt, mit Kartoffeln unten.

Ich bin selbst auch ein paarmal so gegangen. Ich bin damit nach Innsbruck gefahren. Zu den Kellnerinnen, die waren die Hauptabnehmer. So eine hat gleich zwei oder drei Stangen gekauft."

Als ich mich schließlich näher nach dem Ansehen der Schmuggler erkundigte, leuchteten die Augen, und er führte aus, nachdem er einen Schluck aus seiner Bierflasche getan hatte: „In jedem Grenzort wird geschmuggelt, und überall dort gibt es schneidige Schmuggler. Im Frühjahr hat man sie am Kirchplatz gleich erkannt, weil sie toll braun waren. Denn im Frühjahr gibt es noch viele Schneefelder. Über diese mußten die Schmuggler gehen, und daher waren sie im Gesicht braungebrannt. Für die jungen Burschen war das Schmuggeln interessant, denn auf diese Weise haben sie sich ein bisserl ein Geld verdient. Und haben am Sonntag einen Liter Wein mehr trinken können. Manche haben sich etwas erspart und haben sich so etwas Baumaterial kaufen können. Viele haben damals schon begonnen, ein Wohnhäusl zu bauen (nach 1950)."

Das Ansehen beim „Volk"

Der Schmuggler genoß in dieser Welt der Armut erhebliches Ansehen. Den Mädchen war er nicht nur wegen seiner Kühnheit sympathisch, sondern auch, weil er stets Geld hatte, um sie ins Wirtshaus einzuladen und weil er ihnen begehrte Dinge, wie Kaffee und Zucker, lieferte. Hochachtung für die alten Schmuggler klingt auch aus den Reden der alten Wirtin vom Gasthof „Lamm" in Lustenau: „Die Schmuggler waren gescheite Leute, denn einen dummen Schmuggler hätte man gleich erwischt. Zu denen, die keine Angst hatten und starke Burschen waren, haben wir ‚Bären' gesagt. Die haben auch eine lockere Hand gehabt. Sie waren freigiebig. Es gab aber genug, zu denen wir nicht ‚Bären' gesagt haben."

Durchtrainierte, schlaue und großzügige Burschen fanden Bewunderung bei den Leuten. Besonders geschätzt waren jene Schmuggler, die es mit allerhand List verstanden, die Zöllner zu narren. So wurde mir in aller Ehrfurcht von einem Schmuggler erzählt, er sei einmal von einem Gendarm erwischt worden. Der Gendarm hatte nun die Absicht, den inhaftierten Sünder in einem Autobus zum Gericht zu bringen. Während die beiden auf den Autobus warteten, bat der Gefangene, „schnell" in das gegenüberliegende Schmuckgeschäft gehen zu dürfen, um dort eine Schuld zu begleichen. Der Gendarm erlaubte es ihm. Der Schmuggler jedoch dachte nicht daran, zu seinem Bewacher zurückzukehren. Er verließ den Laden durch einen anderen Ausgang und flüchtete mit Erfolg. Diese Geschichte zeigt den Schmuggler als gewitzten Burschen, der die Vertreter der Obrigkeit an der Nase herumführt.

Daß die Schmuggler beim „einfachen Volk" Sympathie genossen, bestätigte mir eine ältere Bergbäuerin. Sie weist aber auch auf die Armut der Menschen hin, die zu Schmugglern wurden: „Die Leute haben zu den Schmugglern geholfen und nicht zur Finanz. Die Finanzer waren nicht beliebt. Die hat niemand mögen. Die Schmuggler sind ja aus lauter Not gegangen. Martinas Franz hat neun Kinder gehabt. Die Nana war die älteste. Mit der Nana bin ich in die Klasse gegangen, die hat nur ein ganz dünnes Brot mit in die Schule bekommen. Die hat das in der Pause getauscht gegen ein größeres Bauernbrot. Und der Vater hat sich gedacht, was tue ich jetzt. Er hat keinen Schilling mehr bekommen. Kein Mehl daheim. Und kein Brot. Da hat er eine Kuhhaut genommen, genauso wie die anderen jungen Männer. Mit den Kuhhäuten auf dem Rücken sind sie in die Schwärzen (auf Schmuggeltour) gegangen. Die Kuhhäute haben sie in Semnaun verkauft. Damit die Kinder wieder Brot haben. So arm waren sie. Die Kuhhäute haben sie hier gekauft. Das mit dem Kuhhautschmuggel war nach dem letzten Krieg. Vor dem Krieg hat man Kaffee geschmuggelt, nach dem Krieg Zigarettentabak, Ajax hat er geheißen.

Für das Geld, das der Vater im Samnaun für die Kuhhaut dann bekommen hat, hat er Mehl gekauft. Oder auch Tabak und Saccharin. Mit dem Geld haben sie die ‚Saccharinsiedlung‘ gebaut, weil sie alle Schmuggler waren."

Die Bezeichnung „Saccharinsiedlung", wie die von den Schmugglern im Paznauntal bei Kappl errichteten Häuser heute noch mit einer gewissen Hochachtung genannt werden, verweist auf die Findigkeit der Schmuggler und ihr Ansehen bei den kleinen Leuten. Dieser Name hat sich bis heute erhalten, und manche alten Leute lachen wohlgefällig dabei, wenn das Gespräch darauf kommt.

Eine alte Sennerin erzählte mir stolz, sie hätte sogar einmal einen Schmuggler vor Zöllnern auf ihrer Almhütte in der Sennstube versteckt. Und sie ergänzte: „Die Schmuggler haben schon gewußt, wo sie Zuflucht haben." In diesem Satz drückt sich die soziale Position des Schmugglers aus, der in diese Welt der Armut an der Grenze gehörte und so zum sozialen Rebellen wurde.

Diesen sozialen Rebellen standen der Zöllner und das Gericht gegenüber, wie auch aus den alten Dokumenten des Bezirksgerichtes Lustenau hervorgeht, in die ich einsehen durfte. Darin wird von „frevelhaftem, wiederkehrendem Schleichhandel" und der „Abschaffung" der Sünder „aus dem Grenzbezirk" berichtet. Im Gebiet von Lustenau waren auch Frauen unter den Schmugglern, was ich bei den Paznauner Schmugglern nicht feststellen konnte. So heißt es in einem Dokument: „...die bekannte Schwärzerin Katharina Bösch."

Im Gasthaus „Zum Lamm" in Lustenau mit seiner wunderbaren alten Wirtin zechten früher kühne Schmuggler und erzählten heimlich ihre Geschichten. Dort durfte ich einen langen Abend mit trinkfreudigen älteren Lustenauern verbringen. Bei Käse, Brot und einer Flasche Bier erfuhr ich viel über alte Schmuggler und ihre Heldentaten. Als die Männer ein „Schmugglerlied" zu singen begannen, wurde ich aufmerksam. Derartige Lieder haben viel mit der Verherrlichung von sozialem Rebellentum zu tun. Und daher interessierte mich als Forscher auch dieses Lied. Aber erst als die Wirtin es mir auf hochdeutsch deklamierte, verstand ich es:

„Ein armer Schmuggler bin ich zwar
verdien´ mein Geld stets in Gefahr.
Doch wenn die Grenzwacht am Ufer ruht,
dann geht das Schmuggeln doppelt gut.

Dann fahren wir zum Rhein hinaus
und werfen unsre Säckl aus.
Dann kommen Lustenauer groß und klein.
Ein jeder will ein Säckelein.

Und werden wir einmal erwischt:
so zahlen wir die kurze Frist:
ja, vierundzwanzig Stunden kost' es bloß,
dann geht der Schmuggel, Schmuggel wieder los!

Und ist vorbei der Monat Mai,
dann ist vorbei die Schmugglerei,
dann führ ich's Liebchen zum Traualtar:
Es lebe hoch das Schmugglerpaar!

Und wenn ich einst gestorben bin,
dann setzt mir einen Grabstein hin,
auf dem die Worte geschrieben stehn:
Erst jetzt laß ich das Schmuggeln gehn!"

Die Wirtin fügte erklärend hinzu: „Das ist das alte Lustenauer
Schmuggellied. Man hat damals vor und nach den Kriegen
wenig Geld gehabt, daher mußte man mit dem Schmuggel
etwas verdienen. Ganz früher, zur Zeit meiner Urgroßeltern (um
1850), ist Seide geschmuggelt worden. Mit einem kleinen Kahn.
Die hat man wahrscheinlich nach Böhmen verkauft. Die Seide
war in der Schweiz billiger als in Österreich." Als ich nach den
Personen fragte, die geschmuggelt haben, gab sie zur Antwort:
„Geschmuggelt hat jeder, der Schneid (Mut) gehabt hat. Jüngere,
aber auch Ältere haben geschmuggelt."
Der geschickte Schmuggler wird mit Mut in Verbindung
gebracht. Er muß sich mutig den Zöllnern entziehen können.
Immerhin spielt er in Zeiten der Not für die Versorgung der Menschen eine nicht zu unterschätzende Rolle. Darauf bezieht sich
ein früherer Südtiroler Schmuggler: „Ich habe auch einmal ein
Fahrrad von Österreich nach Südtirol geschmuggelt, allerdings
in Teilen. In Innichen habe ich es mir zusammengestellt und bin
dort herumgefahren. Bekannte von mir haben mich mit dem
Fahrrad gesehen. Sie wußten, daß es geschmuggelt war, und
haben mich gebeten, es ihnen zu verkaufen. Auf der Stelle hat
man es mir abgekauft. Ich bin dann ohne Fahrrad heim und
habe mir damals vorgenommen, wieder ein Rad herüberzu-
schmuggeln." Der junge Bursche sah im Schmuggeln nicht nur
die Möglichkeit, Geld zu verdienen, sondern auch Ansehen.
Und diese Möglichkeit nützte er. Es ist typisch für soziale Rebellen, daß sie sich grundsätzlich aus jungen Burschen rekrutieren.
Werden sie älter – so ab dem 25. Lebensjahr – oder treten sie in
den Ehestand, so verliert das Schmuggeln als rebellischer Akt an

Bedeutung. Insofern ist das Schmuggeln auch eine Art Mannbarkeitsritual für den jungen Burschen, ganz ähnlich wie beim klassischen Wilderer. Er demonstriert Kühnheit, Ungebundenheit und männliche Kraft. In diesem Sinn ist die folgende Äußerung eines Südtiroler Schmugglers zu verstehen: „Die Schmuggler waren zum Großteil damals Weltkriegsteilnehmer. Sie haben keinen Schiß (keine Angst) gehabt. Sie haben gesagt, wenn die Grenzer schießen, schießen wir auch. Sie waren gut ausgebildet. Mit denen wollten wir jungen Burschen mitgehen. Die Schmuggler waren tolle Leute. Sie sind stundenlang mit einem schweren Packen marschiert. Sie mußten viel schleppen, damit es sich auch rentiert." Im nächsten Kapitel werde ich zeigen, daß sich diese kühnen Burschen gemeiniglich auch zu Banden zusammenschlossen.

Junge schmuggelnde Burschen

Da das Schmuggeln eng mit dem Gemeinschaftsleben verknüpft war, gehörte es bereits zum Abenteuer der jungen Burschen. Sie erkannten am Verhalten der Erwachsenen die Bedeutung des Schmuggels und ahmten die älteren Schmuggler, zum Teil mit Erfolg, nach. Und außerdem sahen sie im Schmuggeln eine prächtige Quelle für den Erwerb von Taschengeld. Beim Bier berichtete mir ein alter Schmuggler in Lustenau aus seiner Jugendzeit: „Nach dem Krieg sind wir Tabak schmuggeln gegangen. Wir haben gewußt, die Holzbrücke ist offen, aber nur bis 5:00 Uhr abend, dann wurde sie geschlossen. Nach 5:00 Uhr sind wir hinüber. Wir haben Stickereien aus dem Betrieb meines Vaters gestohlen und sie drüben verkauft. Um das Geld haben wir Tabak gekauft und ihn nach Lustenau geschmuggelt." Den jungen Burschen faszinierte das Abenteuer des Schmuggelns, des heimlichen Überschreitens der Grenze und des Verkaufs von verbotenen Dingen. Er nahm dafür sogar in Kauf, seinen Vater zu bestehlen.

Auch von einem Wiener, der seine Kindheit in Gerasdorf, unweit der ungarischen Grenze, verbracht hatte, erfuhr ich einiges über seine Schmuggeleien. Die Leute dort litten in der Zeit nach dem letzten Krieg Not und schmuggelten Nahrungsmittel aus Ungarn herüber. Dafür setzten sie Burschen ein, für welche diese Aktivität auch Spaß bedeutete. „Ein günstiger Schmuggelpfad führt durch das dortige Maisfeld", erzählte der Mann. „Daher wurden wir Buben zum Schmuggeln ausgeschickt. Wir konnten uns nämlich im Maisfeld aufrecht bewegen, ohne gesehen zu werden. Als ich das richtige Alter erreicht hatte und schon etwas tragen konnte, nähte mir meine Großmutter einen Schmuggelsack. Das war ein Erdäpfelsack (Kartoffelsack), an dem Tragschlaufen angenäht waren. Ich schleppte dann zehn Kilo Weißmehl, Paprika und ähnliches Zeug über die Grenze. Mit dem Schmausgeld, das mir die Großmutter mitgab, habe ich dann oft Gewürze gekauft, die ich im Dorf auf eigene Faust weiterverkaufte. So habe ich mir mein erstes Taschengeld verdient. Für uns Buben war die Schmugglerei eine große Gaude und Hetz".[65]

Auf das Abenteuer des Schmuggelns als eines wesentlichen, spannenden Bereiches seiner Jugendzeit verweist in einem Gespräch mit mir auch ein heute sehr ehrenwerter Lustenauer Wirt, der sich mit einigem Stolz seiner Heldentaten erinnert: „In meiner Jugendzeit, ich war sieben bis neun Jahre alt, das war 1947 und 1948, da hatten wir eine sogenannte Schmugglerbande. Wir waren bei sechs Burschen im selben Alter. Der Chef der Bande war fünf Jahre älter als wir. Der hat es immer eingefädelt. Das Schmuggeln ist bei uns hier in Lustenau eine überlieferte Geschichte. Gerade im Rheinvorland, wo alles voll Steine, Gebüsch und Sträucher war, ein wildes Land, dort ging das Schmuggeln. Da haben wir uns an die Brücke, die nach Au in der Schweiz geht, angeschlichen. Das war damals eine Holzbrücke mit Holzpfeilern. Heute steht sie nicht mehr. An den Holzpfeilern sind wir hinaufgeklettert, und zwar, damit uns die Grenzer nicht sehen, an den mittleren Pfeilern. Im Kriechgang sind wir über die Brücke und dann beim Brückenpfeiler hinunter ins Rheinvorland in der Schweiz.

In Au war ein kleiner Kiosk, der wurde Zuckerpuppe genannt, weil es dort viel Zuckerli (Bonbons) gegeben hat. Damals war das bei uns eine Rarität. Schokolade und das alles hat es bei uns nach dem Krieg nicht gegeben. Die hatten das in ausreichender Menge dort drüben in der Schweiz.

Wir sind also dorthin gekommen. Dort war immer schon alles für uns vorbereitet. Jeder hat ein Paket bekommen, einen Rucksack. In jedem waren 4 bis 5 Kilo Saccharin drinnen. Wir hatten einen leeren Rucksack mit, den gaben wir ab, und einen anderen, vollbepackten, haben wir zu uns herüber (nach Lustenau) gebracht. Wir waren auf Saccharin spezialisiert. Für diese Schmuggeldienste haben wir pro Mann eine Tafel Schokolade bekommen und 5 Franken, das war damals viel Geld. Und noch ein paar Zuckerli haben wir gekriegt für die Tasche. Dann sind wir abgehauen. Denselben Weg über die Brücke sind wir zurück. Wir waren am Abend unterwegs. Vorwiegend vom Herbst bis ins Frühjahr. Im Sommer ging es nicht, da es lange hell bleibt und wir als junge Buben ins Bett mußten. So lange durften wir nicht aufbleiben.

Unser Chef hat die Rucksäcke dann genommen. In einem Stadel haben wir uns (nach den Schmuggelgängen) getroffen, dort haben wir die Rucksäcke abgeladen. Und wir sind nach Hause. Es gab eigene Verteiler. Die Sachen gingen in das Landesinnere bis in den Bregenzerwald. Diese Verteiler waren Erwachsene. Die haben wir nicht gekannt. Sie haben die von uns geschmuggelten Sachen nach Innerösterreich, nach Tirol, Kärnten und so weiter gebracht. Unser Chef hat gute Kontakte gehabt. Der hat freilich mehr als 5 Franken verdient."

Die Erzählung des Wirtes macht auch klar, daß ein richtiges Schmuggelsystem existierte, durch welches die Ware ins Landesinnere Österreichs gebracht wurde. Schließlich erzählte mein Gesprächspartner noch, wie sie als Jugendliche schmuggelten und den Zöllnern entwischt sind: „Wir Buben sind immer beim Schmuggeln gemeinsam gegangen. Dies wollte der Chef so, so hatte er uns besser unter Kontrolle. In der Kolonne sind wir marschiert. Es kam schon vor, daß uns die Zöllner nachgesaust sind. Aber wir waren natürlich viel flinker und geschwinder. Wir haben die Wege alle viel besser gewußt. Wenn wir abgehaut sind, wußte jeder schon, in welche Richtung er rennt. Jeder ist also in eine andere Richtung den Zöllnern davongelaufen. Das war recht lustig.

Wir haben auch Schlingen gelegt, so Pflanzen über den Weg gespannt, damit die Zöllner, wenn sie uns nachgesaust sind, auf die Goschn (Mund) fallen. Wir haben ja gewußt, wo die Stellen sind. Wir sind gesprungen, und die sind hingefallen."

Die schmuggelnden Burschen machten es den Zöllnern schwer. Noch eine andere Geschichte wußte der Wirt über das Schmuggeln: „Einmal mußten wir große Mengen herübernehmen. Die haben wir in ein Ölfaß gegeben, das hatte so Bänder herum zum Tragen. Das Faß haben wir an ein Seil gebunden, so ein Heuseil, welches wir von einem Bauern bekommen haben. Einer mußte über den Rhein schwimmen. Ein größerer Bub ist dann über den Rhein geschwommen, mit dem Seil. Daran haben wir das Faßl gebunden. Wie der geschrien hat: ‚Los!', ist der Zöllner gekommen und hat die Lampe (es war Nacht) gesehen, mit der der Bursche hinübergeschwommen ist. Das Faß hat er noch nicht gesehen. Wir haben nun das Faß zu viert gehalten. Und der andere hat gezogen. Dabei ist er in den Rhein gefallen. Irgendwie ist er wieder herausgekommen. Wie der Zöllner, der uns ja nicht gesehen hat, weg war, haben wir das Faß hinübergezogen. Von uns hat man niemanden erwischt. Von unserem Nachbarn weiß ich nur – der ist einmal mit einer anderen Clique unterwegs gewesen –, daß es da eine Panne gegeben hat. Ein Zöllner hat sie erwischt, und der wurde dann verprügelt, weil er ihr Zeug (Schmuggelgut) wegnehmen wollte. Dann sind die Buben abgehauen."

Diese Art des Schmuggelns, welches mit Armut und Abenteuer verbunden war, hörte in den sechziger Jahren auf, in einer Zeit, in der die Grenzen offener und die Schmuggeleien zu einer Sache des Alltags wurden. Der Wirt meinte sogar, das Schmuggeln sei zu einer „offiziellen Angelegenheit" geworden.

Es gab mehrere dieser Burschenbanden, die allerdings nicht miteinander konkurrierten, sondern vielmehr im Kampf gegen die Zöllner gemeinsam arbeiteten und einander warnten. Der Wirt lächelte in der Erinnerung daran: „Man hat eher zusammengeholfen. Im Prinzip hat es geheißen: Alles gegen die Zöllner! Es war eine schöne Jugend." Wie das Schmuggeln in das Leben der Menschen integriert war, zeigt sich in einer weiteren Erzählung des Mannes: „Früher hat man kein Geld gehabt, daher hat man solche Sachen, wie das Schmuggeln, getrieben. Meiner Mutter wollte ich einmal zum Muttertag oder Geburtstag ein schönes Geschenk kaufen. Sie hat sich irgendwas gewünscht, ich weiß aber nicht mehr, was es war. Ich habe mir meine Franken (den Ertrag aus dem Schmuggeln) immer auf die Seite gegeben. Die Mutter hat davon nichts gewußt. Und wie ich ihr davon das Geschenk gekauft habe, war sie furchtbar böse, denn sie hat gedacht, daß ich das Geld gestohlen habe. Darauf habe ich ihr das erklären müssen, daß ich das Geld vom Schmuggeln habe. Sie hat es mir noch nicht geglaubt. Darauf ist unser Anführer von der Schmugglerbande gekommen zu meiner Mutter und hat es ihr bestätigt. Nun war Friede im Haus. Dann hat sie eine große Gaudi damit gehabt."

Hier wird ganz deutlich, daß in Kulturen der Armut Schmuggeln als eine durchaus ehrenwerte Angelegenheit gesehen wird. Im Gegensatz zum Stehlen, obwohl beides unter Strafe gestellt ist. Die Mutter freut sich über den schlauen Sohn, der zu einem prächtigen Schmuggler wurde. Als solcher ist er – durchaus im Sinne der sozialen Rebellen – akzeptiert in dieser Welt der armen Leute, in der, wie der Wirt sagte, Tabak, Schokolade und Kaffee Raritäten waren. Die Schmuggler waren Helden, weil sie diese Sachen hereinbrachten: „Den Schmuggler, den man nicht erwischt hat, der war bei uns hoch angesehen. Heute ist das Schmuggeln nicht mehr so abenteuerlich, aber trotzdem macht es Spaß."

Die Zöllner als „Freunde" und Gegner – Täuschungsmanöver

In dieser Kultur der Armut standen Schmuggler und Zöllner einander feindlich gegenüber. Grundsätzlich wurden als Beamte des Zolls, wie ich schon erwähnt habe, Fremde eingesetzt, also Leute, von denen anzunehmen war, daß sie keine persönlichen

Bindungen zu den Menschen an der Grenze hatten. Die Zöllner waren daher kaum bestechlich, und die Schmuggler mußten damit rechnen, mit aller Härte verfolgt zu werden.

Es galt als nicht besonders ehrenhaft, wenn jemand im Haus eines Zollbeamten verkehrte. Auf diese Weise machte er sich als Verräter verdächtig, und er mußte damit rechnen, daß auch seine Familie gemieden wurde. Trotzdem gab es wohlmeinende Kontakte, überhaupt dort, wo Zöllner Einsicht mit den Problemen der „kleinen" Leute und mit ihren kleinen Tricks hatten. So erzählte mir ein alter Waldviertler Bauer an der Grenze zur Tschechoslowakei: „Damals, in der Zwischenkriegszeit, ich war ungefähr 12 Jahre alt, hat mich mein Vater von hier, von Heinrichs, hinübergeschickt. Wir hatten drüben eine Pferdehaut beim Gerber gerben lassen. Der Vater hat gesagt, ich soll nach Gratzen hinübergehen und die gegerbte Haut, das Leder, holen. Eine solche Pferdehaut war steif. Der Gerber hat mir die Haut um Brust und Bauch gewickelt und hat mir dann meinen Rock darüber gezogen. So mußte ich über die Grenze gehen. Da war ein österreichischer Finanzer, er war ein mürrischer Kerl. Ich habe mir gedacht, hoffentlich ist der nicht da. Tatsächlich war er da. Und wie der mich sieht, hat er gleich gewußt, was los ist, weil die Haut steif war. Er hat mir auf den Rücken geklopft und dazu gelacht. Ich habe natürlich am ganzen Körper gezittert. Er hat gesagt: Verschwind! Und ich bin weitergegangen. Der hat genau gewußt, was ich da habe. Die Haut hätte ich ja verzollen müssen."

Zu einer interessanten Situation kam es nach dem Ersten Weltkrieg in Lustenau, als Zöllner und Schmuggler, um die Bevölkerung mit wichtigen Dingen zu versorgen, sich solidarisierten. In Lustenau, dem klassischen Vorarlberger Stickereiort, brach zu jener Zeit große Armut aus. Plötzlich trafen keine Aufträge mehr ein. Maschinen waren angeschafft worden, konnten nun aber nicht mehr eingesetzt werden. Von damals stammt, wie mir berichtet wurde, die Redewendung: In Lustenau brennt es. „Die Lustenauer sind Zündler", führte der Lustenauer Heimatdichter Hofer aus, „sie haben das Haus versichert und angezündet. So waren sie wenigstens aus den Schulden heraus. Darum sagt man bei uns: Brennen und schmuggeln."

Da die Leute arm waren, fanden sie nichts dabei, die Versicherung zu betrügen oder eben zu schmuggeln. In der Schweiz gab es nach dem Ersten Weltkrieg alle jene Dinge, die in Lustenau dringend benötigt wurden. Dazu gehörten Sanitätswaren, wie Mullbinden, Schnuller, Gummihandschuhe und Wundpflaster. Damals wurde das Schmuggeln dieser Sachen geradezu zu einer offiziellen Angelegenheit, und ebenso die Suche nach Leuten, die Waren aus der Schweiz herüberbringen sollten. Die Schmuggler konnten mit dem Schutz der österreichischen Zollwache rechnen, auf daß diese Waren auch sicher zugestellt würden. Sie hatten so etwas wie einen Freibrief zum Schmuggeln, weil sie auf diese Weise den in Bedrängnis geratenen Menschen halfen.

Öffentliche Stellen ließen jene Männer suchen, die bereits einmal durch ein Gerichtsurteil als Schmuggler aktenkundig geworden waren, und baten sie höflich um Hilfe. Jetzt sahen sich die Schmuggler auch in aller Öffentlichkeit akzeptiert und meinten stolz: „Wenn es uns nicht gäbe!"

Mitunter scheint es also durchaus freundliche Kontakte zwischen Zöllnern und Schmugglern gegeben zu haben, vor allem dann, wenn die Zöllner Einsicht mit den Schmugglern hatten. Eine alte Lustenauerin erzählte mir dazu: „Hier wurde nach 1945 viel geschmuggelt, vor allem Zigaretten. Meine Arbeitskolleginnen haben zu mir gesagt, ich soll zuerst durch den Zoll gehen, weil ich selbst mich nie getraut habe zu schmuggeln. Ich habe also nie etwas Verbotenes bei mir gehabt. Dennoch wurde gerade ich immer kontrolliert. Es gab dort einen Zöllner, der gerne nach Höchst gegangen ist, um dort Most zu trinken. Die Schmuggler haben mit ihm getrunken und haben ihn hochleben lassen. Den habe ich gefragt, warum gerade ich, die ich nie etwas bei mir hatte, vom Zoll immer wieder kontrolliert werde. Da sagte er zu mir: ‚Du dummes Kind, eben darum!'"

Aber dennoch gab und gibt es zwischen Zöllnern und Schmugglern ständige und mitunter harte Auseinandersetzungen. Das Wissen von der Präsenz der Zollwache konnte unter anderem dazu führen, daß sich Schmuggler gegenseitig narrten. Man war sich klar, daß Zöllner unbestechlich und manchmal erbarmungslos ihre Dienste verrichteten. Wie Schmuggler mit dem Hinweis auf die Zollwache Kollegen täuschten, zeigt die folgende Geschichte: „Einmal sind drei Schmuggler in der Schweiz an der Grenze, beim ‚Da Francesco‘, beim Rheindurchbruch, zugekehrt. Dies ist eine Verkostung, eine Feldküche, für die Italiener gewesen, die hier gegraben haben. Bewirtschaftet wurde sie von Francesco. Die drei Schmuggler hatten ihre drei Stumpen, ihre Säcke, unter dem Futtertrog für die Pferde versteckt. Es war noch hell, noch Tag. Sie sind hineingegangen. Jeder hat zwei Glas Wein getrunken. Nach einer Stunde wollten sie weiter. Und wie sie unter den Futtertrog greifen, waren die Stumpen weg. Was tun? Sie sind schnell entlang der Grenze gelaufen, zum Rohr, das geht über den alten Rhein. Auf dem Rohr ist ein Gitter. Dann gingen sie über das Rohr, weil sie dachten, wenn die herübergehen, dann fangen wir sie auf österreichischem Gebiet ab, dann haben sie die Stumpen schon herübergeschmuggelt. Und tatsächlich haben sie drei Männer gehen gesehen. Sie sind ihnen nach und sind hinter ihnen stehengeblieben und haben gerufen: Halt, Zollwache, stehenbleiben! Die drei haben nun die Stumpen weggeworfen. Und sind auf und davon. Die anderen haben die Stumpen gepackt und sind zu einem von ihnen nach Hause und haben sie versteckt auf der Tenne. Am nächsten Tag kamen sie drauf, daß gar nicht ihre Waren drinnen waren. Sie hatten also die falschen Stumpen erwischt und nicht die, die ihnen gestohlen worden waren.“ Diese heitere Geschichte verweist nicht nur auf die Vorstellung, daß Zollbeamte stets gegenwärtig sind, sondern auch auf das rege Schmugglertreiben in dieser alten Lebenswelt der Schmuggler. Schmuggler machen sich über die Zöllner lustig, sie fühlen sich ihnen überlegen, dies zeigt auch eine Erzählung, die ich von dem Heimatdichter Hofer gehört habe. Danach wurde ein Zollbeamter Opfer seiner Schläue: Der Mann legte sich in das Gebüsch am Rhein, um Schmuggler aufzuspüren. Auf einmal hörte er Schritte und verhielt sich ruhig. Ganz knapp bei ihm blieb jemand stehen. Der Beamte rührte sich weiter nicht und wartete, was kommen würde. Der andere jedoch, der den Zöllner nicht sah, pinkelte diesem nun, zu dessen Entsetzen, auf den Rücken. Dennoch wagte der Zöllner nicht, sich zu melden.

Schmuggler, die ihr Gewerbe professionell betreiben und die mit einer steten Durchsuchung ihrer Rucksäcke und Taschen rechnen müssen, greifen mitunter, wie weiter oben schon erwähnt, zu interessanten Tricks, um die Zöllner zu narren. So las ich folgende Geschichte von der deutsch-schweizerischen Grenze aus der Zwischenkriegszeit: Ein Bauer aus Laufenburg marschierte mit einem schweren Rucksack über die Rheinbrücke. Der Zöllner hielt ihn forsch an und fragte, was in dem großen Rucksack sei. Der Bauer spielte den Verärgerten und sagte zum Zöllner, er solle den Rucksack aufmachen, wenn er wolle. Dieser band die Schnur los und griff hinein. Sofort riß er seine Hand zurück, denn er hatte in Stallmist gegriffen, den der schlaue Bauer, der offensichtlich den Zöllner nicht leiden mochte, bei sich trug.[66]

Ein Tiroler Schmuggler berichtete ebenso vom Irrtum eines Zöllners: „Einmal war ich mit einem prallvollen Rucksack unterwegs. Ich habe gar keine Anstalten gemacht beim Zoll, vorsichtig zu sein. Da fragt mich der Grenzer: ‚Was hast du in dem Rucksack? Mach auf!‘ Da reißt er mir den Rucksack aus der Hand und schüttet ihn aus. Ich habe drinnen einen Ameisenhaufen eingefaßt gehabt. Mit diesem Haufen wollte ich einen Absud für eine gelenkskranke Kuh machen. Aber so war es mir auch recht. Der andere Finanzer, wie er den Ameisenhaufen gesehen hat, hat so gelacht, daß er schon bald in die Hose geschifft (gepinkelt) hätte. Der Finanzer hat zwei Tage gebraucht, bis er alle die Ameisen aus seinen Papieren, Schubladen und Ordnern herausgebracht hat.“[67]

Es machte den Schmugglern Spaß, Zöllner auf solche Weise zu ärgern. Dies taten auch zwei Südtiroler Schmuggler nach dem Ersten Weltkrieg. Einer von ihnen erzählte mir: „Als ich mit meinem Bruder zur Grenze kam, habe ich ihm gesagt, daß wir uns nun die Schuhe ausziehen und daß er sich niederlegen soll. Der Bruder hat sich niedergelegt, und ich bin gerobbt, wie beim Militär. Und wie ich zur Grenze komme, sehe ich einen Grenzer im Schlafsack liegen, sein Gewehr lag außerhalb. Er schlief. Ich kroch sofort zu meinem Bruder zurück und sagte: ‚Simon, komm! Ich hab' schon einen!' Wir sind vorgekrochen und haben ihn gepackt. Der eine von uns hat den Sack gehalten, und der andere hat ihn zugebunden. Ein Stückerl ließen wir offen, damit er nicht erstickt. Dann haben wir ihn über eine kleine Wiese, die zu der Grenzer-Kaserne führte, hinuntergerollt. Sein Gewehr haben wir weggeschmissen. Mindestens einen Monat sind wir dort nicht mehr gegangen, denn die haben nun besonders gut aufgepaßt."

Der Schmuggel von Wahrheiten, Bücherschmuggler

Eine besondere Art sozialen Rebellentums regte sich dort, wo es darum ging, verpönte Wahrheiten in eine bestimmte Gegend einzubringen. Klassisch war der alte Bibelschmuggel zu den Protestanten, die in katholischen Gegenden Verfolgung zu leiden hatten, wie in der Gegend von Ramsau, jenem Bergbauernort am Fuße des Dachsteins nahe dem steirischen Schladming, wo ehedem blutige Bauernkriege stattfanden.

Nach Ramsau hinauf, zu den Protestanten im Gebirge, schmuggelte man in der Zeit der Gegenreformation die lutherische Bibel. Der Schmuggel ging über den sogenannten „Bibelsteig". Zur Erinnerung daran unternehmen wackere Ramsauer seit 1981 regelmäßig Wanderungen über den Bibelsteig. Ich sprach darüber mit Herrn Matthias Knaus, von dem die Idee zu dieser Wanderung stammt, und er schilderte: „In der Zeit der Gegenreformation gab es Kontrollore, die zu den sogenannten Seligmacherkommissionen gehört haben. Die haben bei den Bauern lutherische Bibeln und Andachtsbücher gesucht und mitgenommen. Die damaligen Herrscher haben ja gesagt: Wes das Land ist, dem ist die Religion. Was der Herrscher glaubt, müssen die Untertanen auch glauben. Damit waren nicht alle einverstanden. Österreich war ja ein katholisches Land.

Um 1500 war hier in Ramsau schon ein kleiner Wohlstand. Denn in den Tauern ist nach Edelmetallen geschürft worden. Da die Bauern ihre Knechte und Söhne nicht in die Bergwerke schicken konnten, haben die damaligen Herrschaften Bergknappen aus Deutschland hereingebracht. Und diese Bergknappen haben die Lutherlehre mitgebracht. In Ramsau sind die evangelischen Bauern untergetaucht. Aus Filzmoos, der Nachbargemeinde, hat man zwei Drittel der Bauern vertrieben. Wir in Ramsau, haben sie sich gesagt, wir wollen unseren Glauben und unsere Heimat nicht verlassen. Hier haben die Bauern ihre Bibeln versteckt und haben alles mitgemacht, was die Katholiken verlangt haben. Nach außen hin waren sie katholisch und sind fleißig in die Kirche gegangen. Und daheim haben sie die Lutherbibel gelesen und haben Andachten gehalten.

Luther ist mit der Übersetzung der Bibel 1532 fertig geworden. Und 1534 ist der erste Druck herausgekommen. Eine Bibel von diesem Erstdruck ist noch im Familienbesitz von einem Ramsauer Bauern. Durch die Bergleute sind viele Bibeln hereingekommen aus Deutschland, während der Reformation. Und nach 1600, als die Gegenreformation anfing, sie dauerte bis zur Zeit Josephs II., waren die Seligmacherkommissionen unterwegs und haben den Bauern hier die Bibeln weggenommen und verbrannt. Hat man bei einem Bauern eine Bibel gefunden, so mußte er zur Strafe eine Kuh hergeben. Die Kontrollore konnten meistens nicht gut lesen, sie waren auf den Namen Luther dressiert. Die Bauern haben sich dadurch geholfen, daß sie aus der Bibel das Deckblatt mit dem Namen Luther herausgerissen haben. Daher findet man hier nur selten eine Bibel mit einem Deckblatt. Damit war das Buch nicht mehr so gefährlich.

Man hat die Bibel nun heimlich gehabt. Die deutschen Bibeln bekamen die Leute hier dann durch die Gosauer, die das Salzfuhrwerk nach Deutschland hatten. Sie führten Salz hinaus nach Nürnberg, und herein brachten sie mit dem gleichen Fuhrwerk heimlich die Bibel. Und die Ramsauer haben sich die Bibeln von Gosau beschafft. Den Steig, den die Ramsauer mit den Bibeln gegangen sind, den nannte man dann den Bibelsteig. Das war ein Jägersteig." Der Transport der Bibel war für die Ramsauer eine heilige Angelegenheit. Sie sind bis heute ihrem evangelischen Glauben treu geblieben und erinnern sich des alten Schmuggelwegs der Bibel. Und Herr Knaus fügte hinzu: „Und diesen Bibelsteig gehe ich mit Freunden jedes Jahr zur Erinnerung an die damalige Zeit. Der Steig geht von Filzmoos auf die Aualm übers Sulzkar, auf die Stuhlalm zur Zwieselalm, von dort nach Gosau. Damals sind sie von hier weg 12 Stunden gegangen, nur hin. Bis Filzmoos sind es ja schon vier Stunden. Auf die Idee, diesen alten Steig zur Erinnerung an unsere Vorfahren zu gehen, kamen wir 1981, als 200 Jahre Toleranzpatent gefeiert wurde. Da haben wir gesagt: Wir müssen wieder einmal den Bibelsteig gehen, auf dem man früher die Bibeln hergebracht hat. Wir waren heuer 24 Leute ... Viermal sind wir ihn schon gegangen. Bei einem Gang sind wir von den evangelischen Frauen von Gosau empfangen und bewirtet worden. Der evangelische Pfarrer hat uns dann etwas aus der Reformationszeit in Gosau erzählt und uns die Kirche gezeigt. In Gosau waren weniger die Bauern an der Macht als die Arbeiter, die Salzbergleute. Wenn man in Gosau eine Bibel gefunden hat, so hat man demjenigen keine Kuh wegnehmen können, weil die wenigsten dort eine Kuh hatten. Wir sind nur hingegangen und waren zu faul zurückzugehen. Manche haben nur etwas Vogelbeerschnaps mitgenommen. Gesungen haben wir almerische Lieder, keine Kirchenlieder."

An die Zeit, als die Ramsauer gezwungen waren, heimlich ihre protestantische Religion auszuüben, erinnert in der Umgebung von Ramsau eine Felsenstelle, eine Art Steinkanzel, die „Predigtstuhl" heißt. Dort sollen während der Gegenreformation geheime Gottesdienste abgehalten worden sein. Der Schmuggel der Bibel hatte den Zweck, jene Wahrheit, welche die katholische Kirche und mächtige Regenten ihren Untertanen aufzwingen wollten, nicht aufkommen zu lassen. Die Wahrheit der evangelischen Überlieferung mitsamt der Erinnerung an die blutigen Bauernkriege wurde gepflegt und sollte durch das Lesen der von Luther ins Deutsche übersetzten Bibel gefestigt werden. Nun konnten die einfachen Bauern zum ersten Mal lesen, daß Christus gepredigt hatte, man solle den Nächsten lieben. Das unverständliche Lateinische, mit welchem die Macht der Kirche erhärtet und mystifiziert wurde, wurde durch ein klares Deutsch ersetzt. Als ich mich von Herrn Knaus verabschieden wollte, erzählte er mir noch etwas, das meine Aufmerksamkeit erregte: „1937 war ein recht gutes Erntejahr. Wir hatten Hafer angebaut. Da ist der Stadl (Scheune) bis unter das Dach voll geworden. Mit der Gabel habe ich auf die Dachsparren gestoßen. Da kam mir vor, ein Tram (Balken) muß hohl sein. Da habe ich dann nachgeschaut und habe dort ein Buch gefunden mit der Jahreszahl 1704. Das Buch wurde während der Gegenreformation hier versteckt. Die damaligen Besitzer sind gestorben, und keiner wußte etwas davon." Herr Knaus ging in ein anderes Zimmer und erschien mit diesem Buch. Er gab es mir in die Hand. Ich öffnete es und sah, daß die erste Seite fehlte. In der Mitte des Buches konnte ich jedoch lesen: „Das Neue Testament ... verdeutschte Dr. Martin Luther."

Diese Tradition des Bibelschmuggels wurde weitergeführt, als während der kommunistischen Herrschaft gläubige Katholiken Bibeln und ähnliche Literatur in ihren Autos in großen Mengen in die damalige ČSSR und andere Länder schmuggelten.

Die Schmuggler wehrten sich gegen einfache und daher auch brutale Wahrheiten, oft mit Erfolg. Auch als 1848 die Monarchien Europas von wütenden Bürgern und Arbeitern bekämpft wurden, versuchten kühne Leute, verbotene, die Regime kritisierende Literatur in Deutschland und Österreich einzubringen. Damals wurde die Schweiz zum liberalen Hort Europas. Dorthin flüchteten sich Revolutionäre, darunter Engels und Hecker. Und in der Schweiz erschienen all die revolutionären Schriften, vor denen Metternich und die Machthaber zitterten.

Große Spezialisten im Schmuggel solcher rebellischer Literatur waren die Lustenauer. Über den Rhein brachten sie auf den alten Schmuggelwegen die verbotenen Bücher und Zeitungen. Vor allem die jungen Lustenauer zogen hinüber in die Schweiz, um sich in den dortigen Zeitungen zum Beispiel über den Stand der Revolution zu informieren. Da man von höchster Stelle her dieses „Auslaufen", Hinüberwechseln, verhindern wollte, verlangte man spezielle Passierscheine. Schließlich wurde, wie man mir erzählte, den jungen Leuten bis 22 Jahren überhaupt verboten, an Samstagen und Sonntagen hinüberzugehen. Außerdem fürchtete man, die Burschen und Mädchen würden sich in der

Schweiz mit Wein betrinken und betrunken die Fähren über den Rhein frequentieren.

Derartige Bestimmungen sollten offensichtlich verhindern, daß Gedanken aus der liberalen Schweiz in das monarchistische Österreich einflossen. Daß dies nicht durchführbar war, dafür sorgten jene, die als Schmuggler kritische Literatur über den Rhein brachten.

Versuche, die eigene Wahrheit zu retten, unternahm auch die alte Regierung der DDR, die streng verboten hatte, bestimmte westliche Literatur in die DDR einzubringen. Ich habe schon angeführt, daß mir beim Überwechseln von West- nach Ost-Berlin beim berühmten Checkpoint Charly befohlen wurde, ein Geschichtsbuch abzugeben. Trotz solcher Maßnahmen gelang es den DDR-Mächtigen jedoch nicht, die Menschen vollständig zu isolieren, denn ausländische Zeitungen, deren Einfuhr an sich streng verboten war, fanden heimlich ihren Weg in den Osten. Und außerdem gelang es nicht, den Menschen der DDR das Westfernsehen vorzuenthalten. Wahrheiten aus dem Westen schmuggelten sich auch in das Bewußtsein der Menschen, von denen man nicht wollte, daß sie zuviel dachten, und bewirkten schließlich den Prozeß der Revolution.

Schmuggelaktionen werden regelmäßig auch durchgeführt, wie schon erwähnt, um „lockere" Literatur in die Internate von Klöstern einzubringen. Braven Patres gelingt es auf Dauer nicht, den „Unrat" der Welt vor ihren Schützlingen fernzuhalten.

Die Strategien, Menschen vor fremden Wahrheiten und Lebensformen zu bewahren, ähneln einander überall in irgendeiner Weise. Und überall gibt es Schmuggler, die die Grenze der Wahrheit zu überwinden suchen.

Ähnlich war die Situation, wie mir ein Schmuggler aus Lofer erzählte, als in der Vorkriegszeit die Menschen gerade in den Bergen unter der Mißwirtschaft des damaligen klerikalen Staates zu leiden hatten. Sie erhofften sich vom Nationalsozialismus, der in seinem Schrecken offensichtlich nicht sofort erkannt worden war, eine Änderung ihrer tristen Situation. Und daher verbot die Regierung unter Dollfuß das Verbreiten und Lesen nationalsozialistischen Propagandamaterials, allerdings vergeblich, wie mir

der Loferer Schmuggler, der um 1934 auch solches Propagandamaterial nach Österreich schmuggelte, erzählte: „Ich ging damals
noch zur Schule. Das Propagandamaterial war beim Mühllecker,
einem Wirt auf der bayerischen Seite der Grenze. Von dort
wurde es zu uns nach Lofer hereingeschmuggelt. Damals hat
alles gesponnen. Alle waren Nazi. Hier war die Heimwehr und
draußen waren Nazi. Dort beim Wirt haben sie uns die Packen
mit Propagandamaterial gegeben. Wir haben uns soviel genommen, wie wir tragen konnten. Hier in Lofer haben illegale österreichische Nazi gewartet, die das in Empfang genommen haben,
was wir gebracht haben. Die haben das dann wieder weitergeliefert. Bezahlt haben wir nicht viel bekommen. Damals waren
alle verrückt! Ich habe gar nicht verstanden, was da los ist.“
Um ihre Wahrheit, ihre Ideologie, über die Grenze zu bekommen, bedienten sich deutsche Nationalsozialisten auch eines
großen Lautsprechers, den sie unmittelbar an der Grenze aufgestellt hatten. Auch daran erinnert sich der Schmuggler aus Lofer:
„Mit dem haben sie Nazi-Propaganda gemacht. Da hat einer
geredet. Habicht hat er geheißen. Weit hat man ihn herein-
gehört. Er hat gegen die Heimwehr und unsere Regierung
geschimpft.“
Solche über die Grenze hallenden Propagandareden und durch
junge Burschen hereingeschmuggelte Schriften hatten große
Wirkungen. So flüchteten viele Österreicher, die mit der damaligen Regierung in Konflikt geraten waren, nach Deutschland, um
in der dortigen sogenannten „Österreichischen Legion“ zu
dienen. Deren Ziel war der „Einmarsch“ in Österreich, um
schließlich die alte Grenze auszulöschen. Mein Gesprächspartner aus Lofer ergänzte noch: „Um 1935 ist sogar die halbe Musikkapelle von Weißenbach mitsamt den Musikinstrumenten nach
Deutschland hinübergegangen, zur Österreichischen Legion. In
Weißenbach konnten sie dann nicht mehr spielen.“ In all diesen
Aktionen, bei denen es um Überwindung von Grenzen im Sinne
einer Wahrheit, einer Idee geht, habe ich es mit einem sozialen
Rebellentum zu tun, nämlich mit Leuten, die eine neue Ordnung
oder eine neue Politik verlangen. Schmuggelnde Rebellen dieser
Art gibt es überall auf der Welt, überall dort, wo politische

Systeme von außen kritisiert und angegriffen werden. Es sind Revolutionäre, die ihr Gedankengut über die Grenze bringen wollen.

Ich sprach mit einem Herrn, er ist heute ein angesehener Universitätsprofessor, der sich in den sechziger Jahren als Schmuggler betätigte, um in Südtirol, das seiner Meinung nach zu Unrecht nach dem Ersten Weltkrieg Italien zugesprochen wurde, eine neue Situation herbeizuführen. Zu diesem Zweck sollte er Propagandamaterial in Form von Flugzetteln in Italien unter die Leute bringen. Dieser Mann, er war damals, 1962, ein hoffnungsvoller Student, hatte Kontakt zu einem Kreis von Leuten, die ihre Aufgabe darin sahen, Südtirol von den Italienern zu „befreien". Zunächst unterstützten sie die Südtiroler materiell mit allerhand Dingen, die benötigt wurden. Ein weiterer Schritt dieser Kämpfer bestand darin, in diversen Aktionen in Südtirol bei den Behörden Verwirrung zu stiften. Dazu gehörte es zum Beispiel, italienischsprachige Bürgermeister in Südtiroler Gemeinden immer wieder aufzusuchen, um sie bei den Behörden als österreichfreundlich verdächtig zu machen. Auch für solche Aktionen wurde mein Gesprächspartner eingesetzt. Der Gang über die Grenze war für ihn und seine Gesinnungsgenossen stets mit derlei Aufgaben verknüpft.

Da er bis 1962 unauffällig und für die Behörden unverdächtig war, wurde er durch Briefe, deren Absender ihm unbekannt waren, aufgefordert, nach Italien zu fahren, zu einer Zeit, da Burschen, die sich als Südtiroler Freiheitskämpfer gebärdeten, Strommasten sprengten. Er erzählte mir: „Meine Aufgabe war es nicht, Masten zu sprengen, sondern ich sollte mit zwei anderen Männern Ballons mit Flugzetteln von einem Weinberg starten. Wir drei haben uns erst in Bozen getroffen, wir sind unabhängig voneinander dorthin gefahren. Uns wurde aufgetragen, zu einem bestimmten Zeitpunkt am Bahnhof in Bozen zu sein. Vorher war allerdings ausgemacht worden, daß wir uns am Mendelplatz treffen. Doch dies war widerrufen worden. So ging es immer. Selbst trafen wir keine Südtiroler Gewährsmänner, denn man hätte ja beobachtet und verraten werden können. Unser dritter Mann war mit dem Auto unterwegs, er transportierte die

Ballons und die Gasflaschen zu einem Campingplatz, wo wir ein Zelt aufbauten.

Es war der 20. Juni, an diesem Tag ist ein großes Südtiroler Fest, an diesem Tag werden auf den Bergen überall Feuer entzündet. Dies wurde ausgenützt, um Sprengstoff zu den Strommasten zu transportieren. Als nun der Abend kam – auch wir haben mitgeholfen, Holz in die Höhe zu tragen –, stellten wir beim Zaun des Campingplatzes die Gasflaschen zum Aufblasen der Ballons hin. Solche Ballons, die man mit Helium füllt, steigen bis zu 4 000 Meter in die Höhe. Mit diesen Ballons sollten Flugzettel verteilt werden. Der Wind kam von den Bergen über Bozen, dies haben wir ausgekundschaftet. Wir saßen nun beim Campingplatz zwischen den Weinreben, neben uns donnerte in einer Rinne ein Bach hinunter. Insgesamt haben wir drei Ballons zum Steigen gehabt. Auf den Flugzetteln war der Tiroler Adler abgebildet. Auf italienisch und auf deutsch war zu lesen, daß Südtirol von den Italienern gestohlen worden war, und anderes. Einen solchen Zettel wollte ich mir zur Erinnerung aufheben, aber ich habe ihn weggeworfen, weil ich Angst hatte, von den Italienern erwischt zu werden. Diese Aktion war im Vergleich zu anderen die lustigste. Wir haben also nun begonnen, mit dem Gas die Ballons aufzublasen. Sie ragten über die Reben hinaus. Jetzt mußten wir sie hochsteigen lassen. Der eine hat die Flasche gehalten, die beiden anderen den Ballon. Über unseren Köpfen füllten wir noch Gas nach, dann stiegen die Ballons. Der erste hatte zu wenig Gas, er flog träge über die Weingärten. Er wurde vom Licht aus dem Campingplatz angestrahlt. Wie der so müde über uns schwebt, haben wir den nächsten Ballon aufgeblasen. Um ihn gut aufblasen zu können, legten wir einen Rebstock um. Das war mühsam, wir arbeiteten wie die Wilden, wir brauchten ja Platz. Wir wußten, in den nächsten Minuten werden die Masten gesprengt.

Wie der dritte Ballon nun in die Höhe stieg, passierte es, es flogen die Masten. Auf einmal gingen alle Sprengungen an. Rundherum hat es in den Talkessel von Bozen hineingedonnert. Es war ein unglaubliches Schauspiel. Stromblitze sah man, und innerhalb einer halben Stunde sind alle Masten geflogen.

Südlich von Bozen steht ein Aluminiumwerk. Dort hat es gewaltig geblitzt. Wahrscheinlich gab es da eine Menge Kurzschlüsse. Von dem Weingarten aus, in dem wir uns befanden, sah das alles wunderbar aus. Während es so blitzte, stiegen unsere Ballons. Der Wind hat sie nur langsam weggetragen, weil sie zu wenig hoch gestiegen waren. Durch Zeitzündung ist der Behälter, in dem sich die Flugzettel befanden, geöffnet worden. Einige Flugzettel, die wir noch bei uns hatten, haben wir in den Bach geworfen. Schnell sind wir zurück zum Campingplatz."

Dem Mann, der sich als Freiheitskämpfer sieht, ging es also um politische Ideen, von denen er wollte, daß sie hier in Südtirol bekannt wurden. Ein seiner Meinung nach ungerechtes System sollte getroffen werden, und daher nahm er es auf sich, mit anderen Kämpfern Gedankengut von jenseits der Grenzen in Südtirol einzuschmuggeln. Später – bis 1964 kam es immer wieder zu Sprengungen in Südtirol – wurde er auch eingesetzt, um Sprengmaterial mit Zündschnüren und ähnlichem von Tirol über die Jöcher nach Südtirol zu schmuggeln. In diesem Sinn sieht er sich als sozialer Rebell, der im nachhinein noch stolz darauf ist, für Ideen einiges gewagt zu haben. Schließlich waren es Südtiroler Bauern, die denjenigen, die Masten sprengten, den sogenannten „Bumsern", über die Grenze halfen. Eine Grenze, die sie allerdings nicht akzeptierten.

Über einen derartigen Südtiroler Herrn, einen Maskenschnitzer, der den „Bumsern" hilfreich zur Seite stand, las ich in der FAZ vom 3.6.1991 dies: „Manch einer der Bumser habe in den Jahren des Südtiroler Freiheitskampfes, als das Augenmerk der Welt durch Bombenanschläge auf Elektrizitätsleitungen auf die Lage des Landes unter dem Brenner gerichtet werden sollte, sein Gesicht verhüllt, um den italienischen Häschern durch Flucht über den Paß hinüber ins Zillertal zu entgehen. Auch er habe durch Mummenschanz die Carabinieri des öfteren gefoppt und geschreckt, wenn sie auf mitternächtlicher Razzia waren. Gar manches Mal war es gefährlich; nicht nur dem Teufel, auch dem Tod habe er damals in die Augen geschaut ..." Die „Bumser" hatten als Schmuggler und soziale Rebellen einige Sympathien, die sie auch zu nutzen wußten.

In gewisser Weise möchte ich auch jene Leute als soziale Rebellen einstufen – obwohl ihnen gutes Geld winkt –, die moderne Technologien in Länder, in denen sie benötigt oder verlangt werden, einschmuggeln. Um zu verhindern, daß bestimmte Formen der Computertechnologie nach dem Osten transferiert werden, wurden in den USA Listen von Firmen erstellt, mit denen nach dem Wunsch der US-Regierung keine Geschäfte gemacht werden sollen. Mir erzählte ein Herr, der eine tiefe Einsicht unter anderem in den Schmuggel Afrikas hat, wie dort der Technologietransfer durchgeführt wird. In Luanda, das von vielen asiatischen Schiffen angelaufen wird, werden auf den Schiffen von bestochenen Beamten gefälschte Schiffs- und Zollpapiere ausgestellt. Auf diese Weise wird der Transfer vor allem der Computertechnologie legalisiert.

Ich habe oben zu schildern versucht, daß soziales Rebellentum wesentlich damit zu tun hat, einer bedürftigen Bevölkerung Dinge zu liefern, die sie braucht und will.

Wenn ich festgehalten habe, daß soziale Rebellen keine Ideologen sind, sondern wackere Leute, die sich auf ein altes Recht berufen, so gehören die Schmuggler von Wahrheiten auf den ersten Blick nicht hierher, denn irgendwie sind sie eben Ideologen, in dem Sinn, daß sie Ideologien verbreiten. Meiner Meinung nach sind sie jedoch dann als soziale Rebellen anzusehen, wenn sie „Wahrheiten" einbringen, die wohl auch auf „altem Recht" aufruhen.

Auf solche „Rechte" beriefen sich die Protestanten, denen man ihre Religion nehmen wollte, aber auch die Revolutionäre in Südtirol, die nicht einsahen, daß nun eine andere Macht regierte. „Alte Rechte" stehen auch auf dem Spiel, wenn man Menschen ein bestimmtes Wissen oder Wahrheiten, wie sie in Büchern oder Flugzetteln oder in spezifischen Technologien enthalten sind, verweigert. Die Vorstellung von der Freiheit des Denkens und der Pressefreiheit steht hinter jenen Leuten, die es auf sich nehmen, Wahrheiten rebellenhaft über Grenzen zu schmuggeln.

Schmuggler-Banden

Oben bin ich auf Schmuggler als soziale Rebellen eingegangen, nun werde ich zeigen, wie Schmuggler bandenmäßig bei ihren Aktionen vorgegangen sind bzw. vorgehen. Ein Großteil dieser Banden sind wohl soziale Rebellen insofern, als sie nicht nur geografische Grenzen, sondern auch Grenzen der Armut überwinden. Sie vermögen sich den Glorienschein der Helden zu verleihen, auch wenn sie echte Ganoven sind, wie jene Schmuggler und Schleichhändler, die während des amerikanischen Alkoholverbotes der Vorkriegszeit den Markt mit geschmuggeltem Alkohol versorgten. Auf diese Leute und auf die Mafia bzw. mafiaähnliche Vereinigungen werde ich allerdings ergänzend in einem eigenen Kapitel eingehen.

Der Bandenschmuggel ist schon sehr alt. Er blühte vom 16. bis ins 18. Jahrhundert in der Karibik, als Schmuggler, die gleichzeitig Piraten waren, den Siedlern der spanischen Kolonien Waren, die sie nach der spanischen Handelspolitik aus Spanien beziehen hätten müssen, direkt und billiger lieferten. Banden waren auch während der Kolonialsperre durch Napoleon unterwegs. Und heute sind es Banden von Waffen- und Drogenschmugglern, die den Zöllnern Schwierigkeiten machen.

Bandenschmuggler als soziale Rebellen

Zu Banden taten sich im 16. und 17. Jahrhundert auch junge Burschen aus ärmlichen Gegenden der Steiermark zusammen, um die Innerberger und Vorderberger Bergleute mit Wein zu versorgen. Seit dem Mittelalter bestand strenger Straßenzwang für die Fuhrwerker und die Pflicht zur Abgabe reichlicher Mautgebühren. Dies bewirkte ein Aufblühen des Schwarzhandels. So war es auch, als die steirischen Landesherrn die Zufuhr ausländischer Weine nach Innerberg und Vordernberg beschränkten, damit der saure untersteirische Markenwein auch Abnehmer fand. Den Bergleuten schmeckten aber die süffigen Weine aus Italien und Ungarn besser, und eben diese lieferten ihnen Schmugglerbanden. Für die Schmugglerbanden war das „Einschwärzen" des Weins eine günstige Möglichkeit, zu Geld zu kommen. Auf Schleichwegen brachten die kühnen Schwärzer die ersehnte Ware zu ihren Abnehmern. Aber auch Eisen, Salz und andere Dinge wurden eingeschwärzt. Man umging geschickt die Maut und hatte einen Profit dabei. Fuhrwerker und Säumer, d. s. jene, die mit Packtieren unterwegs waren, taten dabei eifrig mit. Die Mautner, also die Zöllner, hatten die strenge Anweisung, durchreisende Fuhrwerker und Säumer auf Schmuggelgut genau zu untersuchen. Wurde jemand als Schmuggler ertappt, so beschlagnahmte man das Schmuggelgut. Ein Drittel davon durfte sich der Mautner behalten. Trotz Strafen und strenger Kontrollen konnte man den Schwärzern, die oft gut in Banden organisiert waren, das Handwerk nicht legen.[68]

Klassische rebellische Schmuggler waren jene, die in früheren Jahrhunderten mit dem Salz unterwegs waren. Der Handel und der Transport von Salz, ich beziehe mich vor allem auf jenes aus Bad Aussee, waren grundsätzlich an bestimmte Wege und Niederlagsorte gebunden. Zum freien Handelsgut wurde das Salz in der Steiermark erst ab 1821. Vorher jedoch war es die Aufgabe geschickter Schmuggler, das Salz auf Schleichwegen zu günstigen Bedingungen an den Abnehmer zu bringen. Damals hatten die Bewohner der Salinenorte, wie Aussee und Hallstatt, das Anrecht auf ein geringes Quantum eines kostenlosen Salzes, das sogenannte „Gnadensalz". Einen Teil dieses Salzes sowie Abfallsalze der Salinenbetriebe, die gelegentlich gestohlen wurden, brachte man verbotenerweise in die Nachbargemeinden. Obwohl durch Hallamtsordnungen aus dem 16. Jahrhundert eine solche „geheime Benützung" streng verboten war, fanden sich dennoch Burschen zu Banden zusammen, die dieses ersehnte Salz auf verborgenem Weg zu den Leuten brachten. Die Sage von der „Salzschwärzerbande" kündet von diesem Treiben. Diese Bande, sie soll mit dem Teufel im Bund gewesen sein, wurde schließlich aber doch beim Salzdiebstahl erwischt.[69] Auf diese Salzschmuggler, die auch als die Salzhehler bezeichnet wurden, weil sie ja gestohlenes Salz transportierten, weist auch ein „Tanzgsangl" hin. In diesem wird das Ansehen der Schwärzer ausgedrückt:

„Bald d' Straßnabuam tanzn
Aft (Dann) schwingt sih da Bodn
Aft sagt halt d' Frau Wirtin
San d' Salzhehler obn."

Als „Salzhehler-Gangsteig" wurde ein Pfad bei Kainisch entlang der Traun zum Ödensee bezeichnet. Er verschwand, als 1868 die sogenannte Salzstraße vom Radling zur Traun verlegt wurde. Auch das belustigte die Leute, da nun die Hauptstraße dem Weg der alten Salzschmuggler folgt.

Die alten Salzschmuggler, die das Salz auch den Protestanten von Ramsau brachten, denn meist waren sie ihre Glaubensbrüder, zogen damals ihren Pfad weiter zur Ennstaler Königreichalm. Von dort wendet sich der „Salzsteig" hin zum Bärenloch bei der Blankenalm. Bei dieser Alm, im Haus Ramsau 70, das bezeichnenderweise den Hausnamen „Salzmann" trägt, fanden die Salzschmuggler eine sichere Raststelle. Im ersten Stock dieses Hauses gab es eine verborgene Salzkammer ohne Fenster, die nur durch einen Kleiderkasten zugänglich war. Es wird erzählt, daß im 17. Jahrhundert zwei bärenstarke Brüder von diesem Haus aus die ganze Gegend mit geschmuggeltem Salz versorgt haben.

Flurnamen wie „Schörgengrube" erinnern an die Lauerstellen der amtlichen Salzwache. Wurden Salzschmuggler erwischt, so drohten ihnen schwere Strafen. Zunächst ließ man sie mit einem Salzstein um den Hals an einem Pranger stehen, verurteilte sie dann zu bis zu fünf Jahren Festungshaft und verwies sie schließlich des Landes.[70] In ganz ähnlicher Weise erging es übrigens den Wilderern.[71]

Diese Salzschmuggler waren somit echte soziale Rebellen, die ihren Glaubensbrüdern und überhaupt den armen Leuten im Gebirge Salz lieferten. An den Salzschmuggel erinnert aber auch das Salzsteigjoch im Toten Gebirge. Über dieses Joch bezog schon früh das Stift Spital am Pyhrn das Salz aus Aussee. Und während der Gegenreformation schmuggelten lutherische Bauern Salz nach Hinterstoder und andere Orte des Stodertales. Dazu waren sie gezwungen, denn der Bischof hatte aus Zorn, weil sich diese Bauern nicht zur katholischen Religion bekehren wollten, die Salzeinfuhr in dieses Gebiet gesperrt.[72] Heute erinnert noch der Name des Salzsteigjoches an die kühnen, schmuggelnden Bauern, die sich durch diese Aktivitäten rebellenhaft gegen die Amtsträger der katholischen Kirche stellten.

Als soziale Rebellen gebärdeten sich die Schmuggler an der schweizerisch-italienischen Grenze, als nach dem Zerfall napoleonischer Macht und infolge des Wiener Kongresses die Lombardei wieder unter österreichische Herrschaft kam. Hohe Zollmauern machten Schmuggeln zu einer wichtigen Angelegenheit für die Menschen der Lombardei. Nach einer Schätzung des damaligen österreichischen Finanzministers setzten sich um 1840 rund 75 Prozent der in der Lombardei verbrauchten Kolonialwaren aus Schmuggelgut zusammen. Die Bestechlichkeit der Zöllner soll übrigens groß gewesen sein, derart, daß die Schmuggler nicht mehr beschwerliche Bergrouten für den illegalen Grenzübertritt wählen mußten. Bevorzugte Schmugglergegenden waren nun die flachen Gebiete im Süden des Tessins. Aber auch der Lago Maggiore und der Luganersee wurden zu beliebten Routen. Mit Ruderbooten brachten die Burschen die Schmuggelwaren über die Seen, aber man hatte auch an den Einsatz von kühnen Unterseebooten gedacht. Es existiert sogar eine Skizze für ein solches Boot.[73]

Auch während des italienischen Freiheitskampfes 1848 waren es Schmuggler, die revolutionäre Schriften aus der Schweiz nach Italien brachten. Dies versetzte die Österreicher derart in Panik, daß sie über die Schweiz eine Wirtschaftsblockade verhängten und ungefähr 6 000 in der Lombardei lebende Tessiner auswiesen.[74]

Ebenso auf alten Traditionen baute der Tabakschmuggel auf, der bis heute nicht an Bedeutung verloren hat. Tabakschmuggler waren in Spanien unterwegs, und die Oper „Carmen" gewinnt durch sie ihren eigenartigen kühnen Reiz. Tabakschmuggler waren und sind über die ganze Welt verbreitet und machen gute Geschäfte. Auch im Süden Österreichs, in Kärnten, haben Tabakschmuggler die Behörden genarrt. Sie waren bandenmäßig organisiert und dürften einen großen Eindruck bei der Bevölkerung hinterlassen haben. Darauf verweist ein amtlicher Steckbrief aus dem Jahre 1825, mit dem das Polizei-Kommissariat Klagenfurt den Hauptmann einer berüchtigten Tabakschmugglerbande suchte: „Der Anführer der fünfköpfigen Bande überragt seine Spießgesellen um Kopfeslänge. Sein blatternarbiges Gesicht umrahmt ein schwarzer Bart. Im linken Ohr trägt er einen breiten Silberring, um die Schulter einen schwarzen, zottigen Schafspelz; schwarzlederne Hosen, hohe Fuhrmannsstiefel, ein rotes Halstuch und ein großer schwarzer Filzhut sind sein Anzug. Im Gürtel stecken zwei Pistolen und ein langes Messer. Seine verstümmelte Linke umklammert die gefürchtete Korjatsche (ein langer, mit Eisenspitzen versehener Stock, gleichzeitig Wanderstab und Waffe) der Schmuggler."[75] Mit dieser an Räuberromane erinnernden Beschreibung wird ein gewalttätiger Bandenchef geschildert. Der zitierte Steckbrief gesellt sich zu anderen Fahndungsblättern, mit denen man in Kärnten die Tabakschmuggler in den Griff zu bekommen versuchte.

Der Tabakschmuggel blühte, trotz einer Reihe von Aufsichtsstationen. Schmugglerbanden fielen auch aus Kroatien in Kärnten ein. Sogar das Militär wurde gegen die Tabakschmuggler in Marsch gesetzt. Da die Schmuggler jedoch die Sympathien der Bevölkerung genossen, war es schwer, ihrer habhaft zu werden, obwohl für die Einbringung einer Schmugglerbande von mindestens drei Personen 50 Gulden als Belohnung ausgeschrieben worden waren.[76]

Zum Tabakschmuggel sahen sich die Burschen berechtigt, da man in Österreich bis in die zweite Hälfte des vorigen Jahrhunderts nur schlechten Tabak erhielt. Die Schmuggler brachten besseren und billigeren Tabak, als er in den Verschleißstellen der Tabakregie angeboten wurde. Erst langsam verbesserte sich die Qualität des Tabaks. Es waren die Franzosenkriege, die mit dem „Zigarro" die Rauchleidenschaft der Österreicher weiter anregten. Mit der um 1865 eingeführten Zigarette schließlich erlebten die Raucher eine neue Form des Genusses. Zu jener Zeit war es jedoch nicht mehr notwendig, durch Schmuggler zu besserer Ware zu gelangen.

Eine große Bedeutung besaß der Tabakschmuggel für Norditalien. Der Italiener genoß die Rauchwaren aus dem Tessin und zog sie den italienischen Produkten vor. Interessant ist, daß die seit 1830 in der Schweiz entstandenen Tabakmanufakturen auffällig nahe an der tessinisch-italienischen Landesgrenze errichtet wurden. Man nimmt an, daß hier eine enge Beziehung zum Schmuggel bestanden hat.[77]

Nach dem Zweiten Weltkrieg wurden Zigaretten einer besonderen Qualität wieder zum Gegenstand kühner Schmugglerbanden. Und zwar waren es amerikanische Zigaretten, die bei den damals in Armut lebenden Österreichern hoch im Kurs standen. Nach dem Krieg war Österreich in verschiedene alliierte Besatzungszonen aufgeteilt. In den sowjetischen Zonen gab es damals die sogenannten „USIA"-Läden, in denen zu sehr niedrigen Preisen unter anderem Alkohol und Zigaretten erworben werden konnten. Linz etwa war eine zweigeteilte Stadt, im Norden die Sowjets und im Süden die Amerikaner. Im südlichen Teil gab es eine Reihe von Personen, die als DPs, als Displaced Persons, bezeichnet wurden. Sie konnten im Gegensatz zu der einheimischen Bevölkerung ohne Probleme die Grenze zwischen den Besatzungszonen überqueren. Diese Spezialisten hatten Beziehungen zu den DPs in Bayern, und es gelang ihnen mit viel Spürsinn, unter den an der österreichisch-bayerischen Grenze lebenden Menschen diejenigen ausfindig zu machen, die seit der Vorkriegszeit Erfahrung beim Schmuggeln hatten. Mit LKWs brachte man ihnen die Zigaretten und andere Waren in die Wohnungen. Meist schmuggelten sie nachts alles nach Deutschland hinüber, durch den seichten Grenzbach watend und manchmal in LKWs der bayerischen DPs, die nicht selten US-Kennzeichen trugen (sogenannte C-Nummern) und deshalb von der deutschen Polizei bzw. vom deutschen Zoll nicht angehalten werden durften.

Um die bayerischen DP-Fahrer in die Verstecke bei den Bauern einzuweisen, setzte man sogar Kinder ein, die als Radfahrer getarnt waren. Der Schmuggel vor allem mit Zigaretten weitete sich immer mehr aus. Nach dem Vorbild der DPs unternahmen die bodenständigen Leute schließlich auf eigene Faust Schmuggelfahrten und machten gute Geschäfte damit.

Sobald man die Ware über die Grenze geschafft hatte, wurde sie durch „Pendler", also durch Leute, die aus den Dörfern an der Grenze stammten und in München arbeiteten, in die Großstadt gebracht[78], wo ebenfalls Schmuggelbanden unterwegs waren, – die ihre modernen Nachfolger in den Schmuggelbanden der Polen und Russen haben. Heute sind sie es, die günstig erworbene amerikanische Zigaretten aus diversen Läden des Ostens auf die Schwarzmärkte und in die Gaststätten des Westens bringen.

Kämpfe zwischen kühnen Schmugglern und verwegenen Grenzern

Dort, wo Grenzen auch Grenzen zwischen den Preisen sind, dort entwickelt sich – wie schon angedeutet – so etwas wie eine Schmugglerkultur. Denn „der Mann aus dem Volke ... kann nicht recht begreifen, warum sein nur eine Viertelstunde weit entfernter Nachbar einen billigeren Wein trinken und einen besseren, nicht so teuren Tabak rauchen soll, als er selbst, der sich mit ihm unter gleichem Himmelsstriche gleicherweise zu diesem Vorteil berechtigt glaubt"[79]. Zu dieser Kultur gehörten Banden und ein spezieller Heldenmythos, mit dem man den listigen Schmuggler umgab. So auch an der bayerisch-österreichischen Grenze, über die ein traditioneller bandenmäßiger Schmuggel ging, nicht erst mit amerikanischen Zigaretten. Bereits in der Zeit von 1850 bildeten sich sogenannte „Rott´n", Banden, die um die 30 Mann stark waren und den Zöllnern erbitterte Kämpfe lieferten. Sie schmuggelten unter anderem billige Seide aus Österreich und günstige Kleiderstoffe aus Italien ins Bayerische. Waren im Wert vieler tausend Gulden wurden auf diese Weise über die Grenze geschafft.

Schmugglerbanden dieser Art galt die Sympathie der „kleinen Leute", ähnlich wie sie auch die Wilderer genossen. Ganz in diesem Stil wurden Schmugglergeschichten und die Tragik, mit der ehrenwerte Schmuggler ihr Ende fanden, unter die Menschen gebracht. Im Text zu einem von August Dieffenbacher 1897 gemalten Bild, das drei rußgeschwärzte Schmuggler zeigt, die einen schwerverletzten Kollegen tragen, während eine Frau weinend zusammenbricht, heißt es: „... Und was sie da, eine blutigrote Spur hinter sich herziehend und auf dem Gewehrlauf sitzend, mitschleppen, ist beileibe kein Wildbret, sondern ihr Camerad aus der Schmuggler-Rott, der Alois, den die Kugel des Mathschnüfflers, des Zöllners, in den Rücken traf. Jetzt liegt er im Sterben ... den Alois hat´s erwischt."[80] Schmuggler als soziale Rebellen wurden zum Gegenstand der Literatur für das gemeine Volk. Man verstand die Schmuggler und litt mit ihnen, wenn sie von den Zöllnern gestellt wurden. In dem „gemeinnützigen Unterhaltungs-Blatt Passavia" vom 28. März 1830 wird schaurig das Schicksal eines Schmugglers geschildert. Unter anderem heißt es da:

„In nied´rer Hütte schlecht und klein,
Beim Fakellicht der Späne,
Umringt von nackten Kinderlein
Saß Raymund und die Lene ...
Und scheu verstummt der Kinder Zahl;
Dann aus verborgnem Schrank hervor
Holt Raymund jetzt das Feuerrohr.
Er ladet scharf und mit Bedacht ...
Will er hinaus in finst´rer Nacht ...
Da wirft sich ihrer kaum bewußt
Das Weib an ihres Mannes Brust ...
‚Lieb Weib – was hältst Du mich zurück?' –
So Raymund nun beginnt –
‚Es flieht bei Tage mir das Glück ...
In Armuth leben wir, in Noth,
Die Kinder heischen täglich Brod,
Darum was mir der Tag nicht bringt,
Das soll die dunkle Nacht bescheren, ...‘

Da pfeift es gellend durch die Luft –
Die Gunst des Augenblicks ist fort:
‚Hörst Du? der Brüder Zeichen ruft,
es mahnet an mein Wort;
Diesmal noch löse ich es ein,
Es wird nicht unser Schade sein;
... o fasse Dich, mein trautes Weib;
Ein Schmuggler Gang ist Zeitvertreib,
Nur einmal lasse mich noch geh´n
Dann sei´s für immerhin gescheh´n.
Drum spare Deine süßen Worte,
Es zieht mich hin zu meiner Horde.'
So reißt er sich den Seinen los,
Er stürmet fort wie ein Orkan
Und jubelnd grüßt der Schmuggler Troß
den schon erwarteten Kumpan ...“

Das Gedicht endet mit einer Schlacht, die blutig ausgeht:

„Auf leichten Schlitten mit sich fort
Und ihren Rücken deckt zur Huth,
Der Rest der kühnen Schmuggler Hord.
So ziehn sie fort durch Berg und Thal
Auf ungebahnten Wegen –
Doch – plötzlich kracht Musketen Knall
Dem Schmugglervolk entgegen.
‚Ergebet Euch!' so ruft es her –
Doch nein, – man greift zur Gegenwehr.“

Die Schmugglerbande ist im gefährlichen Einsatz, und sie muß
mit dem Angriff der Zöllner rechnen, aber sie weiß sich im
Recht, denn die Menschen in den Dörfern an der Grenze sind
arm. Es handelt sich in dem Gedicht offensichtlich um die
Grenze zwischen Bayern und Österreich, nördlich der Donau im
Bayerischen Wald. Vom Dreisesselberg hinunter, über Lackenhäuser, Schwarzenberg und Wegscheid betätigten sich eifrig
Schmugglerbanden und brachten der verarmten Bevölkerung
etwas Wohlstand, den man sich gegenüber den Grenzern

erkämpfen mußte. In dem „Gemeinnützigen Unterhaltungs-Blatt Passavia" von 1930 wird dies so verdeutlicht: „Der Widerstand und die Schwierigkeiten, welche sie (die Schmuggler) finden, schärfen ihre List, steigern ihre Erbitterung und ihre Rachsucht, mitten im Friedensstaate wird ein förmlicher Krieg organisiert, alle Leidenschaften der Verführung, der Liderlichkeit, der Verwegenheit werden ins Spiel gesetzt, zahlreiche Opfer fallen auf beiden Seiten, die Strafhäuser füllen sich und die bürgerliche und nachbarliche Ordnung wird an der Grenze gestört."[81]

Um diese alte Schmugglergegend zu studieren, fuhr ich im Sommer 1990 mit dem Fahrrad dorthin. In Wegscheid ist ein Zollmuseum eingerichtet, in dem ich einiges Aktenmaterial studieren konnte. Und in einem von Herrn Walter Wilhelm verfaßten Büchlein mit dem Titel „Die Maut, der Schmuggel, das Rosenbergergut und Adalbert Stifter in Lackenhäuser"[82] erfuhr ich Spannendes über den alten Schmuggel und die Schmuggler-Kämpfe. Es heißt darin, daß die Gegend um den Dreisesselberg, dort wo Bayern, Böhmen und Österreich zusammenstoßen, sich für die Einwohner von Lackenhäuser besonders gut zum Schmuggel eignete. Die kühnen Leute nützten um 1800 das starke Preisgefälle zwischen Österreich und Bayern, das für Mehl, Tabak, Salz, Wein, Ochsen, Kühe, Eisen aller Art, Leinwand, Woll- und Seidenzeug und andere Dinge bestand. Auf ständig wechselnden Paschersteigen, die durch zerklüftetes Gelände führten, brachten die Schmuggler (auch als „Pascher" und „Schwirzer" bezeichnet) diese wertvollen Dinge über die Grenze. Walter Wilhelm schreibt dazu: „Ursprünglich hatte die Not die verarmte Bevölkerung zu diesem Broterwerb (dem Schmuggel) getrieben, später wurde das Schmuggeln zur Leidenschaft, wobei der einzelne Mut und Tapferkeit, Entschlossenheit und Verwegenheit zeigen und Bewunderung und Ruhm ernten konnte. Zwischen dem Grenzwachepersonal und der Bevölkerung bestand daher ein ziemlich gespanntes, ja sogar ein feindliches Verhältnis."[83]

Die Schmuggler taten sich zu Rotten zusammen, schwärzten ihre Gesichter mit Ruß und vermummten sich mit falschen Bärten. Meist trugen sie, wie es in einem Bericht heißt, blaue Leinenhosen, die in hohen Stiefelschäften steckten, einen dunklen Tuchrock, ähnlich einer Lodenjacke, und einen Hut, der mit irgendeiner Feder geschmückt war. Die Auseinandersetzungen zwischen Schmugglern und Zöllnern waren bisweilen blutig.[84] Einige Männer wurden vom Schmuggeln reich, so ein gewisser Matthias Rosenberger, der Erbauer des Rosenbergergutes in Lackenhäuser, welcher von 1775 bis 1848 lebte. Die Rosenberger brachten es als Händler schließlich zu großem Wohlstand. Ein herrschaftliches Grab am Severinsfriedhof in Passau erinnert an diese stolzen Leute. Das Grab ziert übrigens das Symbol des Hermes, des Gottes der Händler und der Diebe. Dieser Matthias Rosenberger wurde schließlich das Haupt von Großschmuggelunternehmungen. Ein geräumiges Gewölbe seines Hauses diente als Schmuggellager. In den zwanziger und dreißiger Jahren des vorigen Jahrhunderts werden die Lackenhäuser Schmuggler als gefürchtete und kühne Burschen beschrieben, die in Rotten auftraten und mit Gewalt gegen die königliche Gendarmerie vorgingen. Sie werden in einem Bericht des Landgerichtes Schlägl aus dem Jahre 1828 als die „verwegensten bayerischen Grenzbewohner" bezeichnet, „da sie in bedeutenden Rotten, voll bewaffnet, die Wälder durchziehen und gelegentlich schon (österreichische) Gendarmen erschossen haben."[85]

Zu einer großen Schmugglerschlacht kam es im Januar 1827, bei der eine bewaffnete Rotte von 16 Mann mit beladenem Zugschlitten beim Ort Frauenberg „mit offener Gewalt" gegen die königliche bayerische Gendarmerie auftrat und den Stationskommandanten Fröhlich tötete. Die Täter wurden als „große, starke Personen, gekleidet nach der Art der dasigen Landbewohner mit kurzen Jankern" beschrieben. Vergeblich setzte das königliche Land- und Untersuchungsgericht Wolfstein 500 Gulden für die Ergreifung der Täter aus.[86]

Zu einer blutigen Auseinandersetzung kam es auch, als am 2. August 1864 eine Bande von zwölf bewaffneten Männern, die Leinengarn nach Bayern bringen wollte, auf eine Zoll-Patrouille stieß. Bei dem Bajonettangriff der Finanzer wurden ein Lackenhäuser Schmuggler getötet und zwei Finanzer verwundet.

Aus den mir vorliegenden Berichten geht hervor, daß, wenn Schmuggler oder Wilderer gefaßt worden waren, ihre Kollegen bisweilen alles unternahmen, um sie aus dem Gefängnis zu befreien. An die Grausamkeit der Schlachten zwischen den Schmugglerbanden und den Grenzbeamten erinnert heute noch das sogenannte „Himsl-Bild" auf einem Granitblock bei Oberschwarzenberg. Darauf ist ein von einem Schmuggler getöteter Grenzer dargestellt mit der Inschrift: „An dieser Stelle wurde am 2. Juni 1873 Kajetan Himsl, k.u.k. Finanzwache-Aufseher in Ob. Schwarzenberg durch einen Messerstich ermordet."

Kämpfe von Schmugglern und Zöllnern werden aus Gebirgsgegenden bis zum letzten Krieg berichtet. Besonders abenteuerlich ging es im Dreiländereck Tirol, Italien und Schweiz zu. Dort schmuggelten zähe Burschen Kaffee in großen viereckigen Jutesäcken, die mit bis zu 30 Kilo beladen wurden. Während des Winters waren sie auf Schiern unterwegs, aber stets in der Dunkelheit. Dies erzählte ein Bandenführer, der in den dreißiger Jahren Banden bis zu sieben und acht Mann über die Jöcher leitete. Auch er erinnert sich an Kämpfe mit Zöllnern.

Stolz weist der ehemalige Bandenführer auf seine Schlauheit, den Zöllnern zu entkommen, und veranschaulicht seine Gedanken mit einem Schmugglerlied, das sie damals in Tirol gesungen haben:

> „Die Pfanne hoch, die Eier sind gesotten,
> Kaffee marschiert von Semnaun nach Ried.
> Finanzer, die am späten Abend schossen,
> kehren heim ins kühle Bett."

Man machte sich also über die Zöllner lustig, die unfähig sind, geschickte Schmuggler zu stellen. Ähnliches erzählte mir ein Südtiroler Schmuggler: „Damals, nach dem Ersten Weltkrieg, sind die Zöllner einmal draufgekommen, daß wir schmuggeln. Wir waren fünf Mann. Vier Erwachsene, Weltkriegsteilnehmer, und ich, der ich fast noch ein Bub war. Um 8:00 Uhr abend sind wir in Sillian weg. Geschwitzt habe ich wie eine Sau. Zu mir haben die Schmuggler gesagt: Du brauchst keine Angst haben, es passiert dir nichts. Entweder sind wir kaputt oder sie. Ich habe sehr gezittert. Wie wir nun auf die Alm hinaufkommen, auf eine Wiese, haben sie gesagt: ‚Bub, du gehst nun in der Mitte. In der Almhütte ist eine Schwoagerin, bei ihr sitzen die italienischen Finanzer gerne und saufen. Du mußt zwischen uns gehen, damit sie dich nicht treffen.“ Zwei sind vorne gegangen, zwei hinten, und ich in der Mitte. Damals machten die Italiener einen großen Streifendienst, weil viele Schmuggler unterwegs waren.

Wie wir nun zur Hütte kamen, reißen die Finanzer auf einmal die Türe auf und schreien: ‚Contrabbandi!‘ (‚Schmuggler!‘) Wir hatten Zigaretten und Saccharin bei uns. Wir mußten die Körbe hinstellen und zeigen, was drinnen ist. Die Schmuggler haben gezittert. Die Finanzer haben eine Freude gehabt. Ich habe mir gedacht: So fesche Männer, so schneidige, und jetzt scheißen sie in die Hose. Und wie sie aber das Leintuch von den Körben nehmen, ziehen sie alle plötzlich Armeepistolen hervor statt der Zigaretten. Sie haben in die Luft geschossen, damit die Finanzer sehen, daß die Pistolen geladen sind. Zu den Finanzern haben die Schmuggler nur gesagt: ‚Kaputt!‘ Jetzt haben aber die Finanzer gezittert. Schnell haben wir Schmuggler zusammengepackt und sind gelaufen. Die Burschen hatten sich nur verstellt, um die Finanzer zu täuschen. Keinem von uns ist etwas passiert. Wir sind gerannt, so schnell wir konnten. Zu mir haben sie bloß gesagt: ‚Bua, pack zusammen, jetzt gehen wir wieder!‘ Das war vor der Hütte. Um 4 Uhr früh waren wir bei mir in Südtirol, bei dem Bauern, bei dem ich gearbeitet habe. Wir haben gleich etwas zu essen bekommen. Kurz haben die Schmuggler geschlafen, und am Vormittag waren sie bei der Kundschaft.“

Auf eine harte Auseinandersetzung zwischen Schmugglern und Zöllnern geht auch ein alter Schmuggler von der bayerisch-österreichischen Grenze ein: „Es war vor dem Krieg, als wieder einmal Burschen aus Wegscheid Butterschmalz herübergebracht haben. Die Zöllner haben es spitz bekommen, daß sie mit einem Fuhrwerk Butterschmalz schmuggeln, von Österreich herüber. In Wegscheid sollte es an die Geschäftsleute verteilt werden. Am Abend, als es schon finster wurde, haben die Schmuggler das Butterschmalz auf einen Zugschlitten, den man mit der Hand gezogen hat, geladen. Dann sind sie losgefahren.

Wie sie aus der Ortschaft herauskommen, heißt es plötzlich: ‚Halt, Zoll!' Die Burschen sind vom Schlitten herunter und waren dahin. Der Zoll hintennach. Es kam nun zu einem Handgemenge. Bald hätten die Zöllner die Schmuggler gefaßt. Doch dann wurde geschossen. Einer der Schmuggler wurde am Arm verletzt. Mit ihm sind seine Kollegen zum Wurm, dessen Haus steht heute noch. Hinten im Haus haben sie das Butterschmalz abgelagert, und vorne sind sie hinaus. Man hat sie nicht erwischt."

Manchmal ging es weniger glimpflich her, überhaupt dann, wenn die Schmuggler zu allem bereit waren. Dies zeigt das Landecker Gemeindeblatt vom November 1947: „So wurde ein Zollwachebeamter bei einem Dienstgang an der österr.-schweizerischen Grenze im Paznaun bei Vorpaßhaltung von Schmugglern von einem der letzteren von rückwärts überfallen und niedergeschlagen. In dem sich entwickelnden Handgemenge erhielt der Zöllner Stichwunden an den Händen, nachdem die Schmuggler ihm noch Rucksack und verschiedene Sachen abgenommen hatten, suchten sie das Weite ..."

Eine Schmuggelaktion, bei der ein Zollbeamter schwer verletzt wurde, ist auch in der Donau-Zeitung vom 25. Mai 1935 zu finden: „Am 23. Mai wurde der Zollbeamte Schmid hier durch Schmuggler, die Ochsen von Österreich nach Bayern brachten, durch Revolverschüsse schwer verletzt. Den Schmugglern gelang ihr volksverräterisches Handeln, da sich der SS-Mann Stadler um den schwerverletzten Kameraden annehmen mußte." Interessant ist an dieser Meldung obendrein, daß Schmuggeln als „volksverräterisch" interpretiert wird, ganz im Sinne des damaligen totalitären Staates.

Es bestanden also gewaltige Spannungen zwischen Zöllnern und den Schmugglern. Einmal rächten sich Schmuggler auf sehr eindrucksvolle und komische Weise, wie das Landecker Gemeindeblatt vom November 1947 schildert: „Bei einer Schmuggelaktion im Paznaun hatten mehrere Schmuggler ihr Schmuggelgut auf der Flucht wegwerfen müssen. In der Annahme, daß es sich im Zollamt See befände, suchten sie dieses in der Nacht zum 27. Oktober zu gegebener Stunde auf, um es sich wieder zurückzuholen. Als sie es aber nicht mehr vorfanden, nahmen sie in ihrer Wut eine Schreibmaschine mit!" In einem anderen Fall jedoch hatten die Schmuggler Glück bei ihrem Rückholmanöver, wie dasselbe Blatt meldet: „Bei einem Viehschmuggel waren 2 biedere Ochsen vom Wege abgekommen und wurden dann am nächsten Tage von einem Jäger eingefangen. Dieser übergab die Ochsen der Zollwache Pfunds, die sie im Stalle eines Gasthauses, in welchem gerade ein Kirchweihkränzchen stattfand, schön sicher einsperrte. Scheinbar müssen die Schmuggler Sehnsucht nach ihren entkommenen Vierbeinern empfunden haben und holten die beiden Ochsen wieder prompt aus dem Stalle heraus."

Bedeutung der alten Schmuggler als soziale Rebellen

Ergänzend zu meiner obigen Darstellung möchte ich nun ausführlicher dartun, in welcher Weise Schmuggler eine große Bedeutung für das Leben der armen Leute haben können. Ein früherer Schmuggler aus Wegscheid im Bayerischen Wald drückte dies so aus: „Im Wirtshaus sind die Schmuggler zusammengekommen. Man hat sie gefragt, ob sie Zigaretten besorgen können oder andere Sachen. Zeitweise haben sie sogar Salz herübergebracht. Damals, nach 1920, gab es wenig Salz hier. Abnehmer des geschmuggelten Salzes waren die Geschäftshäuser. Die haben es dann weiterverkauft. Die Schmuggler hatten eine wichtige Funktion, weil sie eine Ware gebracht haben, die bei uns Mangelware ist." Ohne Schmuggler wären damals z. B. Feste unmöglich gewesen, denn die Schmuggler waren es, die Alkohol geliefert haben, wie der Wegscheider Schmuggler weiter schildert: „Der Rum, den wir um 1950 herübergeschmuggelt haben, war notwendig für das Schützenfest. In der Gaststube hat die Musik gespielt, und die Leute haben den Rum getrunken. Alles hat nach Rum gestunken. Auch Zöllner waren beim Schützenfest. Ihnen fiel wohl auf, daß alles nach Rum stinkt. Sie haben aber nichts gesagt."

Die alten Schmuggler sahen sich also als wichtige Lieferanten für notwendige Güter. Daher richteten sie ihre Aktivitäten nach den Wünschen der Leute aus, wie auch ein Südtiroler Schmuggler berichtet: „Man hat geschmuggelt, weil Not war. Ein paar Tage, bevor sie als Schmuggler hinüber nach Südtirol sind, sind sie normal hinübergefahren und haben sich Kundschaften besorgt. Sie haben gesagt, wir können Tabak und Zigaretten liefern, die bekommt ihr billiger. Sie haben die Bestellungen aufgenommen und sind wieder heim. Ein paar Tage später haben sie die Sachen gebracht. Die Abnehmer haben die geschmuggelten Sachen wieder weiterverkauft."

In einer Kultur des Mangels tritt der Schmuggler rebellenhaft auf und versorgt die unter der Armut leidende Bevölkerung. Hierin liegt seine Bedeutung und seine Funktion. Der klassische Schmuggler gehört in das Bild einer Welt an der Grenze. Dort kann er agieren und sich hervortun. Schließlich ist er es, der dazu beiträgt, daß die Menschen zu den notwendigen Dingen gelangen. In diese Tradition gehören auch jene Zigeuner in Rumänien, die aus Ungarn wichtige Schmuggelwaren auf die Märkte bringen.

Im November 1990 fuhr ich in einem Nachtzug durch Ungarn nach Siebenbürgen in Rumänien. Vor dem Abteil drängten sich Zigeuner. Bald hatte ich herausgefunden, daß diese Menschen Schmuggelwaren von Ungarn über die Grenze in das durch den Kommunismus heruntergewirtschaftete Rumänien transportierten. Und ein paar Tage später erfuhr ich in Hermannstadt von braven sächsischen Akademikerinnen, sie könnten akzeptable Schuhe oder modische Kleider nur erwerben, weil Zigeuner derlei Dinge auf den Schwarzmärkten anböten. Es scheint, daß die Behörden das Treiben der schmuggelnden Zigeuner tolerieren, denn ohne ihre kühnen Aktionen wäre die Not der Menschen noch größer. In diesem Sinn meinte eine in Hermannstadt arbeitende Historikerin zu mir: „Die Geschäfte sind bei uns leer. Bei uns gibt es nichts. Die Zigeuner fahren nach Ungarn und bringen die Sachen, die wir dringend brauchen, hierher. Die Zigeuner sind raffiniert. Gewisse Sachen, wie zum Beispiel Kugellager, kaufen sie hier in Rumänien ein und verkaufen sie in Ungarn. Dort erwerben sie mit diesem Geld Kleidung, Jeans, elektronische Ware und verkaufen sie hier auf dem Schwarzmarkt." Wohl beneidet man die Zigeuner um ihr Geschick und ihre Tricks, aber man ist froh, daß ihre Aktionen den Menschen schließlich zum Vorteil gereichen.

Charakteristisch für diese Typen von Schmugglern ist, daß sie von ihrer Kultur her Beziehungen zu Gruppen haben, die auf der anderen Seite der Grenze wohnen. Diese kulturell verwandten Gruppen unterstützen einander, helfen einander, gewähren Unterschlupf und bieten Verstecke an. Erst durch solche menschlichen Verflechtungen an der Grenze ist ein Schmuggel dieser klassischen Art möglich. Ähnliche Kontakte über die Grenzen besitzen wohl auch jene Leute in den Alpen, die mir von ihrem Schmuggel über die Jöcher erzählt haben. Sie alle sind eingebunden in das Leben an der Grenze. Sie durchbrechen kühn die Schranken, welche die Einfuhr wichtiger Dinge verhindern, und sie wissen von ihrer Bedeutung für den Alltag der Menschen. Hier wird ein soziales Rebellentum deutlich, welches sich von jenem Schmugglertum abgrenzt, dem es um das große Geschäft geht.

Strategien und Tricks der Banden

Oben habe ich bereits gezeigt, wie Schmuggler die Zöllner mit allerhand Kniffen hinters Licht zu führen versuchen. Nun will ich darauf eingehen, auf welche Art und Weise dies Schmugglerbanden tun. Obwohl gewisse Parallelen in den Täuschungsmanövern bestehen, sind doch nicht unwesentliche Unterschiede festzustellen, denn der bandenmäßige Schmuggel erfordert gemeinsames Agieren und bringt den Vorteil, bei der Täuschung zu komplizierteren Tricks greifen zu können.

Besondere Strategien entwickelten die alten Viehschmuggler, die nach dem Ersten Weltkrieg das Preisgefälle für ihre Geschäfte gut zu nützen wußten und das Vieh, Kühe und Schweine, von Österreich nach Bayern trieben. Etwa habe man regelmäßig, so berichtete mir ein Kenner dieser Szene, Schweine aus Österreich in einen Vollrausch versetzt, um sie in Ruhe und versteckt unter allerhand anderen Sachen auf Leiterwagen über die Grenze schaffen zu können.

Trotz solcher Listen sollen die Zöllner, wie mir mein Informant erzählte, immer wieder den Schmugglern auf die Schliche gekommen sein. Vor 1938 seien in den einzelnen Dörfern an der bayerischen Grenze in der Nähe des Dreisesselberges oft nur Frauen und Kinder anzutreffen gewesen, weil die männliche Bevölkerung in Untersuchungshaft in Passau saß. Dennoch gelang es wackeren bayerischen Schmuggelbanden, genügend Vieh von Österreich, wohin es aus Böhmen geschmuggelt worden war, ins Bayerische zu bringen. Der bereits zitierte Herr aus Wegscheid konnte sich noch an die alten Tricks erinnern. Mit diesem Herrn hatte ich zuerst telefonisch Kontakt aufgenommen und ihn schließlich vor der Kirche in Wegscheid getroffen, wo er mir viel zu berichten wußte: „Damals, vor dem Krieg, gab es arme Leute hier. Die größeren Bauern hatten höchstens fünf oder sechs Stück Vieh. Handweberei und Flachsanbau wurden hier getrieben. Aber nebenbei schmuggelten die Leute, und dabei waren sie sehr schlau. Sie haben in den Banden genau ausgetüftelt, wie man den Zoll hintergeht. So haben sie ein altes Stück Vieh, das nicht mehr viel Wert hatte, auffällig über die Grenze getrieben, damit die Zöllner es sehen. Die haben das Vieh beschlagnahmt. Und während der Beschlagnahme haben sie bis zu 20 Stück Vieh an einer anderen Stelle hinübergebracht. Wenn sie Pferde geschmuggelt haben, haben sie Putzlappen auf die Hufe gebunden. Die Kühe und das andere Vieh wurden hier an Viehhändler verkauft, oder man hat sie geschlachtet und das Fleisch in Passau verkauft. In speziellen Holzbehältern hat man alles durch den Wald herübergetragen."

In den fünfziger Jahren waren es Zigaretten und Kaffee, die von der nächsten Generation der Schmuggler herbeigeschafft wurden: „Von Österreich herüber haben sie den Kaffee gebracht. Dort war er weit billiger. Zentnerweise wurde Kaffee geschmuggelt. Die Zöllner sind nicht draufgekommen, wie die geschmuggelt haben. Man hat Kaffee und Zigaretten, die auch geschmuggelt wurden, auf einen Lastwagen gegeben. Darüber haben sie einen großen Haufen Reisig gelegt, und auf das Reisig haben sie Mist geschmissen. Am Rand von Wegscheid war eine Mühle, in ihrer Nähe wurden die Sachen versteckt. Wenn die Luft rein war, hat man sie geholt. Auch Rum hat man auf diese Weise geschmuggelt. Die damaligen Schmuggler waren schlau. Mit Lichtzeichen haben sie die Zöllner irregeführt. Wenn diese den Lichtzeichen nachgegangen sind, haben die Schmuggler die Ware auf der anderen Seite herübergeschafft."

Die Zöllner irrezuführen versuchte auch eine bayerische Schmugglerbande, als sie einen ihrer Kumpanen mit einem Sack, in dem sich bloß Sägespäne befanden, über die Grenze schickten. Der Mann tat so, als ob sich in dem Sack schweres Schmugglergut befände. Er schnaufte und verbarg sich so ungeschickt vor den Zöllnern, daß sie ihn erwischen mußten. Diese stellten ihn und griffen zu ihrem Ärger in die Sägespäne. Mittlerweile waren Schmuggler an einer anderen Stelle über die Grenze unterwegs. Die Schmuggler kannten den Dienstplan der Zöllner genau und wußten, zu welcher Zeit diese welche Stellen kontrollierten. Mein Freund von der Wegscheider Grenze berichtete dazu: „Mit allen Tricks gingen die Schmuggler vor. Sie waren darauf stolz, die Zöllner zu täuschen. Früher gab es hier bei Wegscheid mehrere Zollstationen, von denen die meisten heute aufgelöst sind. Aber obwohl damals viele Zöllner hier waren, haben sie nicht viele erwischt. Die Schmuggler waren auch schlau. Besonders schlau waren sie beim Schmuggeln von Butterschmalz, das man vor dem Krieg aus Österreich nicht ausführen durfte. Das Butterschmalz versteckten sie in doppelten Böden, die sie in den hölzernen Pferdewägen angebracht hatten. Auch unter dem Sitzbrett schmuggelte man das Butterschmalz. Damit man es nicht sieht, hat man die Decke am Sitz schön heruntergehängt. Kiloweise hat man damals Butterschmalz nach Wegscheid gebracht. Es gab da einen richtigen Pendelverkehr."

Schmugglerbanden an der bayerischen Grenze können als typisch für Schmugglerbanden überhaupt angesehen werden. Sie nützten das Preisgefälle und machten gute Geschäfte. Sie waren echte Professionals in Schmugglersachen, die nach dem

Zweiten Weltkrieg in Lastwagen im großen Stil Kaffee und Zigaretten von Kollerschlag in Oberösterreich, wo die Schmuggelware gelagert war, bis nach Nürnberg verhandelten. Von dem durch den Schmuggel verdienten Geld sollen sich einige Leute an der Grenze Häuser gebaut haben.

Auch in Lustenau in Vorarlberg gingen Schmugglerbanden generalstabsmäßig vor, wie mir der örtliche Wirt erzählte: „Es gab auch sogenannte Schieber. Typisch für diese Schieber ist, daß sie nie etwas Verdächtiges zu Hause hatten. Aber sie hatten alle Verbindungen, wenn sie z. B. Träger suchten. Es gibt die Geschichte von einer großen Stickereifirma in Dornbirn, die Rohmaterial brauchte, wie Seide, und das gab es in der Schweiz. Da wurde gemunkelt, es würde eine große Ladung aus der Schweiz zugestellt werden. Man müsse sie dann und dann abholen. Das erfuhr auch die Zollwache. Es war kaum etwas zu spüren an der Grenze, die von den Schmugglern beobachtet wurde. Sie waren als Fischer oder Holzfischer getarnt. Die kannten jede Untiefe am Rhein, die wußten genau, wo man gehen kann... Die Ware war schon hier. Und dann kam der Aufruf: Zollwache, stehenbleiben! Und die Schmuggler warfen die Säcke, die sogenannten Stumpen, weg. Und alle waren verschwunden. Die Zöllner hatten so die ganze Ware erwischt. Es war Nacht. Sie holten vom Zollamt den Zweiradlerwagen (zweirädrigen Karren) für den Transport der Ware. Und wie sie den ersten Sack aufschnitten, war nasses Gras drinnen. Die wirkliche Ware ging nach Dornbirn. Man hat niemanden erwischt. Man hat die Zöllner genarrt. Darum gingen ja 10 oder 15 Schmuggler zugleich, das sind viele. Das war zur Tarnung, zum Ablenken. Ich habe mit einem von denen gesprochen. Er wurde der Läufer genannt. Weil er der schnellste Läufer war, den es in Lustenau gab. Der lief sogar gegen einen offiziellen Sportler und hat ihn abgehängt. Das war um 1928. Die guten Läufer waren die ersten, die Vorhut, die schauten, ob eine Zollwache unterwegs ist."

Wichtig war für ein effizientes Schmuggeln, daß die Schmugglerbande mit Unterstützung aus der Bevölkerung rechnen konnte. Zu ihrer Strategie gehörte es daher – im Unterschied zu den Zöllnern – gute Kontakte zu den Menschen an der Grenze aufzubauen. Darüber und über das Leben in einer Tiroler Schmugglerbande nach dem Ersten Weltkrieg erzählte mir ein heute sehr alter ehemaliger Südtiroler Schmuggler: „Die Schmuggler haben damals ein gutes Geschäft gemacht. Zum Beispiel haben sie in Sillian beim Schöllhammer, so hieß das Geschäft, die Sachen eingekauft. In Italien haben sie dafür das Dreifache erhalten. Es waren da jeweils 15 bis 20 Schmuggler unterwegs, mit Buckelsäcken (Rucksäcken). Ich war damals Knecht bei einem Bauern, hoch oben, bei Sexten. Einmal klopfte es in der Nacht an die Tür. Der Bauer und die Bäuerin, die Dirn und ich waren die einzigen am Hof. Der Bauer hat geöffnet. Draußen standen ein paar Burschen, die gesagt haben: ‚Bauer, laß uns hinein!‘ Die Burschen hatten große Buckelsäcke um. Sie wollten übernachten. Sie seien Schmuggler, die am nächsten Tag nach Innichen wollten, um das Zeug zu verkaufen. Sie wollten ihm dafür Zigaretten und Tabak, geschmuggelten, geben. O, Ja‘, hat der Bauer gesagt, er ist damit einverstanden, sie können übernachten. Am nächsten Tag in der Früh baten sie den Bauern um altes Gewand, alte Hüte und lange weiße Schürzen. ‚Wie Zigeuner müssen wir ausschauen‘, haben sie gesagt. So, und mit den Buckelsäcken sind sie am nächsten Tag nach Innichen. Die Italiener haben sie in dieser Verkleidung nicht als Schmuggler angesehen.“

Interessant ist übrigens, daß der junge Knecht Gefallen an den Schmugglern fand und sich ihnen anschloß. Er war der einzige Südtiroler in der Gruppe. Die anderen waren Österreicher, und sie hatten ihm das Schmuggeln als eine lukrative Angelegenheit geschildert: „Wir schmuggeln, wir verdienen weit mehr als ein Knecht. Was wir mit einmal Schmuggeln verdienen, verdient ein Knecht in einem halben Jahr nicht.“ Und mein Gesprächspartner fuhr fort: „Ich habe nun zum Bauern gesagt: ‚Bauer, wenn du mich mit den Schmugglern mitgehen läßt, so würde ich mir gerne ein Fahrrad aus Österreich herüberschmuggeln.‘ Bei uns in Südtirol konnte man nur schwer ein Fahrrad bekommen. ‚Ja‘, hat der Bauer gesagt, ‚einmal darfst du gehen.‘ Ich habe nun zu den Schmugglern aus Villgraten, von dort waren sie, gesagt, ich möchte mit ihnen mitgehen. Sie haben nichts dagegen gehabt und gesagt: ,Bua, du darfst mit uns mitgehen, ohne weiteres.' Ich bin also mit ein paar Schmugglern mitgegangen, nach Sillian, wo wir eingekauft haben. Dort habe ich schöne Fahrräder gesehen. Und die waren alle verpackt. Ich habe ein Fahrrad gekauft, es zerlegt und in den Tragekorb gegeben. Darüber habe ich ein Leintuch gespannt. Beim Fahrrad hatte ich auch Zigaretten im Korb. Das Rad war für mich, die Zigaretten habe ich verkauft. Auf den Waldsteigen der Vieher sind wir hinaufgewandert, über die Grenze und durch den Wald. Pause haben wir bei den Schwoagerinnen gemacht. Dort bekamen wir Milch. Hier und da haben die Schmuggler dort auch übernachtet. Wir sind nur im Finstern gegangen. Wenn es dunkel wurde, haben wir aufgepackt. Geschmuggelt wurde meist im Sommer. Im Winter kaum, außer es waren Spezialschifahrer." Diese beispielhaften Geschichten verweisen nicht nur auf eine Kultur des Bandenschmuggels, sondern auch auf die listigen Ideen, die jeweils neu sind und die das Schmuggeln zu einer wirkungsvollen Angelegenheit machen.

Schmuggler und Wilderer

In den bäuerlichen Gegenden, wo der Schmuggel üblich war, wie an der bayerisch-oberösterreichischen Grenze oder an der Tiroler Grenze nach Italien und der Schweiz zu, hatte auch das Wildern, die verbotene Jagd, eine große Bedeutung. Nicht selten waren Schmuggler auch Wilderer. Und solche, wie ich in meinem Buch über diese Leute geschrieben habe,[87] sind ebenso soziale Rebellen, da sie sich auf das alte Recht der Jagd, welches der Aristokrat oder später der reiche Bürger für sich alleine in Anspruch nahm, beriefen und den Hirsch oder die Gams jagten. Von Schmugglern, die gleichzeitig kühne Wilderer waren, wird auch an der bayerisch-österreichischen Grenze im Bayerischen Wald berichtet. „Das Schmuggeln und das Wildern waren in den Augen der Grenzbevölkerung, die sich auf beiden Seiten durch brüderliche Aushilfe ergänzten und in freundschaftlichem

Benehmen unterstützten, keine entehrenden oder verwerflichen Beschäftigungen", schreibt Walter Wilhelm.[88]

Wilderertum ist wie Schmuggeln charakteristisch für Kulturen der Armut, in denen vor allem junge Burschen das Abenteuer auf sich nehmen, um sich auf den Pfad des Wilderns zu begeben. Wie eng Wilderer und Schmuggler miteinander verwoben sind, zeigt sich auch darin, daß in alten Berichten und Romanen aus den Grenzgebirgen beide zusammengehören. So heißt ein Roman „Der Gams-Vestl – Ein Hochgebirgsroman aus dem Wilderer- und Schmugglerleben."[89] Darin werden das Wildern und das Schmuggeln geradezu als heldenhafte Taten der jungen Burschen geschildert und drei wiedergegebene Schnaderhüpfeln (Tanzlieder) künden dies:

„Und dös Schwirzen (Schmuggeln) und dös Brateln,
Dös is unser Freud,
übern Schnaps und dö Madeln
Geht sölles no weit!

A Wildpratschütz bin i
Und a Pascha (Schmuggler) dazua,
I tausch mit kan Kini (König),
Bin a lustiga Bua!

Sechs Schandarm, sechs Finanzer,
Sechs Jaga dazua,
San anderthalb Dutzat,
Aber für uns lang nöt gnua!"

Eine wichtige Rolle spielt im Leben dieser Wilderer und Schmuggler die Sennerin, die für auf der Flucht befindliche Burschen ein gutes Versteck weiß. Der Wilderer und Schmuggler liefert einen heldenhaften Kampf, unterliegt letztlich, aber mit Stolz.

Die Büchse, das Gewehr, gehörte zur Ausrüstung jener Schmuggler, die weit zu gehen hatten und für die das Wildern eine Sache der Selbstverständlichkeit war. Dies erzählte mir ein alter Tiroler Schmuggler: „Viele Schmuggler hatten ein Gewehr mit. Neben dem Auerhahn habe ich auch Murmeltiere geschossen. Aus denen machte man Fett. Auch Rehe habe ich geschossen, wenn eins gekommen ist. Den Jägern bin ich aus dem Weg gegangen. Und ich war flink." Auch der alte Bibelsteig, über den ich oben berichtet habe, wird mit dem Wildern in Verbindung gebracht. Gerade während der Zeit der Gegenreformation war das Wildern ein wichtiges Symbol des von der Aristokratie entwürdigten „kleinen Bauern". Der Bibelsteig muß für die Wilderer eine gewisse Bedeutung gehabt haben, wie ich dem Gespräch mit dem erwähnten Herrn aus Ramsau entnehme: „Der Bibelsteig ist auch mißbraucht worden. Hier und da hat einer ein Gamserl mitgenommen anstatt der Bibel."

Die Schmuggler an der bayerisch-österreichischen Grenze waren zumeist auch berüchtigte Wilderer. Spannend ist in diesem Zusammenhang die Geschichte, die in der „Neuen Passauer Zeitung" vom 6. März 1850 über sie berichtet wird: Lackenhäuser Schmuggler hatten in der Nähe des Dreisesselberges einen Rehbock geschossen und ihn liegen gelassen, um ihn später abzuholen. Ein Mann jedoch, der den Schuß gehört hatte, schlich zu dem Platz, sah den erlegten Rehbock, nahm ihn und brachte ihn im Schlitten zum Forsthaus. Als die Wilderer ihre Beute holen wollten, fanden sie nur die Spur des Schlittens, die zum Forsthaus führte. Dem Förster schickten die kühnen Wilderer die Nachricht, er solle sofort den Rehbock wieder dorthin legen, wo er gelegen hatte. Der Förster jedoch holte Verstärkung und zog mit den Helfern zu dem angegebenen Ort. Dort warteten die Lackenhäuser Wilderer. Das Feuer wurde eröffnet, bei dem drei der Wilderer schwer verwundet wurden. Einer starb kurz darauf. Die anderen Wilderer konnten gefangengenommen werden. Tags darauf sollen Lackenhäuser die Finanzwachekaserne, in der ihre Kollegen einsaßen, erfolglos gestürmt haben.

Wildern und Schmuggeln, dies möchte ich hier nur kurz andeuten, stehen also in einem engen Zusammenhang, denn beide haben mit sozialem Rebellentum, wie ich es verstehe, zu tun.

Der Gefängnisschmuggel

In gewisser Weise sind auch jene Leute als soziale Rebellen zu bezeichnen, die sich und anderen in der engen Situation des Gefängnisses durch Schmuggel ein angenehmeres Leben zu verschaffen suchen. Als soziale Rebellen umgehen sie mit List die strengen Barrieren und Kontrollen, die die Gefangenen von der Außenwelt trennen. Das Gefängnis als eigene, abgeschlossene Welt setzt den Insassen einer Situation aus, mit der er nur schwer zu Rande kommt. Allerdings sind jene Leute, die aus der Kultur der Kriminalität stammen, allen anderen überlegen, denn sie genießen nicht nur Ansehen im Gefängnis, sondern besitzen gute Kontakte zu ihren Bewachern und kennen Tricks, um zu den Dingen zu gelangen, die das Leben hinter den Mauern halbwegs erträglich machen und vielleicht sogar verschönen.

Es sind vor allem drei Dinge, die in das Gefängnis geschmuggelt werden: Zigaretten, Alkohol und Geld. Heute gesellen sich noch Drogen dazu. Hat jemand genügend Geld, so kann er, wie man mir erzählte, sich so ziemlich alles kaufen – mit Ausnahme von Dirnen. Als die klassische Form des Gefängnisschmuggels kann wohl die Bestechung von Gefängniswärtern bezeichnet werden. Letztere bringen dann gegen gutes Geld die erwünschten Waren hinter die Mauern des Gefängnisses. Bereits Avé-Lallemant beschreibt dies in seinem Buch.[90] Und ähnliches erzählte mir ein früherer Häftling in einem österreichischen Gefängnis: „Alkohol und Schnaps sind meist durch die Beamten hereingekommen. Für eine Flasche Schnaps, für die man draußen 70 Schilling gezahlt hat, hat der Beamte zum Beispiel 600 Schilling kassiert." Einen guten Bericht vom regen Gefängnisschmuggel gibt auch der russische Schriftsteller Dostojewski, der selbst wegen revolutionärer Tätigkeit einige Zeit inhaftiert war. Er schreibt: „Im Gefängnis gibt es immer viele Leute ... die alles verspielt und vertrunken haben, die aber bis zu einem gewissen Grade mit Kühnheit und Entschlossenheit begabt sind." Die Leute, die Dostojewski auf diese Weise schildert, sind Branntweinschmuggler, die ihre Chance zu nützen wissen, wenn sie zur Arbeit außerhalb des Gefängnisses eingeteilt sind. Für Gefangene, die sich genügend Kopeken erwirtschaftet haben, sind sie gegen gutes Geld bereit, Branntwein zu schmuggeln. Sie wenden sich an Leute ihres Vertrauens, die gegen viel Geld bei einem Schankwirt Branntwein für sie kaufen und „diesen an einem abgelegenen Ort, wohin die Gefangenen zur Arbeit kommen, verstecken". Transportiert wird der Schnaps von den Schmugglern in Ochsendärmen, die „um die verborgensten Stellen seines Körpers" gebunden werden. Dabei zeigt sich „die ganze Geschicklichkeit, die ganze diebische Schlauheit des Schmugglers. Es geht dabei zum Teil um seine Ehre", denn er muß die „Begleit- und Wachsoldaten" anführen. Kommt der Alkoholschmuggler derart bewacht zum Gefängnistor, so erwartet ihn eine genaue Durchsuchung, wie Dostojewski weiter schreibt: „Der wachhabende Gefreite muß jeden von der Arbeit zurückkehrenden Gefangenen genau untersuchen und betasten, und erst dann darf er ihm die Türen des Gefängnisses öffnen. Aber manchmal kommt ein schlauer Gefreiter auch an diese Stelle heran und findet den Branntwein. Dann bleibt nur noch das letzte Mittel: der Schmuggler steckt schweigend dem Gefreiten eine versteckt gehaltene Münze in die Hand ... gelingt das Manöver nicht, und dann muß der Schmuggler mit seinem Rücken bezahlen."[91]

Eine anscheinend wirkungsvolle Strategie, um Alkohol in das Gefängnis zu schmuggeln, dürfte, wie ich erfahren konnte, die Injizierung von Schnaps und ähnlichem in Orangen oder Zitronen sein, welche durch Verwandte zum Geburtstag oder zu Weihnachten in das Gefängnis geschickt werden können.

Eine klassische Möglichkeit, verbotene Dinge in das Gefängnis zu bringen, besteht auch darin, daß der Besucher im Gästeklosett des Gefängnisses an einem geheimen Ort die Ware hinterlegt. Der davon informierte Hausarbeiter, selbst ein Gefangener, holt sie dann und überbringt sie dem darauf wartenden Kollegen.

In jüngster Zeit ist es vor allem das Rauschgift, das auf derlei Weise in das Gefängnis eingebracht wird. Der Häftling bittet aus diesen Gründen einen Kumpanen, der entlassen wird, gewissen Vertrauenspersonen entsprechende Nachrichten, Kassiber genannt, zu überbringen. Der entlassene Kumpane transportiert einen solchen für gewöhnlich in rektaler Weise an den Wachebeamten vorbei. Diese Form des Transportes im After wird übrigens auch gewählt, wenn Gefangene zur Verschärfung der Haft in die sogenannte Korrektionszelle „verlegt" werden. Ich weiß von einem Gefangenen, daß er auf diesem Weg sogar Bierflaschen und gutverpackte Zigaretten in die karge Zelle einbringen konnte.[92]

Eine ebenfalls klassische Chance des Schmuggels ergibt sich beim Verwandtenbesuch. Dies schilderte mir ein ehemaliger Räuber: „Der Gefangene braucht viel Geld. Verdienen kann er sich nicht viel durch die Arbeit im Gefängnis. Dort darf er sich grundsätzlich nur jede Woche um einen bestimmten Geldbetrag beim Gefängnisgreißler (Gefängnishändler) gewisse Nahrungsmittel und Zigaretten kaufen. Zu Geld kann der Gefangene durch einen freundlichen Verwandten oder die Ehefrau kommen. Beim Handschlag kann ein klein zusammengelegter Tausender (1000-Schilling-Schein) hinüberwandern, aber auch beim Kuß. Dazu muß der Tausender besonders klein gefaltet sein, damit er gut mit der Zunge von einem Mund in den anderen geschoben werden kann." Die Aufseher dürften, überhaupt wenn der Gefangene vor der Entlassung steht, hiebei großzügig sein, wie der Mann weiter erzählt: „Beim gewöhnlichen Besuch sitzen einander die Besucher und die Gefangenen, durch eine kleine Barriere getrennt, gegenüber. Ein Beamter paßt dabei auf. Im Letztvollzug sitzt man mit den Besuchern an einem Tisch. Dabei ist es kein Problem, Geld zu erhalten. Der Aufseher drückt da ein Auge zu. Einmal ist einem ein 1000-Schilling-Schein hinuntergefallen. Der Beamte ist da aufgestanden und zu dem Gefangenen gegangen, und hat ihm gesagt: ‚Sie haben da einen Tausender verloren." Der Angehörige hat ihn schnell aufgehoben und ihn dann dem Mann heimlich gegeben.‘ Auch Drogen dürften solche Wege gehen. Dies berichtet u. a. die Zeitschrift „Der Spiegel": „Der Lübecker Häftling Alfred R. hatte etwas in der Socke. Genau 1,12 Gramm Haschisch stellte der Justizwachtmeister dort sicher – ein Mitbringsel der Ehefrau beim letzten Besuch."[93]

Ein freundlicher Einbrecher schilderte mir in einem Brief, den er mir aus dem Gefängnis schrieb, die jüngste Entwicklung: „Waren es früher ausschließlich Zigaretten und Tabak, Geldscheine, die Flasche Bier ... eine Flasche Rum, ganz selten Whisky ... damit war das Angebot in Sachen Geschmuggeltes zu saftigen Preisen zu Ende. Heute heißen die ‚Renner‘ Tabletten, Haschisch wird geraucht, als wäre es Landtabak, von Herointoten berichtet die Presse auch ab und zu ... die Ära des typischen kleinen Häfenschmuggelns ist endgültig out! In ist Gier und Neid, das Aussaugen Suchtgiftabhängiger ...“

Heroin dürfte die Schmuggelszene auch im Gefängnis bestimmen. So heißt es in einer österreichischen Tageszeitung unter dem Titel „Jeder Schoko-Kuß war ein Heroin-Transport!“: „Schoko war früher in der Wiener Unterwelt Leibwächter von Walter W. ... Er versuchte sich als Dealer, wurde aber mit 120 Gramm Haschisch erwischt und zu zweieinhalb Jahren verurteilt ... Schoko nahm Bestellungen hinter Gittern entgegen, die er via Telefon (!) an seine aus O. stammende Gattin Helene weitergab. Die Angehörigen der inhaftierten Süchtigen mußten mittels Erlagschein 5 000 Schilling pro Heroin-Portion auf ein eigenes Konto einzahlen.“ Die Überweisungsbelege wurden von einem Mitarbeiter Schokos kontrolliert, der der Frau Schokos die ‚Ware‘, jeweils etwa fünf Gramm verpacktes Heroin, übergab. Weiter wird berichtet: „Diese winzigen Päckchen nahm Helene zu Besuchen ihres Gatten mit, steckte sie in den Mund – und schob sie ihrem Mann bei Begrüßungsküssen unbemerkt zu! Suchtgiftfahnder des Wiener Sicherheitsbüros erfuhren von dem unglaublichen Deal im Häfen ...“[94]

Beliebte Schmuggelgegenstände sind außerdem Waffen und – früher – Werkzeuge, die dem Gefangenen die Freiheit versprachen. Der als bayerischer Ausbrecherkönig bezeichnete Theo Berger schildert in seinen aus dem Gefängnis geschmuggelten Memoiren, daß bei seiner ersten Einlieferung ins Straubinger Gefängnis (in der Nähe von München) in seinem Koffer, den ihm ein Beamter bis in die Zelle trug, eine Eisensäge versteckt war. Diese verhalf ihm zu seinem ersten Ausbruch, allerdings nicht in Straubing, sondern bei einem Zwischenaufenthalt im

Münchener Schubgefängnis, wo er sich die Freiheit „ersägte".[95]
Bemerkenswert ist übrigens, damit sind wir bei den aus dem
Gefängnis hinausgeschmuggelten Dingen, daß das Manuskript,
das Berger im Gefängnis verfaßt hatte, als Kassiber in die Welt
außerhalb des Gefängnisses wanderte.

In diesem Zusammenhang muß ich auch einen Häftling erwähnen, der während einer langjährigen Gefängnisstrafe zum
Schriftsteller wurde. Für ihn war es nämlich zu jener Zeit – zwischen 1980 und 1985 – auch wichtig, seine Manuskripte aus dem
Gefängnis zu schmuggeln, und er berichtete mir einmal:
„Damals hieß es vom Ministerium aus, man dürfe in seiner Freizeit im Gefängnis kein Geld verdienen. Also man durfte auch
keine Bücher und Artikel schreiben, für die man sich etwas Geld
erhoffte. Und man durfte nicht alles schreiben. Ich habe einmal
ein Manuskript für eine Zeitschrift einem gegeben, der gerade
entlassen wurde. Solche Leute sind wichtig, denn sie können
bestimmte Sachen weitergeben, oder auch jemanden von etwas
benachrichtigen. Als nun der Haftentlassene aus dem Gefängnis
marschierte, trug er ganz offen mein Manuskript unter dem Arm.
Das fiel einem Beamten auf. Er fragte: ‚Was haben Sie da?' Der
X. hat gesagt, er habe ein Manuskript von mir. Darauf wurde es
ihm abgenommen. Ich wurde nun von einem freundlichen
Beamten gefragt, was mir da einfiele, denn Manuskripte müßten
erst durch die Zensur. Ich habe mich bedankt, das Manuskript,
das eigentlich beschlagnahmt hätte werden müssen, genommen
und bin damit zu dem Zensurbeamten gegangen. Ihn habe ich
informiert, daß gerügt worden sei, daß er es anschauen müsse.
‚Ach ja', hat er gesagt, ‚geben Sie es her.' Dann ist es offiziell hin-
ausgegangen."

Um die Kontrolle über die Gefangenen zu einer absoluten zu
machen, ihnen also das Gefühl zu geben, daß sie einer steten
Überwachung ausgesetzt sind, werden demnach Briefe und
andere schriftliche Erzeugnisse zensuriert, sowohl die herein-
kommenden als auch die hinausgehenden. Gewisse Schriften,
von denen man nicht will, daß sie durch die Gefängniszensur
gehen, müssen also geschmuggelt werden. Mein zuletzt zitierter
Gesprächspartner hat übrigens, bevor er die Erlaubnis zum

Publizieren bekam, einen Brief an das Justizministerium schmuggeln lassen, um eine entsprechende Erlaubnis zu erhalten. Das Ministerium nahm hierauf Kontakt mit der Gefängnisleitung auf, die darob höchst erstaunt war und den Mann fragte, wie er das Ministerium über seinen Wunsch benachrichtigt habe. Er berichtete mir: „Ich habe zum Oberstleutnant gesagt: Vielleicht hat die Zensur den Brief übersehen, denn ich habe ihn an die Privatadresse des Ministers geschrieben."

Briefe, die an das Ministerium gerichtet sind, genießen also offensichtlich das gesteigerte Interesse der Gefängnisbeamten. Dieses Interesse wollte der frühere Häftling nicht wecken, und so schmuggelte er den Brief hinaus, mit Erfolg, denn er erhielt die Erlaubnis, um die er gebeten hatte.

Eine besondere Art von Kassiber bezieht sich darauf, Mitangeklagte über die Verteidigungsstrategie zu informieren. Diese Kassiber werden grundsätzlich nicht nach außen transportiert, sondern sie bleiben im Gefängnis und wandern zu den Zellen der Kumpanen. Heiter klingt ein solcher Kassiber, den ein kühner Schmalzschmuggler aus der bayerisch-oberösterreichischen Grenzregion seinem ebenfalls gefangenen Kollegen schickte. In der Donauzeitung vom 18. Mai 1935 ist er wiedergegeben: „Bei der kommenden Verhandlung wird es lustig zugehen, aufhängen kann man mich nicht und einsperren macht mir nichts, das ist eine schöne Zeit. Ich werde bei der Verhandlung Dich schonen, und Du mußt mich schonen, wenn wir gute Freunde bleiben wollen: Nur keine Feindschaft, weil diese für Geschäftsfreunde keinen Wert hat. Es wird eine Verhandlung geben, wie sie noch nicht da war; das wird lustig." Zum Leidwesen des Schreibers wurde dieser Kassiber abgefangen. Unter dem „allgemeinen Lachen im Sitzungssaal" las der Staatsanwalt ihn schließlich vor.

Der Schmuggel gehört also zum Gefängnisalltag, denn er macht es möglich, daß Menschen, die innerhalb starrer Grenzen leben müssen, dieselben, wenn auch nur teilweise, brechen, um einigermaßen mit dieser für sie tristen Situation fertigzuwerden.

Sympathien mit den Schmugglerbanden und ihre Ehre

Die klassischen Banditenführer, wie der um 1950 erschossene Salvatore Giuliano, waren auch Schmuggler, die sich nicht an die ihnen auferlegten Normen hielten. Sie genossen die Sympathie der „einfachen Leute" nicht nur, weil sie deren Versorgung gewährleisteten, sondern auch, weil sie so etwas wie Ehrenmänner waren, die der Armut trotzten.

Schon sehr früh versuchten aber ehrsame Beamte und brave Bürger das breite Volk auf die „Schädlichkeit" dieser Schleichhändler hinzuweisen. Interessant ist dazu ein Aufsatz aus dem „gemeinnützigen Unterhaltungsblatt Passavia" von 1830. Darin wird einerseits festgehalten, daß Schmuggel abzulehnen sei, aber andererseits wird ein Schmuggler zitiert, der durchaus als „anständiger" freier Mann einzustufen ist. Es hat den Anschein, als ob der Verfasser dieses Artikels mit den Schmugglern sympathisierte, obwohl er sie der Form nach verurteilen muß. Es heißt in dem Artikel unter der Überschrift „Der Schmuggler aus Grundsätzen" unter anderem: „... Wir wünschen nichts mehr, als daß es endlich wieder dahin kommen möchte, daß der grundverderbliche Schleichhandel (!) von selbst aufhöre. Allen sollen die nachfolgenden schaudervollen (!) Worte der Verkehrtheit eines sonst wackeren (!) Mannes zur heilsamen Warnungstafel sein." Und nun folgt die Wiedergabe der Worte eines Vaters, eines kühnen Schmugglers, an seinen Sohn: „Blas (so heißt der Sohn), ich habe viel Unrecht in der Welt ertragen und geduldet. Endlich kam ich in diese Berge ... Ein neues Gesetz wurde dem Land gegeben, es drang hinauf in unsere Berge, es schien mir ungerecht, abscheulich. Seitdem bin ich ein Schleichhändler geworden, ein Mann, der sich seiner Freiheit und seiner Kraft bedient, um das Recht zu schützen, das allen Menschen gebührt. Ja, Blas, wir sind alle gleich, und was einer auf ehrliche Weise erworben hat, darf ihm niemand schmälern. Wenn ich über die Felsen hinaufsteige, eine flüchtige Gams zu gewinnen, und nun dieses schwer erworbene Gut meinem Grenznachbarn bringe und diesem sage: ‚Nachbar, du kannst meine Gams besser brauchen als ich, und ich bedarf dagegen deines Korns und deines

Weins. Komm, tausche mit mir!' und der Nachbar ist zufrieden, und nun tritt ein dritter herbei und spricht: ‚Nicht so, ihr Leut! Davon muß auch ich mein Teil haben, obwohl ich die Gemse nicht erlegt, den Wein und das Korn nicht gezogen habe', – Blas, wenn das kein Unrecht, kein himmelschreiendes, strafwürdiges Unrecht ist, so will ich glauben, daß die Berge von einem Zuckerbäcker gemacht worden sind. Ich soll das Blut, das von meinen Anstrengungen am Felsen klebt, für den vergossen haben, der mir fremd ist, den ich nie sah, und den ich erst dadurch kennen lerne, daß er mich berauben will? Nein, Nein! Ignaz Tatta (der Vater) ist noch Herr seiner Kräfte und gibt seinen letzten Blutstropfen dafür hin: daß Recht bleibt, was Recht ist!" Dieser Rede des Vaters ist noch der stolze Satz beigefügt: „Er nahm nie etwas von dem Gewinne, welcher den Schmugglern von ihren gefährlichen Unternehmungen zufiel."

In dieser selbstbewußten Rede des Gebirglers offenbart sich die alte Frage des Menschen an der Grenze: Welches Recht haben die Regierenden, für Waren, die auf der anderen Seite der Grenze billig erworben werden können, beim Grenzübertritt Geld zu kassieren. Damit rechtfertigten Schmugglerbanden auch ihre illegalen Umtriebe. Man berief sich auf ein altes Recht des freien Tausches und stellte sich gegen die Herrschenden, die ihre eigenen Geschäfte mit der Grenze machen wollten – auf Kosten der kleinen Leute.

Ein ehemaliger Richter, der seinen Dienst an der bayerisch-österreichischen Grenze hatte, berichtete mir darüber: „Ein Unrechtsbewußtsein beim Schmuggel hatte die Bevölkerung nicht. Der Pfarrer von Breitenberg in Bayern, ein gewisser Moser, den ich selbst einmal als Zeuge kennengelernt habe, predigte von der Kanzel, daß Schmuggeln keine Sünde sei. Zum Ärger der Zollfahnder. In einem Fall betete eine alte Tante den Rosenkranz, während die Männer der Familie Schmuggelgut durch den Grenzbach trugen. In einem anderen Fall hatte die Großmutter die Aufgabe übernommen, die Zöllner bei ihrem Streifengang zu beobachten, während Tochter und Schwiegersohn schmuggelten. Ihre Wahrnehmungen teilte sie ihren beiden schmuggelnden Angehörigen dadurch mit, daß sie in einem bestimmten

Zimmer ihres Hauses das elektrische Licht ein- und ausschaltete. Unterstützt wurden die Schmuggler im Bayerischen Wald auch durch einen Bauern, der im Auftrag der Deutschen Bundespost noch in den fünfziger Jahren die Paketpost der Poststelle Gottsdorf (an der Grenze zu Oberösterreich) mit einem Pferdefuhrwerk zum übergeordneten Postamt in Untergriesbach beförderte. Diese Fahrten benützte er zur Beförderung von Schmuggelgut, das von Oberösterreich nach Gottsdorf von Banden geschmuggelt worden war. In Untergriesbach übergab er die Ware einem Taxifahrer aus Passau, der die Weiterbeförderung besorgte. Durchsuchungen des Zolls wehrte der Bauer mit der Berufung auf das Postgeheimnis ab."

Die Schmuggler hatten den Schutz der Leute und deren Unterstützung, denn für die Grenzbevölkerung, wie der Richter weiter meint, war „der Zollbeamte ein überflüssiger Nichtstuer, der sich seine verwerfliche Tätigkeit auch noch von dem Geld der Steuerzahler bezahlen läßt und eine Belästigung darstellt". Die Verachtung traf den Zöllner, und die Sympathie galt den Schmugglern. Und da man die Zöllner allesamt für charakterlose Gesellen ansah, fand man auch nichts dabei, sie zu bestechen. Hier ist allerdings zu betonen, daß eine Zusammenarbeit mit dem Zoll grundsätzlich nicht den Strategien der Schmuggler im klassischen Sinn entspricht. Als selbstverständlich wird hingegen beim Schmuggeln die Zusammenarbeit mit durchaus achtsamen Leuten angesehen, wie eine Geschichte aus der „Passauer Zeitung" vom 6. Dezember 1890 zeigt. In dieser Geschichte einer Schmuggelbande wird aber auch deutlich, daß die ehrenwerten Schmuggler zumindest mit der Sympathie der Verwandten und anderer Leute rechnen durften. In dem Artikel heißt es, daß ein Grenz-Oberkontrolleur beobachtet hätte, daß von der Trempelmühle in Österreich nach der Steinmühle bei Wegscheid Getreide geschmuggelt werde. Dem braven Grenzer gelang es schließlich, eine fünfköpfige Schmugglerbande zu überraschen, als sie 29 Säcke Getreide „mit Umgehung der Zollstelle und ohne Entrichtung einer Eingangsabgabe" schmuggelte. Bei dieser Schmuggelaktion, wie sich später herausstellt, waren nicht nur der Besitzer der Steinmühle und seine Gehilfen betei-

ligt, sondern auch dessen Frau und Schwiegervater, die Späher-
dienste verrichtet haben sollen. Die Sympathie mit den
Schmugglern wird auch freundlich in einem Artikel aus der
„Donau-Zeitung Passau" vom 15. Februar 1937 ausgedrückt. Es
handelte sich bei den zitierten Schmugglern, die man des Vieh-
schmuggels überführt hatte, um eine Bande, die auf die zuvor-
kommende Unterstützung der Menschen an der Grenze, zu
denen auch sie gehörten, rechnen durfte. Es heißt in dem
Bericht von der Gerichtsverhandlung unter anderem: „Die Ange-
klagten wohnen größtenteils in Ortschaften, die nahe der
Grenze liegen ... Reischl (ein Bauer) stellte außerdem bei verschiedenen Schmuggelgängen sein nahe an der Grenze liegen-
des Anwesen gegen Geldentschädigung zum vorläufigen Einstellen von Schmuggelvieh zur Verfügung, welches später dann
ohne Gefahr aus seinem Hofe weiter ins Inland getrieben
werden konnte ... In der Hauptverhandlung waren die Ange-
klagten ihrer Schuld vollauf geständig. Ihr Verteidigungsstreben
ging darauf hinaus, ihre wirtschaftliche Not dem Gericht möglichst eindrucksvoll klar zu legen ..." Die Mitglieder von
Schmugglerbanden gehörten in das Bild der Dörfer an den
Grenzflüssen und Grenzbergen. Daß sie durch ihre Aktivitäten
auch noch über beträchtliche Summen Geldes verfügten – was
sie oft dadurch bekundeten, daß sie im Gasthaus anderer Leute
Zeche bezahlten – erhöhte ihr Ansehen bei der Bevölkerung.
Die Schmuggler genossen ihren „guten" Ruf und sorgten stets für
Gesprächsstoff an Biertischen. Dieser alten Schmugglertradition
entspricht es nun, daß man die Erinnerung an heldenhaft ver-
unglückte oder getötete Schmuggler manchmal in Form eines
Gedichtes oder eines kleinen Denkmals wachhielt. Auch in der
Kultur der Wilderer gibt es derartige heroische Gedenksteine,
Bildstöcke und Lieder, denn beide, Wilderer und Schmuggler
haben als Helden der kleinen Leute das Abenteuer des Rechts-
bruches auf sich genommen. Ein bemerkenswerter Gedenkstein
ist das sogenannte „Salzschwärzerkreuz", auf das ich bei einer
Radtour entlang der Donau zufällig stieß. Dieses Kreuz in der
Nähe der Ortschaft Inzell erinnert an drei Bauern, die am 11.
März 1923 geschmuggeltes Salz in einer Zille aus Bayern nach

Inzell bringen wollten. Von dort sollte es weiter nach Böhmen gebracht werden. Sie waren zur Nachtzeit unterwegs, um nicht von Finanzern erwischt zu werden. Um zwei Uhr früh kehrten die drei Männer – Anton Höllinger, Georg Höllinger und Josef Lang – noch in einem Gasthaus in Schlögen ein. Bei der Weiterfuhr gerieten sie mit ihrer Salzfracht in eine Stromschnelle und ertranken in den reißenden Fluten der Donau. Sogar ein Gedicht wurde auf diese drei Schmuggler verfaßt, und zwar von dem Mundartdichter Herbert Emmerstorfer. Auszugsweise heißt es darin:

„... Von Boarn draußtn eine: Da haben sie's grad bracht,
am Donaustrom, aber, ganz hoamlih bei Nacht!
Jetzt ruaderns halt fleißi, in Eil, auf Inzell,
denn die Finstern is umi, es wird schon taghell!
Sie legn sih ins Zeug und ruadern verwegen,
durch d' Wirbln treiben s' zuber, in Steilhang entgegn!
Doch d' Zillenfahrer reißn s' noch umer voll Kraft,
nur 's Ruderzeug bricht – sonst höttn sie 's gschafft!
Da pralln s' aft auf d' Stoaner, d' ganze Woadzilln schälts auf,
durch d' Nässn wird Salz schwar, vasinkn gleih drauf!
Drei Manner dasaufn und 's Salz schwoabt 's am Stoan,
D' laar Woadzilln treibt 's weiter, am Wasser aloan ..."

Die Schmugglerbande ertrank in der Donau, und ihre Mitglieder wurden zu Helden, für die man ein fast barock anmutendes Kreuz errichtete. 1982 wurde es restauriert, und 1985 säuberte man die Umgebung des Kreuzes von Graswucherungen, wie Alois Lischka berichtet.[96]
Ebenso wurde im Sommer 1988 in der Nähe der deutsch-tschechischen Grenze, in Neuaign, einem Schwärzer ein Denkmal gesetzt. Der Mann trägt einen Hut und zieht an einem Strick eine Kuh hinter sich her, während sich ein kleiner Hund an seine Beine schmiegt.
Zu den Liedern, welche die alten Schmuggler verherrlichen, gehört neben dem bereits zitierten Lustenauer Schmugglerlied noch ein anderes Lied aus dieser Gegend. Es ist überschrieben

mit „Üsa Ländli Luschnou" (Unser Land Lustenau), und die letzte
Strophe lautet:

„Wann mir amöl gstoorbo siend, dann machands meor asou
(Wenn wir einmal gestorben sind, dann machen wir es so)
Klockand a d´rr Himmelstouor, Petrus tuot is uuf.
(Klopfen an das Himmelstor, Petrus macht es auf.)
Mer könd dirakt vo Luschnou häor.
(Wir kommen direkt von Lustenau her.)
Hönd gschwerzt und gschmuggliat bodo schär.
(Haben geschwärzt und geschmuggelt schwer.)
Gott Vatr lachat und heat ´s ghoort, und Petrus tuot is uuf.
(Gott Vater lacht und hat es gehört, und Petrus tut es auf.)"

Vom heldenhaften Mythos, der den Schmuggler umgibt, hofft
auch der Fremdenverkehr zu profitieren. So veranstalten in
Ischgls im Paznauntal rührige Fremdenverkehrsspezialisten
während der Sommermonate Schmugglerwanderungen, bei
denen erlebnishungrige Urlauber unter der Leitung eines Berg-
führers auf den alten Schmuggelpfaden über Jöcher vom Tirole-
rischen ins Schweizerische – nach Samnaun – gehen. Ähnlich
wird im Österreich-Magazin „Reiseland" vom Oktober 1990
unter dem Titel „Den Schmugglern auf der Spur" ein Marsch von
Vorarlberg in die Schweiz angepriesen. Es heißt da: „Wo einst
Schmuggler auf ausgetretenen Pfaden die Pässe passierten,
wandern heute Urlauber mit leichtem Gepäck. Ab 6 500 Schilling bietet Rail Tours Austria ein Pauschalarrangement für wan-
derlustige Urlauber in Vorarlberg an." Der sich vom alltäglichen
Arbeitsdruck erholende Wandersmann erfährt auf diese Art und
Weise wohlig, unter welchen Strapazen frühere Bergbewohner
Schmuggelgut zu transportieren hatten.
Es gibt aber auch noch ganz besondere Gedenkstätten für die
alten Schmuggler, von denen ich eine in Wegscheid besucht
habe: Das Museum nennt sich stolz „Zollmuseum". Den Besucher interessieren allerdings weniger die Tätigkeiten der Grenzbeamten als die Finten und Abenteuer der bäuerlichen
Schmuggler, für die er schließlich Sympathien aufbringt.

Ein ähnliches Museum befindet sich in der Basler Vorortgemeinde Allschwil. Hier sind unter anderem zu sehen: ein paar Lederschuhe mit aufklappbaren Sohlen sowie flache Feldflaschen, die unter der Hose ans Bein gebunden wurden. Im Nachbarort Oberwil gibt es ein Gasthaus, das an alte Schmugglergenerationen erinnern soll. Es ist bemerkenswert, daß diese gastliche Stätte bis 1988 „Kreuzstraße" hieß und sich nun stolz „Smuggler´s Pub" nennt. Man hat hier einen kühnen Namen gefunden, mit dem man auf die verwegenen Gesellen hinweisen kann, die den Zöllnern an der französischen Grenze das Leben schwergemacht haben. Sie sind Symbolfiguren der Freiheit, nämlich einer Freiheit von kleinbürgerlich-staatlichem Zwang, mit denen sich der brave Bürger identifizieren kann. Auf das soziale Rebellentum der Schmuggler wird in der Bemalung der Wände des „Smuggler's Pub" deutlich hingewiesen. Die Wandmalereien entstanden während des Ersten Weltkrieges und stellen das rege Schmugglerleben an der elsässisch-schweizerischen Grenze dar, zu einer Zeit, als das Elsaß unter deutscher Verwaltung stand und die Lebensmittelausfuhr in die Schweiz nicht gestattet war. Zu nächtlicher Stunde führten damals Elsässer Bauern Käse, Kartoffeln, Milch und Eier in die Schweiz und brachten dafür Schokolade, Kaffee, Saccharin, Tabak, Seife und Petroleum mit herüber. Und ein Spruch im „Smuggler´s Pub" will wohl anzeigen, daß die Zöllner es nicht leicht hatten, der Schmuggler habhaft zu werden:

„Vom ne Zöllner wird verlangt,
Daß er au emool e Schmuggler fangt."

Diese alte Schmugglerkultur ist heute in großen Teilen Europas im Verschwinden, denn die Grenzen lösen sich auf, und der Handel wird grenzenlos. (In den Ländern Asiens und Afrikas gibt es sie aber noch.) An ihre Stelle sind jene Leute und Banden getreten, die verbotene Waren, wie Drogen und Waffen, über weite Gebiete verhandeln. Diese Spezialisten stehen nicht mehr in jenem Ansehen, das die stolzen alten Schmuggler genossen. Anders als diese sind sie keine sozialen Rebellen, sondern eher gewinnsüchtige Unternehmer.

Schmuggel als Unternehmen und Geschäft

In den vorhergehenden Kapiteln habe ich mich bemüht, auf Schmuggler als soziale Rebellen einzugehen, also auf jene Leute, denen es vorrangig darum ging, in Zeiten der Not durch Schmuggel Menschen zu helfen, sie mit wichtigen Gütern zu versorgen und selbst zu etwas Geld zu kommen. Grundsätzlich gehören diese Schmuggler und Schmugglerbanden der an der Grenze lebenden Bevölkerung an. In den nachfolgenden Kapiteln werde ich mich auf den Schmuggel als Unternehmung beziehen, nämlich auf jenen Schmuggel, der gut organisiert ist und hinter dem eine mehr oder weniger strenge Hierarchie steht. Das Wohlergehen der belieferten Menschen scheint den Lieferanten im wesentlichen gleichgültig zu sein. Man will Geschäfte machen und alles andere ist nebensächlich.

Es gibt bei solchen Unternehmungen zwei Typen: Beim einen Typus geht es darum, Dinge über die Grenze zu bringen, die im Ausland billig sind, bei denen also das Preisgefälle eine Rolle spielt. Vornehmlich handelt es sich dabei um Güter wie Gold, Uhren, Zigaretten, Leder und andere Sachen. Der zweite Typus des Schmuggelunternehmens vertreibt Waren, die im Inland schlichtweg verboten sind, weil vor allem eine gesundheitliche Schädigung der Menschen befürchtet wird. Zu solchen Waren zählen heute Rauschgifte und Waffen, früher waren es auch Alkohol und Saccharin, die in manchen Ländern nicht eingeführt werden durften. Charakteristisch für beide Arten von Unternehmungen ist es, daß mehr oder weniger generalstabsmäßig vorgegangen wird, um zu stolzen Gewinnen zu gelangen.

Schmuggelunternehmen mit ungefährlichen Gütern

Bereits in der Schmuggelkultur der sozialen Rebellen gibt es so etwas ähnliches wie ein Unternehmertum unter Schmugglern, allerdings ist es dort nicht ausgereift. Auf ein solches Unternehmertum deutet ein Bericht aus dem Jahre 1949 hin, in dem gemeldet wird, daß im Tiroler Kaunertal 22 Stück geschmuggeltes Vieh sichergestellt und zehn Schmuggler ausgemacht werden konnten, während zwei als Anführer angegebene Landarbeiter „hartnäckig leugneten". Die beiden Arbeiter dürften Schmuggelaktionen mit Vieh organisiert haben. Diese Banden agierten jedoch noch ohne große Führer und ausgeklügelte Strategien – wie überhaupt solche Strategien eher ein Produkt neuerer Zeiten zu sein scheinen und offenbar auch einen gewissen Bildungsgrad des Chefs sowie ausgereifte Technologien voraussetzen.

Die heutigen Schmugglerchefs verhandeln im großen Stil Waren, sind aber selbst bei den Aktionen grundsätzlich nicht anwesend. Dadurch unterscheiden sie sich wesentlich von den alten sozialen Rebellen.

Von einem Unternehmer läßt sich sprechen, wenn strategisch in großen Mengen und geschäftsmäßig geschmuggelt wird. In diesem Zusammenhang soll ein Schmugglerchef erwähnt werden, von dem in der Zeitschrift „Alpenland" vom Juni 1966 unter der Überschrift „Lustig ist das Schmugglerleben" berichtet wird: Der Mann aus dem Schweizer Wallis hatte einer Tageszeitung freimütig berichtet, daß er jährlich einen Transport von etwa zweieinhalb Millionen Päckchen Zigaretten über das Gebirge nach Italien organisiere. „M", wie er abgekürzt genannt wird, bezifferte während des Interviews, das in seiner luxuriösen Villa stattfand, seinen Jahresumsatz auf rund 270 bis 420 Millionen Lire, wobei er 25 Prozent vom Umsatz Gewinn mache. „M" befehligt eine Reihe von Schmugglern, wobei jeder Träger rund 35 bis 40 Kilogramm Zigaretten durch das Gebirge schleppt und dafür 3 000 bis 4 000 Lire erhält. Die Schmugglerkolonnen deponieren ihre Waren in Verstecken, von wo sie in der darauffolgenden Nacht von italienischen Trägern geholt werden. Das „Berufsrisiko" ist dabei für die italienischen Schmuggler größer. Wohl kassieren sie bis zu 13 000 Lire pro Tour, sie riskieren aber hohe Geld- und Gefängnisstrafen. Um sich die Arbeit zu erleichtern, legten sich die Schmuggler im Gebiet des Großen Sankt Bernhard sogar ein Raupenfahrzeug zu, in dem sich die Traglast von etwa zehn Mann verstauen läßt. Nach Angaben der Walliser Schmuggler ist das Fahrzeug ein Geschenk ihrer um den Nachschub besorgten italienischen Kollegen. Der Schmugglerchef fügt ergänzend hinzu, daß man in Zukunft vielleicht sogar daran denke, einen Hubschrauber einzusetzen – immerhin betrug 1964 der jährliche Tabakexport von der Schweiz nach Italien an die 135 Millionen Franken.

Auch im Jahre 1986 mußten sich vor einem Gericht in Como 150 Mitglieder eines Schmugglerrings verantworten. Dieser hatte zwischen 1979 und 1981 über 2 000 Tonnen Zigaretten in 160 Lastwagenfuhren aus der Schweiz nach Italien geschleust. Organisiert wurden diese Schmuggelaktionen von bekannten Schmugglerfamilien aus Como und Mafiosi aus Neapel. Aber auch bestechliche Leute der Grenzbehörde sollen hier mitgemischt haben.[97]

Beim Zigarettenschmuggel bestehen weitverzweigte Verbindungen zwischen großen Schmuggelunternehmen. Darauf wurde ich in einem Gespräch, das ich mit einem achtbaren Wiener Detektiv geführt habe, aufmerksam.

Viele Unternehmen besitzen ein kompliziertes System der Vermittler und Wiederverkäufer, so auch im Zigarettenschmuggel, wie er sich in den letzten Jahren in Wien entwickelt hat: In Dutyfree-Shops bzw. Zollfreizonen werden Zigaretten meist amerikanischer Herkunft gegen Devisen von in Österreich damit Handel treibenden Leuten erworben. Über ein Verteilersystem werden die aus dem Ostblock stammenden Zigaretten in Österreich und den anderen Ländern des Westens verkauft.

Während der ersten Hälfte des Jahres 1989 wurden von den Zollbehörden an der steirisch-jugoslawischen Grenze ca. 8 Millionen Zigaretten beschlagnahmt. Um vieles mehr ging ihnen durch die Lappen, zumal, wie es in einem Zeitungsartikel heißt, der Leiter der steirischen Zollfahndung, ein Hofrat, es verabsäumt hatte, seine Beamten, weil sie überlastet waren, eigens dazu anzuhalten, „die gigantische Zigarettenschmuggelei an der österreichisch-jugoslawischen Grenze" genau zu kontrollieren. Die erboste Generaldirektion der Austria Tabak setzte daraufhin Detektive ein, die den Wegen des Zigarettenschmuggels nachgehen sollten. Einer der Detektive kam dahinter, daß auf dem Wiener Flohmarkt, ab ungefähr 12:30 Uhr „totale Narren- und Betrugsfreiheit" existiert und der Zigarettenschmuggel floriert. Denn die „Streifen durch Beamte des Marktamtes in Begleitung von Sicherheitswachebeamten können nur vormittags durchgeführt werden, weil nachmittägige Überstunden nicht mehr bewilligt werden". Dies wissen die Zigarettenschmuggler ebenso wie ihre Wiederverkäufer. Für die illegalen Händler ist es außerdem kein Problem, die kontrollierenden Beamten zu erkennen. Dazu wird festgehalten: „Die Zollfahndung streift ebenfalls nur vormittags. Dafür aber in Begleitung von zwei Marktbeamten und drei Sicherheitswachebeamten." In dem mir vorliegenden Bericht heißt es ironisch weiter: „Unauffälliger dürfte es nicht mehr gehen. Die Herren der Zollfahndung tauchen regelmäßig um circa 10:00 Uhr auf. Die Nachricht breitet sich in Schmugglerkreisen wie ein Lauffeuer aus. Die illegale Ware wird erst nach dem Erscheinen der Behörde offeriert." Auf dem Wiener Flohmarkt vermögen die ausländischen „Zigarettenhändler" also ohne Schwierigkeiten jede Menge ausländischer Zigaretten zu beschaffen. So kann man 100 Stangen „Dunhill" oder „Marlboro" zu 100 Schilling pro Stange erwerben. Dieser Zigarettenschmuggel dürfte in den Händen einiger weniger „Organisatoren" liegen, denen jedoch schwer auf die Schliche zu kommen ist. Für die österreichische Tabakindustrie sind jedenfalls mit diesem illegalen Handel große Verluste verbunden. Daher erklärte sie sich 1989 bereit, für „zweckdienliche Hinweise", um Zigarettenschmuggler fassen zu können, Prämien zu bezahlen. Mit dem Zigarettenschmuggel wird schließlich auch die Mafia in Verbindung gebracht, die hiebei gut verdient haben soll, sich jedoch heute auf einträglichere Geschäfte verlegt hat.[98]

Bis heute ist die Tradition des organisierten Zigaretten- bzw. Tabakschmuggels ungebrochen. Diese Tradition wird in der Oper Carmen besungen und bestimmt das Leben vor allem in den Kulturen der Armut, wie zum Beispiel in Neapel.

So erzählte mir 1990 ein hoher italienischer Zollbeamter, daß in Neapel, als man dort vor allem den Zigarettenschmuggel besonders strengen Kontrollen unterwarf, die Schmuggler regelrecht gestreikt hätten. Die auf Schiffen nach Neapel gebrachte Schmuggelware gelangte also nicht zu den Konsumenten, was diese sehr verärgerte.

Durch den organisierten Schmuggel ist in solchen Gegenden eine gewisse Art der Versorgung überhaupt erst möglich. Davon profitieren die Schmugglerchefs und ihre Familien. Ich werde weiter unten mich näher mit den Leuten der Mafia befassen, denn in ihren Händen liegt nicht nur der Schmuggel mit Zigaretten und anderem, sondern heute vor allem der mit Drogen.

Auch jener Schmuggelring, der im Mai 1990 an der italienisch-schweizerischen Grenze aufflog, machte einträgliche Geschäfte. Den italienischen Zollfahndern fielen ungefähr 10 000 Uhren, 5 000 Taschenrechner, 3 000 Videogeräte, 500 Funkgeräte, 100 Fernsehapparate und 100 drahtlose Telefone in die Hände. Diese geschmuggelten Dinge waren im Tessin eingekauft und heimlich nach Italien gebracht worden. Die Schmugglerorganisation umfaßte insgesamt 42 Personen, vom eigentlichen Schmuggler bis hin zum Wiederverkäufer.

Von besonderem Reiz ist der Uhrenschmuggel. Dazu gehört auch der Schmuggel mit den Imitationen teurer Uhren. Mit einem solchen Uhrenschmuggler, der einem Schmugglerring als Transporteur dienlich war, ihn aber nicht organisierte, konnte ich ein interessantes Gespräch führen. Der Mann mußte Uhren über die Grenze nach Ungarn bringen, wo die Nachfrage nach billigen guten Uhren in den sechziger Jahren groß war. Er ging bei seinen Schmuggelaktionen abenteuerlich vor, wie seinen Schilderungen zu entnehmen ist: „Zum Uhrenschmuggel kam ich durch geflohene Ungarn, die zu mir gesagt haben: Mit Uhren kann man gute Geschäfte in Ungarn machen. Ich habe mich bereit erklärt, da mitzutun. Die Uhren übergaben mir Wiener Händler. Ich sollte also Uhren nach Budapest bringen. Erwischen durfte ich mich nicht lassen. Die Strafen waren hoch.

Um die Uhren hinüberzuschmuggeln, trug ich sie an meinem Körper. Zunächst war ich, als Ausflügler getarnt, mit einem Kollegen in Autobussen unterwegs. Von den 30 Leuten im Autobus waren vielleicht 15 Schmuggler. Einige haben für Verwandte

geschmuggelt. Einige waren, so wie ich, professionelle Schmuggler. Ich fuhr oft mit Uhren hinüber. Dadurch fiel ich auf. Einmal holten sie mich heraus. Da ist mir das Herz in die Hose gefallen. Ich mußte meine Koffer aufmachen. In diesen war nichts. Dann hat man gesagt: Leibesvisitation. Ich trug ja die Uhren am Leib. Ich ging mit in das Zollgebäude der Ungarn. Krampfhaft habe ich überlegt, was ich nun machen soll. Zuerst zog ich meine Schuhe und Socken aus. Die Socken habe ich provozierend langsam fallen gelassen. Dann habe ich mein Sakko (Jackett) ausgezogen. Langsam gab ich mir die Krawatte herunter. Mein Hemd machte ich nur ein kleines Stück beim Hals auf. Nun ließ ich meine Hose herunter und stand in Unterhosen da. Unter der Unterhose trug ich ein enges Mieder, in dem sich die Uhren befanden. Jetzt habe ich scharf gesagt: ‚Was ist, wollen Sie mich vollkommen nackt sehen?‘ Ich bin richtig ordinär und ausfällig geworden und habe so getan, als ob ich die Unterhose herunterreißen würde. Da hat der Zöllner plötzlich gesagt: ‚Das genügt!‘ Und ich: ‚Ist in Ordnung, gut!‘ Das war die einzige Chance für mich. Ich habe mich wieder angezogen. Dann bin ich auf die Toilette gegangen und bin dort eine Viertelstunde gesessen. Und habe furchtbar gezittert, vor Aufregung. Ich wollte nicht haben, daß man mich zittern sieht.
Dieses Geschäft mit den Uhren habe ich ein paar Jahre gemacht. Eingekauft habe ich sie in Italien, in der Schweiz und in Österreich. Ich war in einer Gruppe und als Transporteur tätig. Es hat sich herumgesprochen, daß ich zuverlässig bin und harte Nerven habe. Leute verschiedener Nationalitäten, Jugoslawen, Ungarn, Juden und Albaner, waren dabei. Ich wurde zum Chef der Transportgruppe. Alleine lassen sich solche Schmuggelgeschäfte nicht durchführen."
Mein Gesprächspartner, ein heute 52 Jahre alter, gepflegter Mann mit Charme und Witz, war also langsam mit dem Schmuggel konfrontiert worden. Er hatte Leute kennengelernt, die zwischen den Kulturen lebten, als Flüchtlinge aus dem Osten, und ihre Sympathien geweckt.
Im Stile betrieblicher Unternehmen hatte auch diese Schmugglerbande ihre Hierarchie, mit ihren Chefs und ihren verschiede-

nen Untergebenen. Chef der herumziehenden Schmuggler war in diesem Falle mein Gesprächspartner, der allerdings später nicht bloß Uhren schmuggelte.

Er erzählte mir auch von einem weiten Netz dieser Schmuggelunternehmen mit ihren vielen Kontakten und Beziehungen.

Auf einer außerstaatlichen, man kann sagen überstaatlichen illegalen Ebene stehen Schmuggler miteinander in Verbindung. Es geht um das große Geschäft, wozu man fähige Leute braucht, ähnlich wie in einem modernen Betrieb. Auch darauf weist mein Informant hin: „Man muß in diesem Geschäft zuverlässig sein und gut organisieren können. Und ich kann dies. Ich war damals, in den sechziger Jahren, der Jüngste – ich war 25 Jahre –, der solche Transporte organisiert hat. Später habe ich sogar eigene LKWs gehabt. Die mit mir gearbeitet haben, habe ich angeworben. Sie kamen aus meinem Freundeskreis. Auch gute Frauen hatte ich, auch eine Jugoslawin, die hat man aber erwischt, bei einem Geldtransport. Geschmuggelt habe ich so ziemlich alles. Man hat mich gefragt, ob ich fahren will und hat mir zum Beispiel für eine Fuhre 20 000 Schilling in bar angeboten, das waren damals, um 1966, drei bis vier Monatsgehälter."

Die modernen Techniken der Nachrichtenübermittlung und Transportsysteme stehen im Gegensatz zum Fußmarsch der alten sozialen Rebellen, wie ich sie oben geschildert habe. Dieses weite Netz der modernen Schmuggler großen Stils bringt es auch mit sich, daß interessante Strategien entwickelt werden, um das Geschäftsrisiko zu minimieren. Dazu erzählt mein Freund: „Solch ein Schmuggelunternehmen ist wie ein Staat. Bis nach Südamerika gehen die Verbindungen. Die großen Schmuggler kennen sich untereinander. Es gibt sogar eine Versicherung für Schmuggeltransporte. Diese Versicherung hat ihren Sitz in Belgien." Auf meine ungläubige Miene hin erklärte der Mann mit Nachdruck, die volle Wahrheit zu sagen, und er fuhr schließlich fort: „Zuerst habe ich mit Uhren geschmuggelt, dann mit Gold. Das haben wir in der Türkei gekauft, dann bestimmte Goldmünzen, die bei den Jugoslawen sehr gefragt waren. Die Münze heißt Reshadi. Durch einen Wiener Juden lernte ich einen Albaner kennen, der in Istanbul ansässig ist. Auf dem

Hinweg nach Istanbul habe ich Uhren geschmuggelt und am Rückweg kamen die Goldmünzen nach Albanien."

Durch den Uhrenschmuggel bekam mein Freund auch einen Kontakt zum internationalen Fälschertum, dem es prächtig gelingt, Markenartikel jeder Art gut zu imitieren, ein über die ganze Welt verbreitetes Geschäft. Heute ist es vor allem Ostasien, wo kühne Fälscher am Werk sind. Aber auch in Mailand waren sie tätig, wie der distinguierte Schmuggler ausführt: „Ich kannte einen Slowenen, der hatte einen Uhrenhandel in Triest. Ich war oft bei ihm, um Uhren zu holen. Bereits damals, gegen 1970, handelte er mit gut nachgemachten Uhren. Die Türken, zu denen ich die Uhren brachte, haben sie nicht als falsche erkannt. Eingekauft wurden diese Uhren in Mailand, in einer unterirdischen, illegalen Uhrenfabrik. Diese war in einer großen Villa untergebracht. Steuern haben die keine bezahlt. Uhren, die damals 160 Schilling gekostet haben, haben die um 90 Schilling verkauft. Heute sitzen die größten Uhrenfälscher in Thailand. Meine Rolex hat 120 Schilling gekostet. In der Fabrik in Mailand saßen an die 30 Leute an Pulten und haben den ganzen Tag Uhren gefälscht. Wenn eine Polizeikontrolle oder etwas ähnliches kam, haben sie bloß die Pulte umgeklappt. Der Fabriksraum hat dann wie ein normales Wohnzimmer ausgesehen. Uhren haben wir bis nach Afrika geschmuggelt."

Bemerkenswert ist auch folgende Geschichte meines Freundes, in der er berichtet, wie er als Uhrenschmuggler in den Verdacht geriet, ein „Südtirol-Bumser" zu sein, also jemand, der Sprengstoff nach Italien schmuggelt, um dort Terrorakte durchzuführen: „Meine Truppe hatte auch Sportwagen. Wieder einmal war ich mit einem Sportwagen in Triest, um von dem Slowenen Uhren zu holen. Diesen Wagen stellten wir auf Rat des Slowenen in eine Garage.

Diese Garage – das war das Blöde an der Sache –, gehörte einem seiner Bekannten, von dem er glaubte, er sei noch auf Urlaub. Leider ist dieser Mann früher als erwartet zurückgekehrt. Er wußte aber nichts davon und war entsetzt, als er uns in der Garage sah. Wir waren gerade dabei, die Uhren, die in kleine Pakete verpackt waren, einzuladen. Überall lagen Uhrenpakete herum. Sofort hat er die Polizei verständigt. Die kam, und wir wurden verhaftet. Man führte uns auf die Quästur. Das war gerade zur Zeit der Südtirol-Bumser. Die Polizisten glaubten nun, daß sich in dem Auto Bomben befinden. Das Auto hatte ja eine Wiener Nummer. Daß Uhren drinnen sind, das wußten sie noch nicht, die waren ja verpackt. Ein Polizist befahl mir, ein Paket zu öffnen. Die Polizisten sind, während ich das Paket öffnete, aus der Garage gegangen und haben mir von Ferne zugeschaut. Sie hatten Angst vor einer Bombe. In Ruhe machte ich das Paket auf und zeigte bedächtig eine Uhr her. Ich bat, telefonieren zu dürfen. Ich rief den Slowenen an und bat ihn, mir unbedingt zu helfen. Und er regelte die Sache auch. Wir verbrachten einen halben Tag bei der Polizei. Der Slowene war schlau. Er hat sofort die Uhren in seine Geschäftsbücher eingetragen und auch, daß ich die Ware kaufte. Wohin die Uhren gehen, das hat er nicht geschrieben. So ist alles gut ausgegangen. Mit den Uhren fuhren wir dann nach Istanbul. Zwischen 6 000 und 10 000 Uhren hatten wir bei uns. Es handelte sich dabei um eine enorme Summe. Die Uhren waren gut versteckt, im Tankraum, in einem doppelten Boden hinten. Auch die Querstreben waren vergrößert. Sie hatten einen Spezialverschluß."

Antiquitäten

Eine besondere Bedeutung im westlichen Europa, in dem Menschen vermehrt nach exquisiten Dingen Ausschau halten, ist im übrigen auch der Schmuggel mit Antiquitäten und archäologischen Fundstücken. In Wien sind es Polen, Jugoslawen, Zigeuner und andere ehrenwerte Leute, die sich zu regelrechten Schmuggelfirmen zusammengeschlossen haben. Auf solche in Wien tätige Schmuggelunternehmen ging auch ein hoher Zollbeamter im Gespräch mit mir ein: „Es gibt Spezialisten für Antiquitäten. Das sind jugoslawische Emigranten (Zigeuner). Ich sage immer Edeljugo zu den Schlitzohren. Da liefert einer den anderen ans Messer. Wir hatten einen Fall, da haben wir einen eingesperrt gehabt, nachdem ihn ein anderer verraten hatte von derselben Sippschaft. Später ist die ganze Familie gekommen, um ihn im Gefängnis zu besuchen. Der, der ihn ans Messer geliefert hat, ist ihm mit Tränen in den Augen um den Hals gefallen. Das ist sehenswert! Die schmuggeln Pendeluhren, diese haben sie aus Jugoslawien und der ČSFR. Altösterreichisches Kulturgut wird wieder nach Österreich gebracht. Bei uns ist die Einfuhr nicht verboten, aber einen Zoll muß man dafür zahlen. Antiquitäten, die über 100 Jahre alt sind, sind zollfrei. Man zahlt keinen Zoll, aber die Einfuhrumsatzsteuer. Das sind 20 % vom geschätzten Wert.

Das ist so ein Problem mit dem Schätzen. Man braucht einen Sachverständigen. Der sagt: Das ist was Wunderschönes und kostet 100 000 Schilling. Und der andere: So besonders ist das auch nicht."

Die Einfuhr solcher alten Sachen zu kontrollieren, ist für den Zollbeamten nicht leicht. Er weiß jedoch von den geplanten Aktionen diverser Händlergruppen, die mit Tricks den Zoll zu umgehen suchen. Der Beamte ergänzt: „Diese Leute gehen schlau vor. Sie zerlegen die Pendeluhren und bringen sie versteckt in den Autos herüber. Ein gutes Geschäft waren die alten Puppen mit Porzellanköpfen und Holzgliedern. Alle aus Ungarn, der Tschechei."

Eine große Bedeutung hat der Schmuggel mit urgeschichtlichen Gegenständen. Nach Auskunft eines ambitionierten Wiener Sammlers solcher Kostbarkeiten liegt dieser Schmuggel in den Händen von Schmugglerringen, die ihre Fäden bis nach Italien und Deutschland ziehen. Es sind Bauern, die beim Pflügen im Umfeld der alten römischen Städte Sirmium und Virminatium, in der Nähe von Belgrad gelegen, auf archäologische Stücke, wie Gürtelschnallen, Münzen, Plastiken und Fibeln aus Bronze, stoßen. Diese verkaufen sie günstig an Zigeuner, die ihrerseits wiederum Kontakte zu anderen Händlern haben.

Der Wiener Sammler, von dem ich dies erfuhr, besitzt selbst zwei Grabsteine, einer 120 und der andere 80 Kilogramm schwer, die er von jugoslawischen Schmugglern gekauft hat. Die

Jugoslawen schmuggelten die Grabsteine im Auto über die Grenze.

Im Gegensatz zum üblichen Schmuggel verbietet beim Antiquitätenschmuggel das Land, aus dem das Stück stammt, die Ausfuhr. Das betreffende Land will einen Ausverkauf eigener Kulturgüter verhindern und achtet sorgsam darauf, daß diese nicht außer Landes kommen. Dennoch hat sich gerade im Osten eine Kultur des Antiquitätenschmuggels etabliert, von dem unter anderen fahrendes Volk, wie die Zigeuner mit ihren Beziehungen über die Grenzen, profitieren. Mir wurde erzählt, es würde seit Jahrzehnten ausgesprochene Spezialisten auf diesem Gebiet geben, die genau wüßten, wo kostbares altes Gut zu finden sei. So sei besonders der Ort N. an der jugoslawisch-rumänischen Grenze ein Eldorado für Ausgräber. In der Uferlandschaft der Donau würde es noch ungehobene römische Grabstätten geben, von denen die Fachleute nichts wüßten. Eifrige Leute seien dort am Werk, um nach Dingen, die man gegen Gewinn über die Grenzen bringen kann, zu suchen.

Aus diesen Gegenden wird auch der Wiener Flohmarkt mit archäologischem Material beliefert. In Kartons und auf Tüchern werden dort urgeschichtliche Stücke – vor allem aus Bronze – ausgebreitet und angeboten. Daneben ist es ein Kaffeehaus beim Wiener Westbahnhof, wo sich an Sonntagvormittagen allerhand Leute, darunter nicht wenige Schmuggler, treffen, um mit kostbaren Artikeln zu handeln. Die Nachfrage soll groß sein. Auch ich habe an einem solchen Vormittag an dem eher illegalen Betrieb teilgenommen.

Es sind nicht immer echte Dinge, die aus dem Osten herangebracht werden, auch Fälschungen finden sich darunter. So gibt es in einer serbischen Stadt einen Zigeuner, der seit Jahren Fibeln und ähnliche Dinge fälscht. Bei der Fälschung der Fibeln geht er sehr raffiniert vor. Er nimmt Bruchstücke von irgendwelchen ergrabenen Bronzestücken und fügt sie zu Fibeln zusammen. Es sollen Meisterstücke sein, die der Mann verfertigt hat. Einige fanden begeisterte Käufer, die hinter den eigenwilligen Exponaten Stücke von großer Seltenheit vermuteten. Es ist für den Schmuggler nicht sehr schwer, kleine Bronzedinge über die

Grenze zu bringen. Schwieriger ist es mit sperrigen Dingen, wie alten Schränken, Tischen und ähnlichem. Solche Objekte sind gefragt, das wissen die Zöllner und achten genau darauf, daß diese Sachen im Land bleiben. Die Schmuggler müssen mit gehörigen Strafen rechnen, wenn man sie erwischt. Um die Zöllner zu täuschen, streichen Schmuggler die betreffenden Gegenstände mit weißer Farbe an und erzählen ihnen, es handle sich um moderne Gebrauchsgegenstände, die ohnehin keinen Wert hätten und daher auch ausgeführt werden könnten. Später wird die Farbe chemisch wieder entfernt, so daß das alte Stück in ursprünglicher Façon sichtbar wird.

Ich selbst wurde von einem Museum gebeten, anläßlich einer Forschung in Rumänien einen kleinen, sehr alten Handwagen im Auto meines Sohnes nach Österreich zu schmuggeln. Ein Freund von mir, der dies bereits versucht hatte, wurde von den Zöllnern, als sie das Stück sahen, wieder zurückgeschickt. Bei einem kleinen Bauern in der Nähe der Grenze hatte er das Wägelchen versteckt. Ich holte es mir von dort und hatte Glück. Der rumänische Zollbeamte sah großzügig über das kostbare Museumsstück hinweg. Das Museum freute sich. Wäre der Beamte nicht so freundlich gewesen, so hätte ich den Auftrag gehabt, den Mann zu bestechen.

Für ein Kilogramm Kaffee etwa tauschen schlaue Österreicher bei den Rumänen unter anderem auch Porzellanpuppen ein und schmuggeln sie nach Österreich. Von einer Frau erfuhr ich, daß sie sich auf Teigkörbe spezialisiert hatte, und eine andere Frau, die direkt an der Grenze zu Ungarn, im Burgenland wohnt, erzählte mir: „Vor ein paar Jahren bat mich ein reicher Ungar, den ich gut kannte, einen Koffer mit alten Kleidern aus Ungarn mitzunehmen. Ich habe ihn herübergeschmuggelt, im Auto. Später habe ich erfahren, es waren Gewänder, die angeblich ungarische Könige vor über 300 Jahren angehabt hätten. Wären die Ungarn draufgekommen, man hätte mich lange eingesperrt. Wie ich hörte, was ich geschmuggelt habe, wäre ich bald in Ohnmacht gefallen!"

Auf solche und ähnliche Weise bringen Antiquitätenschmuggler geschickt kulturelle Symbole über Grenzen, und insofern schaffen diese Leute Kultur, wenn auch gegen die Interessen von Museumsbeamten und braven Staatsdienern. Schmuggler von Antiquitäten führen demgemäß nicht nur illegal Dinge aus, sondern wirken auch auf die Kultur des Einfuhrlandes ein – zumindest liefern sie Stücke, die als Zimmerdekoration bei noblen Bankdirektoren Verwendung finden oder der Vervollständigung von Museen – mit diesem Ziele war auch ich unterwegs – dienlich sein können.

Hierher gehört auch der illegale Handel mit gestohlenen Dingen, vor allem mit gestohlenen Kunstgegenständen. Dieser Markt dürfte groß sein, und nur selten kann die Zollbehörde oder die Polizei solche Schmuggelringe aufdecken. Einen solchen entdeckten 1988 italienische Polizisten, als sie mehr zufällig – sie forschten nach Drogenschmugglern – eine ungefähr 60jährige österreichische Antiquitätenhändlerin als „Chefin" einer bemerkenswerten Diebs- und Schmuggelbande entlarven konnten. Ihre Erhebungen ergaben, daß diese Dame etwa 50 italienische Kleinkriminelle beschäftigte, die aus Kirchen im Gebiet von Venedig, Trient und der Lombardei Sakralfiguren und ähnliche Dinge stahlen. Das Kulturgut wurde von der Chefin persönlich ins Ausland geschmuggelt. Im Ausland ist die Möglichkeit geringer, gestohlene Gegenstände wiederzuerkennen. Beinahe jede Woche fuhr die Dame von Italien über den Brenner nach Österreich, immer hatte sie die gestohlenen Heiligenstatuen, Kruzifixe, Devotionalien und andere Ware bei sich. Um die Grenzkontrolle zu überlisten, breitete sie über den Motor ihres PKW ein Asbesttuch und füllte darauf den Motorraum mit den gutverpackten, meist religiösen Antiquitäten. Sie rechnete damit, daß die freundlichen Grenzbeamten sie wegen ihres Alters nicht des Schmuggels verdächtigen würden. Sie belieferte die Hehler in Österreich und Deutschland gut, bis die Polizei ihr endlich durch Zufall auf die Schliche kam. Die Grenze wird von der Schmugglerin als Barriere betrachtet, die sie bei ihren Hehlereien schützt. Die Grenze als Schutz vor den Eigentümern wird schlau überwunden, man taucht in eine andere Wirklichkeit, nämlich in eine, in der die gestohlenen Dinge als „rein" und „unschuldig" erscheinen, obwohl sie es in Wahrheit nicht sind.

Eine gewisse Ähnlichkeit zum Schmuggel mit Kunstgegenständen besteht hinsichtlich des Schmuggels mit technologischen Dingen, denn beide haben eine gewisse Exklusivität.

Allerdings scheint der illegale Handel mit letzteren heute eine ungeheure Dimension erreicht zu haben und über die Weltmeere zu gehen. Davon kündet ein Gespräch, das ich mit einem österreichischen Schmuggler, dessen Arbeitsgebiet der afrikanische Raum war, führte: „Der Hafen von Luanda ist ein Umschlagplatz internationalen Schmuggelgutes. Viele asiatische Schiffe laufen Luanda an. Ich habe viel dort zu tun. Ich mußte für uns bestimmte Container dort in Empfang nehmen. Die stellen dort an Bord zum Beispiel für geschmuggelte Computer gefälschte Schiffs- und Zollpapiere her."

Zum besseren Verständnis möchte ich hier anfügen, daß eine besondere Form des Schmuggels der illegale grenzüberschreitende Handel mit modernen Technologien ist. Die USA und andere Weststaaten haben die Ausfuhr ihrer komplizierten Technologie in manche Länder untersagt, um zu verhindern, daß diese Staaten mit ihrer Entwicklung gleichziehen. Und diese Verbote werden von spezialisierten Gruppen mit viel Geschick umgangen.

Beispielhaft will ich noch auf einen zwischen der Türkei und Österreich durchgeführten Schmuggel, der allerdings aufgeflogen ist, eingehen. Die folgende Geschichte zeigt gut die Geschäftsmäßigkeit eines türkischen Händlers auf, der – ganz in der Tradition der Kultur der Händler – Leute anstellt und gute Absatzgebiete schmuggelnd sich erarbeitet.

Ich kam auf die Geschichte durch Leute, die einen guten Kontakt zu den Beteiligten hatten.

Bemerkenswert ist an dieser Geschichte, daß sie nicht durch den Fleiß von braven Zollbeamten aufgedeckt wurde, sondern durch einen heimlichen Anzeiger, also durch einen Informanten des Zolls. Der Name dieses geheimnisvollen Mannes scheint in den Akten der Beamten nicht auf. Dies unterstreicht die Überlegung, daß gewichtige Schmuggelaffären nicht durch die Leute des Zolls ans Tageslicht kommen, sondern eben durch freundliche Anzeiger. Dies gilt auch für das Gebiet des Drogenschmuggels, auf den ich später näher eingehen werde. Also: eine vertrauliche Mitteilung an das Zollamt zu X. in Österreich, daß ein türkischer Geschäftsmann aus dem Istanbuler Basar regelmäßig Lederwaren, Goldschmuck und andere Dinge in großen Mengen nach Österreich schmuggle, stand in unserem Fall am Beginn der Nachforschungen. Zu einem angegebenen Zeitpunkt werde er sich bei einem Wirt Josef N. in Y. im Burgenland mit Schmuggelware im Wert von 300 000 Schilling einfinden.

Die braven Zollbeamten erwirkten einen Hausdurchsuchungsbefehl für das Gasthaus, da sie den Wirt verdächtigten, dem Türken Räume zum Lagern seiner Schmuggelware zur Verfügung zu stellen. Unter Beachtung aller fahndungstechnischer Sorgfalt begaben sich zunächst zwei Zollbeamte in Zivil in das Gasthaus. Die Aktion wurde abgebrochen, um mit dem Einsatzleiter die Lage zu besprechen. Und schließlich erfuhren die Beamten durch den heimlichen Anzeiger, „diesmal soll er noch mehr Ware nach Österreich schmuggeln, und es soll deswegen ein zweiter Mann (ca. 190 Zentimeter groß, schlank, Brillenträger, vermutlich Kurde) mit ihm einreisen".

Bei einer darob durchgeführten Hausdurchsuchung konnten die vier Verdächtigen, drei Türken und der Wirt, „beim Auspacken und Sichten einer von E., dem Türken, eingebrachten Schmuggellieferung überrascht werden", wie es in der gerichtlichen Anklageerhebung später heißen sollte. Den Zollbeamten gelingt es, das Schmuggelunternehmen aufzurollen. Über Herrn E. erfahren sie, daß er zwischen 1986 und 1988 insgesamt 18 Schmuggelfahrten von der Türkei nach Österreich durchgeführt hat. Hilfsdienste leisteten ihm dabei die beiden anderen Türken, die in ihm den kompetenten Organisator erblickten.

Die Leute waren tüchtig unterwegs, alleine bei einer Schmuggelfahrt kamen sie mit sieben Wollteppichen an. Drei davon wurden im Gasthof des Wirtes verkauft. Nach Österreich wurden außerdem Lederwaren, gefälschte „Lacoste"-Artikel und Goldschmuck eingebracht. Das Schmuggelunternehmen dürfte floriert haben. Zu den Abnehmern gehörten die Besitzerin einer Bäckerei, eine Serviererin in einer Konditorei, eine Bankangestellte und auch der Altbürgermeister des kleinen burgenländischen Ortes, in dem der mit den Schmugglern kooperierende Wirt seinen Gasthof hat. Es ergab sich, daß die schmuggelnden Türken in den Restaurants der Umgebung ihre Ware wirksam und gewinnträchtig anboten.

Der Wirt mußte nun erleben, daß Zollbeamte das in seinem Gasthof befindliche Lager des Schmugglerchefs beschlagnahmten. Die Liste der beschlagnahmten Gegenstände ist gewaltig: unter anderem 20 Herrenlederjacken, einige Damenlederhosen, 250 gefälschte „Lacoste"-Polohemden, 15 türkische Wollteppiche, goldene Damenringe, Armketten und andere Stücke.

Aber nicht nur Lagerräume stellte der Wirt zur Verfügung, sondern sogar seinen Kombinationskraftwagen. Es scheint, daß Herr E., der alte Händler aus dem Istanbuler Basar, seine Mitarbeiter gut bezahlt hat. So erhielt einer der Türken pro Schmuggelfahrt 150 000 türkische Lira als Entlohnung. Herr E. war ein echter Schmuggelprofessional, der genau wußte, was den Zöllnern an der Grenze als verdächtig erscheint und wie man sich als harmloser Reisender zu geben hat.

Daher ging er sehr schlau vor. Für seine Reisen in die Türkei, bei denen er ja kein Schmuggelgut mit sich führte, benützte er das Flugzeug. Für seine Rückreise jedoch, beladen mit den begehrten Schätzen, löste er eine Buskarte in die BRD. Dadurch erweckte er den vertrauensvollen Eindruck eines freundlichen Transitreisenden, also eines Mannes, der bloß durch Österreich fährt, aber nicht hierbleiben will. Für gewöhnlich, dies wußte er, werden beim Zollamt in Spielfeld Busse mit Transitreisenden wegen des starken Einreiseverkehrs vereinfacht und beschleunigt abgefertigt, also kaum kontrolliert. Tatsächlich verließ der Händler und Schmuggler E., nachdem Österreich erreicht war, den Bus und ließ sich in einem Auto, das der genannte Wirt geschickt hatte, nach Y. chauffieren, wo er das betreffende Gasthaus aufsuchte.

Auf diese Weise gelangte Herr E. mindestens sechzehnmal nach Österreich und in die freundliche Gaststätte. Auch seine beiden Kumpanen waren solcherart unterwegs. Auf ihrer letzten Schmuggelfahrt benützten sie alle gemeinsam den Linienbus Istanbul–Frankfurt. In ihrem Gepäck befanden sich drei große

Koffer. Sie hatten nun jedoch das Pech, bei ihrer Einreise von der Türkei nach Bulgarien genau kontrolliert zu werden. Um problemlos mit der Schmuggelware weiterfahren zu können, stellte Herr E. dem einen seiner Kumpanen einfach eine Rechnung über die verschiedenen Leder- und anderen Sachen aus. In dessen Reisepaß wurden nun diese Waren eingetragen. Bei der Einreise in Österreich allerdings gaben die drei Schmuggler die betreffende Ware nicht an. Sie verließen, wie gewohnt, nach der Grenze den Autobus und suchten ihren Wirt auf, der die weitere Lagerung der Sachen übernahm. Mit solchen und ähnlichen Strategien gelang es den drei Herren, ihre Schmuggelware in die Sicherheit des Gasthauses zu bringen.

Durch die heimliche Anzeige hörten die Zollbeamten davon und führten die geschilderte Hausdurchsuchung durch. Im Verhör gab der Wirt an, Herr E., den er als Geschäftsmann aus der Türkei kenne, sei regelmäßig sein Gast gewesen. In verschiedenen Abständen sei er erschienen und habe Koffer mit allerlei Waren mit sich geführt.

Der Wirt selbst sei ebenfalls ein guter Kunde des Mannes gewesen. Für seine Tochter habe er eine Lederjacke gekauft, für sich drei Teppiche und einige „Lacoste"-Hemden sowie zwei Ringe waren an seine Frau gegangen.

Es hatte sich mit der Zeit ein freundschaftliches Verhältnis zwischen ihm und dem türkischen Händler entwickelt. In der Folge stellte er ihm den Kellerraum des Gasthauses als Lagerraum zu Verfügung, aber auch sein Auto. Der Interessentenkreis für die preiswerten und anmutigen Schmuggelwaren vergrößerte sich ständig, und die Geschäfte des Herrn E. blühten. Andere Geschäftsleute, Nachbarn des Wirtes und seine Stammgäste wurden zu Kunden des Schmugglers.

Bemerkenswert an dieser Affäre ist einiges. Zunächst fällt auf, daß die Schmuggler aus einer alten Händlerkultur kommen, für die alleine das Geschäft und der Gewinn zählen.

Wichtig sind bei Geschäften dieser Art sodann geschickte Abnehmer, die gleichzeitig auch Vermittler sind. Die klassischen Abnehmer und Vermittler von Schmuggelware sind wohl Wirte, denn bei ihnen kommen Leute zusammen, aber auch deren

Angestellte, die Kellner und Serviererinnen. Dies zeigt sich übrigens auch beim traditionellen Zigarettenschmuggel.

Die Geschäfte zwischen den Abnehmern und dem türkischen Schmuggler fanden in den Räumen des geschilderten Gasthauses statt. Manche Kunden lernten den Türken während der Gasthausbesuche kennen, andere wiederum durch Leute, die schon bei ihm gekauft hatten. In diesem Sinn wurden sie der Hehlerei verdächtigt und angezeigt.

Das beschriebene Schmuggelunternehmen setzte sich also aus einem Chef und drei Schmuggelgefährten zusammen. Wichtig für dieses Unternehmen war schließlich die zentrale Figur eines versierten Vermittlers in Österreich, nämlich der Wirt. Durch ihn wurden Kontakte zu Kunden überhaupt möglich. Und schließlich standen einander auch hier zwei Kulturen gegenüber: die der Schmuggler, die als Fremde kamen, und die der Abnehmer. Charakteristisch für die Kultur der Schmuggler ist, daß sie eine bewegliche ist, d. h. nicht an einen Ort gebunden. Daher gehören ihr Leute an, die bereit sind, zu reisen, weite Strecken auf sich zu nehmen und dabei einiges zu wagen. Einzelne, isolierte Personen haben bei solchen Aktionen wenig Chance. Man benötigt Kumpanen, um gediegen schmuggeln zu können. Es ist daher auch verständlich, daß Schmuggelunternehmen eben von Leuten betrieben werden, die weite Kontakte haben. Roma, Sinti, Armenier und ähnliche Volksgruppen, die zum Herumziehen gezwungen worden sind, haben hiebei einige Vorteile. So sprechen etwa die Armenier, die durch das Massaker, das die Türken an ihnen verübten, zum Wandern genötigt wurden, viele Sprachen. Sie sind die Erben der alten Handelstraditionen des Vorderen Orients. Tatsächlich fliegen Schmuggelunternehmen dieser Art grundsätzlich nur durch Informanten auf, oder vielleicht durch Zufall. Ansonsten dürfte die Aufklärungsrate bei ungefähr 5 Prozent liegen.[99] Ein guter Informant ist für den Zoll deshalb von unschätzbarer Wichtigkeit, wie man auch hier sehen konnte.

Ein einträgliches Geschäft betreiben die Geldhändler, die auch auf Schwarzmärkten (s. o.) anzutreffen sind. Die verschiedenen Wechselkurse gelten für sie nicht, sie bieten vielmehr billigeres Geld an.

Auch hier haben sich Unternehmen von schlauen Ganoven organisiert. In Prag ist der illegale Geldwechsel fest in den Händen von Kriminellen. Die tschechische Staatsbank mußte 1990 einen Schaden von umgerechnet rund 2,2 Milliarden Schilling hinnehmen. Zwar haben sich auch Zigeuner, Deutsche, Polen und Rumänen am Geschäft beteiligt, aber sie wurden von der Geldwechsel-Mafia in Prag verdrängt.

Der Prag-Besucher ist nur zu gern bereit, sein Geld bei illegalen Geldwechslern, die ihn heimlich auf der Straße ansprechen, gegen Kronen zu tauschen, erhält er doch bei den Banken weniger dafür. Daß dieser illegale Geldwechsel gut organisiert sein muß und in vielen Fällen wohl auch toleriert wird, erfuhr ich bei meiner Zugfahrt nach Rumänien im Jahre 1990. Nach Passieren der rumänischen Grenze erschien ein junger Mann in meinem Abteil und bot mir an, Schilling zu einem vortrefflichen Kurs in Lei umzutauschen. Ich hatte dabei den Eindruck, daß es sich um ein gut geplantes, hierarchisch strukturiertes Geschäftsunternehmen handelte, mit Chefs, aber auch mit solchen Leuten, die den direkten Kontakt zum potentiellen Kunden finden, eben wie der junge Mann in der Eisenbahn.

Mafiaähnliche Vereinigungen machten sich auch breit, als es darum ging, wertlose Ost-Mark durch die harte West-Mark zu ersetzen. Damals, nach dem 1. Juli 1990, schossen Schieberringe aus dem Boden, die sich den Anschein von braven Exporteuren aus dem Gebiet der ehemaligen DDR zu geben wußten. Man tauschte etwa in der Deutschen Außenhandelsbank Rubel um, und zwar zu einem Kurs von 2,34 Mark zu 1 Rubel. Auf dem Schwarzmarkt hingegen erhielt man für 1 Mark gleich 25 Rubel. Damit bot sich ein leichter Weg an, zu viel Geld zu kommen. Scheingeschäfte wurden geschlossen, und es wurde kassiert. Ein Beispiel:

Ein Exporteur aus der ehemaligen DDR erhielt für eine angebliche Warenlieferung von einem Geschäftsfreund aus der UdSSR 1 000 Rubel, für die er inoffiziell 40 West-Mark gezahlt hatte. Für die 1 000 Rubel erhielt er nun 2 340 Mark bei der Bank. Obwohl es Einschränkungen für den Export gab, funktionierte dieses Geschäft hervorragend. DDR-Firmen wurden gegründet wie einst zur Zeit des Goldrausches.

Zwischen 1. Juli und Oktober 1990, zu einer Zeit, als die DDR noch bestand, aber bereits die West-Mark eingeführt war, florierte diese neue Industrie. Millionenexporte, die es nur auf dem Papier gab, wurden getätigt, und man kassierte nach Kräften. Wie „Der Spiegel"[100] schreibt, sollen die Zollfahnder fassungslos gewesen sein. So kassierte ein Familienbetrieb Kleinschmidt alleine im September 1990 113,6 Millionen Mark von der staatlichen Außenhandelsbank Daba für die erhaltenen „Transfer-Rubel". Interessant ist, daß dieser „Familienbetrieb" einer 24jährigen Lehrerin gehörte und in Ost-Berlin beheimatet war. Nachdem sie sich die nötigen Export-Papiere für das Ostgeschäft besorgt hatte, habe die Dame Unterhaltungselektronik und Autos angeblich nach den UdSSR verkauft. Und nachdem diese Devisenschieberei aufgeflogen sei, sei die Dame von einer „breiten Gelassenheit" gewesen. Mit verblüffender Logik habe sie, die inzwischen im achten Monat schwanger war, gesagt: „Wenn ich ein schlechtes Gewissen hätte, hätte ich schon längst entbunden."

Besonders schlau gingen auch einige Herren vor, die in Ost-Berlin, im Stadtteil Köpenick, eine GmbH gründeten und lebhaft einkauften: Bier aus der Tschechoslowakei, Fisch aus Japan und andere Sachen. Diese Waren verkauften sie sofort an einen anderen Betrieb, der ihnen ebenfalls gehörte, wodurch die Waren zu DDR-Produkten wurden, weil der Lieferant in einem Reihenhaus saß, das fest auf dem Boden der alten DDR stand. Und nun konnten die Waren in den Ostblock verkauft und der einträgliche Tausch Rubel gegen West-Mark konnte eingeleitet werden.

Das große Geschäft mit der deutschen Einheit machten also die Devisenschieber. So auch die Leute, die im Frühjahr 1990, als man für 1 West-Mark 7 Ost-Mark bekam, große Mengen an West-Mark umtauschten. Dieses Geld zahlten sie auf ein DDR-Konto ein. Und als am 1. Juli die Guthaben auf den Banken im Verhältnis von 3:1 umgetauscht wurden, machten viele aus dem Westen ein gutes Geschäft. Moralische Probleme hatte bei diesen Schiebereien niemand. Diejenigen aus der DDR, die große Profite machten, sahen sich offensichtlich im Recht, denn sie griffen in die Trickkisten des Kapitalismus, der sich ihnen allen sozusagen aufdrängte. Die Grenzöffnung zog umgekehrt auch die bunten Vögel aus dem Westen an, die sich mit raffinierten Ostdeutschen wundersam vermischten.

An dieser Stelle möchte ich noch eine Kuriosität einfügen: Im Jahre 1990 fuhren viele Polen nach Schweden, um sich dort als Erdbeerpflücker zu verdingen. Sie verdienten dabei in ein paar Wochen mehr als in Polen während des ganzen Jahres. Manche Polen ließen sich, um zu schwedischen Kronen zu kommen, sogar einsperren. Wie ein Staatsanwalt berichtete, fuhren manche Polen alkoholisiert mit ihren Autos von der Fähre zum Zoll, wo sie den Zöllner unvermittelt ins Gesicht hauchten. Dieser roch reinen Wodka. Nun muß die Polizei eingreifen, Geldstrafen konnten die ertappten Polen nicht zahlen, und sie wurden deshalb eingesperrt. Bei 1,5 Promille Alkohol im Blut setzt es einen Monat. Hinter Gitter konnten die Polen nunmehr arbeiten und erhielten dafür 50 bis 60 Kronen am Tag. 60 Kronen, die man sonst in Schweden für zwei Stunden Arbeit bekommt, sind immerhin 10 Dollar, und da der Dollar damals in Polen 9 500 Zloty kostete, konnte einer im Gefängnis an vier Tagen das verdienen, was er in Polen für den ganzen Monat erhielt. Und dabei brauchte man weder Schlangestehen noch sich um Alltagsprobleme kümmern. Der schwedische Staatsanwalt meinte: „Das Essen ist gut, und wenn sie nicht arbeiten, können sie Satellitenfernsehen oder Videos sehen. Auswärtige Besucher vergleichen unsere Gefängnisse mit den feinsten Tagungshotels."[101]

Die verschiedenen Wirklichkeiten, die hier aufeinandertreffen, gereichen also einer bestimmten Gruppe zum Vorteil, wie wir auch oben bei der Schilderung des Schwarzmarktes gesehen haben. Ich habe auf die Strategien der Geldschieber verwiesen, um die Überlegungen zur Grenzöffnung durch den Aspekt des organisierten Schmuggels gewissermaßen abzurunden.

Autos

Geradezu charakteristisch für die Zeit nach der Eröffnung der Ost-Grenzen ist schließlich auch der Schmuggel mit vor allem gestohlenen Autos. Das Auto als ein wesentliches Symbol des Wohlstandes, der Mobilität und der Würde der eigenen Person, übt auf die Leute im ehemaligen Ostblock eine ungeheure Faszination aus. Das Auto wurde dort zu einem Zeichen neuer Lebensart. Die Nachfrage steigt enorm, die Straßen füllten sich und die Zahl der Verkehrstoten nahm in erschreckendem Ausmaß zu. Damit begann das Geschäft, aber auch der Schmuggel mit den Autos, an dem sich ganze Banden beteiligten. Besonders aktiv scheint eine polnische „Automafia" zu sein: 1991 waren es über 10 000 Autos, die aus der ehemaligen Deutschen Bundesrepublik nach Polen verschoben wurden. Die Polizei wird der Diebsbanden nicht mehr Herr. „Kaum gestohlen, schon in Polen", reimte eine Motorzeitung und verwies damit auf das infolge des politischen Umbruchs im Osten entstandene lebhafte Interesse an den „Auta niemiecki", den deutschen Autos. Einer der mächtigsten Autoschieber Polens mit rund 200 Mitarbeitern agiert wie ein Wirtschaftskapitän. Es werden Leute, die in Deutschland leben, beauftragt, den Diebstahl bestimmter Fahrzeuge zu organisieren. Diese Fahrzeuge werden von einem Spezialisten der Auto-Mafia gekauft, mit falschen Papieren und mit einem polnischen Kennzeichen versehen und bis zur polnischen Grenze transportiert. Mittelsmänner kaufen die Autos in Polen, melden sie dort an und verkaufen sie an gutgläubige Polen weiter. Andere werden auf die weite Reise nach Rußland geschickt, wo neue Kunden warten. Es gibt nicht bloß eine mafiose Gruppe, sondern immer mehr Organisationen versuchen, sich an dem Geschäft zu beteiligen. Konkurrenzkämpfe und Morde im Stile der klassischen Mafia prägen immer häufiger die Aktivitäten der Diebe und Schieber. Die polnischen Gebrauchtwagenmärkte florieren und breiten sich ständig aus. Deutsche Versicherungsunternehmer setzen einiges daran, den Banden auf die Schliche zu kommen, da vor allem die polnische Polizei, trotz intensiven Einsatzes, wenig Erfolge verbuchen kann. Die Tricks der Autoschmuggler sind vielfältig und abenteuerlich. Über einen dieser Tricks wird berichtet: Manfred S. aus Wien-Favoriten bot in einer Tageszeitung seinen Mercedes zum Verkauf an. Daraufhin meldet sich ein „Herr", der den Wagen zwar haben, aber zuerst eine Probefahrt machen wollte. Nach einer gemeinsamen Fahrt meinte der Mann: „Schauen Sie einmal nach, ich glaube, das Bremslicht ist kaputt." Manfred S. stieg aus, um nachzusehen. Der Kunde indes blieb im Auto sitzen und raste davon. Dieser Mercedes wurde, wie man ermitteln konnte, in die ČSFR gebracht und von einem Schieber verkauft. Der Autodieb konnte durch Zufall festgenommen werden.[102] Offensichtlich gehörte der Mann zu jenen Leuten, die gegen mehr oder weniger gutes Geld die Autos an Schieberbanden verkaufen.

Das Auto wurde also zum Gegenstand einer Schmuggelindustrie, deren oberstes Ziel es zu sein scheint, die durch Jahrzehnte im Osten unterdrückten Konsumwünsche zu befriedigen.

Schmuggelunternehmen mit gefährlichen Dingen – die Mafia

Zu den Schmuggelgütern, die als gefährlich für das menschliche Leben einzustufen sind, gehören vornehmlich Waffen und Rauschgift. Der Schmuggel mit beiden Waren liegt heute in den Händen großer krimineller Organisationen, die sogar auf gewissen Traditionen beruhen.

Waffenschmuggel

Der Waffenschmuggel bezieht sich auf alle jene Gegenstände, mit denen Menschen in mehr oder weniger verheerender Weise verletzt und getötet werden können. Dies reicht von der gewöhnlichen Pistole über den Panzer bis hin zu Ausrüstungsteilen von Atomkraftwerken. Der Waffenschmuggel hat eine alte Tradition. Ihn kannten schon vor Urzeiten Rebellen, die sich heimlich Schwerter und Speere besorgten, um unliebsam gewordene Häuptlinge zu beseitigen. Waffenschmuggel gibt es auch dort, wo vorsichtige Veranstalter von Fußballspielen darauf achten, daß feurige Fans keine Dinge mitnehmen, die als Waffen verwendet werden können. Daher werden etwa bei Europacupspielen regelmäßig große Polizeikordons eingesetzt. So war es auch am 29. Mai 1985 beim Europacupfinale AC Milan gegen Benefica Lissabon. Dazu hieß es in einem Zeitungsbericht: „Um zu verhindern, daß Verrückte mit Waffen oder Sprengkörpern ins Stadion kommen, sind vor den Sektoren-Eingängen Kriminalbeamte postiert. Alle Besucher müssen sich einer genauen Leibesvisitation unterziehen. Auch Frauen. Aber die natürlich von weiblichen Kriminalisten. Denn immer wieder kam es vor, daß fanatische Krawallmacher ihre Waffen von Freundinnen hineinschmuggeln ließen."[103]
Trotz dieser Maßnahmen gelang es kampfwilligen Anhängern,

Waffen an den Polizisten vorbei in das Stadion zu bringen. Waffen sind im kleinen beliebte Schmuggelstücke, denn mit ihnen ist nebenher einiges Geld zu verdienen, wenn man sie in Gegenden bringt, wo Waffen nur schwer zu erwerben sind. Dies dachten offenbar auch zwei Jugoslawen, die in der Südsteiermark auf einem Feldweg in der Nähe der jugoslawischen Grenze in ihrem parkenden Auto von einem Zöllner in Zivil gesehen wurden. Der eifrige Beamte informierte seine Kollegen, die sofort zum „Tatort" fuhren. Als sie sich dem Auto näherten, sprangen die beiden Männer heraus und flüchteten über die grüne Grenze nach Jugoslawien. Die Zöllner untersuchten den zurückgelassenen Wagen und fanden fünf Pumpguns sowie 3 000 Schuß ausländische und 2 800 Schuß inländische Pistolenmunition, die die beiden Schmuggler offensichtlich in Österreich gekauft hatten.[104]

Zu diesen eher kleinen Waffenschmugglern treten jene Leute, für die der Waffenschmuggel ein weltweites Geschäft ist. Solche Unternehmer handeln nicht nur mit Pistolen, Revolvern und Gewehren, sondern sogar mit Panzern, Kanonen, Granaten und Raketen. Begeisterte Abnehmer von großkalibrigen Schußwaffen sind jene Länder, die gerade dabei sind, ihre Nachbarn mit Krieg zu überziehen, denn nach völkerrechtlichen Vereinbarungen dürfen ihnen keine Waffen geliefert werden. Zu solchen Staaten gehören nach einem österreichischen Gesetz die kriegführenden Staaten des Nahen Ostens. Und gerade diese Staaten wurden illegal von österreichischen Firmen, die auf der steten Suche nach Absatzmärkten sind, beliefert. So gelangten während des Golfkrieges auf heimlichen Wegen Kanonen aus österreichischen verstaatlichten Stahlbetrieben in die kriegführenden Länder. Man sprach vom „größten illegalen Geschäft der Zweiten Republik", das durchaus im Sinne der Bundesregierung gewesen sein dürfte, denn immerhin sicherte es Arbeitsplätze. Die Manager dieser „Waffenschmieden" im friedlichen Österreich hatten sich allerdings, um formal das Gesetz nicht zu verletzen, eines alten Waffenschieber-Tricks bedient: Sie hatten Abnehmerländer wie Libyen, Polen oder Brasilien fingiert, während die Waffen in Wahrheit an der Golffront landeten. Die

Gerichte begannen, sich mit dieser verwirrenden Angelegenheit zu beschäftigen, und Regierungsleute bekamen erhebliche Probleme.[105]

Der klassische Waffenschmuggel allerdings befindet sich in den Händen der Mafia.

Er verdankt einem merkwürdigen italienischen Rechtsmittel seine Entstehung, nämlich der Verbannung. Diese Methode, sich straffällig gewordener Zeitgenossen zu entledigen, gibt es bereits im Altertum. Die Leute wurden verbannt, ohne deswegen an Ehre oder Geld etwas einzubüßen. Nur die Kontakte zu ihren früheren Kumpanen wurden abgeschnitten. Die Verbannung gibt es heute noch in Italien. Und sie wird dann angewendet, wenn man einem verdächtigen Ganoven nichts direkt nachweisen kann, um ihn hinter Gitter zu bekommen.

Mafiosi verbannte man ebenso, um sie von ihren Gruppen zu isolieren. Nach dem Norden verbannte Mafiosi erkannten bald, daß man auch dort gute Geschäfte machen konnte, und so dehnten sie ihr Operationsgebiet nach Norden hin und schließlich über ganz Europa aus. Es ist nachgewiesen, daß der Einstieg in den Waffenhandel dergestalt vor sich ging, daß ein alter Mafioso, die Nummer zwei in der Mafia-Hierarchie der sechziger Jahre, ein gewisser Giuseppe Genco Russo, in die Nähe des Comer Sees verbannt worden ist und bei dieser Gelegenheit bemerkte, daß man hier Waffen günstig verkaufen konnte. Er verständigte sich mit seinem Statthalter – per Telefon –, und kurz darauf wurde eine Sendung mit 1 000 Mauser-Pistolen in den Norden geschickt.

Mittlerweile kontrolliert die Mafia den Handel mit Waffen bis hin zu Panzern, Hubschraubern, Raketen und sogar drei Atombomben, die in den Vorderen Orient geschafft worden sein sollen.[106]

Der große Vorteil der Mafia besteht darin, daß sie eben durch Verbannungen und auch durch Auswanderungen ihren Aktionsradius erheblich vergrößern konnte. Die Geschäfte, wie noch zu sehen sein wird, laufen durch Kanäle, in denen Leute sitzen, die einander alle gut kennen, denn nur auf diese Weise ist der Waffenschmuggel möglich.

Ich hatte das Glück, mit einem österreichischen Waffenschmuggler zu sprechen. Er erzählte mir vertrauensvoll über seine geschäftlichen Kontakte, die er sich langsam aufgebaut hatte – durch Uhren- und Goldschmuggel zunächst. Auf kleineren Schmuggelfahrten hatte er Erfahrungen gesammelt, hatte Leute kennengelernt, und schließlich ist er in das Geschäft mit dem Waffenschmuggel eingestiegen. Die Voraussetzungen für einen guten Waffenschmuggler sind, wie der Herr meint: „Man darf nicht dumm sein; ich kann mehrere Sprachen. Ich kann mit einem italienischen Paß genauso fahren wie mit einem schwedischen. Ich habe mehrere Pässe gehabt und konnte mit ihnen umgehen. Zunächst hatte ich Sprachbücher bei mir, dann brauchte ich sie nicht mehr. Wenn es um das Geschäft geht, kann ich mich in 15 Sprachen unterhalten. Auch in Türkisch und Arabisch kann ich dir sagen, was du willst. Und wichtig ist, daß man überall gute Freunde hat."

Daß seine Geschäfte florierten und er sich als Schmuggler bei seinen Kunden einiger Beliebtheit erfreut, darauf verweist er mit den Worten: „Die Waffen, mit denen heute die Albaner in Kosovo schießen, sind alles unsere Waffen, die wir ihnen vor 15 Jahren geliefert haben. Sie haben damals gesagt, sie rüsten sich, denn einmal kommt ein Aufstand gegen die Serben in der Provinz Kosovo. Die dort unten machen auch heute noch alles für mich. Bei ihnen könnte ich mich verstecken."

Der Waffenschmuggel war möglich, weil eine große Zahl von Leuten daran beteiligt war. Mein Gesprächspartner sprach daher auch von einer „Riesenfamilie, bei hundert Leuten", die bei den Geschäften mit dem Waffenschmuggel eingeschaltet werden konnten. Die Kontakte waren vorhanden, bereits durch früheren Schmuggel, und jetzt hieß es, sich Kumpanen zu schaffen. Dabei hatte er keine Probleme, wie er erzählte: „Ich kannte jeden, mit dem ich Geschäfte machte, gut. Damit sich kein V-Mann der Polizei einschleichen kann. Meine Mitarbeiter hatte ich mir aus meinem Bekanntenkreis ausgesucht. Ich kannte das Vorleben von jedem. Ich habe mich genau erkundigt, ob sie Verbindungen zur Polizei hatten und so weiter."

Zunächst gründete unser Mann eine Art Scheinfirma, mit Sitz in München. Den Namen für diese Firma gab ein Araber. Nun konnte er darangehen mit einer Munitionsfabrik zu verhandeln. Er hatte sich vorgenommen, dieser zu erzählen, er würde mit Patronen hier in Deutschland handeln und diese nach und nach zu 10 000 Stück an weitere Zwischenhändler verkaufen. Er fuhr zur Firma Dynamit Nobel bei Karlsruhe. Er war angemeldet und ließ sich als „Angestellter" der Firma auf ein formelles Geschäftsgespräch ein. Er erklärte dabei, er benötige eine große Menge an Patronen für den Handel. Dabei bediente er sich eines deutschen Akzents, um nicht als Österreicher erkannt zu werden. Dies war ihm lieber, für den Fall, daß man ihm auf die Schliche kam. Damals, vor über 15 Jahren, dürfte jedoch die öffentliche Kontrolle über Waffengeschäfte noch eher gering gewesen sein, denn ohne Probleme sagte man die verlangten Mengen zu. Mit einem LKW, den er sich mit einem falschen Paß geliehen hatte, fuhr er zu dieser Firma, deren Gelände er nur nach genauen Kontrollen der werkseigenen Polizei befahren konnte. An die 250 000 Patronen wurden auf den Wagen verstaut.

Später stellte er noch einen schweigsamen Herrn ein, der für ihn die Patronen abholte. Diese wurden schließlich auf einen speziellen LKW umgeladen. Diesen LKW hatte sich der Schmuggler durch einen befreundeten Ingenieur so umbauen lassen, daß in den Verschalungen die Patronen sicher versteckt werden konnten. Die Verladungen fanden zunächst in einem entlegenen Waldstück statt, später in einer eigens für diesen Zweck erworbenen Garage.

Der LKW konnte in zweieinhalb Stunden an den entsprechenden Vorrichtungen zerlegt, dann mit Schmuggelgut beladen und wieder zusammengebaut werden. Die Konstruktion sei eine „tolle" gewesen, meinte mein Gesprächspartner, der alte Schmuggler, mit einem Lächeln. Genau achtete er darauf, daß der Kreis der Eingeweihten möglichst klein und überschaubar blieb. Offiziell trat er nur als Importeur von Orangen auf. Er erzählt dazu: „Mit dem Araber, auf den die Firma lautete, teilte ich den Gewinn aus dem Waffenschmuggel. Um dem Ganzen den Mantel der Anständigkeit umzuhängen, kauften wir Orangen in der Türkei ein, die wir mit dem LKW heraufbrachten. Die Orangen waren mir egal, die hätte ich auch irgendwo wegwerfen können. Der Araber sollte als Geschäftsführer lediglich im Büro sitzen und die Orangen verkaufen. Damit der LKW, mit dem die Patronen in die Türkei gebracht wurden, nicht ganz leer hinunterfährt, habe ich bei einem Autohändler alte Autos aufgeladen und die unten billig hergegeben. Übrigens, der (Ingenieur), der mir den ersten LKW präpariert hat, hat mir noch andere LKWs umgebaut.

Der Mann, er stammt aus Niederösterreich, war ein echter Profi. Den Kühlsattelschlepper hat er mir wunderbar hergerichtet. Er hatte einen doppelten Boden. Durch das ganze Plateau ging ein Gewinde. Mit einer Spezialkurbel mußte man drehen, dann wurde die Wagentür hydraulisch gehoben. Über die ganze Breite des LKW wurde ein Spalt frei. So kam man zu einer Lade aus Metall. Die hat man herausgezogen. Zwei meiner Leute standen bereit, um die Ware hineinzuschlichten. Wenn wir mit diesem LKW hinunterfuhren, war er ja als leer deklariert, daher wurden wir schnell abgefertigt und durch den Zoll gewunken. Die Zöllner schauen da nur auf das Plateau. Der doppelte Boden war so gut abgedichtet, daß sie ihn, auch wenn sie den Boden abklopften, nicht entdeckten. Diese Idee, so zu schmuggeln, haben mir einige nachgemacht. Die hat man alle erwischt."

Später, als zu den Patronen noch Waffen kamen, setzte er auch einen kleinen Militärtransporter ein. Bei allen seinen Autos ließ er, wie erwähnt, die Zwischenwände verbreitern. Damit bot sich nicht nur für Patronen ein günstiges Versteck an, sondern auch für Pistolen und vor allem für Gewehre. Bis zu 300 Gewehre konnten auf diese Weise in einem Auto transportiert werden. Die kühnsten Fahrten unternahm er mit den schweren Wagen. Das Material mußte gut sein, aber auch der Fahrer. Kleinere Mengen an Pistolen ließ unser Mann in diversen Volkswagen schmuggeln. Bei diesen wurde der Tank vergrößert, um für die Patronen einen eigenen Raum zu schaffen, den „Bunker".

Die Pistolen stammten übrigens aus der Tschechoslowakei. Als ich ihn fragte, wie er zu den tschechischen Geschäftspartnern gekommen war, erhielt ich zur Antwort: „Dadurch, daß wir im Waffengeschäft drinnen waren, hatten wir beste Kontakte. In der ČSSR lieferte man uns unbeschränkt Waffen. Die haben dafür ihre Devisen bekommen. Wir zahlten prompt. Mit leeren Wagen fuhren wir in die ČSSR und haben dort geladen. Offiziell hat man uns sogar eine staatliche Garage zur Verfügung gestellt. Die Tschechen haben voll mitgespielt. Kontrollen hatten wir bei den Grenzen keine. Ich will nicht sagen, welche Grenzen es waren, über die es ging. Hauptsächlich schmuggelten wir die tschechischen Waffen in die albanische Provinz von Serbien. Die schießen dort heute noch mit unseren Patronen. Die Tschechen haben damit, ohne es zu wissen, mitgeholfen, ihr eigenes System, den Kommunismus, zu bekämpfen."

Unser Schmuggler wendete stets viel Mühe auf bei der Präparierung seiner Autos, und er brachte es darin zu einer großen Perfektion. Dazu schilderte er: „Wir hatten die Waffen gut versteckt. Sogar in den Holmen der Fahrzeuge befand sich Ware. Auch wenn die Zöllner einen Wagen zerlegten, kamen sie nicht darauf. Einen VW, den ich fuhr, hatte ich für 200 Pistolen präpariert. Mit dem bin ich weit gefahren, mit den verschiedensten Waren, ohne Probleme. Als ich später dann geschnappt wurde, hat das deutsche Bundeskriminalamt den Wagen sechs Wochen lang nach Verstecken durchsucht und keines gefunden. Schließlich haben sie einen Spezialisten aus dem Volkswagenwerk geholt. Der hat den Wagen genau zerlegt, und der ist dann draufgekommen, daß hinter dem Tank ein Hohlraum ist. So gut war das Versteck. Sechs Wochen haben sie gebraucht!"

Um unauffällig mit den Schmuggelautos über die Grenze fahren zu können, empfahl mein Gesprächspartner, die Reise mit Freundinnen anzutreten, denn Liebespaare seien unverdächtiger. Dazu ergänzte er: „Ein anderer Freund, der mit meinem präparierten VW-Bus gefahren ist, wollte nicht mit einem Mädchen fahren. Er hat sich daher einen Affen gekauft. Sein Reisebegleiter war also ein echter Affe. Er hatte ihn aus einer Tierhandlung. Die Zöllner spielten gerne mit dem Affen. Er war die beste Tarnung. Dieser Mann kam gut über alle Grenzen, er war unser sicherster Transporteur. Wohin er auch mit dem Affen kam, überall winkten ihn die Zöllner durch." Um solche Schmuggelunternehmungen durchführen zu können, bedarf es nicht nur verläßlicher Mitarbeiter, sondern auch einer perfekten

Organisation. Stolz meinte mein Gesprächspartner zu mir: „Ich war zu Luft, zu Wasser und zu Lande unterwegs. Ich kannte alle Schiffahrtslinien des Mittelmeeres. Ich stellte die Schmuggelautos auf Schiffe und ließ sie an die Zielorte bringen, nach Istanbul, Ismir oder Burs. Von Marseilles ging die Ware weg. Ich habe das alles organisiert. Ich hatte einen eigenen Mann angestellt, der sich um die Reise kümmerte."

Die Leute, die er angeheuert hatte, paßten gut in das Bild der Organisation. Sie waren gebildet und ausgesuchte Spezialisten. Dies geht aus den weiteren Ausführungen des Mannes hervor: „Bei meiner Truppe waren hauptsächlich Wiener. Einige haben heute ausgesprochene Spitzenpositionen in der Wirtschaft, als Manager und ähnliches. Zwei Mann hatte ich später, die lediglich herumfuhren, um Waffen zu besorgen, Pistolen und Gewehre. Um einen guten Stützpunkt für das ruhige Umladen und solche Sachen zu haben, habe ich mir eine Ziegelei bei München gekauft. Das war dann mein Stützpunkt. Für die Behörden war ich offiziell ja Obsthändler. Das Geschäft mit dem Obst war mir aber egal."

Ein wichtiger Faktor für den Waffenschmuggel ist der Abnehmer seiner gefährlichen Ware. Die Kontakte müssen ausgeklügelt sein, man muß darauf achten, daß keine „falschen" Informationen an die falschen Leute gelangen, und man benötigt viel Menschenkenntnis. Auch darüber erhielt ich bemerkenswerte Auskünfte: „Die Abnehmer meiner Waren kannte ich zum Teil schon aus der Zeit, in der ich mit Uhren und mit Gold geschmuggelt habe. Die sind gemeinsam in das Waffengeschäft hinübergewechselt, weil es dabei mehr zu verdienen gibt. Mit Albanern und Türken habe ich zusammengearbeitet. Viele Waffen brachte ich nach Kosovo, zu den Albanern in Serbien. Ich kenne mich dort bestens aus. Abnehmer waren dort Albaner und auch Syrer, die kannte ich vom Uhrengeschäft. Hauptsächlich waren damals die Patronen für einen Aufstand der Albaner gegen die Serben gedacht. Ich wußte zu der Zeit schon, daß die Albaner sich mit den Jugoslawen anlegen werden. Viel Munition war damals unterwegs. Man hätte einen Krieg beginnen können. Die Großtransporte sind in die Osttürkei gegangen und nach

Armenien. Dort brauchen sie überall viel Munition. Bei den großen Festen dort schießen sie alle. Tausende Schüsse gehen in die Luft. Die Leute dort im Osten der Türkei konnten sich keine Pistolen kaufen, die gab es nicht. Wir haben sie damit versorgt. Tausende (Pistolen) haben wir hingebracht. Um ein Mann zu werden, brauchen die jungen Burschen dort eine Waffe, eine Pistole, dann ein Pferd und als drittes eine Frau. Patronen schmuggelten wir auch nach Kurdistan. Die Geschäfte mit den Kurden machten Türken aus Istanbul, denen ich zunächst die Munition geliefert habe. Später habe ich sie dann gleich weitergeliefert, bis zum Kaukasus."

Wie im legalen Geschäftsleben ist die Konkurrenz auch beim Waffenschmuggel beinhart. Es besteht immer die Gefahr, daß man bei einer Ausweitung des Geschäftes unangenehme Partner erhält, aber auch daß sich andere Schmuggler der Methode bedienen, die man mühevoll, zum Beispiel in Form von Spezialwagen, entwickelt hat. Darüber weiß der Waffenschmuggler eine eigenartige Geschichte: „Mit einem meiner Transporter ist einmal ein Pärchen gefahren. Sie waren noch keine Profis, sie waren Hosenscheißer. Wir haben ihnen die Route angesagt. Wir fuhren hinter ihnen wie Touristen über die Grenze. Dann, im Land, habe ich mich neben sie gesetzt. Wir sitzen gerade in Griechenland am Straßenrand. Auf einmal fährt ein LKW vorbei. Mir ist er bekannt vorgekommen. Ich schaue mir die Nummer an und erkenne meinen Plateauwagen. Das war mein Wagen. Ich sage zu dem Mädel: Her mit dem Autoschlüssel, wir fahren denen nach! Wir wählten eine andere Route, über Edirne. Der Plateauwagen konnte nur nach Istanbul fahren, wohin denn sonst. Ich hatte den Wagen einem Chauffeur anvertraut, damit er damit nach Istanbul fährt. Aber er ist nicht so weit gekommen. Ein anderer Chauffeur wollte mich hineinlegen und hat den Wagen für seine Zwecke verwendet, um Waffen nach Istanbul zu bringen. In Istanbul habe ich das einigen mir bekannten Schmugglern erzählt. Nun wurden Leute ausgeschickt, um den LKW zu finden. Um 5:00 Uhr früh kommt einer, ein Syrer, zu mir ins Hotel und sagt mir, daß der gestohlene LKW gefunden ist, bei einer Tankstelle.

Wir sind gleich hingefahren. Mit einem großen Tanker fuhren wir so heran, daß der Wagen nicht herausfahren konnte. Jeder (von meiner Truppe) hat ein Rohr, eine Pistole, bei sich gehabt. Auch ich hatte eine bei mir. Den Chauffeur haben wir ausfindig gemacht. Ich habe ihm gesagt: Entweder bekomme ich meinen Teil, oder ich zünde den LKW auf der Straße an. Beim Schmuggeln gibt es harte Bandagen, das ist kein Strickwarengeschäft."

Interessant ist nun, daß der Herr den „obersten Schmuggelboß" von Istanbul bat, in dieser Angelegenheit als Schiedsrichter zu entscheiden.

Anhand dieser Geschichte zeigt sich die komplexe Struktur des Waffenschmuggels. Es entwickeln sich fein ausgeklügelte Regeln, wie eben die Regel, daß es im Sinne aller am Schmuggel beteiligten Leute ist, in Streitfällen einen Schiedsrichter beizuziehen und entscheiden zu lassen. Das Netz des Waffenschmuggels umgarnt viele Interessen und Menschen. Und es ist im Sinne eines guten Geschäftsganges, daß man Streitigkeiten so austrägt, daß sie dem Schmuggel als solchem nicht schaden. Wenn bei der Mafia gelegentlich ein unliebsamer Mitarbeiter heimlich beseitigt wird, so ist dies genauso zu verstehen, wie wenn Schmuggler einen Abweichler gemeinsam zur Räson bringen, wie im geschilderten Fall.

Das Schiedsgericht tagte also in Istanbul. Zuvor noch hatte der „Schmugglerboß" den strittigen LKW auf Wunsch meines Gesprächspartners beschlagnahmt. Die folgende Darstellung umreißt die Gerichtsbarkeit der Schmuggler: „Wir haben uns also getroffen. Der Boß war ein alter Herr. Er hat gesagt: O.K., wir treffen uns um 15:00 Uhr in einer bestimmten Wohnung. Mit sechs Leuten hat uns dort der Boß empfangen. Jeder von uns mußte seine Pistolen abgeben. Wir setzten uns um einen Tisch. Beide Parteien saßen einander gegenüber. Ich habe nun gesagt, daß dieser LKW mein LKW ist. Es war eine lange Verhandlung. Dann ist entschieden worden, daß mir der LKW zuzusprechen ist. Ein Drittel der Ware, die ja der andere Auftraggeber eingekauft hat, durfte er sich behalten. Zwei Drittel der Ware sollten verkauft werden. Davon sollte ich meinen Verdienstentgang erhalten. Der LKW ist ja bereits in München verschwunden.

Ehemalige Mitarbeiter wollten sich von mir lösen, wollten eigenständig werden, daher haben sie sich meines LKWs bedient. Um einen solchen LKW herrichten zu lassen, braucht man eine gute Werkstätte, und die hatte ich. Ich hatte die tollsten LKWs. Und einen solchen wollten die Leute sich unter den Nagel reißen (aneignen). Der Boß hat dann gesagt: O.K., ich bestimme zwei Mann von jeder Gruppe, auch von uns sind vier dabei, als Neutrale, um die transportierte Ware zu teilen. In einer aufgelassenen Ziegelei bei Istanbul haben wir uns getroffen. Oben in der Ziegelei standen einige mit Maschinengewehren. Ich stand unten beim LKW und verteilte mit anderen die Waffen. Ich hatte Angst, daß die oben, wenn irgendein Problem ist, zu schießen beginnen. Und ich war genau in der Mitte. Die anderen nahmen ihr Drittel, und wir sind sofort nach Deutschland gefahren."

Die Herren des Waffenschmuggels regeln sich also ihre Angelegenheiten selbst. Die Gefahr, daß andere Schmuggler in das Imperium eines etablierten Schmugglers einbrechen, ist groß, ebenso wie beim Drogenschmuggel. Daher lassen Schmuggler bisweilen Kollegen oder ihre Unterläufer bewußt auffliegen, um sich der Konkurrenz zu entledigen. Die meisten der Schmuggelaffären, auch jene im letzten Kapitel geschilderte, werden aufgrund guter Informationen aufgedeckt, vor allem von Leuten, die selbst auch an dem Geschäft mit dem Schmuggel profitieren wollen. Daneben ist es möglich, daß Informationen, die einen Schmuggel auffliegen lassen, nur ausgestreut werden, damit größere Schmuggeltransporte die Grenze passieren können. Dies geht freilich auf Kosten jener Leute, die als Transporteure gedungen werden und hoffen, auf solche Weise schnell zu vielem Geld zu kommen. Im Drogenhandel scheinen derartige Praktiken des Verrates gewissermaßen zur Regel zu gehören. Der Schmuggler, der Waffen über die Grenzen bringt, begibt sich dabei in ein großes Abenteuer, denn auf illegalen Waffenhandel stehen gerade in den Ländern des Vorderen Orients strenge Strafen. Und abenteuerlich sind auch die Schmuggelfahrten meines Gesprächspartners zu nennen: „Ich fuhr mit Waffen auch über den Kaukasus und die russische Grenze nach Armenien. Bei der Aktion habe ich mich am meisten angeschissen (am meisten Angst gehabt). Ich wußte, wenn sie mich da erwischen, bin ich erledigt. Weit und breit gab es dort zwar keine Polizeistation, lediglich Grenzpatrouillen. Auf einem Eselspfad bin ich mit einem Zehntonnenlaster gefahren. Nur auf Schleichwegen war ich da unterwegs. Wir waren zu dritt. Der eine ist mir davongelaufen, weil er es mit der Angst zu tun bekommen hat. Wir sind dann nur mehr zu zweit unterwegs gewesen, mit einem Kurden. Wir haben Waffen an die russische Grenze geliefert. Darum haben die dort alle Waffen.

Das ärgste war für mich, als ich einmal mit dem schweren Lastauto im Länderdreieck von der Türkei, Persien und Rußland fuhr. Leicht hätte ich von Zöllnern oder Soldaten aus einem dieser Länder erwischt werden können. Wir hatten aber Glück und kamen durch."

Spannend ist in diesem Zusammenhang folgender Bericht eines anderen Waffenschmugglers, der sich offensichtlich bemüht, Kaltblütigkeit zu zeigen, denn Kaltblütigkeit ist wesentlich mit dem Geschäft des Waffenschmugglers, aber auch anderer Schmuggler verbunden: „Oft fuhr ich über Bulgarien. Da sagte ein Zöllner zu mir: ‚Sie fahren so oft über die Grenze. Was machen Sie eigentlich?' Ich: ‚Ich mache Geschäfte!' Sie waren dort an der bulgarischen Grenze sehr mißtrauisch, denn man fragte sich, ob ich politisch jemanden unterstütze oder ähnliches mache. Ich hatte damals ein tolles Auto. Der Beamte meinte nun: ‚Wir werden Ihr Auto genauer kontrollieren!' Ich sagte nun dem Zöllner, eigentlich war er eine Art Staatspolizist: ‚Da, nehmen Sie den Wagen, ich gehe inzwischen auf einen Kaffee.' Ich hatte Angst, daß sie mich erwischen, denn ich führte bei mir eine 9-Millimeter-D., ein riesiges Gerät, eine große Pistole. Ich ging nun auf einen Espresso in das Restaurant an der Grenze. Wenn die eine Leibesvisitation bei mir gemacht hätten, wäre ich erledigt gewesen. Auch wichtige Papiere hatte ich bei mir. Im Restaurant waren Palmen. Zu denen habe ich die Papiere und die Pistole schnell so hingeschoben, daß man sie nicht sehen konnte. Nachdem ich einen Kaffee getrunken hatte, haben sie mich geholt und haben mich untersucht. Aber sie haben nichts gefunden. Den Zöllnern habe ich gesagt, daß ich schnell meinen

Espresso zahlen wolle. Ich nahm unbeobachtet meine Pistole und die Papiere, setzte mich in das Auto und fuhr weiter."

Den Zöllnern und der Polizei gehen eher die kleinen Schmuggler, die Transporteure, ins Netz. Dies ist beim Waffenschmuggel nicht anders als beim Drogenschmuggel. Die großen Händler, die Organisatoren, sind schwerer zu fassen. Hier sind es vor allem der Verrat, die Information durch Konkurrenten und die Beobachtung durch aufmerksame Bürger, die ein solches Unternehmen auffliegen lassen. So erging es auch dem Waffenschmuggler, mit dem ich eingehend gesprochen habe. Er führte aus: „Ich hatte mir aber in Bayern eine Ziegelei gemietet. Dort konnte ich mit einem Sattelschlepper vollkommen hineinfahren. In dieser Ziegelei gab es auch Wohnungen, in denen meine Mechaniker und die Chauffeure mit ihren Familien untergebracht waren. Aber auch ein alter Mann mit seiner Frau wohnte dort, den ich aus reiner Gutmütigkeit nicht hinausgeworfen hatte. Ich habe mir gedacht: Ich lasse die Leute drinnen, das Objekt ist groß genug. Richtig wäre es gewesen, sie auf die Straße zu setzen. Das wäre zwar unmoralisch, aber was der Alte gemacht hat, war viel unmoralischer. Dieser Mann hat im Gelände herumspioniert. Und als einmal ein Chauffeur irrtümlich das Tor offenließ, hat er die Munitionskisten gesehen. Er ist zu seinem Neffen gegangen, der war zufällig beim Zoll, und hat ihm das erzählt. Nun haben sich die Leute vom Zoll auf die Lauer gelegt, sogar als Jäger haben sie sich verkleidet und sind auf den Hochständen gesessen. So haben sie mich Tag und Nacht beobachtet. Gefaßt wurde ich, als ich mit dem Kühlsattelschlepper, in dessen Wänden 180 000 Patronen untergebracht waren, zur Grenze kam. Dabei ergab sich ein juristisches Problem: Das deutsche Zollamt, wo der Sattelschlepper beschlagnahmt wurde, lag auf österreichischem Gebiet, das war eine Besonderheit. Nun entstand der Streit, wem die beschlagnahmte Ware gehört. Das Fahrzeug war noch nicht von den Österreichern abgefertigt worden, daher erhoben die Deutschen Anspruch auf die Munition."

Als interessantes Detail am Rande sei hier festgehalten, daß dieser Rechtsstreit sogar im Kommentar des Österreichischen

Handelsgesetzbuches festgehalten ist. Und als der Jura studierende Sohn des ehemaligen Waffenschmugglers dies las und seinen Vater darauf ansprach, habe dieser geantwortet: „Du blöder Hund, was brauchst du mir das vorlesen, du weißt genau, um wen es sich dabei handelt." Der Sohn erwiderte lächelnd, wie mir erzählt wurde: „Ich habe das der Mama vorgelesen, die hat spöttisch gesagt: Darauf kannst du stolz sein, das ist dein Papa."

Es scheint, als blicke der Waffenschmuggler voll Stolz auf seine waghalsigen und kaltblütigen Taten. Tatsächlich, so scheint es, finden Waffenschmuggler nichts dabei, Waffen in Gegenden zu schmuggeln, wo ein Krieg ausbrechen kann. Er rechtfertigt sich damit, daß die Käufer Waffen benötigen, um ihre Rechte zu erkämpfen, oder um, wie im Falle der Kurden, ihre Männlichkeit darzutun.

Und das Geschäft mit Waffen blüht. In den Waffenschmuggel sind Konzerne und Staaten involviert, er wird weltweit betrieben. Der Waffenschmuggler findet dankbare Abnehmer, die meinen, Waffen zum Zwecke der Durchsetzung irgendwelcher Ideen verwenden zu können. Der Waffenschmuggel scheint für manche Industrien, wie etwa die frühere tschechische und die der USA, von wesentlicher Bedeutung zu sein. Er bringt Devisen, sichert Arbeitsplätze und die Konjunktur. Demgemäß sind Waffenschmuggler auch in den meisten Fällen angesehene Leute, die über Geld und gute Beziehungen verfügen, in Villen residieren, große Autos fahren und wissen, daß ihre Ware immer gefragt ist.

Schmuggel „schmutziger" Literatur

In einem früheren Kapitel habe ich bereits gezeigt, daß manche religiösen und politischen Systeme sorgsam darauf bedacht sind, daß Bücher, von denen man meint, sie könnten sich umstürzlerisch auswirken und Revolutionen anzetteln, nicht in ihr Hoheitsgebiet eingebracht werden. Hier will ich ergänzend auf andere „gefährliche" Literatur hinweisen. Es gibt nämlich auch

Druckwerke – Bücher und Bildschriften –, die den „braven" Bürger und die auf das sittliche Wohl ihrer Untertanen bedachten Machthaber „moralisch" beunruhigen. Dazu gehört in einem weiten Sinn die sogenannte pornografische Literatur. So ist es charakteristisch für Klosterschulen und ähnliche Institutionen, daß es den Zöglingen strikte verboten ist, Bilder mit nackten Damen und anderen erregenden Darstellungen zu besehen. So war es auch in der von mir besuchten Klosterschule und in dem mit ihr verbundenen Internat. Es gab regelrechte Schmuggler, die in den fünfziger Jahren sehr geschickt verpönte Illustrierte mit Bildern der leichtbekleideten Brigitte Bardot und Marilyn Monroe heimlich in die Klassenräume einbrachten. Versteckt unter der Bank ergötzten diese Schriften die jungen Burschen. Sehr gewiefte Schüler steckten Schriften mit lockeren Bildern und Beschreibungen einfach in unverdächtige Umschläge, die beispielsweise auf das Leben von heiligen Leuten verwiesen. Wurde man dennoch von einem Pater bei der Lektüre dieser gefährlichen Broschüren ertappt, so konnte man gewiß sein, als übler unmoralischer Mensch betitelt zu werden. Der Schmuggel mit Pornografie hat Tradition vor allem in den Ländern des früheren Ostblocks, denn dort sah die Staatsmacht derartige Literatur als höchst verwerflich und westlich-dekadent an. Es waren Fernfahrer, die nicht nur Uhren, Gold und ähnliche Dinge über die Grenze hinter den Eisernen Vorhang brachten, sondern auch Pornohefte. Diese Hefte bezogen sie vorrangig aus dem liberalen Schweden, wo sich schon sehr bald, in den sechziger Jahren, eine Pornoindustrie entwickelt hat. Pornografische Broschüren wurden von schmuggelnden Fernfahrern auch dazu verwendet, die östlichen Zollbeamten zu bestechen. Diese sollen begierig nach dieser Literatur gewesen sein. Interessant für Schmuggler wurde schließlich der Handel mit einer Pornografie, die in den meisten Ländern verboten ist. Gemeint sind hier vor allem die perversen Darstellungen mit Kindern. Dazu eine Fachärztin für Psychiatrie in New York: „Der Markt für diesen Schund und Schmutz ist enorm. Das sind alles kranke Leute; aber was schlimmer ist: die Kinder, die da mitmachen, sind aufgrund dieser Erfahrungen ernsthaft geschädigt ..."[107]

Trotz internationaler Versuche, das Geschäft mit Kinderpornografie zu unterbinden, gelang dies nicht. Der Handel wurde statt dessen in den Untergrund gedrängt, und die Preise stiegen in astronomische Höhen. In versiegelten Lastwagen aus Holland, Schweden und Deutschland wurde diese Literatur weiter über ganz Europa verbreitet.

Und in Amerika soll solches Material in versiegeltem Frachtgut über die alte Drogenstraße von Mexiko aus nach den USA geschmuggelt werden. Kinderpornografische Schriften, die früher in den Staaten 3 Dollar gekostet haben, kosteten in den achtziger Jahren plötzlich um die 28 Dollar. Der Preis für Filme solcher Art stieg von 25 auf 300 Dollar.[108]

Mit Schmuggel hat auch zu tun, was durch die internationale Vernetzung von Computern möglich wurde. Pornos härtester Art werden auf diesem Wege durch die Kabel geschickt, auch an die deutschen Universitäten. In das internationale Datennetz „U.", in dem sonst für gewöhnlich Physiker, Informatiker und Soziologen in aller Welt über Fachfragen diskutieren, wurden durch nicht bekannte Spezialisten – eine sogenannte „akademische Schmuggel-Internationale" – Sexrubriken eingespeist. Ein Datennetz, an dem rund 40 000 Rechnersysteme in Hochschulen und Forschungslabors angeschlossen sind, wurde so zum Umschlagplatz für eine Pornografie, in der „Sex mit Kindern, Sex mit Tieren, und Frauen, die am Grill geröstet werden" dargestellt wird. „In farbiger Prosa wird die Folterung einer gynäkologischen Sprechstundenhilfe oder das heiße Verlangen, der Sexpartnerin einen eiskalten Truthahn-Braten ins Rektum zu schieben", beschrieben.[109]

Es sollen vor allem wissenschaftliche Mitarbeiter und Studenten sein – kaum Professoren –, die ihre Freude an dieser aus dem Datennetz kommenden Pornografie haben. Dieser „Mißbrauch von Hochschulmitteln" – allein im Dezember des Jahres 1992 waren 240 000 Zugriffe auf die Sex-Rubriken festzustellen – geht auf Kosten der Steuergelder und bewirkte schließlich, daß die zuständigen Behörden an deutschen Universitäten die elektronischen Zugänge zur Pornografie pauschal blockierten. Dagegen protestierten etliche U.-Benutzer und sprachen von „Zensur".

Und ein Student aus Ulm meinte, „die Uni als Lebensraum werde nun öde und trist".[110]

Es sind also auch hier Leute am Werk, die als Schmuggler Dinge in ein hochachtbares und solides Datennetz einbringen, nämlich Dinge, die eine Vielzahl von Benutzern erfreuen und deren Langeweile im Universitätsalltag beseitigen. Den materiellen Gewinn haben dabei wohl die Energiekonzerne – vielleicht sind sie ja an dieser Art des Netzverkehrs besonders interessiert oder gar daran auch beteiligt. Der ideelle Gewinn kommt jenen Lieferanten zu, denen die Störung eines höchst langweiligen Systems Vergnügen bereitet. Auch das mag im Sinne von Schmugglern sein.

Schmuggel mit Rauschgiften

Wie ich bereits angedeutet habe, ist der Rauschgiftschmuggel in seiner Struktur ähnlich dem Waffenschmuggel, denn auch er ist im großen Stil organisiert und verspricht viel Geld.

Unter dem Begriff Rauschgift verstehe ich im folgenden alle Stoffe, deren Einnahme Menschen in einen rauschähnlichen, im Prinzip als beglückenden oder bloß angenehm empfundenen Zustand versetzen, wobei diese Substanzen in irgendeiner Weise „schädlich" für das Individuum selbst und auch für die Gemeinschaft sein können.

Nun unterscheidet sich die Vorstellung von dem, was ungesund und gemeingefährlich ist, von Gesellschaft zu Gesellschaft. So wird Alkohol in der heutigen europäischen Kultur als ein akzeptables Mittel betrachtet, um sich von den Sorgen des Alltags abzulenken, während in Indien oder im Amerika der Zwischenkriegszeit Alkohol als ungemein schädlich betrachtet und daher sein Verkauf und Genuß unter strenge Strafe gestellt wurden. Und während in Ostasien einmal die Freuden des Opiumrausches durchaus gebilligt wurden, verfolgt man Opiumhändler heute weltweit, weil man gesehen hat, in welcher Weise Drogen aller Art, wie Heroin, Kokain, LSD etc., Menschen zu arbeitsunwilligen Wracks machen.

Was als schädlich gilt, ist also von Kultur zu Kultur verschieden. Aber auch die Händler und Schmuggler mit Waren dieser Art werden von Kultur zu Kultur verschieden eingestuft. So galten die alten Alkoholschmuggler in den USA als Helden, denen man spannende Filme widmete, während die Drogenschmuggler als miese Schurken angesehen werden. Ein Waffenschmuggler etwa definierte mir gegenüber Drogenschmuggler als unwürdige Verbrecher. Andererseits haben die Drogenbarone Südamerikas den Ruf, Freunde der Armen und Wohltäter zu sein.

Die Einschätzung von Drogenkonsum und Drogenhandel ist also auch abhängig von der jeweiligen kulturellen bzw. gesellschaftlichen Wirklichkeit oder „Wahrheit". In diesem Zusammenhang ist auf die uns merkwürdig anmutende Tatsache hinzuweisen, daß bis in die Zeit zwischen den beiden Kriegen Saccharin in den meisten europäischen Staaten verboten war.

Der alte Saccharinschmuggel

Ich habe in früheren Kapiteln bereits die Strategien alter Tiroler Saccharinschmuggler geschildert. Hier geht es mir um Grundsätzliches. Ähnlich wie man heute Heroin und Kokain als teuflische Mittel ansieht, wurde auch Saccharin einmal als gesundheitsschädlich betrachtet. Saccharin wird aus Steinkohleteer gewonnen und zeichnet sich durch eine besonders hohe Süßkraft aus. Gegenüber Rohr- und Rübenzucker hat reines Saccharin die 550fache Süßkraft. Gewöhnlich wird Saccharin in Tabletten oder Kügelchen gepreßt, seltener ist es als flüssige Substanz im Handel.

Im Unterschied zu anderen Süßstoffen hat es keinerlei Nährwert. Nach den früheren Lebensmittelgesetzen wurden Lebensmittel, in denen an Stelle von Zucker Saccharin verwendet wurde, als verfälscht bezeichnet. Daher wurden auch in Gesetzen, die um die Jahrhundertwende erlassen wurden, so in Deutschland im Gesetz vom 7. Juli 1902, die Herstellung, die Einfuhr, der Verkauf und die Verwendung von Saccharin verboten. Mit diesem Gesetz sollte nicht nur die heimische Rübenbau- und Zuckerindustrie geschützt werden, sondern eben auch die Menschen, bei denen man durch die Einnahme von Saccharin Gesundheitsschäden befürchtete. Völlig freigegeben waren in Europa die Herstellung und der Handel von Saccharin nur in der Schweiz, und erst um 1926 akzeptierte man dies auch im übrigen Europa.[111]

Bis dahin waren jedoch Schmuggler mit Saccharin über die Grenzen von der Schweiz nach Österreich und Deutschland unterwegs. Und nicht nur einzelne Schmuggler handelten mit Saccharin, sondern auch regelrechte Schmuggelunternehmen, die vor allem in der Schweiz ihren Sitz hatten. Dieser organisierte Schmuggel ist in gewisser Weise ein Vorläufer des Rauschgiftschmuggels, mit dem er große Ähnlichkeiten aufweist. Nicht nur darin, daß eben auch das Saccharin als ein gesundheits-schädliches Mittel begriffen wurde, sondern auch, weil beim Saccharinschmuggel mit gezielten Strategien gearbeitet wurde.

Die schweizerischen Schmuggelunternehmen warben Schmuggler an und zahlten ihnen für das Kilogramm Saccharin, das sie über die deutsche Grenze schafften, durchschnittlich 2 bis 3 Mark. Ähnlich wie heute Drogenschmuggler brachten diese Herren in Schmugglerwesten, Schmugglerhemden oder -gürteln ihre Ware zu den Abnehmern nach Deutschland und Österreich. Das Schmuggelgut wurde nicht bloß zu Fuß, sondern auch in der Eisenbahn aus der Schweiz hinaustransportiert. In der Eisenbahn versteckte man es unter oder hinter den Sitzen, während der Schmuggler für gewöhnlich in einem anderen Abteil reiste. Schlau war es auch, größere Mengen an Saccharin als Frachtgut ins Ausland zu senden und es kühn als zollfreie Ware, zum Beispiel als Papier, zu deklarieren. Oder man packte gleichzeitig auch zollpflichtige Ware ein, die man angab, in der Hoffnung, daß die kontrollierenden Zollbeamten entweder gar nicht nachsahen, oder wenn sie es doch taten, nur die angegebene Ware beachteten.

So deklarierte man etwa den Inhalt eines Pakets sinnreich als Tinte, und tatsächlich war dem Saccharin ein Tintenglas beigepackt. Verlangte nun der Zollbeamte das Öffnen des Kartons, so ließ der Schmuggler die Tinte durch einen Trick auslaufen, um den Beamten zu verwirren.

Der Saccharinschmuggel als Unternehmen benötigte mehrere Personen, deren Aufgabenbereiche einander ergänzten. Die unangenehmste Rolle fiel dem bloßen Schmuggler zu. Die Strafen waren hoch, und die Polizeibehörden setzten viel daran, dem Saccharinschmuggel auf die Schliche zu kommen. Man dachte damals bereits darüber nach, „besondere Polizeikommissäre" auszubilden, die international operierende „Schmugglerzüge" begleiten und aufdecken sollten.[112]

Die Zentralevidenzstelle bei der K. K. Finanzbezirksdirektion in Wien hatte bereits 1911 ein besonderes „Schmugglerverzeichnis" mit 1 600 registrierten Personen angelegt. Diese Tradition wird heute bei der Bekämpfung des Rauschgiftschmuggels weitergeführt. Vom alten Saccharinschmuggel unterscheidet sich der heutige Drogenschmuggel wohl darin, daß Saccharin auch damals nicht als derart gefährlich für den Menschen angesehen wurde wie gegenwärtig die modernen Drogen. Deshalb wurde der Saccharinschmuggel auch vergleichsweise mit geringen Strafen belegt.

Alkoholschmuggel in den USA

Mit dem Alkoholschmuggel beginnt in den USA jenes organisierte Verbrechen, das mit Schmuggelaktivitäten zusammenhängt. Leute wie Lucky Luciano und Al Capone sind durch Alkoholschmuggel reich und berühmt geworden.

Interessant ist aber ein Mann, der eher im Hintergrund stand, der jedoch wesentlich den Alkoholschmuggel gelenkt hat. Im Unterschied zu Al Capone und anderen war er nicht italienischer Herkunft, stammte aber dennoch aus einer Emigrantenfamilie. Es handelt sich um Meyer Lansky, der als „Erfinder des organisierten Verbrechens" und als der „cleverste Verbrecher aller Zeiten" bezeichnet wird. Als Sohn eines in der USA eingewanderten jüdischen Schneiders wuchs er in einer Gegend auf, in der Spielhöllen und Prostitution zu Hause waren, nämlich in der Lower East Side von Manhattan. Es ist charakteristisch, wie ich noch zeigen werde, für gewisse Gruppen von Auswanderern, wie eben die Sizilianer und die Juden, daß sie bereits auf Leute treffen, die ihnen kulturell verwandt sind und die als Stigmatisierte und Degradierte nach Strategien suchen, um gut und angenehm zu überleben. Von solchen Leuten wurde übrigens die amerikanische Filmindustrie aufgebaut, und sie sind es auch, die jene verbotenen Dinge liefern, mit denen man viel Geld machen kann. Für den bewußten Meyer Lansky begann am 14. Januar 1920, als in den USA das Prohibitionsgesetz in Kraft trat, also jenes Gesetz, das die Einfuhr und Herstellung von Alkohol verbot, ein Milliardengeschäft.

Bis dahin hatte Meyer Lansky ganz gegen seinen Willen ein höchst bescheidenes Leben als Mechaniker geführt. Mit zwanzig

Jahren eröffnete er nun gemeinsam mit zwei Kompagnons eine Garage samt Lastwagenverleih als legalen Aushang für das illegale Transportgeschäft mit dem Alkohol. Dabei konzipierte er eine ausgeklügelte Betriebsstruktur, die fortan zur Grundlage des „organisierten Verbrechens" wurde: Er beteiligte möglichst viele Partner an seinen Unternehmungen und machte sich selbst gleichzeitig zum Teilhaber an deren Geschäften, nämlich an denen des Glücksspiels. Denn die Spielkasinos waren die Hauptabnehmer des von ihm und seinen Kompagnons auf eigens gecharterten Schiffen nach Amerika gebrachten Whiskys. So entstanden in den 14 Jahren der Prohibition jene mafiosen schwer zu durchschauenden Beziehungen quer durch die Unterwelt, welche die Polizei als „organisiertes Verbrechen" bezeichnete. Das Eigentümliche dieses Verbrechens war jedoch, wie der Biograph Lanskys festhält, gerade der Mangel an Organisation, weswegen es für die Behörden schwer war, ihm überhaupt beizukommen.

Mit der Aufhebung des Prohibitionsgesetzes war es zwar aus mit dem Geschäft mit dem Alkohol, aber Meyer Lansky verdiente weiterhin gut an den von ihm kontrollierten Spielkasinos. Obwohl Lansky während seines Lebens an die 300 Millionen Dollar ergaunert und das Vermögen der Mafia verwaltet haben soll, gelang es dem FBI nicht, ihn hinter Schloß und Riegel zu kriegen. Seiner Cleverness und seinen korrekten Steuererklärungen verdankte Meyer Lansky ein Leben in Ruhe, weshalb man ihn in Gangsterkreisen „Honest Meyer" nannte. Er starb unbehelligt in Miami am 15. Januar 1983.

Auch der Drogenschmuggel wurde in gewisser Weise von Meyer Lansky vorbereitet, obwohl er selbst niemals mit Drogen Geschäfte machte, ganz im Gegenteil: Als einige seiner Freunde sich nach Ende der Prohibition dem Geschäft mit Dirnen und Drogen zugewandt hatten, soll Lansky dies gerügt haben: „Gefährlich, gesellschaftlich nicht akzeptiert, obendrein unmoralisch, also mit einem Wort dumm."[113]

Lansky gab sich auch sonst gerne als ehrenhafter Mann und war ob seiner Großzügigkeit beliebt bei den „kleinen Leuten". So beschenkte er die Einwohner einer kleinen Stadt bei Miami, wo er ein illegales Spielkasino betrieb, zu Weihnachten reichlich mit Geld. Sie sympathisierten mit Lansky und pöbelten die Beamten des FBI an, wenn diese ihm nachspüren wollten.

Obwohl Lansky, der sich im Laufe seines Lebens einen Blick zugelegt haben soll, als nehme er Maß für einen Sarg, vor dem Schmuggel mit Drogen gewarnt hatte, wurde dieser für seine Epigonen zum großen Geschäft. Darüber soll im folgenden berichtet werden.

Mafia und Kokainbarone

Ebenso wie der Alkohol- und Waffenschmuggel ist der Drogenschmuggel in den Händen von komplizierten Organisationen, die weltweit ihre Geschäfte machen. Diese Organisationen sind schwer zu fassen, denn typisch für sie ist, daß sie eben nicht im Sinne einer Firma oder eines Ministeriums organisiert sind, sondern netzartig die Aktivitäten miteinander verbinden, wobei schwer festzustellen ist, welche Leute das Geschäft dirigieren, welche den Schmuggel in der Hand haben und welche an allem profitieren.

Wohl gibt es bei Drogen auch den Alltagsschmuggel, also den Schmuggel von Touristen, Vagabunden oder Trampern, die ein paar Gramm Haschisch oder Marihuana in Asien erwerben und heimlich nach Europa mitnehmen, aber dieser fällt kaum ins Gewicht. Der professionelle Rauschgiftschmuggel ist das klassische Beispiel dafür, daß immer dann eifrige Geschäftemacher am Werk sind, wenn Handel und Erwerb von Dingen, deren Nachfrage groß ist, verboten sind. Und als Faustregel gilt: Je größer die Strafen und das Risiko, desto höher die Einnahmen. Das viele Geld, das nun durch den Rauschgiftschmuggel verdient wird, teilen sich einige wenige Syndikate, deren klassisches die Mafia ist.

Keineswegs ist die Mafia im oben erwähnten Sinn als eine Gemeinschaft von „sozialen Rebellen" zu begreifen, wie es der bereits zitierte Eric Hobsbawm in seinem 1962 auf deutsch erschienenen Buch tut. Bereits die alte Mafia hatte keine sozial regulative Funktion in den bäuerlichen Gesellschaften Siziliens und Süditaliens. Zwar glorifiziert die Mafia oder „Cosa nostra", wie sie sich selbst auch nennt, ihre Vergangenheit als sozialrebellische, aber sie ist es nicht. Vielmehr verdankt die Mafia ihre Entstehung der Aufhebung der Leibeigenschaft in Sizilien, als Großgrundbesitzer durchsetzungskräftige Leute als Pächter einsetzten, deren Aufgabe es war, die besitzlosen Bauern weiterhin auf dem Grund und Boden zu halten. Diese Pächter, „gabelotti" genannt, gingen mit roher Gewalt vor. Sie schreckten sogar vor exemplarischen Morden nicht zurück. Immer mehr Macht konzentrierte sich auf sie und zur Macht gesellte sich Reichtum, und schließlich dehnten sie ihren Einflußbereich auch auf die Städte aus. Sie gewannen die Aufsicht über die Märkte und mischten sich in allerhand Geschäfte.

Die Mafia muß, so meinen einige Autoren, vor diesem Hintergrund gesehen werden. Verquickt ist die Mafia auch mit der Camorra, bei der es sich allerdings um ein ausgesprochenes Stadtgangstertum handelt und die identisch mit der Unterwelt von Neapel ist. Raub, Schutzgelderpressung, Prostitution und Glücksspiel gehören zu den traditionellen Geschäften der Camorra – und mittlerweile auch der internationale Drogen- und Waffenhandel.

Als in der Zeit des Faschismus die Mafia in Italien mit aller Härte verfolgt wurde, wanderten einige der Mafiabosse nach den USA aus. Sie kamen auf ein vorbereitetes Feld, auf dem bereits Sizilianer, die im Zuge der ersten großen sizilianischen Emigrationswelle während des 19. Jahrhunderts nach Amerika gelangt waren, ihre Geschäfte betrieben. Nun wurden sie auf vielen Gebieten aktiv: Bei der Prostitution mischten sie ebenso mit wie bei organisierten Diebsbanden oder beim Glücksspiel, und während der Prohibitionszeit kontrollierten sie Produktion und Vertrieb von Alkoholika. Und schließlich mischte sich die Mafia auch in das Drogengeschäft.

Ihr großer Augenblick begann, als Anfang der siebziger Jahre die sogenannte French Connection, also die von Afghanistan und Indien über den Libanon nach Marseille führende Rauschgifthandelslinie, durch Agenten der Interpol aufgedeckt und zerschlagen wurde. Sie verschwand von der Bildfläche, aber die sizilianische Mafia mit ihren alten Verbindungen aus früheren Zeiten konnte nun problemlos in diesen Erwerbszweig einsteigen. Chemiker, die vorher in Marseille Rohopium raffiniert hatten, wurden von Mafiosi engagiert, um in Sizilien geheime Heroinlabors einzurichten. Erst zu Beginn der achtziger Jahre konnten diese von der Polizei entdeckt werden. Der bekannteste dieser Chemiker war ein gewisser André Boucquet, der auch Mr. Goldrake genannt wurde. Er hatte in Palermo sechs geheime Labors eingerichtet, die so effizient arbeiteten, daß eines dieser Labors in der Woche einen Ausstoß von Morphium im Gegenwert von 50 Millionen Dollar hatte.[114]

In Kalabrien hat sich eine dritte Form der organisierten Kriminalität entwickelt, die sogenannte „Ndrangheta", die man heute auch als „mafia calabrese" bezeichnet. Sie geht zurück auf die alten Briganten, in die Berge geflohene Bauern und Hirten, die als Räuber einen großen Ruf hatten und beim Volk beliebt waren. Da viele Kalabresen nach Amerika ausgewandert sind, gibt es enge Verbindungen der „Ndrangheta" dorthin. So konnte die „Ndrangheta" eine Zeitlang die Verteilung des Rauschgiftes, das aus Sizilien kam, übernehmen. Gioia Tauro in Kalabrien war bis 1984 einer der wichtigsten Orte für die Ausfuhr von Rauschgift. Dieses wurde meist auf kleinen Fischerkähnen auf die hohe See geführt, wo es von Hochseedampfern übernommen wurde. Die sizilianische Mafia arbeitet also eng mit anderen ehrenwerten Vereinigungen italienischer Prägung zusammen, um das Rauschgiftgeschäft in Schwung zu halten. Organisationen dieser Art mit ihren familiären und historisch gewachsenen Verbindungen sind notwendig, damit der Schmuggel mit Drogen überhaupt effizient funktionieren kann. Schließlich bewirkt ein Schmuggel dieses Ausmaßes, daß die Gelder daraus innerhalb der internationalen Hochfinanz zirkulieren. Es sind mächtige Leute, die dahinterstecken und auf diese Weise involviert werden. Das illegale Geld – auch das aus dem Waffenhandel – kann durch diese Verbindungen ideal „weißgewaschen" werden, eben durch geschickte Investitionen in Firmen, Touristenbetrieben und anderen Bereichen.

Durch ihre weitverzweigten wirtschaftlichen Verbindungen hat die Mafia inzwischen ihr Netz über die ganze EG ausgedehnt, derart, daß befürchtet wird, daß mit dem Wegfall der Grenzkontrollen und mit dem freien Kapitalverkehr in Europa die Mafia als „dreizehnter Staat der EG" sich einzunisten beginnt.

Da in Italien die Mafia und ihre Nebenorganisationen einen erheblichen Widerstand von seiten der Bevölkerung erleben, ziehen sie es vor, zunehmend ihre Geschäfte im südlichen Frankreich zwischen Marseilles und Monaco abzuwickeln. Die Grenzen schützen sie dort vor den italienischen Drogenfahndern, und vertrauliche Bankiers helfen ihnen, ihre Drogengelder „reinzuwaschen".

Auf diese Weise dirigieren angeblich Mafiosi bereits 35 Prozent des Liegenschaftshandels von Nizza. Und durch schlaue Aktivitäten gelang es, einen Teil der für schwache Landwirtschaftsregionen bestimmten EG-Gelder in die Kassen der Mafia zu bringen.

Der prominente Camorra-Chef Michele Zaza mußte 1991 nach drei Monaten Haft in Frankreich wegen eines simplen Zigarettenschmuggels wieder auf freien Fuß gesetzt werden, obwohl er und seine Geschäftsfreunde verdächtigt wurden, Rauschgiftgelder mit Immobilienkäufen, dem Bau von Golfplätzen und Casinobesuchen zu „waschen".

Die Mafia, die Camorra und die Ndrangheta haben wirtschaftliche Macht und dehnen laufend ihre Geschäftsbeziehungen aus. Vor allem auf dem Gebiet des Drogenschmuggels. So sollen sie bereits in Spanien mit lateinamerikanischen Drogenhändlern zusammenarbeiten.

Es sind heute die Drogenbarone Südamerikas, die den Drogenhandel im Griff haben. In Anlehnung an das italienische Vorbild werden sie daher auch als „Drogenmafia" bezeichnet.

In Kolumbien hat sich im Laufe der letzten Jahre das größte Schmuggelkartell der Welt etabliert. Die Schmuggelbosse genießen die Achtung der armen kolumbianischen Bevölkerung. Krankenhäuser, Kindergärten und andere Wohlfahrtseinrichtungen profitieren von ihren großzügigen Spenden. Gleich den alten Aristokraten führen sie ein aufwendiges Leben, und in

der Tradition mittelalterlicher Rittersleute halten sie sich bewaffnete Truppen, die ihre Schlösser und Farmen schützen. Ihr Geld fließt in die Hände staatlicher Stellen, und korrupte Zöllner stehen ihnen weltweit zu Diensten. Das Drogen-Imperium, wie es die Kolumbianer sich aufbauten, erregte den Ärger der Welt. Vor diesem Hintergrund ist es erklärbar, daß im Juni 1991 Pablo Escobar, der „größte Drogenboß der Welt", wie ihn die Zeitungen nannten, sich auf Wunsch kolumbianischer Behörden freiwillig hinter Gitter begab. Der Staatspräsident Kolumbiens und die Mitglieder der Regierung stehen im Verdacht, mit den Rauschgifthändlern zusammenzuarbeiten. Es kam zum Streit um den großen Schmuggler, und schließlich sah man sich veranlaßt, ihn mehr oder weniger zu bitten, sich der Polizei zu stellen. Dies tat er, allerdings unter der Bedingung, daß er sich seine Haftanstalt aussuchen könne und er stattete das Gefängnis bei Medellin nach eigenem Geschmack auf seine Kosten aus. Hier führte er ein Leben in vornehmer Zurückgezogenheit. Angeblich konnte er Besucher empfangen, unter ihnen den Tormann der kolumbianischen Fußballnationalmannschaft, Journalisten und sogar steckbrieflich gesuchte Rauschgifthändler. In Interviews, die er den Zeitungen im Gefängnis gab, erklärte er, kein Verbrecher zu sein, sondern Geschäftsmann. Sein Drogenkartell, als Medellin-Kartell bekannt, sei nur eine Erfindung der Medien. Zeugen, die in den Prozessen gegen das Drogenkartell aussagen sollten, starben reihenweise. Obwohl Escobar mit 19 anderen Kartellvertretern im Gefängnis sitzt, befindet sich einer der wichtigsten Drahtzieher noch auf freiem Fuß: Deniz Munos, der die „militärischen Operationen" des Rauschgiftsyndikates leitet.
Wie groß die Macht des Drogenimperiums ist, zeigte sich unter anderem daran, daß die Rechtsanwälte Escobars sich weigerten, mit der Regierung weiter wegen einer Übergabe von Waffen und Munition der Drogenkönige zu verhandeln. Auf diese Weise reagierten sie auf die Ankündigung offizieller Stellen, die Armee werde in Zukunft die Gefängnisse kontrollieren.
Die Regierung scheint geradezu abhängig von den Drogenbossen zu sein. Dazu kommt auf der anderen Seite der Druck, der durch die Weltöffentlichkeit auf sie ausgeübt wird.

Derzeit sieht es jedenfalls so aus, als würde Pablo Escobar nur wenige Jahre in seinem noblen Gefängnis verbringen, obwohl ihm mehr als 1 000 Morde angelastet werden, die man ihm allerdings nicht nachweisen kann.

Die Morde, welche die Drogenbosse befehlen, werden durch eigene Kommandounternehmen ausgeführt. So erhielt zum Beispiel ein 20jähriger Mestize den Auftrag, in der Drogenmetropole Medellin einen mißliebigen Politiker zu töten. Bevor er dies tat, betete er, wie er erzählte, noch „zu Gott und zur heiligen Jungfrau ... In diesem Job arbeitest du wenig und verdienst doppelt soviel wie die anderen, die schuften müssen",[115] rechtfertigte er sein Tun und verwies damit auf die Macht der Drogenbosse.

In einem mit „Mein Medellin" überschriebenen Artikel in Newsweek vom 14. März 1988 beschreibt der Autor, ein gewisser Oscar Calle, einen solchen Mord: „Achtundzwanzig Einschußlöcher, 28 Kugeln, 28 Jahre alt. Einer nach dem anderen wurden die Schüsse wütend aus nächster Nähe abgefeuert. Einer nach dem anderen durchbohrt sie die Haut und drangen durch das Fleisch, zerfetzten die Muskeln und die lebenswichtigen Organe und fuhren dann, die Träume und die ganze Zukunft eines jungen Menschen mit sich reißend, mit kaum gebremster Wucht aus dem Körper. Die Nachricht von diesem Mord war den Zeitungen der Heimatstadt des Opfers, Medellin im nordwestlichen Kolumbien, kaum ein paar Zeilen wert; man ist dort an dergleichen gewöhnt ... Der junge Mann trug keinen großen Namen, aber sein Boß – und auf den hatten es die Narcotraficantes abgesehen. Die Rauschgiftbarone wollten mit ihm eine alte Rechnung begleichen, aber sie konnten ihn nicht finden. Nur seinen jungen Buchhalter ..."

Das Geld aus dem Drogenhandel untergräbt die staatliche Ordnung. 1988 betrug der Erlös Kolumbiens aus dem Kaffee- und Erdölexport, also aus zwei Wirtschaftszweigen mit zusammen mehreren Millionen Beschäftigten, fünf Millionen Dollar. Einige wenige Männer in Medellin dagegen exportieren alljährlich Rauschgift für mehr als eine Milliarde Dollar. In blitzenden Autos fahren die Mitglieder des Drogenkartells durch die

Straßen. Sie feiern große Feste und befehligen Kommandos, um ihre Macht gegenüber derjenigen der Politiker einzusetzen. Das gefällt den jungen Kolumbianern, die in Armut leben, und sie versuchen, in diese Geschäfte einzusteigen. Sie bringen den Drogenhandel geradezu mit Traumberufen in Verbindung. Und die kokainanbauenden Bauern sind froh, gute Abnehmer zu finden.

Es stehen einander hier somit zwei Rechtsordnungen gegenüber: die offizielle des Staates, die machtlos zu werden droht, und die der Rauschgiftbosse. Aber, wie ein Bankbeamter festhält, wirkt sich der Drogenhandel immerhin positiv auf die Wirtschaft des Landes aus: „Wir brauchen das Geld, um unsere Wirtschaft in Gang zu halten. Das ist die traurige, aber unumstößliche Wahrheit."[116]

Die enge Verknüpfung von Politik und Kokain gibt es auch in anderen mittelamerikanischen und südamerikanischen Staaten. Die Bauern Boliviens leben ebenfalls vom Kokaanbau. Das Verdienst, die Kokabauern dort gefördert zu haben, gebührt angeblich Roberto Suarez, einem reichen und angesehenen Viehzüchter und Grundbesitzer. Auch er sitzt im Gefängnis und leitet von dort aus den Drogenhandel. Es ist allerdings unklar, warum er sich aufgrund des Urteils eines Provinzrichters bewegen ließ, seine Strafe anzutreten. Es gibt Stimmen, die behaupten der Druck der USA auf das bettelarme Andenland sei einfach zu groß geworden, weshalb man gezwungen war, mit Robert Suarez ein Geschäft auszuhandeln. Im Gefängnis von La Paz, wo er sich seit 1989 befindet, genießt er höchstes Ansehen. In allen Ehren darf er sich in einer mit Teppichen ausgelegten Zelle aufhalten, ständig umgeben von Bediensteten und Verwandten. Er, der als König und Alleinherrscher der bolivianischen Drogenszene bezeichnet wird, gestattete zwei deutschen Journalistinnen im Sommer 1990 ein Interview.[117] Die beiden Deutschen beschreiben ihn als einen geradezu ehrbaren Menschen, einen Held der kleinen Leute, der ihnen Arbeit und Brot gibt. Zu ihnen meinte er: „Um mich zu verhaften, hat man eine Nebelmauer von Anschuldigungen aufgebaut. Nebel hält nicht ewig an. Man muß mich freilassen. Im übrigen füge ich mich demütig in mein

Schicksal, bin zufrieden, wie Gott es mir befiehlt, und schreibe ein Buch.“[118] Schließlich weiß er sich als zartfühlendes, unschuldiges Opfer darzustellen und demonstriert sich außerdem als nobler Herr: „Ich bin ein gottesfürchtiger Mann. Wir leben in einem Jahrhundert des Zornes. Gott hat uns die drei Apokalyptischen Reiter geschickt: Freizeit, Aids und Drogen. Ich wüßte, wie man zumindest der Droge Herr wird.“ Und auf die Frage nach dem Wie antwortete er: „Das ganze politische System muß geändert werden, anständige, aufrechte Leute müßten ans Ruder.“

Das Drogengeschäft ist das größte Geschäft dieser Erde, und niemand vermag es daher einzuschränken. Auch die mächtigen Leute der USA, die Androhung der Todesstrafe und strenge Kontrollen können den Handel nicht eindämmen.

Die Drogen gelangen auf allen möglichen Routen nach Europa. Die Iberische Halbinsel wurde das Tor zum europäischen Drogenmarkt. Durch Portugal und Spanien wird die Ware über alte Routen, auf denen bereits früher der Tabakschmuggel ging, geschleust. Auf einsamen Klippen sind die Verstecke der Schmuggler. So fanden spanische Polizisten 60 Kilometer nordöstlich von Barcelona unter einer Falltür eine 27 Kubikmeter große, aus dem Mutterfelsen gehauene Höhlung, die über unterirdische Gleise mit einer 50 Meter tiefer gelegenen natürlichen Höhle auf Meereshöhe verbunden war. Die Höhlung war vollgestopft mit 17 Tonnen marokkanischem und libanesischem Haschisch, sauber verpackt und gestapelt und 150 Millionen Mark wert.[119]

Solche Entdeckungen sind freilich Zufälle. Die Rauschgiftdezernate glauben daher, daß die in Umlauf befindlichen Drogen nicht einmal zu schätzen sind. 1987 stellten die Spanier 410 Kilogramm Heroin, 1 200 Kilogramm Kokain und 54 Tonnen Haschisch sicher. 1988 waren es bereits 480 Kilogramm Heroin, 3 500 Kilogramm Kokain und 90 Tonnen Haschisch. Vor allem die Kokainkurve scheint ins Unermeßliche zu steigen.

Man nimmt an, daß der Eintritt der Iberer in das Drogengeschäft auf den Juni 1983 zurückgeht, als die sozialistische Regierung in Spanien ein strenges Gesetz aus der Franco-Ära milderte, wonach der Besitz selbst minimaler Mengen an harten oder weichen Drogen mit mindestens sechs Jahren plus einem Tag Gefängnis bestraft wurde. Mit der Entkriminalisierung des Besitzes „kleiner Mengen für den öffentlichen Gebrauch" öffnete das neue Gesetz die Tore für eine Flut illegaler Drogen, die ab nun Spanien und Portugal überschwemmten. Heroin kommt aus dem Iran, Afghanistan und anderen asiatischen Ländern und ist für die USA bestimmt; Haschisch wird aus Marokko und dem Libanon eingehandelt und ist auf dem Weg nach Frankreich, Deutschland, Großbritannien und den Niederlanden. Die Polizei und die Gerichte scheinen machtlos zu sein. Die Schmuggelware geht ungehindert, überhaupt nach dem Wegfall der strengen Grenzkontrollen, durch die Länder.

Erleichtert wird den großen Drogenhändlern das Geschäft durch die Bestechlichkeit der Beamten, welche in diesen Ländern ohnehin kaum etwas verdienen. Ein spanischer Beobachter meint: „Je weiter man sich von Madrid entfernt, desto mehr Korruption findet man." In Malaga benutzte ein Haschischdealer das Haus eines Offiziers der Guardia Civil als Warenlager. Im November 1987 waren zwei Korporale der baskischen Polizei in Bilbao wegen Drogenhandels angeklagt. Sie gehörten zu den Anführern eines Rauschgiftrings, der Kokain aus Kolumbien eingeschmuggelt hatte. Und manche Gerichte gelangen zu „merkwürdigen" Entscheidungen, so im Falle von Jorge Luis Ochoa. Der Stierzüchter und Kokainmilliardär ist einer der Führer des Medellin-Kartells, der eine selbst für Kolumbien „ungewöhnliche Blutrünstigkeit" an den Tag legt. Im Jahre 1984 reiste er in Begleitung eines anderen vermutlichen Kokainhändlers namens Gilberto Rodriguez Orejuela nach Spanien. Im November wurde er aufgrund eines Auslieferungsantrags aus den USA in Madrid festgenommen. Ochoa und Orejuela hatten Gelder in Hochhäuser an der Costa del Sol investiert sowie in eine Stierzucht an der spanisch-portugiesischen Grenze, zufällig genau auf einem der alten Schmuggelpfade der Iberischen Halbinsel. In Orejuelas Wohnung fand die Polizei Aufzeichnungen über Kokainverkäufe von insgesamt 4 073 Kilogramm im Jahre 1983. Da ihr Mandant in den USA mit 20 Jahren Gefängnis rechnen mußte, verschleppten Ochoas Anwälte das Verfahren. Auch Kolumbien wollte die Auslieferung.

In dem Ansuchen um Auslieferung warf man Ochoa den illegalen Import von Kampfstieren aus Spanien vor, ein Vergehen, für das ihm höchstens zwei Jahre Gefängnis und umgerechnet 12 000 Mark Geldstrafe drohten. Etwas später wurde noch der Vorwurf des illegalen Drogenhandels nachgereicht. In der spanischen Presse wurde Ochoa als treusorgender Familienvater und Philanthrop dargestellt, der von den USA zu Unrecht verfolgt wird. Und schließlich kamen während Ochoas Auslieferungshaft etliche seiner Verwandten nach Spanien, wo sie großzügig Schmiergelder verteilten. Im Juni 1986 wurde Ochoa ausgeliefert, aber nicht nach den USA, sondern nach Kolumbien. Zwei Monate später war er frei: Die kolumbianische Drogenklage war fallengelassen worden, und wegen des Kampfstierschmuggels verwirkte er nur seine Kaution.

Die Herren des Drogengeschäftes nützen die Bestechlichkeit der Beamten und Journalisten weidlich aus und genießen das Ansehen der Öffentlichkeit. Sie geben sich als noble Repräsentanten einer kriminellen Kultur, die in ihren grundlegenden Prinzipien aber als achtbar erscheint. Der Ganove wird verklärt, sein Leben gleicht dem alter Aristokraten. Und er wird in den Zeitungen mit entsprechenden Titeln versehen wie: Drogenbaron oder Drogenkönig. So wird in einer deutschen Illustrierten stolz verkündet: „Drogenkönig Pablo Escobar stellte sich der Polizei. Doch er bleibt Boß des Kokain-Kartells."[120] Daneben zeigt ein großes Bild den freundlich lächelnden und vornehm gekleideten Drogenchef beim Aussteigen aus einem Hubschrauber. Im Text dazu heißt es weiter: „Pablo Escobar, der mächtigste Rauschgiftgangster, ist hinter Gittern. Die Slumbewohner von Medellin feiern ihn trotz seiner Verbrechen als Wohltäter. Don Pablo hat sein Wort gehalten: Pablo Emilio Escobar Gaviria, 41 Jahre alt, alias ‚El doctor‘, Chef des größten Rauschgiftrings der Welt, des berüchtigten Kokain-Kartells von Medellin in Kolumbien, stellte sich freiwillig der Polizei."

Über seine heldenhafte Karriere heißt es weiter: „Als Schüler stahl Pablo Grabsteine, schliff sie ab und verkaufte sie wieder. In den sechziger Jahren klaute er Autos, handelte auf dem Schwarzmarkt mit gestohlenen Gütern und reiste illegal in die USA." Er kehrte in seine Heimatgemeinde Envigado zurück, die er zu einer der reichsten Gemeinden Kolumbiens machte, wie weiter zu lesen steht: „Don Pablo und seine Mitstreiter aus der legendären Ochoa-Familie, die auch in Envigado beheimatet ist, hatten Ende der siebziger Jahre gemerkt, daß der Drogenmarkt weit einträglicher ist als das Stehlen von Autos. Die Yankees in Nordamerika waren ganz scharf auf den Schnee, den man in Dschungellabors aus den Cocablättern gewinnt, die in den Höhen Südamerikas angebaut werden. Das Medellin-Kartell revolutionierte den Drogenhandel. Früher wurde das Rauschgift portionsweise durch Kuriere nach Amerika gebracht, die das Gift am Leib trugen. Escobar und Co. kleckerten nicht mehr, sie klotzten. Kilo- und tonnenweise beförderten sie das Kokain mit Privatflugzeugen in die Staaten."[121]

Don Pablos Geschäfte mit dem Drogenhandel florierten derart, daß er zum großen Wohltäter seiner Gemeinde werden konnte. Er stiftete der Stadt mehrere Fußballplätze und eine Rollschuhbahn und ließ Wohnungen bauen. Obwohl man von seiner Profession wußte, galt er in Envigado als Ehrenmann, bescheiden und freundlich, geachtet von jedem. Er organisierte Fußballturniere und Familiennachmittage für Bedürftige. Für die in Armenquartieren lebenden Menschen der Stadt ließ er eine Siedlung bauen, die „Barrio Pablo Escobar". Die dort Wohnenden verehren ihn als Heiligen und meinen: „Alles, was über Pablo erzählt wird, sind Lügen. Auch Jesus Christus wurde vom römischen Staat verfolgt, weil er den Armen geholfen hat."[122] Escobar köderte die Armen und gewann sie als Killer und Drogenboten. Als ihn jedoch 1984 der kolumbianische Justizminister und der Chefredakteur einer großen Zeitung öffentlich als Kriminellen bezeichneten, tauchte Escobar unter. Zwei Jahre später waren die beiden freimütigen Herren tot, und die Drogenhändler überzogen Kolumbien mit Terror. Annäherungsweise sind dabei 20 000 Kolumbianer getötet worden, darunter 250 Richter und Staatsanwälte. Und als schließlich 1989 der Präsidentschaftskandidat Luis Carlos Galan einem Killerkommando zum Opfer gefallen war, verhängte der Präsident den Ausnahmezustand und befahl einem riesigen Polizei- und Militäraufgebot, Jagd auf Pablo zu machen. Der aber war unauffindbar. Darauf entschloß sich der Präsident zu einem „Friedensangebot": Wenn die Drogenhändler sich stellten und geständig seien, sicherte er ihnen Strafminderung zu und versprach, sie nicht an die USA auszuliefern, die ihrerseits den Drogenbossen den Kampf angesagt hatten. Wie angesehen Pablo war, zeigt sich auch darin, daß ein Pater in seiner täglichen Fernsehsendung ausrief: „Lieber Pablo, ergib dich!" Zweimal verhandelte er mit ihm, bevor sich Pablo stellte. Er tat dies aber erst, nachdem ihm ein geräumiges Spezialgefängnis hoch über Envigado versprochen worden war und man ihm zugesichert hatte, ihn nicht an die USA auszuliefern.

Auch ein anderer Drogenhändler genießt hohe Achtung, nämlich Alberto Sicilia-Falcon aus Mexiko. Er wird in der österreichischen Zeitschrift „Der Kriminalbeamte" ehrfürchtig als „Drogenkönig" bezeichnet, auch er lebt in einer noblen Gefängniszelle, von der er weiter seine Fäden im Kokainhandel zieht. Alberto ist Milliardär. Er hat nicht nur Verbindungen zu den Kokainhändlern in Kolumbien, Bolivien und Peru, sondern auch intensive, profitable Kontakte zum kubanischen Geheimdienst und zur CIA der USA. Beamte der Drogenbekämpfungseinheit CENTAC (Central Tactical Unit) vermuten, daß Falcon von der CIA abgeschirmt und erst „auf den Markt geworfen" wurde, wie Werner Sabitzer im „Kriminalbeamten" schreibt, als er zu mächtig zu werden drohte. Falcons Beziehungen gingen bis hin zum Chef der portugiesischen Militärjunta General Spinola und zu dessen Geheimdienst, weiter zu internationalen Waffenhändlern, Guerillagruppen und hohen Regierungsbeamten in fast allen mittelamerikanischen Staaten. Es heißt, Falcon sei ebenso machtbesessen wie Hitler.[123]

Der Kokainhandel ist in den letzten 15 Jahren zu einem der wichtigsten Wirtschaftsfaktoren der Andenländer geworden. Von den Drogenbaronen wird jährlich die gigantische Summe von rund 150 Milliarden Dollar umgesetzt. Experten der US-Drogenbekämpfungsbehörde DEA vermuten, daß 1990 mit 160 bis 180 Tonnen doppelt soviel Kokain wie im Jahr zuvor nach

Europa geschmuggelt wurde. Für 1991 nimmt man 200 Tonnen an. Und die Koka-Anbauflächen in Kolumbien, Peru und Bolivien haben sich 1990 um 22 Prozent vergrößert.[124]
Neben dem Medellin-Kartell gibt es noch – dies sei hier eingefügt – das sogenannte Cali-Kartell im Südwesten Kolumbiens. Dieses hat dem durch den „Drogenkrieg" geschwächten Medellin-Kartell einige Marktanteile abgerungen. Im Gegensatz zum Medellin-Kartell soll das Cali-Kartell ein durchorganisiertes, multinationales Unternehmen sein, das Rechtsberater und eigene Marketing-Spezialisten beschäftigt. Es ist vor allem auf den niederländischen Markt ausgerichtet und kauft dort unverdächtige niederländische Unternehmen auf, um mit ihrer Hilfe Kokain in großem Stil, getarnt als Kaffee- oder Früchtesendungen, ins Land schmuggeln zu können. Im Februar 1990 wurden beispielsweise im Hafen von Ljmuiden bei Amsterdam 2 658 Kilogramm Kokain beschlagnahmt, die in 115 Fässern mit gefrorenem Fruchtsaft nach Europa verschifft worden waren.

Rotterdam ist einer der wichtigsten Umschlagplätze für die Drogen aus Südamerika. Rund eine Million Frachtcontainer passieren jährlich den Rotterdamer Hafen, darunter 40 000 allein aus Südamerika. Eine Kontrolle oder gründliche Durchsuchung der Container nach Kokain ist kaum möglich. Selten gelingt der Polizei ein guter Fang. Eigene Polizeiabteilungen arbeiten an der Aufdeckung des Schmuggels, doch der Druck auf Europa ist enorm.

Das Geschäft mit den Drogen verspricht viel Geld. Daher finden die Kartelle ohne Schwierigkeiten Leute, die das Kokain nach Europa schmuggeln. Wohl ertappen Kriminalbeamte immer wieder Schmuggler, aber die Flut läßt sich nicht eindämmen.

Anfang März 1991 wurden 16 Seeleute des Frachters „Don Juan V." wegen Schmuggels von 635 Kilogramm Kokain zu hohen Haftstrafen verurteilt. Unablässig werden mit gezielten Strategien neue Märkte erobert: Nach dem Öffnen der Grenzen regiert die Drogenmafia in den osteuropäischen Ländern. Vor allem die ehemalige DDR ist ein gewinnbringender neuer Absatzmarkt für die internationalen Rauschgifthändler. Von Amsterdam und Hamburg aus werden die Suchtgifte in die „neuen Länder" gebracht. Experten schätzen den Jahresumsatz auf dem ostdeutschen Drogenmarkt auf umgerechnet 14 Milliarden Schilling. Arbeitslosigkeit und Frustration dürften ein Ansteigen des Suchtgiftkonsums verstärken.

Auch die russische Mafia schaltete sich in den Rauschgiftschmuggel ein. Nach Meinung des „Spiegels" bahnt sich ein gigantisches Geschäft zwischen Ost und West an: In den asiatischen Republiken der ehemaligen UdSSR gibt es riesige Mohn- und Hanffelder. Wenn sich der Westen als Absatzgebiet auftue, befürchtet ein Drogenermittler, „produzieren sie Heroin wie die Wilden". Die kriminellen Banden der UdSSR, die auf mehr als 3 500 geschätzt werden, sind höchst aktiv. Zur Erpressung, Zuhälterei, dem Waffen-, Auto-, Computer- und Zigarettenschmuggel kommt nun der Rauschgiftschmuggel.[125] In Banden organisierte Jugendliche betätigen sich als „Haus"- und „Straßen"-Dealer und schrecken vor Gewaltdelikten nicht zurück, um ihre Gebiete zu behaupten. Und mafiaähnlich organisierte Tätergruppen haben sich – neben ihren sonstigen kriminellen Aktivitäten – nunmehr auch des Suchtgift-Großhandels bemächtigt und befassen sich vor allem mit dem von Afghanistan ausgehenden Import- und Transitschmuggel mit Opiaten.[126] Die Märkte werden mit Rauschgiften bestens versorgt, und die öffentlichen Stellen haben nur wenig Chancen, den Rauschgiftschmuggel in den Griff zu bekommen. In einer österreichischen Tageszeitung heißt es unter dem Titel „Stumpfe Waffen im Kampf gegen die Drogenmörder": „Das illegale Drogengeschäft blüht. Es bringt den Händlern des Todes nach Schätzung internationaler Behörden jedes Jahr 3 500 Milliarden Schilling Profit."[127]

Der Opiumhandel

Eine besondere kulturelle Tradition ist mit dem Opium verknüpft. Opium ist eine Pflanze, die in warmen Klimaten und großen Höhen gut gedeiht. Diese Anforderungen sind vor allem auf jenen Bergen und Bergzügen gegeben, die sich von der

Türkei bis hinein nach China erstrecken. Es waren zunächst türkische Händler, die in früheren Jahrhunderten die Welt mit Opium versorgten. Auf der Suche nach tauschbaren Waren brachten sie Opium aus der Türkei, dem ersten großen Anbaugebiet, nach Indien, China und Südostasien.[128]

Im 16. Jahrhundert witterten die Portugiesen das große Geschäft und stiegen in den Opiumhandel ein. Sie kauften Opium von türkischen und indischen Händlern und tauschten dieses gegen Tee und Gewürze ein, welche sie wieder in Europa gegen guten Gewinn verhandelten. In der Folge gewannen die Holländer die Oberhand in Indonesien und in einem Teil Südostasiens. Und immer stärker wurde der Opiumhandel als Geldquelle genutzt, um militärische Unternehmen zu finanzieren. Gleichzeitig wurde Opium in steigendem Maße als Zahlungsmittel beim Kauf von Gewürzen, Tee, Seide und Porzellan eingesetzt. In diese Zeit fällt die Entstehung der berühmten Opiumhöhlen in den größeren asiatischen Städten. Indien löste die Türkei als Hauptanbaugebiet von Opium ab. Hauptsächlich war es die British East India Company, die das indische Opium anbaute und schließlich das Ihre dazu beitrug, um die Opiumsucht über ganz Asien zu verbreiten. Spätestens in der Mitte des 19. Jahrhunderts kam man in China zur Erkenntnis, daß es problematisch sei, eigene wertvolle Dinge, wie Silber, Seide und Tee, gegen Opium einzutauschen. Um vor allem den Abfluß von Silber zu stoppen, versuchte man, die Einfuhr von Opium zu verringern. Endlich verbot man den englischen und amerikanischen Händlern, Opium einzuführen.

Während die Amerikaner nachgaben, sahen die Engländer sich in ihren wirtschaftlichen Interessen bedroht. Auf Schmuggelschiffen gelangte Opium weiterhin nach China. Die Schiffe wurden inspiziert und das gefundene Opium vernichtet. Es kam zum Opiumkrieg zwischen England und China in den Jahren 1839 bis 1842. Für China, das offiziell von der Unmoral der englischen und amerikanischen Opiumhändler sprach, bedeutete dieser Krieg eine vernichtende Niederlage. Hongkong wurde von Großbritannien in Besitz genommen, und britischen Händlern wurde der offene Zugang zu fünf chinesischen Häfen gewährt. Die Chinesen mußten 21 Millionen englische Pfund Reparationsleistungen für das Opium, das von ihnen vor dem Krieg beschlagnahmt und vernichtet worden war, zahlen. Die Legalisierung des Opiums in China führte zu einer unglaublichen Vergrößerung des Marktes. Die Übervölkerung Chinas führte schließlich zur Auswanderung von Chinesen als billige Arbeitskräfte in die südostasiatischen Nachbarstaaten und nach den USA. Mit sich brachten die Emigranten die Gewohnheit des Opiumgenusses. Gefördert wurden Opiumgenuß und Opiumhandel von den Kolonialmächten, denn Drogensucht bedeutete für die Regierung Gewinne.

Das Aufkommen von Untergrundkämpfen machte den Opiumhandel zu einer neuen Waffe in den Händen der Geheimdienste der Kolonialmächte. Besonders Frankreich finanzierte seine Geheimoperationen in Vietnam und Laos durch den Opiumhandel. Die Droge erwies sich in zweifacher Hinsicht als nützlich: Zum einen deckte sie die Verwaltungskosten, zum anderen wurde sie denjenigen Bergvölkern als Belohnung gegeben, die sich am Kampf der Franzosen beteiligten. Da aber die Regierungen des Westens vom Opium Gefahr für die eigenen Arbeiter fürchteten, verboten sie es in ihren Ländern.[129] Dies bedeutete jedoch gleichzeitig eine Förderung des Drogenschmuggels im Westen.

Die erste Welle von Opiummißbrauch kam mit chinesischen Einwanderern in die USA. Dort arbeiteten die Chinesen als Kulis in den Gold- und Silberbergwerken bzw. beim Bau der Transkontinentaleisenbahn. Langsam verbreitete sich die Gewohnheit des Opiumgenusses in der amerikanischen Arbeiterklasse, vor allem im Westen, wo die Arbeit besonders schwer war.

1898 begann ein deutsches pharmazeutisches Unternehmen, Bayer, mit dem Vertrieb eines patentierten, als Medikament gedachten Produktes, das Heroin genannt wurde und zum Teil das Opium ersetzte. Als in den USA 1914 der Handel mit Opium und Heroin verboten wurde, nahm der Schmuggel zu. Heute hat Heroin die Märkte der großen Städte erobert. Es tritt zum Kokain hinzu und hat ihm teilweise den Rang abgelaufen, obwohl es einige Zeit so aussah, als beherrschte das Kokain die Märkte.

Heroin war für die Hippies in den sechziger Jahren ein Mittel, mit dem sie die „bewußtseinserweiternde Flucht" aus der Konsumwelt der Eltern suchten. In vielfältigen Formen wurde es nun auf den Markt gebracht, oft gestreckt mit gefährlichen Stoffen und nicht selten tödlich. Aus dem Goldenen Dreieck, Burma, Laos und Thailand, dringt es in die USA und nach Europa. Die südamerikanischen Drogenbarone reagierten auf den Druck aus dem Osten nicht nur mit einer Ankurbelung des Kokainschmuggels, sondern auch damit, daß neben den Kokastauden ab 1990 nun auch Mohn in ihren Gebieten angebaut wird. Durch regelrechte Bildungsreisen nach Südostasien eignen sich die Kolumbianer die Fertigkeit an, aus Mohnkapseln Opium und in der Folge Heroin zu gewinnen. Beim Schmuggel nach Nordamerika oder Europa bedienen sie sich ihrer guteingespielten Verteilernetze aus dem Kokain-Geschäft.[130] Einer der wichtigsten Umschlagplätze für Heroin ist Nigeria geworden (s. u.).

Ein Wiener Rauschgiftschmuggler

Bereits bei den kleineren Drogenschmugglern, die nach Ostasien fahren, um Opium oder ähnliche Substanzen nach Europa zu schmuggeln, gibt es – allerdings bescheidene – mafiose Verbindungen und Organisationen. Einzelne Drogenschmuggler, die das Wagnis des Schmuggelns für den Eigenbedarf oder für einen kleinen Bekanntenkreis auf sich nehmen, haben auf dem Rauschgiftmarkt eine eher geringe Bedeutung. Es scheint auch, daß sie dem Zoll und der Polizei häufiger in die Maschen gehen. Ihr äußerer Habitus, der an vagantisches Leben erinnert, die Wahl der Routen und ein mitunter auffallendes Gebaren machen es den Zollbehörden mitunter leicht, sie als Rauschgiftschmuggler zu erkennen. Wie sich ein Schmuggelunternehmen im kleinen aufbaut und seine Mitglieder wenigstens eine Zeitlang ganz gut ernährt, erfuhr ich im Gespräch mit einem Rauschgiftschmuggler, den ich in Wien bei einem Bier traf und der kurz darauf in Spanien wieder gefaßt wurde. Während ich hier über ihn schreibe, sitzt er in einem Madrider Gefängnis, aus dem er mir bereits einige Male Nachrichten zukommen hat lassen. Auf seinen Wunsch hin sandte ich ihm sogar einen nicht unbeträchtlichen Geldbetrag.

Die große Zeit dieses Mannes waren die ausgehenden siebziger Jahre. Seine Erinnerungen zeigen anschaulich, daß gerade der Schmuggel mit Rauschgift, einer höchst verpönten und schwer bestraften Ware, einer gründlichen Vorbereitung bedarf, soll er gelingen: „Begonnen hat es mit dem Kontakt zur Rauschgiftszene um 1975. Ich war gerade vom Bundesheer entlassen worden. In Wien wollte ich nicht bleiben, so fuhr ich nach München, wo ich in einem Lokal in Schwabing angestellt wurde, als Aushilfskraft. In dieser Hütte wurde gegiftelt (Rauschgift konsumiert). Ich habe damals das Abenteuer gesucht, aber auch Geld, denn leben muß der Mensch auch. Bereits nach kurzer Zeit habe ich erfahren, wo und wer Haschisch verkauft. Ich kam dann wieder nach Wien zurück. Geld und Quartier hatte ich nicht. Ich lernte aber in einem Club Leute von einer Kommune im VI. Bezirk an der Wienzeile kennen. Um zu Geld zu kommen, nahm ich die Arbeit eines Lastwagenchauffeurs an. Heute würde ich nicht mehr so arbeiten, ich brauche es auch nicht. In der Kommune waren Leute, die so Klein-Dealer-Geschäfte machten. Einer von ihnen war ein Salzburger, der Beziehung zu Leuten aus Kitzbühel hatte, die Haschisch rauchten. Unter ihnen war auch eine Gräfin von Zitzewitz. Bei ihr hat die Polizei Haschisch gefunden. Eines Tages kamen zwei Leute dieser Tiroler Connection zu uns nach Wien in die Kommune. Die Tiroler hatten 2 Kilo und 20 Dekagramm Haschisch mit. Mich interessierte das Geschäft, und ich konnte sie überzeugen, daß ich für sie der ideale Mann bin. Ich habe nun das Zeug übernommen und habe aufgehört Lastwagenchauffeur zu sein. Verkauft habe ich das Haschisch in der Kommune.

... Die Tiroler wußten nicht, wie ich heiße, und ich nicht, wie die Tiroler heißen. Das haben wir uns ausgemacht. Wir vereinbarten ein Treffen im III. Bezirk. Dort übergaben sie mir die 2 Kilo und 20 Dekagramm Rauschgift im damaligen Wert von 33 000 Schilling. Die Leute haben mir vertraut. Nach 14 Tagen sind sie mit 10 Kilo gekommen. Sie erzählten mir, sie hätten das Haschisch im Benzintank, also in einem Bunker, aus Marokko gebracht. Mich hat das alles nicht interessiert. In einem Kellerlokal im I. Bezirk, wo zu der Zeit viel mit Rauschgift gehandelt wurde, konnte ich an einem Abend 800 Gramm verkaufen. Später habe ich mich wieder mit den Tiroler Schmugglern getroffen, und zwar am Flohmarkt. Für das Kilo habe ich 15 000 Schilling bezahlt und es um 30 000 Schilling weiterverkauft."

Der Kontakt in die Szene des Rauschgiftschmuggels geschah also durch Leute, die potentielle Abnehmer sind, die Leute der Kommune. Die Tiroler suchten in diesem Kreis nach Mittelsmännern, und mein Gesprächspartner konnte sich ihnen geschickt als ein solcher anpreisen. Er wird zunächst in die Rolle des „kleinen Dealers" gedrängt. Der Ausdruck „Dealer" deutet nicht nur auf die Internationalität des Geschäftes hin, sondern auch auf eine spezielle Kultur, in der der Dealer die geschmuggelte Ware an den Mann bringt. Er braucht genaue Informationen über die Örtlichkeiten, wo er sein Rauschgift verkaufen kann, ebenso wie über die Leute, die es abnehmen. Das Risiko, erwischt zu werden, ist jedoch bei den „Kleindealern", die auf der Suche nach „Giftlern" sind, am größten. Dies bedachte auch mein Kontaktmann: „Die Kleindealer kaufen von den Großdealern. Ich war damals noch ein richtiger Kleindealer. Der Großdealer verkauft an Mittelsleute, er hält sich eher zurück. Die Großdealer sind meist eher zurückgezogene Leute. Sie machen nicht den Eindruck eines Superstars. Sie überlegen rational, an wen sie das Rauschgift weitergeben. Es handelt sich hier um ein Netz gegenseitiger Abhängigkeiten. Da muß man vorsichtig vorgehen. Die Großdealer und auch die Mitteldealer gehen in keine Discotheken. Man sieht sie nicht in solchen Lokalen, höchstens alle paar Jahre einmal. Der Kleindealer verkauft das Zeug grammweise an Leute in der Szene, die danach fragen. So ein Kleindealer ist sehr gefährdet, im Gegensatz zum Großdealer. Später, als ich dann selbst zum Großdealer geworden bin, habe ich meine Mittelsmänner zum Schweigen verdonnert. Ich habe ihnen gesagt: ‚Wenn ihr erwischt werdet, so bekommt ihr in das Gefängnis euer Geld überwiesen, auch einen Rechtsanwalt stelle ich zur Verfügung. Ihr müßt aber stillschweigen. Wenn ihr nicht schweigt, so erreiche ich euch überall, auch im Gefängnis. Ich schicke einen Kassiber hinein und euch geht es dann schlecht.' Mir gelang es, eine mafiose Organisation aufzubauen".

Dieses Schmuggelunternehmen, das freilich nur von einer minderen Bedeutung gegenüber den großen Syndikaten war, konnte sogar eine Zeit überleben, und mein Gesprächspartner belustigte sich über die beiden Tiroler, die als Schmuggler – vielleicht im Auftrag „größerer Herren" – unterwegs waren, aber erwischt wurden: „Die beiden Tiroler, diese Trotteln, fuhren mit ihrem Auto auf den Parkplatz des Wiener Flughafens. Dort parkten sie und wollten im Auto schlafen. Einem Polizisten fielen die beiden auf, denn damals hatte man große Angst vor Terroristen. Er ging zu ihnen hin und kontrollierte sie. So nebenbei findet er in der Tasche des einen 20 Dekagramm Haschisch. Ich habe das 14 Tage später im ‚Kurier' gelesen. Man hat noch ihr Auto zerlegt, und im Tank fand man noch einmal 9 Kilo Haschisch."

Er selbst wird zunächst nicht erwischt und sieht den Rauschgifthandel als eine durchaus akzeptable Angelegenheit. In diesem Sinne äußerte er sich rechtfertigend: „Ich hatte beim Rauschgiftschmuggel niemals ein schlechtes Gewissen, weil ich Haschisch und Marihuana selbst genossen habe. Es gibt genug angesehene Leute, die Haschisch rauchen. Ich kenne Regisseure in Wien, die rauchen, sie sind aber nicht kriminalisiert. Ich bevorzuge Marihuana, Haschisch macht müde. Wenn du eingeraucht bist, hast du jede Menge Gedanken, die bleiben aber reine Theorie, denn es fehlt an Kraft, diese Gedanken in Taten umzusetzen. Bei Marihuana aber bleibt noch am ehesten die Schaffenskraft erhalten. Marihuana gewinnt man aus der Blüte des (weiblichen) Hanfes. Bei uns in Österreich kannst du Hanf in Weltspitzenqualität züchten."

Der erfolgreiche Rauschgifthändler muß von einiger Intelligenz sein und über eine gewisse Bildung sowie Sprachkenntnisse verfügen. Dies alles entdeckte ich auch bei dem Wiener Rauschgiftschmuggler: „Ich bin im Burgenland aufgewachsen. Meine Mutter war eine Bäuerin. Ich bin ein uneheliches Kind. Meinen leiblichen Vater kannte ich nicht, er soll ein Wahnsinniger gewesen sein. Meine Mutter hat genug mitgemacht. Ich fahre öfter zu ihr. Sie meint zwar, ich solle mich öfters bei ihr rühren, aber wir streiten viel. Früher habe ich mich nicht wohl gefühlt zu Hause. Heute habe ich Geld und sitze im Wirtshaus am Stammtisch. Irgendwann haben die Leute begonnen, mich zu akzeptieren. Innerlich bin ich aber ein anderer geworden, ich gehöre innerlich nicht mehr dazu. Ich habe Tausende von Flugkilometern hinter mir. Das verändert einen. Ich habe viel erfahren und erlebt, obwohl ich nur Volksschulbildung habe. In der Schule war ich immer schlecht. Man hat mich in den B-Zug der Hauptschule gesteckt und gemeint, ich sei zu blöd, um Fremdsprachen zu lernen. Aber inzwischen habe ich das Gegenteil bewiesen. Ich kann gut Englisch, Französisch und Spanisch durch meine Geschäfte. Ich bin schon als Amerikaner durch Wien gegangen. Immerhin war ich vier Jahre in Asien."

Der Drogenschmuggler verweist darauf, daß er, obwohl aus einer engen Welt kommend, sich eine weite Bildung zulegen konnte, die ihm den Weg in die Welt eröffnete. Und dies fasziniert die Dagebliebenen in den Wirtshäusern, die ihn jetzt an den Stammtisch bitten. Er spielt seine Welterfahrenheit aus, auch mir gegenüber, um anzudeuten, daß Rauschgiftschmuggel eine lohnende Beschäftigung ist, aber nur dann, wenn man auch entsprechende Qualifikationen mitbringt.

Interessant ist nun, und dies scheint mir kennzeichnend für die Szene der Rauschgiftschmuggler und Dealer zu sein, daß dieser Mann schnell auf neue Situationen reagieren gelernt hat und jede Chance nützt, zu Geld zu kommen, und zwar hauptsächlich durch Schmuggel. So war es auch, als er vor Jahren mit dem Auto nach Istanbul fuhr und ihm durch die Dummheit von Kollegen ein Geschäft durch die Lappen ging: Er verkaufte sein Auto und vernichtete seinen Paß, denn darin war das Auto eingetragen. Im österreichischen Konsulat erklärte er, der Paß sei ihm gestohlen worden, und erhielt einen neuen. Diesen Trick benützen im übrigen auch die herkömmlichen Autoschmuggler. Darauf kaufte er in Istanbul in einer Apotheke illegal 5 Liter Opiumtinktur, was ihm durch einen in Istanbul lebenden Österreicher, der im Schmuggelgeschäft aktiv ist, möglich gemacht wurde. Diese Opiumtinktur kochte er so lange, bis eine Substanz zurückblieb, ungefähr in der Größe einer Packung Zigaretten. Dieses Stück festen Opiums schmuggelte er dann nach Österreich und verflüssigte es hier wieder, und zwar in der Weise, in der man einen Filterkaffee herstellt. In Wien verkaufte er – hier ist er Schmuggler, Organisator und Händler in einer Person – das Opium kleinweise an die Mitglieder der Kommune, in der er früher gewohnt hat. Dabei stahl ihm einer dieser Leute etwas Opium und wurde von der Polizei gefaßt. Er verriet den Händler, der nun für ein Jahr ins Gefängnis wanderte. Im Gefängnis festigte sich in ihm die Absicht, durch Rauschgiftschmuggel zum großen Geld zu kommen.

Nach seiner Entlassung heckte er neue Ideen aus: „Ich lag auf dem Diwan und dachte nach, was ich tun sollte. Arbeiten und saufen bringt nichts. Ich fahre nach Indien. Mit 595 Dollar bin ich aufgebrochen. In Karatschi in einem Basar sah ich einen schönen weißen Burnus. Den habe ich gekauft, zusammen mit einem Wollgürtel, der mit Steinen besetzt war. Dies zog ich mir an und nahm ein Ticket nach Bombay. In Kerala kaufte ich mir mit meinem letzten Geld Marihuana. In Kerala ist Marihuana wirklich gut, es regt die Fantasie an und macht nicht müde. Mit dem Gras flog ich nach den Malediven. Damals, in den siebziger Jahren, gab es dort noch keinen Zoll. Das einzige, was kontrolliert wurde, war der gelbe Impfausweis. Ich lernte zwei Italiener kennen, denen verkaufte ich das Gras."

Das Geld aus dem Drogenschmuggel verspricht dem Mann ein angenehmes Leben. Er weiß auf seinen Reisen mit den Leuten in Kontakt zu kommen, mit denen er entweder handeln kann oder über die er wichtige Informationen erhält. Vor allem die Strategien, Rauschgift sicher über die Grenzen zu bringen, lernt er, und zwar nicht nur auf seinen Routen, sondern auch im Gefängnis, wo sich Dealer und Schmuggler immer wieder gemeinsam einfinden.

Die „Kleinen": Drogenkuriere und Drogendealer

Mit Leichtigkeit bewegen die großen Drogenhändler rund um den Erdball Milliardenbeträge. Das große Geld aus dem Heroinschmuggel teilen sich freilich nur ganz wenige Syndikatbosse. Diejenigen, die den Stoff über die Grenzen schmuggeln oder mit hohem Risiko briefchenweise verkaufen, sind Leute, die wenig zu verlieren haben, aber viel zu gewinnen. Dazu gehören Einwanderer aus Asien, Menschen, die in Armut leben, Drogenabhängige, die ihre Sucht finanzieren wollen, und allgemein solche, die sich ein schnelles Geld und Glück erhoffen. Im folgenden will ich hier auf die Kleinen dieses großen Geschäftes eingehen: Das Personalangebot ist für die Drogenhändler unermeßlich. Immer wieder geht einer der Polizei ins Netz. So auch, als im Dezember 1990 eine Bande von Heroinschmugglern zerschlagen wurde. Stützpunkte dieser Bande waren ein Autobusbahnhof in Istanbul, ein Hotel in der bulgarischen Hauptstadt Sophia und eine kleine Pension am Walserberg bei Salzburg. Nach Meinung der Polizei sind in den letzten Jahren von dieser siebenköpfigen Bande Tonnen von Heroin zwischen der Türkei und Deutschland verschoben worden. Der Chef der Bande war Waffenhändler und Agent der bulgarischen und türkischen Geheimdienste, ein gewisser Hikret S., der von seinem Hotel in Sophia aus den Drogenhandel organisierte. Er wohnt auch heute noch, unbehelligt von der Polizei, in demselben Hotel und verdient Unsummen durch Luxusartikel, die er vom Heroinerlös kaufen und nach Osteuropa schmuggeln läßt. In Istanbul wurde auf seinen Befehl das Heroin in zwischen der Türkei und Österreich pendelnden Bussen versteckt. Am Walserberg war der Gastwirt Abdulhadir S. Schlüsselfigur für die Verteilung des Heroins durch Europa und nach den USA.[131] Die Bandenmitglieder, die der Polizei ins Netz gingen, waren in diesem Fall die „kleinen Fische".

Einen Verteiler-Stützpunkt hatte oder: hat die weltweit agierende „Asian Connection" in Wien. Durch Zufall kam die Polizei auf die Spur dieser Organisation. Ein Koffer, der irrtümlich nach Australien statt nach „Austria" verschickt worden war, brachte

Zollfahnder auf die Spur. Die australischen Behörden hatten den Koffer durchsucht und vier Kilo Heroin darin gefunden. Sie alarmierten die Wiener Polizei, die darauf einen Chinesen, der am Flughafen Wien Schwechat wegen seines verschobenen Koffers reklamierte, beobachten ließ. Dieser Chinese traf sich in den nächsten Tagen mit einem Kollegen aus Hongkong, der bereits vier Kilo Heroin an Hintermänner in Wien weitergegeben hatte. Die beiden wurden verhaftet, und mit ihnen zwei andere Schmuggler, die eine Woche später mit Schmuggelgut nach Wien gekommen waren.[132] Der Boß des Schmuggelunternehmens jedoch ist der Polizei nicht bekannt. Es muß ein großes, über ganz Europa verzweigtes Netz sein, das zu dicht ist, um von der Polizei zerschlagen werden zu können.

Solche weitreichenden Kontakte machen eine wirksame Kontrolle des Drogenhandels unmöglich. Dies erhellt auch folgende Geschichte, bei der nur ein Dealergeschäft aufgedeckt werden konnte. Ein Polizist war als „verdeckter Fahnder", wie ein solcher Spezialist der Polizei genannt wird, unterwegs, um einen Dealer auf frischer Tat zu ertappen. Ein Jugoslawe aus Kosovo, der schon mehrere Male in Graz aufgetaucht war, erschien dort wieder im Dezember 1990. Er gab sich als Geschäftsmann aus und ließ in den einschlägigen Lokalen verlauten, er habe eine größere Menge Heroin zu verkaufen. Die Kriminalpolizei hörte davon und entsandte sofort den verdeckten Fahnder in die Szene. Der Beamte zeigte sich an Heroin interessiert, und man vereinbarte schließlich eine Lieferung von einem Kilogramm zum Vorzugspreis von einer halben Million Schilling. Der Stoff sollte tags darauf im Grazer Hauptbahnhof übergeben werden. Der Jugoslawe holte das Suchtgift, das aus der Türkei nach Jugoslawien geschmuggelt worden war, aus Kosovo ab und heuerte zwei Landsmänner als Aufpasser und Dolmetsch an. Bei der Übergabe des Heroinpaketes, das in der Türverkleidung des Autos versteckt war, bekam der jugoslawische Schmuggler und Dealer aber anstatt eines Koffers voll Geld die Handschellen. Auch seine Komplizen wurden verhaftet.[133]

Der Konkurrenzkampf der Banden und Syndikate, der Drogenbarone und der Mafia ist groß. Die einzelnen Parteien sind daher sehr daran interessiert, daß die Drogenkuriere ihrer Konkurrenten von der Polizei aufgegriffen werden. In einem Wiener Kaffeehaus dirigierte eine Jugendbande das Drogengeschäft. Ein Herr aus dieser Szene erzählte mir, zwischen ihnen und der Polizei bestehe so etwas wie eine Abmachung, wonach sie in regelmäßigen Abständen gewisse Dealer, wahrscheinlich Konkurrenten, verraten würden. Die Polizisten hätten so ihren Erfolg, und die anderen Dealer könnten damit rechnen, zumindest eine Zeitlang unbehelligt zu bleiben. Ganz in diesem Stil gehen auch die großen Drogenhändler vor. Man „haut Leute auf den Markt", man opfert sie, um selbst ungeschoren schmuggeln zu können. Eine Art rituelle Opferhandlung soll das Geschäft mit dem Rauschgift sichern. Diese Methode erinnert an die oben geschilderten Tricks der alten bäuerlichen Schmuggler an der bayerisch-oberösterreichischen Grenze, die auffällig eine alte Kuh über die Grenze brachten, um die Zöllner abzulenken, während an einer anderen Stelle eine größere Herde von Kühen und Stieren hinübergeschmuggelt wurde.

Im folgenden Fall scheint es sich ebenso um eine Art Opferung zu handeln. In einer Tageszeitung im August 1990 heißt es: „Vor dem Hintergrund des skrupellosen Konkurrenz-Krieges der türkischen Heroin-Mafia und Camorra aus Neapel um den Rauschgiftmarkt in Europa gelang den Kriminalisten der Salzburger Gendarmerie ein kräftiger Schlag gegen den Drogenhandel." Die Beamten hatten im Auto eines italienischen Pärchens reinstes Heroin im Schwarzmarktwert von rund 400 Millionen Schilling sichergestellt. Auf die Spur der beiden brachte die Kriminalpolizei ein geheimnisvoller Anrufer wahrscheinlich italienischer Herkunft, der folgendes bekanntgab: „In den nächsten Tagen wickelt in Salzburg ein Paar aus Neapel in einem grünen Renault ein riesiges Drogengeschäft ab." Einige Tage später fiel der Gendarmerie bei einer Verkehrskontrolle bei Schwarzach ein derartiges Auto auf. Der Gendarm erinnerte sich der Fahndungsdaten und nahm die beiden fest. Bei der Untersuchung des Autos fanden die Drogenfahnder in den Holmen des Autos Limonadeflaschen, in denen ungefähr 13 Kilo Heroin versteckt waren. Das Paar wurde verhaftet. Im Verhör gaben sie ihren türkischen Kontaktmann an, der darauf in einem Salzburger Vorstadthotel verhaftet wurde.[134]

Einen „Hinweis" hatten auch Vorarlberger Drogenfahnder erhalten, wonach ein in Feldkirch wohnender Türke aus der Türkei Heroin einschmuggeln wolle. Nachdem er Ende Dezember 1990 eine Woche lang in der Türkei verschwunden war, ließen sie ihn nicht mehr aus den Augen und beobachteten ihn unbemerkt. Er verriet sich schließlich, als er zu nächtlicher Stunde einem in Deutschland wohnhaften Landsmann einen Reservereifen seines Autos zeigte, in dem das Heroin verborgen war. Der Handel zerschlug sich, da der Kollege kein Geld bei sich hatte. Etwas später kam ein anderer Türke. Er nahm das Rad und legte es in seinen weißen Mercedes. Die Beamten folgten ihm und verhafteten den Mann.[135]

Allerdings fallen Kriminalbeamte manchmal auf falsche Informationen herein, die sichtlich den Zweck verfolgen, Polizisten oder einen Konkurrenten zu verärgern und ihnen zu schaden. Ein aus Italien kommender Sattelschlepper, der einem Kärntner Unternehmer gehörte und mit gepreßten Lumpen beladen war, wurde von italienischen Zöllnern aufgehalten und genau untersucht. Als man nichts Verdächtiges fand, ließ man Hunde an das vermeintliche Rauschgift. Aber auch diese wurden nicht fündig. Dennoch gab man den Sattelschlepper erst zwei Tage später frei. Das geladene Gut war allerdings durch die eifrige Suchaktion in großem Maße beschädigt worden. Der Chauffeur des Wagens erklärte sich das Vorgehen mit dem Neid eines Konkurrenten, der ihn bei den Italienern anzuschwärzen suchte.[136]

Grundsätzlich sind als Drogenkuriere die eher armen Leute der dritten Welt interessant. Sie sind problemlos zu engagieren, da sie sich schnellen Reichtum erhoffen. So auch ein Inder, der offensichtlich von einem Syndikat gedungen worden war. Als Tourist getarnt, flog Paul Duglas von Bombay nach Zürich. Dort nahm er die Anschlußmaschine der Swiss Air nach Österreich. Er landete in Wien-Schwechat, von wo er weiter nach Mailand reisen wollte. Den Suchtgiftfahndern fiel auf, daß der Drogenbote nervös im Transitraum auf und ab ging, den Schweiß sich immer wieder von der Stirne wischte und vorsichtig um sich blickte. Dieses „verdächtige Verhalten" veranlaßte die Beamten, ihn um seinen Paß zu bitten. Es handelte sich um einen britischen Paß, der sich allerdings bei näherem Hinsehen als Fälschung herausstellte. Damit war der Verdacht erhärtet, und man ging daran, sein Gepäck zu untersuchen. Die Drogenfahnder entdeckten nun im doppelten Boden seines Schalenkoffers drei Kilo Heroin, die offensichtlich für die italienische Mafia bestimmt waren.[137]

Den Drogenkurieren macht man große Versprechungen: Oft sind es Frauen, die den Drogenhändlern als am wenigsten auffällig erscheinen, um den kostbaren Stoff über Österreich nach Italien zu transportieren, wo die Mafia oder die Camorra die weitere Verteilung übernimmt. Charakteristisch für die Strategie der Drogenbarone ist auch folgende Geschichte, wonach eine als Touristin getarnte Prostituierte aus Kolumbien 4 Kilogramm Kokain nach Italien schmuggeln wollte. Im Flughafengebäude Wien-Schwechat wurde sie verhaftet, als sie nervös einen gefälschten spanischen Paß, der den Beamten gleich verdächtig vorkam, herzeigte. Im Koffer fanden die Beamten schließlich das in der Kofferschale verborgene Rauschgift. Die Frau erklärte: „Ich bekam meine Befehle von Auftraggebern des Medellin-Kartells in Kolumbien. Für diese Schmuggeltour wurden mir 15 000 Schilling versprochen!" Sie hätte das Gift Kontaktpersonen der Camorra in Mailand übergeben sollen.[138] In der nächsten Zeit kontrollierten die Drogenfahnder die Passagiere, die mit dieser Linienmaschine unterwegs waren, besonders genau. Und dabei griffen sie eine aus Madrid kommende Schmugglerin auf. Den Polizisten fiel auf, daß die Frau besonders nervös war. Sie kontrollierten genau ihren Paß, der sich schließlich als gefälscht herausstellte. In ihrem Koffer fanden sich, ähnlich wie bei ihrer Kollegin, 4 Kilogramm Kokain. Sie verteidigte sich damit, sie hätte von dem Kokain nichts gewußt. Ihre Auftraggeber hätten ihr gesagt, sie würde Gold transportieren. Als Lohn hatte man der Frau, der seit Geburt ein Unterarm fehlt, versprochen, eine Prothese zu bezahlen.[139]

Es ist offensichtlich die Not von Menschen, die die Drogenbarone ausnützen, um ihre Ware über die Kontinente zu bringen.

Arbeitslosigkeit, Schulden und die Hoffnung auf gutes Geld sind die Motive der kleinen Drogenschmuggler und Dealer. So wie für eine 30jährige Niederösterreicherin, die einer fünfköpfigen Bande von Haschischschmugglern vorstand. Um an der Grenze nicht aufzufallen, benützte die Schmugglerin sogar die siebenjährige Tochter einer Komplizin für ihre Schmuggelfahrten. Verheiratet war die Frau mit dem Sohn eines marokkanischen Bauern, der vom Anbau von Cannabis lebte. Gemeinsam mit drei Männern und einer Frau zog sie einen Schmuggelring auf, um Cannabis, das Grundprodukt für die Haschischherstellung, nach Österreich zu bringen. Alle verdienten gut. Dennoch bezog die Frau, die als arbeitslos gemeldet war, weiterhin Sozialunterstützung. Da sie im Flughafen Schwechat bereits als Rauschgiftsüchtige bekannt war, transportierte sie ihre Ware nach München, von wo sie sich mit dem Auto nach Österreich bringen ließ. Das Rauschgift hatte sie, wie es im Bericht heißt, in ihren intimsten Körperteilen versteckt.[140] Es scheint, daß die Frau und ihre Komplizen durch Verrat aufgedeckt wurden. Ihre finanzielle Situation wollten auch vier Kolumbianerinnen aufbessern, als sie zur Tarnung in Nonnentracht 10 Kilogramm Kokain nach Spanien bringen wollten. Sie wurden gefaßt, wahrscheinlich aufgrund einer Information, und mußten sich in ihrer sonderbaren Schmuggelkleidung dem Fotografen stellen. Dieses Bild ging um die Welt.[141]

Es ist eine „Spur des Todes", die sich von der Türkei nach Österreich zieht, wie eine Zeitung festhält. Türken schmuggeln Heroin nach Österreich und beteiligen Österreicher, die Geld benötigen und meist selbst süchtig sind. Per Auto, Eisenbahn oder Flugzeug schmuggelte ein Türke Heroin in Cola-Dosen nach Wien. Die Polizei erfuhr von ihm durch einen Informanten und konnte ihn, der als „U-Boot" in Wien und Mistelbach lebte, festnehmen. In seinem Heimatland Türkei besaß er ein Lager mit 91 Kilogramm Heroin im Wert von ungefähr 273 Millionen Schilling. Die Ware sollte nach Österreich und in die Schweiz gehen. Bei ihren Nachforschungen gingen den Kriminalbeamten auch zwei Dealer, die Zwischenverteiler des Heroins in der „Wiener Szene" und im Bezirk Mödling, ins Netz.[142]

Die kleinen Schmuggler und Dealer nehmen einiges auf sich und verfallen auf die kühnsten Tricks, wie die oben dargestellten Fälle zeigen. Unter der Überschrift „Frechheit siegte nicht: Drogenbote im Zug gefaßt" beschrieb eine Wiener Tageszeitung einen Schmuggelversuch.

Ein 31jähriger Wiener Kellner wollte mit 5 Kilogramm schweren Platten von Cannabisharz im Eilzug über die deutsche Grenze, er hatte das Rauschgift offen in seiner Reisetasche bei sich. Salzburger Kriminalbeamte jedoch kamen auf den frechen Trick und verhafteten den Mann. Offensichtlich hatte er gedacht, eine derartige Unverfrorenheit sei die beste Möglichkeit, das Rauschgift von Deutschland nach Österreich zu bringen, wo er es in Wien an einen Dealer weiterleiten sollte. Dafür wollte man ihm 20 000 Schilling zahlen. Im Auftrag dieses Dealers hatte er es um 50 000 Schilling in Düsseldorf erworben.[143] Interessant ist an dieser Meldung, daß es sich um einen Kellner handelte, der aufgrund seines Berufes eine gewisse Nähe zum Schmuggeln bereits mitbringt, eben durch seine vielfältigen Kontakte.

Als Dealerin war in Wien auch eine ehemalige Miß Germany unterwegs, zu deren Aufgaben es zählte, Veranstaltungen für die Wahl der Miß Austria zu organisieren. Die Polizei kam dahinter, daß die Frau „die Wiener Schickeria kiloweise mit Haschisch versorgt" hatte. Sie selbst war Haschischraucherin und importierte den Stoff durch profimäßige Schmuggler, die allerdings nicht aufflogen, aus der BRD und Holland. Die Dealerkarriere der ehemaligen Schönheitskönigin dauerte allerdings lediglich ein Jahr.[144]

Wichtig ist an dieser Geschichte der Hinweis auf Angehörige oberer sozialer Schichten. Der Drogenkonsum beschränkt sich nicht auf benachteiligte oder degradierte Schichten. In allen Kreisen wird Rauschgift konsumiert, und überall gibt es Personen, die zu Dealern werden.

Mir wurde erzählt, daß ein hoher Wiener Beamter regelmäßig Kokain zu sich nimmt, und zu diesem Zwecke stehe ihm ein spezieller Dealer, der auch andere prominente oder feine Leute beliefert, zu seinen Diensten.

Ein schwunghafter Handel mit Heroin, das hauptsächlich für wohlhabende Italiener bestimmt war, wurde in einer Bestattungsfirma mit dem frommen Namen „Cattolica" in Neapel betrieben. Carabinieri waren auf das Unternehmen aufmerksam gemacht worden, beobachteten es und entdeckten schließlich in den für Totentransporte bestimmten Autos und zu Füßen einer Heiligenfigur Säckchen mit dem weißen Gift.[145]

Besondere Gefahren nehmen jene auf sich, die das Kokain im Körper transportieren. So wurde eine 31jährige Kolumbianerin auf dem Flughafen in Innsbruck verhaftet, nachdem man festgestellt hatte, daß sie 100 Kapseln mit 700 Gramm Kokain geschluckt hatte. Die Frau war mit einer Linienmaschine von Bogota über Caracas nach Amsterdam geflogen. Dort hatte sie eine Maschine nach Innsbruck bestiegen, wo ihre Reise schließlich ein Ende fand. Aus dem Bericht geht nicht hervor, inwieweit Informationen vorlagen, die zur Verhaftung führten. Die Schmugglerin erzählte der Polizei, sie sei Witwe und man habe ihr telefonisch beinahe 100 000 Schilling für den Kurierdienst versprochen. 24 000 Schilling habe sie im voraus erhalten.[146]

In einem anderen Fall war ein Afrikaner mit Kondomen unterwegs. Der 150 Kilogramm schwere Kaufmann aus Nigeria hatte in seiner Heimat ein Geschäft betrieben. Der Polizei präsentierte er sich als unschuldiges Opfer. Der Mann war verschuldet, und ein Landsmann hatte ihn auf die Idee gebracht, Rauschgift zu schmuggeln. Durch diesen kam er mit einem großen Händler in Kontakt, der ihm folgendes anbot: „Du bringst für mich einige Male Heroin nach Wien. Dann sind die Schulden getilgt!"

Der Mann willigte ein, denn die Sache war verlockend genug. Einen ganzen Tag lang benötigte er, um knapp vor der Abfahrt nach Europa die in Kondome verpackten 100 Heroin-Kugeln zu schlucken. Um einen unauffälligen Geschäftsmann zu mimen, flog er zunächst nach Bulgarien, von dort nach Wien. Bei der Grenzkontrolle in Wien-Schwechat stellten die Beamten einen gefälschten Sichtvermerk für die Einreise nach Österreich in seinem Paß fest und unterzogen ihn nun einer genauen Kontrolle. Als sie nichts Verdächtiges weder in seinem Gepäck noch an seinem Körper entdeckten, stellten sie ihn hinter einen Röntgenschirm. Und tatsächlich: Jetzt sahen sie in seinem Bauch die geschluckten Heroinkugeln. Der Schmuggler gab zu, daß dieses Heroin für die Wiener Szene bestimmt gewesen war. Das Gift hätte er einem Landsmann im VII. Bezirk bringen sollen, der es dann in kleinen Portionen an die Kunden verkauft hätte.

Nach Auskunft des Bundeskriminalamtes in Wiesbaden seien gerade die nigerianischen Rauschgiftschmuggler besonders raffiniert. Typisch für sie scheinen die Körperverstecke zu sein. Es ist anzunehmen, daß oft mehrere Kuriere gleichzeitig in Flugzeugen unterwegs sind. So sollen auf dem Pariser Flughafen bei einem einzigen Flug zehn Kuriere aus Nigeria aufgegriffen worden sein. Bei den nigerianischen Schmugglern dürfte es sich um echte Professionals handeln, deren Routine groß ist, so daß sie kaum durch Nervosität auffallen. Auch verfügen sie oft über mehrere Pässe, um sich nicht durch diverse Sichtvermerke zu verraten.[147]

Der Schmuggel von Drogen in der geschilderten Weise wird immer mehr zu einer Sache, die auch Ärzte beschäftigen muß. Das Verschlucken von in Kondomen, Luftballons oder Plastikhüllen verpacktem Heroin, Kokain oder Marihuana – als „body packing" bezeichnet – erfreut sich bei den Schmugglern steigender Beliebtheit. Ein Arzt vom Zentralröntgeninstitut des Allgemeinen Krankenhauses in Linz erzählt dazu: „Kondome können löchrig werden. Die folgende Vergiftung endet tödlich, wenn nicht sofort entsprechend reagiert wird. Und außerdem führt das Verschlucken von sogenannten ‚Riesen' unter Umständen zum Darmverschluß, der durch einen chirurgischen Eingriff beseitigt werden muß." Ein Problem ist übrigens auch, daß man die Kondome auf dem Röntgenschirm bloß durch die Lufteinschlüsse erkennen kann. Fehlen solche, so ist ein Nachweis nur schwer möglich. Dies wissen auch die Drogenkuriere, und viele verschlucken die Ware deshalb vakuumverpackt.[148]

Neue Möglichkeiten haben sich durch das Öffnen der Grenzen ergeben. Dies zeigt die folgende Geschichte. Auch hier sind es die „kleinen" Ganoven, die für geschickte Hintermänner einiges riskieren. Eine „Mercedes-Bande" hatte sich darauf spezialisiert, noble Karossen vor allem im Raum Hamburg zu stehlen. Die

Limousinen, deren Gesamtwert auf mindestens 3,5 Millionen D-Mark eingeschätzt wurde, brachten schlaue Schmuggler nach Polen, wo sie gegen synthetische Drogen getauscht wurden. Diese konnte die Bande schließlich auf dem Hamburger Markt mit großem Gewinn verkaufen. Lediglich zehn der Autodiebe, der jüngste war 19 Jahre alt, konnten von der Polizei bei einer Ringfahndung gefaßt werden.[149] Diejenigen, die das tatsächliche Geschäft machten, blieben unentdeckt.

Sein Risiko auf ein Minimum reduziert hat ein Linzer Dealer, der seiner 81jährigen Großmutter aus Amsterdam per Post in Briefen Heroin schickte. Die gute Frau verteilte den „Stoff" nach den Angaben ihres süchtigen Enkels und schickte ihm den Erlös nach Amsterdam. Amtsbekannte Junkies gingen bei der alten Dame ein und aus. Als ihr die Kriminalbeamten auf die Spur kamen, sagte sie bei der Einvernahme unter anderem, sie könne ihrem Enkel, „dem Buben", eben „nichts abschlagen". Die „Dealer-Oma" gab sofort alles zu, denn sie habe „sich nichts dabei gedacht". Verdient habe sie bei dem schwunghaften Suchtgifthandel nichts. Die gutgläubige würdige Dame wurde auf freiem Fuß angezeigt.[150]

Ein Prozeßakt, in den ich Einblick nehmen konnte, gibt diese charakteristische Situation mancher junger Drogenabhängiger wieder, die unter dem dauernden Druck stehen, das Geld für den eigenen „Stoff" aufbringen zu müssen. Zwei junge Frauen und ein junger Mann, alle im Alter um die 20 Jahre, waren im Frühjahr 1991 angeklagt, Haschisch aus Marokko nach Österreich eingeführt und „in Verkehr gesetzt" zu haben. Aufgeflogen sind die drei, weil sie einem Fahnder der Polizei irrtümlich das Gift angeboten hatten. In der Anklageschrift wird mit ein paar trockenen Sätzen das Dilemma der finanziell schwachen Drogenabhängigen deutlich: „Im Mai 1990 beschlossen die Beschuldigten S. und K., die beide ohne Beschäftigung sind und Schulden (!) haben, zur Lösung ihrer finanziellen Probleme Suchtgiftgeschäfte zu tätigen. Nachdem die Beschuldigte S. 10 000 Schilling und die Beschuldigte D. 5 000 Schilling aufgebracht hatten, fuhr S. alleine nach Marokko und erwarb dort ca. 1,5 kg Haschisch schlechter Qualität. Es handelte sich um ca. 6

Platten, die sie unter einem Mieder nach Österreich brachte. In der Folge lernte S. Gerhard X. kennen, dem sie 1 kg Haschisch anbot..."

Der Druck, unter dem die jungen arbeitslosen Drogenabhängigen stehen, wird hier deutlich. Die Droge wird als Mittel aufgefaßt, um der tristen Wirklichkeit zu entfliehen. Jedoch ist eine solche Flucht in eine Traumwelt nur möglich, wenn das nötige Geld vorhanden ist.

Fantasie gehört zum Instrumentarium des guten Rauschgiftschmugglers. Es geht um viel und das Risiko ist groß. Sehr geschickt gingen Dealer vor, die Kokain wie Farbe auf Gemälden verteilten. Die Kunstwerke, die in die Schweiz gebracht wurden, mußten genau untersucht werden, um die Täuschung überhaupt zu erkennen. (Insgesamt waren 8,6 Kilogramm Kokain malerisch verteilt).[151]

Die besondere Schläue eines Haschischschmugglers mußte die Frau eines Postbeamten spüren. Postbeamte haben das Recht, Waren aus Postsendungen, die nicht abgeholt werden und unzustellbar sind, zu ersteigern. Auf diese Weise erstand ein Postbeamter einen original verpackten Karton mit Keksen und Waffeln. Diese Bäckerei kredenzte seine Frau bei einem Kaffeekränzchen. Als sie eine Schokoladenschnitte kostete, bemerkte sie einen „grauslichen Geschmack" und spuckte den Rest aus. Das war lebensrettend. Unmittelbar darauf wurde ihr übel, sie nahm die Umgebung nur mehr aus der Ferne wahr und bekam einen Schüttelfrost. Man brachte sie ins Krankenhaus, wo man sie nach einer Blutuntersuchung fragte, welches Rauschgift sie zu sich genommen habe. Sie lallte bloß: „Schokoschnitte". Die Ärzte fühlten sich genarrt und wiesen sie zur Tür des Krankenhauses hinaus. Zum Glück besserte sich der Zustand der Postbeamtengattin. Sie suchte ihren Hausarzt auf und zeigte ihm die angebissene Schokoschnitte. Der Arzt betrachtete das verdächtige Stück näher und fischte daraus eine dünne Cannabis-Platte.[152] Der Einfallsreichtum der Schmuggler ist groß und grenzenlos. Die hier gezeigten Beispiele sind nur ein kleiner Hinweis auf die Komplexität des Drogenschmuggels.

Obwohl die Polizei auf einzelne Erfolge verweisen kann und

schwerste Strafen angedroht werden, gelingt es nicht den Drogenhandel einzudämmen.

Eine perfekte technische Ausrüstung und viele Menschen, die bereit sind, den Schmuggel zu wagen, sind eng verbunden mit den Aktivitäten der Drogenbarone und Syndikate. Drogenschmuggel ist ein vielschichtiges, auch soziales Problem, welches man mit repressiven Mitteln allein nicht in den Griff bekommt. Bei den diversen UNO-Konferenzen sieht man dies. Die Produzentenländer weisen den Konsumentenländern die Schuld zu und umgekehrt: Wenn ihr nicht konsumiert, wird nichts mehr produziert. Und umgekehrt: Wenn ihr nicht produziert, hätten wir keine Konsumprobleme. In diesem Spannungsverhältnis steht der Zöllner und der Polizist, der verhindern soll, daß es zur Konsumation kommt.

Es ist übrigens bemerkenswert, daß der republikanische Abgeordnete Richard Ray im amerikanischen Kongreß den ernsthaften Antrag stellte, Rauschgifthändler und Süchtige auf eine gottverlassene Strafinsel zu verbannen, wo sie zu Zwangsarbeit verpflichtet würden. Dies wäre kostensparend, denn man brauche kein Wärter. Und Killerhaie würden eine Flucht unmöglich machen.

Aber auch solche Maßnahmen gegen Drogenschmuggler werden kaum einen Erfolg haben, solange es Menschen gibt – zu ihnen zählen Sänger, Künstler, Akademiker, Schauspieler und viele junge Leute –, die auf der Suche nach dem Glück des Augenblicks sind.

Das Geldwaschen der Schmuggler

Mit dem Geschäft des internationalen Schmuggels, vor allem dem des Drogenschmuggels ist das Problem verbunden, das so verdiente Geld vor den Behörden als ein redlich verdientes erscheinen zu lassen. Auch hier sind es die Grenzen, die ein steuerschonendes und „geldreinigendes" Handeln möglich machen.

Schwarzgeld, also Geld, von dem man keine Steuer zahlen will oder das auf nicht legale Weise erworben wurde, soll zu einem legalen Geld werden, es soll also „reingewaschen" werden. Der klassische Trick des „Geldwaschens" ist folgender: Man benützt dazu eine anonyme ausländische Briefkastenfirma in einem Land, in dem nur wenig Steuern zu zahlen sind, und überweist an diese Firma mittels fingierter Rechnungen, beispielsweise für Provisionen oder Gutachten, Geld. Dann werden Geschäftsbeziehungen dorthin vorgetäuscht, und das Geld fließt günstig zurück. Dabei kann man allerhand von der Steuer absetzen. So und ähnlich machen es biedere Geschäftsleute. Sie bringen Geld über die Grenzen und wieder zurück, um daran zu profitieren.

Besonders schlau gehen aber die großen Drogenhändler vor, wenn sie ihr Geld reinwaschen. Denn gerade sie haben das Problem, das aus dem illegalen Handel erlöste Schwarzgeld sicher unterzubringen und andererseits die illegale Herkunft zu verbergen. Durch die Geldwäsche (money-laundering) soll der Anschein erweckt werden, daß es sich um redlich erworbene Einkünfte handelt. International werden jährlich rund 300 Milliarden illegale Dollar „weißgewaschen". Ein Großteil davon stammt aus dem Drogenhandel.[153]

Zu den besonders beliebten Ländern, die als „Geldwaschanlagen" fungieren, gehören die Schweiz und auch Österreich. In den letzten Jahren wurden bei Schweizer Banken Drogen-Dollars in Milliardenhöhe aufgespürt. Ende Februar 1991 teilte die Schweizer Bundesanwaltschaft mit, daß ein internationaler Drogenhändler- und Geldwäscherring bei Schweizer Banken

mehr als 70 Millionen Schilling reingewaschen und wieder ins Ausland geschafft habe. Die Summen wurden über vier kanadische Geldinstitute und eine große New Yorker Bank auf Konten in Lugano, einem klassischen Schmugglerort, verschoben. Eine Kette von Tarnfirmen verschleierten die Transaktionen zusätzlich. Nach sechs Monate dauernden Erhebungen von Schweizer Kriminalbeamten wurden in einer gemeinsamen Aktion mit niederländischen, deutschen und italienischen Sicherheitsbehörden 13 Personen verhaftet und 10 Kilogramm Kokain sichergestellt.[154]
Im Januar 1990 wurde aufgrund eines Rechtshilfeersuchens der US-Justizbehörden ein Bankkonto bei einer kleinen Zweigstelle einer Wiener Großbank gesperrt. Auf diesem Konto befanden sich 19,5 Millionen Schilling. Inhaberin des Kontos war eine Devisenausländerin mit Namen Felicitate Noriega, die Gattin des von der US-Army verhafteten panamesischen Machthabers Manuel Antonio Noriega, der wegen seiner Verwicklung in den Drogenhandel in Florida vor Gericht gestellt wurde. Noriega und 14 Mitangeklagten wurde unter anderem vorgeworfen, 4,6 Millionen Dollar vom „Kokain-Kartell" in Medellin erhalten zu haben. Noriega soll Drogenhändlern erlaubt haben, Panama als Transitbasis für den Schmuggel in die USA zu benutzen und Gelder des Medellin-Kartells über panamesische Banken reinzuwaschen. Das Geld auf der Wiener Bank, eingezahlt von Felicitate Noriega, ist nach Meinung der US-Behörden Geld aus illegalen Drogengeschäften des früheren Staatschefs von Panama.[155] Hier in Österreich sollte es zu „weißem" Geld werden. Österreich ist angeblich für solche Zwecke der Geldwäsche und der Schwarzgeldplazierung prädestiniert, weil die österreichische Währung stabil ist, die Devisenpolitik eine liberale, und weil es hier ein umfassendes Bankgeheimnis gibt.[156]
Der Drogenschmuggel bedarf also, dies sollte deutlich gemacht werden, eines komplexen Netzes von Firmen und Banken, die über gewisse Länder verteilt sind, um die unglaublich großen Gewinne zu verbergen und sie so unverdächtig für einen noblen Lebenswandel verfügbar zu machen. All dies ist wiederum nur durchführbar, weil es Grenzen gibt, die Länder mit verschiedenen Gesetzen, Behörden und Strukturen voneinander trennen

und ein Verbergen, Vernebeln und Verschleiern von Geldströmen ermöglichen.

„Zusammenarbeit" von Polizisten und Drogenhändlern

In den vorhergehenden Kapiteln habe ich bereits einige Tricks aufgezeigt, die Polizisten und Zollbeamten benützen, um Drogenschmuggler und Dealer zu erwischen. Ich will meine Überlegungen nun weiterführen und zeigen, wie intensiv die Zusammenarbeit von Polizisten mit Drogenschmugglern oder Dealern sein kann, nicht bloß, um Drogengeschäfte aufzudecken. Die Erfolge der Drogenfahnder stellen sich manchmal – dies habe ich schon aufgezeigt – als absichtliche Manöver der Drogenschmuggler dar, für die es wichtig ist, daß hin und wieder ein Konkurrent oder ein „kleiner Fisch" den Beamten vorgeworfen wird.

Es existiert so etwas wie eine Kooperation von Beamten oder bestimmten staatlichen Stellen mit Schmugglern. Dies hat eine alte Tradition, die wahrscheinlich auf die Tage der Bibel zurückgeht, als schlaue Zöllner gerne Geld nahmen, um dubiose Transporte zu gestatten. Diese wenig ehrenvolle Zusammenarbeit von Schmugglern und staatlichen Beamten wird bis heute fortgesetzt, gerade auf dem Gebiet des Drogenhandels. Auch die Vereinigten Staaten stehen in dieser Tradition, haben sie doch von den Franzosen die Vorherrschaft über Indochina übernommen und damit auch eine eigenartige Verknüpfung von Opium und militärischer Kontrolle sozusagen geerbt. Die Franzosen hatten den ihnen wohlgesinnten Stämmen den Anbau und den Schwarzhandel von Opium gestattet. Als Gegenleistung dafür verlangten sie eine massive Unterstützung im Kampf gegen die Kommunisten. Und nun waren es Amerikaner, die vor allem während des Vietnamkrieges die alten Kontakte der Franzosen weiterführten. Auf diese Weise wurde die Central Intelligence Agency (CIA) zu einem der größten Schwarzhändler der internationalen Drogenindustrie. Aber auch die Regierungen von Thailand, Laos und Südvietnam waren vom Drogenhandel abhängig. Man weiß, daß die drei Mitglieder der Familie Kitchihoun, die von 1964 bis 1973 die thailändische Militärdiktatur anführten, in kurzer Zeit mehr als 200 Millionen Dollar, die zum Großteil aus dem Opiumhandel stammten, ansammelten:[157] Vor der „Wiedervereinigung Deutschlands" wurde der Drogenschmuggel aus bestimmten Gründen von staatlichen Stellen in der DDR gefördert. Darüber erzählte mir ein hoher italienischer Zollbeamter: „Ich hatte in Sachen Drogen gute Kontakte zu Wiener Kollegen. Damals (um 1986) wurden Drogen aus Bulgarien und der ČSSR in den Westen geschmuggelt. Die Geheimdienste im Osten taten dabei mit, damit Drogen, aber auch andere Dinge, wie Zigaretten und Alkohol, ohne Probleme über die Grenze gelangen konnten. Auch höchste Beamte haben dabei gut verdient. Sie haben gefälschte Zollpapiere für die Schmuggler vorbereitet. Oft haben sie sogar die Schmuggeltransporte bis an die Grenze begleitet. Am DDR-Grenzübergang in Helmstadt habe ich so etwas einmal sogar selbst gesehen und fotografiert. Die Papiere waren perfekt gefälscht. Einmal, vor zehn Jahren, gingen Hunderte Waggons mit Zigaretten von Ungarn mit gefälschten Papieren nach Italien. Zufällig sind wir daraufgekommen. Es ist nicht schwer, Drogen und andere Sachen zu schmuggeln, denn wir machen nur Stichproben. Vieles fliegt nur auf, weil wir Hinweise bekommen. Für diese Hinweise zahlen wir aber. Es gibt eine Liste bei uns, nach der die Informanten bezahlt werden. Ist die Information sehr gut, so bekommt er viel Geld von uns. In Österreich ist es ähnlich. Fast täglich werden auf diese Weise zwei oder drei Drogenschmuggler aufgespürt. Haben sie nur ein paar Gramm Haschisch in der Tasche, so lassen wir sie, nachdem sie registriert wurden, wieder laufen."

Dieser italienische Zollbeamte gibt zu – allerdings bei einem Glas Wein, das ich mit ihm in Sterzing trank –, daß es eine Zusammenarbeit und ein Zusammenspiel zwischen Schmugglern, speziell Drogenschmugglern, geben kann, und zwar vorrangig dort, wo die Behörde Vorteile hat. Schmuggler haben ihrerseits demnach auch Macht, auf Beamte einzuwirken. Nebenher erzählt mir der Beamte auch noch folgendes: „Um

1980 haben Schmuggler in Italien sogar demonstriert, weil die Kontrolle beim Zigarettenschmuggel zu groß war. Aus Protest haben sie im Hafen von Neapel Schmugglerboote verbrannt. Sogar mit Schildern demonstrierten sie. Deutsche Kollegen haben sich damals gewundert, daß Schmuggler streiken. Die Kontrolle wurde darauf geringer, denn gerade in Neapel leben viele vom Schmuggel."

Mit diesem Hinweis wollte mir der Beamte deutlich machen, daß Schmuggel ein kulturelles Phänomen ist und es Kontakte zwischen Schmugglern und der Polizei geben muß, damit beides funktioniert: der Schmuggel und die Aufdeckung. Dies ist das Charakteristische, ebenso wie auf dem Gebiet der Prostitution oder anderen nicht sehr geachteten Berufszweigen. Große Schmuggler suchen demnach mitunter Beziehungen zur Polizei, um ihre Geschäfte abwickeln zu können. So auch ein Heroin-Boß, der in Wien vor Gericht stand. Von einem kleinen Wiener Kaffeehaus aus hatte er Drogenkuriere durch halb Europa gelenkt. Er war aber auch, wie sich herausstellte, ein Spitzel der Polizei, der, da er Suchtgifttransporte auffliegen ließ, von dieser hoch bezahlt wurde. Mit Recht fragte man ihn vor dem Landesgericht, ob ihn die Polizei wegen seiner Spitzeldienste in Ruhe seine Heroingeschäfte durchführen ließ. Der Mann bejahte. Ein als Zeuge geladener ehemaliger, höherer Kriminalbeamter im Suchtgiftdezernat deutete auch an, daß man sehr wohl im Wiener Sicherheitsbüro schon 1981 vermutet hatte, dieser „Edelzundgeber"[158] würde selbst in Drogengeschäfte verwickelt sein. Man nahm dies hin, da man gute Informationen von ihm erhielt. Der Zeuge stellte schließlich fest, ein über ihm stehender hoher Polizeibeamter habe ihm die Weisung erteilt, nicht gegen diesen wertvollen Nachrichtenübermittler aus der Drogenszene zu ermitteln. Der Mann im Zeugenstand fügte noch hinzu, ob dieser Angelegenheit sei er mit seinem Vorgesetzten derart in Streit geraten, daß er seinen Hund, den er oft beschimpfe, nach ihm benannt habe.[159]

Es scheint also, daß Polizisten bisweilen gute Kontakte in die Szene der Schmuggler haben, Kontakte, die ihnen helfen, zu für sie wichtigen Erfolgen zu gelangen.

Diese Beziehungen zu Schmugglern, die bereit sind, nützliche Informationen zu liefern, können Polizisten auch bewegen, sich selbst an Geschäften zu beteiligen. Dies bringt Erfolg, also Anerkennung innerhalb der Hierarchie der Polizei, aber auch einen gediegenen Nebenverdienst.

In dieser Richtung sehe ich, wie ich von Polizisten erfahren habe, den Fall eines verhafteten Wiener Polizisten, der von einem Herrn einer Drogenbande, der sogenannten „Jugo-Mafia", beschuldigt wurde, selbst an einem Heroingeschäft beteiligt gewesen zu sein. Der Polizist soll den Jugoslawen beauftragt haben, einem Wiener Heroin zu verkaufen, um ihm dann „ein Bein stellen" zu können.

Bald darauf konnte der Polizist tatsächlich einen „Erfolg" verbuchen und den Heroin-Käufer verhaften. Dieser nannte den Jugoslawen als Lieferanten, bei dem die Polizei darauf tatsächlich ein halbes Kilogramm Heroin fand. Dieser wußte sich zu wehren und nannte den Polizisten als Mitarbeiter, mit dem er den Gewinn des Deals geteilt habe.

Polizisten dürften auch als Warner in einer Klagenfurter Schickeria-Szene beliebt gewesen sein. Ein Drogenkurier hatte ein nobles Lokal mit Kokain versorgt, er war dafür fünfmal nach Venezuela geflogen. Dort hatte er, nach eigenen Aussagen vor Gericht, für das Gramm Kokain ungefähr 100 bis 150 Schilling zu zahlen, für das er dann in Österreich bis zu 2000 Schilling von reichen Geschäftsleuten, Werbekaufleuten und Journalisten erhalten habe.

Über einen seiner Kunden, der in aller Öffentlichkeit Kokain schnupfte, meinte er: „Dem A. habe das Weiße (Kokain) schon bei der Nase rausgeschaut." Und dieser soll damit geprotzt haben, daß ihm nichts „passiere", weil ihn angeblich vor Razzien Polizisten warnen würden.

Eine Zusammenarbeit mit Drogenschmugglern und Dealern, um Erfolge zu verbuchen, ist keine unübliche Strategie der Polizei. So soll im Sommer 1988 das Deutsche Bundeskriminalamt einen internationalen Rauschgiftcoup selbst inszeniert haben, um seine Wichtigkeit darzutun. Polizeibeamte „überrumpelten" Rauschgifthändler, die gerade 50 Kilogramm Kokain aus

Schließfächern am Bremerhavener Bahnhof holen wollten. Dieser „Schlag gegen die Drogenmafia" entpuppte sich als ein vom Bundeskriminalamt „angeschobenes Geschäft". Das Kokain wurde, wie sich herausstellte, unter „Aufsicht der Polizei" nach Deutschland geschmuggelt, um weitere Drogenhändler zu entlarven.

Über eine solche „verdeckte Ermittlung" kam die Washingtoner Polizei auch dahinter, daß der prominente schwarze Bürgermeister der Regierungsmetropole, Marion Barry, Kokain schnupfte. Als Lockvogel wurde eine ehemalige Geliebte des Bürgermeisters eingesetzt. Marion Barry ging in die Falle, er wollte Sex, hatte sich aber ersatzweise zum gemeinsamen Drogengenuß überreden lassen. Eine versteckte Kamera der Polizei war dabei. Der Bürgermeister wurde angezeigt, jedoch die Gerichtsverhandlung platzte, weil die Geschworenen sich nicht einigen konnten. Barry ging zunächst frei und ließ sich von seinen Anhängern, den Schwarzen Washingtons, groß feiern.

Diese Geschichte ist auch interessant, weil sie darauf verweist, daß Kokain als Droge einer noblen Oberschicht verwendet wird. Aber eben auch, weil die Polizei mit allen möglichen Tricks arbeitet, um bei der Drogenfahndung Erfolge zu haben.

Ein V-Mann im Dienst der Drogenpolizei

Ich habe bereits dargetan, daß die Drogenfahnder ohne freundliche Informanten und Mitarbeiter aus der Drogenszene nur einen mäßigen Erfolg bei der Aufdeckung des Drogenhandels hätten. Dies veranlaßte mich, zu einem V-Mann (Vertrauensmann) der Polizei Kontakt aufzunehmen.[160]

Der Mann hat einige Vorstrafen wegen kleinerer, in der Nachkriegszeit begangener Delikte. Ihm war es zunächst wichtig, aus der Kriminalität hinaus zu gelangen, und ein Weg dazu war für ihn, der Polizei seine Dienste anzubieten. Er erzählte mir dazu: „Einige meiner kriminellen Sachen sind unter Alkoholeinfluß entstanden. Ich bin aber kein Alkoholiker. Ich wollte jetzt den Leuten beweisen, daß ich kein Krimineller bin. Meine Überzeugung war, daß ich etwas Gutes tue, wenn ich in der Rauschgiftbekämpfung mitmache, damit nicht noch mehr Jugendliche in das Rauschgift schlittern. Ich habe der Polizei mitgeteilt, daß ich für sie arbeiten wolle. Die Kriminalpolizei hat meine Unterlagen studiert und gesehen, daß ich kein echter Krimineller bin. Sie haben festgestellt, daß ich gut Englisch spreche und in den oberen sozialen Regionen war, mit der High Society von Kitzbühel und woanders zusammengekommen bin. Ich kann mit einem Holzknecht genauso reden wie mit einem vornehmen Mann und einer Lady. Ich kann mich gut anpassen. Das haben die von der Polizei mitbekommen. Ich wurde nun von den Kriminalbeamten in Sachen Drogenhandel eingeweiht. Sie haben gesagt: Wenn ich irgend etwas höre, soll ich es ihnen sagen. Ich soll in bestimmten Kreisen herumfragen, nämlich dort, wo Huren sind, die Haschisch nehmen. Sie haben mir kein Gebiet genannt. Ich soll bloß herumhorchen. Wenn ich erfahre, wo Rauschgift verkauft wird, soll ich es ihnen sagen."

Der Mann erscheint also für die Polizei als Informant interessant zu sein, da er selbst aus der Kriminalität kommt und eine gewisse Weltgewandtheit besitzt. Und außerdem präsentierte er sich als jemand, dem es wichtig ist, das Wohlwollen der Polizei zu genießen. Dies ist auch einer der Beweggründe der echten Drogenschmuggler, wenn sie konkurrierende Drogenkuriere der Polizei melden.

Wie mein Gesprächspartner den Zugang zu einer Rauschgiftszene fand, schildert er so: „Damals habe ich als Monteur gearbeitet und war beim Neubau einer Firma eingesetzt. Zum Wochenende fuhr ich oft mit den Kollegen in das nahe B. Ich hatte bereits eine Ahnung, daß dort Türken mit Haschisch handeln. Einmal besuchten wir ein kleines Kaffeehaus, eher zufällig. Ich war vorher schon einmal dort und habe bemerkt, daß im hinteren Teil des Cafés sich irgendwelche komischen Dinge tun. Mir war von der Kripo gezeigt worden, wie Haschischzigaretten gedreht werden. Man macht aus mehreren Zigarettenpapieren eine Art kleine Tüte, auf die ein Mundstück kommt. In die Tüte kommt das zerbröckelte Haschisch, vermengt mit dem Tabak einer Zigarette. Im Kreis rauchen die Leute diese sonderbare Zigarette. Solche Zigaretten sind ja länger als die üblichen Zigaretten. Das Cannabis-Harz geht durch den Rauch in die Lunge und durch das Blut in das Hirn. Das gibt einen Rausch. Dies haben mir die Polizisten erzählt. Ich habe nun in diesem Kaffeehaus gesehen, wie jüngere Leute solche Zigaretten gedreht und sie gemeinsam geraucht haben. Jetzt bin ich hellwach geworden. Ich habe mich etwas betrunken gestellt und habe den bei der Bar gefragt: ‚Du, kann ich auch so etwas bekommen wie die da. Ich möchte gerne etwas kaufen.' Der an der Bar hat gesagt: ‚Weißt du, das ist heiß. Verstehst du! Da ist ein Türke, der kommt öfters hier vorbei, vielleicht heute auch. Der verkauft so etwas. Du mußt aber den Mund darüber halten.' Der Türke ist aber nicht vorbeigekommen an diesem Abend. Nun bin ich neugierig geworden und habe meinen Kriminalbeamten in L. angerufen, er war der Leitende bei der Kripo. Ihm habe ich das mitgeteilt. Er hat gemeint: ‚Das ist ja ganz interessant!' Darauf ich: ‚Den Türken, der das verkauft, den habe ich bis jetzt aber noch nicht gesehen. Ich bin an der Arbeit! Ich kann mich aber nur Samstag oder Sonntag um den Türken kümmern.' Sagt er: ‚Du mußt halt schauen, daß du den Türken irgendwo erwischst.' Ich bin bald wieder hingefahren und habe nun den Türken tatsächlich in dem Kaffeehaus getroffen. Der Barmann hatte ihn mir beschrieben. Der hat aber die Tatsache, daß ich ihn gefragt habe, bereits vergessen. Es waren ja zwei Wochen dazwischen. Ich habe den Türken noch nicht angesprochen, ihn mir nur angeschaut. Ich bin ihm darauf unauffällig nachgegangen, von einem Lokal ins andere. Dort war er eine Stunde und dort zwei usw. Ich habe mir gemerkt, wohin er überall geht. In die Lokale selbst bin ich ihm nicht nachgegangen, damit er nichts merkt. Ich erfuhr, diese Lokale werden gerne von Studenten aufgesucht, von denen gibt es genug in B., denn hier gibt es einige Fachschulen. Ich ging dann in eines dieser Lokale und traf dort einen Bekannten. Er war hier Kellner, ihn kannte ich zufällig vom Gefängnis. Zu ihm sagte ich, daß ich auch einmal einen Joint rauchen wolle. Der hat mir geantwortet: ‚Geh zum Assi, dem Türken, der hat genug.' Ich habe gefragt, wie der ausschaut. Er hat ihn mir geschildert. Genau der war er. Dem Kellner, dem Genossen aus dem Gefängnis in W., erschien ich vertrauenswürdig. Er meinte dann zu mir: ‚Der Assi muß jeden Moment kommen, ich brauche auch etwas.' Das hat mir alles gepaßt. So fängt es an. Und wirklich, Assi ist dann gekommen. Mein Bekannter hat dann zu mir gesagt: ‚Wieviel brauchst du denn?' – ‚Ein paar Gramm', sagte ich.

Der Kellner hat geglaubt, ich rauche schon lange Haschisch. Er teilte dem Assi mit, daß ich einen Stoff haben wolle. Assi verkaufte ihm etwas, und der Kellner gab es mir. Er hatte auch dem Assi gesagt, daß ich in Ordnung und kein Spitzel bin, er kenne mich aus dem Gefängnis. Und außerdem sagte er ihm, daß ich ein guter Mechaniker bin. Nun hat er uns beide zusammengebracht. Der Türke hat mir gleich ein paar Getränke gezahlt und mir ein paar Shits verkauft. So sind wir ins Reden gekommen.

Ich rief den Kriminalbeamten an und fragte ihn, ob ich weitermachen soll, denn immerhin hatte ich ja einen Arbeitsplatz. Der hat mir geantwortet: ‚Es kommt darauf an, ob es sich auszahlt. Es wäre schade, wenn Sie Ihre Arbeit verlieren. Ob sich das auszahlt?' Darauf ich: ‚Ich glaube schon.' Sagt er: ‚Wir werden dann schon sehen. Wenn es wirklich etwas wird, dann werden wir Sie von oben vergüten. Später werden wir Sie woanders einteilen.' Dieses Versprechen genügte mir, und ich gab meine Arbeit in E. auf. Ich ging nun der Rauschgiftsache genauer nach. Der Türke, der den Stoff verkauft hat, arbeitete in einer Schuhfirma. Für ihn war der Rauschgifthandel ein gutes Nebengeschäft. Für mich war es ein Abenteuer, diesem Burschen auf die Schliche zu kommen. Ich mietete mir nun ein Zimmer, welches mir die Kriminalbeamten finanzierten. Jetzt hatte ich Zeit und Gelegenheit, den Türken öfter zu treffen. Ich machte mich erbötig, sein Auto, einen BMW, zu reparieren. Auch andere Türken, Freunde von ihm, wollten, daß ich ihre Autos repariere. Ich habe da ganz schön verdient. Eines Tages kam nun der Türke zu mir und fragte mich mit leiser Stimme: ,Kannst du etwas machen? Du mußt aber deinen Mund halten. Du kannst viel Geld dabei verdienen.' Ich: ,Was?' Er: ,Kannst du bauen Tank?' Ich sollte in Autos Tanks einbauen. Sage ich: ,Ja, aber was verdiene ich dabei?' Sagt er: ,Viele tausend Schilling kannst du verdienen.' Sage ich: ,O.K., aber was ist, wenn man mich erwischt?' Sagt er: ,Dann in Gefängnis. Nicht viele Leute das machen. Du und ich.' Wir sind dann des öfteren noch zusammengekommen. Einmal war er für drei Wochen weg, in der Türkei. Als er zurückkam, trafen wir uns wieder. Er hat dann gesagt, ich solle den Tank bei seinem Auto ausbauen und ihn mir gut ansehen, wie er gemacht ist. Sage ich: ,Machen wir!' Er kaufte wieder einen Originaltank. Diesen baute ich in den Wagen ein. Den alten präparierten Tank, der mit Fächern ausgestattet war, hat er mir überlassen. Er fuhr also mit dem neuen Tank herum, damit er keine Schwierigkeiten bekommt. Wäre er des Rauschgiftschmuggels verdächtigt worden, hätte man sein Auto zerlegt. So wäre man ihm nicht draufgekommen. Alles war gut geplant. Der Mann hat nur einen Fehler gemacht, denn ich habe den Tank ausgebaut. Zu ihm habe ich gesagt, daß ich den Tank in die Mistgrube werfe. Tatsächlich habe ich den Tank irgendwoanders hingelegt, als Corpus delicti. Hinunter in die Türkei ist er, um sich ja nicht einem Verdacht auszusetzen, mit dem originalen Tank gefahren. Dort unten hat man ihm dann einen präparierten eingebaut, mit dem er das Haschisch nach Österreich schmuggeln konnte. Die

Berichte darüber habe ich weitergegeben. Die Kriminalbeamten haben gemeint zu mir: ‚Mach nur so weiter.' So ist das monatelang gegangen. Die Polizei konnte langsam eruieren, wer bei diesem Schmuggel beteiligt ist und wer der Kopf des Ganzen ist. Zu mir hatten die Türken vollstes Vertrauen."

Als ich meinen Gesprächspartner fragte, ob es ihm nichts ausgemacht hätte, diesem Türken nachzuspüren, da er doch zu ihm recht freundschaftlich war, erwiderte er mir: „Für mich war der Mensch ein Mörder. Ich machte gute Miene zum bösen Spiel. Dieser Mann war ein Gauner, dem die drogenabhängigen Jugendlichen egal sind. Wichtig ist ihm allein sein Lebensstandard. Er hat übrigens auch Teppiche hergeschmuggelt. Nachdem er lange genug beobachtet worden war, hat die Kriminalpolizei zugeschlagen. Nun kam man darauf, daß er zwei Wohnungen hat. Schlag auf Schlag sind die Türken verhaftet worden, auf mein Aviso. Dies war der größte Rauschgiftring in X., er war der größte Verteiler von Haschisch in der ganzen Gegend."

Die Kontakte zur Polizei waren damit eingeleitet. Die Polizei wußte nun, daß sie hier einen aufmerksamen Mitarbeiter hatte. Auch für andere Dinge, die schwer zu eruieren waren, setzte man ihn ein, wie für die Ausforschung von Dieben und Kunsträubern. Der Mann weiß, die Polizei braucht ihn, denn als ehemaliger Ganove kann er Kontakte zu gewissen Szenen herstellen, die für die Polizei nur schwer zugänglich sind.

Der Informant ist nicht Informant um seiner selbst willen oder aus irgendwelchen moralischen Gründen heraus, auch wenn solche vorgeschoben werden, sondern er erwartet sich davon Vorteile. Es ist ein „do ut des", also ein „Geben und Nehmen", das hier die Beziehung des V-Mannes zur Polizei bestimmt. Daß es kaum moralische bzw. humanitäre Gründe sind, die den Mann veranlaßt haben, die Drogenschmuggler aufzudecken, zeigt sich darin, daß er auch Schmuggler von Teppichen und ähnlichen Dingen auffliegen ließ. Weil V-Männer wissen, daß man sie braucht und daß ihre Informationen ihnen selbst Vorteile, sei es bloß Geld, bringen können, nehmen sie jede Chance wahr. So auch der von mir kontaktierte Informant. Als er einige

Zeit nach dem Aufrollen des oben beschriebenen Rauschgiftringes von einem ihm aus alten Tagen bekannten Ganoven gefragt wird, wo man größere Mengen Heroin absetzen kann, wird er aufmerksam. Er weiß von der Kriminalpolizei, daß in dieser Gegend Heroin gehandelt wird und sie mit ihren Nachforschungen nicht weiterkommen. Deshalb erklärt er dem Ganoven, ihm dabei vielleicht helfen zu können. Mir erzählte er dazu: „Zu dem Mann habe ich gesagt: ‚Das wird irgend so ein Mist sein.‘ Ich wollte näheres wissen. Er antwortete: ‚Nein, ich habe den Stoff direkt aus der Türkei. Wir sind erst vor ein paar Tagen zurückgekommen. Wir haben aber keinen Groschen Geld mehr, weil wir das ganze Geld in den Ankauf investiert haben.‘ Und er hat zu mir gesagt: ‚Komm mit auf meine Bude, du kannst es einmal probieren.‘ – ‚Das muß ich sehen‘, sagte ich. Er ist mit mir dann auf einen dreckigen Dachboden in V. gegangen, dort hat er gehaust. Dort hat er einen Karton aufgemacht und hat begonnen, das Rauschgift, es war noch kristallisiert, zu zerbröckeln. Er hielt es mir unter die Nase und sagte: ‚Riech einmal!‘ Sage ich: ‚Das kann man ja nicht riechen.‘ Ich war damals noch sehr unkundig, denn Heroin war für mich neu. Ich habe noch einmal gerochen, etwas zu viel. Im Moment habe ich nichts bemerkt. Ich habe ihm noch zugesagt, daß ich mich um einen Abnehmer kümmern werde. Am nächsten Tag wollten wir uns treffen. Der Mann war voll Vertrauen mir gegenüber, denn er kannte mich aus dem Gefängnis. Ich hatte die Absicht, unmittelbar nachher der Kriminalpolizei diese Geschichte zu melden.“ Der V-Mann wird jedoch an seinem Vorhaben gehindert, eine Panne stellt sich ein: „Wie ich aus dem Haus hinausgehe, wird mir plötzlich furchtbar schlecht. Derart, daß ich nicht wußte, ob ich nach vor oder zurück gehe. Ich mußte erbrechen. Ich bekam eine unheimliche Lähmung in der Zunge. Ich habe durch das Riechen zuviel von dem Heroin erwischt. Später stellte sich heraus, daß es ganz reines Heroin war, das der Mann aus der Türkei hergeschmuggelt hatte. Jemand hat mich dann ins Krankenhaus gebracht. Es war nur der Nachtarzt anwesend. Ich konnte ihm noch sagen, daß ich zuviel Rauschgift erwischt habe. Gleich haben sie Blutwäsche gemacht und mich an eine

Flasche angehängt. Ich kam dann wieder zu mir und vertraute mich dem Arzt an. Er meinte, ich könne von dort die Kripo anrufen. Ich solle aber nicht weggehen, denn mich habe es ganz schön erwischt. Gegen Revers bin ich hinaus und habe mich mit den Kriminalbeamten getroffen. Wir besprachen das weitere Vorgehen."

Eine Sondereinheit der Polizei kam gemeinsam mit einem Spezialisten der amerikanischen Drogenfahndung aus Wien angereist und besprach sich mit dem Informanten. Sie wollten dem Drogenschmuggler eine Falle stellen, wobei der Herr aus den USA als potentieller Käufer des Heroin auftreten wird.

Der V-Mann erzählte weiter: „Ich habe mich mit dem Verkäufer des Heroin in S. getroffen und ihm gesagt, daß ich einen Käufer habe, einen Ausländer. Das freute ihn. Ich fragte ihn, wieviel Heroin er habe, denn ich muß es dem Käufer melden. Und wieviel es kostet. Es wird ungefähr ein dreiviertel Kilo haben, meinte der Mann. Sage ich: ‚Wenn das wirklich soviel ist, dann kostet es einen Haufen. Ich werde Bescheid sagen.' Sagt er: ‚Ist er in Ordnung?' Sage ich: ‚Ich verbürge mich für ihn. Wichtig ist, daß ihr in Ordnung seid. Paßt auf, daß euch niemand abstoppt. Wenn etwas schiefgeht, seid ihr selber dran. Und wir auch.' Das gehe alles in Ordnung, meinte er. Wir machten uns nun aus, daß wir uns, nachdem ich meinem Partner Bescheid gesagt hatte, gegen Abend in S. treffen würden. Ich wollte noch eine Probe von dem Stoff. Er gab mir ein Stückerl, das er zufällig mithatte, eingepackt in Silberpapier. Der Amerikaner und ich kamen mit einem Alfa Romeo vorgefahren. Am Bahnhof in S. haben wir, wie vereinbart, gewartet. Nach einiger Zeit kam der Rauschgifthändler mit einem Begleiter. Der Händler meinte: ‚Es ist genug Material da, wir wollen aber zuerst das Geld sehen.' Ich ging mit den beiden nun in das Gasthaus, wo der Amerikaner mit dem Geld saß. Ich stellte ihn den beiden vor. Nun machte der Amerikaner seinen Aktenkoffer auf, der voll von Geld war. Es war Vorzeigegeld, echtes Geld. Die beiden haben gesagt, als sie das gesehen hatten, es gehe alles in Ordnung. Sie verschwanden dann, um das Rauschgift zu holen. Wir beide haben im Auto gewartet. Nach einer Zeit kamen die Händler und setzten sich zu uns ins Auto. Das ganze Gebiet dort wurde von Kriminalbeamten observiert. Der eine der beiden nahm nun aus seiner Tasche ein in Zeitungspapier eingewickeltes Packerl. Darin war das Material. Vorher war ausgemacht worden, wenn es zum Zuschlagen ist, so steigt der Amerikaner auf die Bremse, damit hinten das Licht erscheint. Die Scheinwerfer waren ausgeschaltet. Und so war es auch. Wie der Rauschgiftschmuggler uns das Rauschgift gibt, ist mein Begleiter auf die Bremse gestiegen. Darauf sind die Kriminalbeamten mit ihren Autos zu uns gefahren. Sie sind herausgesprungen und haben geschrien: ‚Hände hoch!' Ich bin hinausgesprungen und habe so getan, als ob ich fliehen würde. Schon bald hat es mich geschleudert, weil ich beim Gurt mit dem Fuß hängengeblieben bin. Ich lief zum Bahnhof und verschwand. Das war so ausgemacht. Die Rauschgiftschmuggler hat man mit der Ware festgenommen. Sie wurden später verurteilt."

Typisch für die Aktivität des Polizeispitzels – dies wird in dieser Erzählung recht deutlich, ist, daß er aus einer Szene kommt oder enge Kontakte mit einer Szene hat, in der jene Leute ihren kriminellen Geschäften nachgehen, die für die Polizei interessant sind. Denn sein Ansehen in der Welt der Ganoven verschafft ihm dorthin gute Zugänge. Die Polizei weiß dies und nützt dies aus, wobei sie ihn in der Vorstellung beläßt, er würde von der Polizei geachtet und von ihr entsprechend belohnt werden.

Nun gibt es mit der versprochenen Entlohnung oft große Probleme. Dies berichtete mir auch mein Gesprächspartner, wobei er einsah, daß die Tätigkeit des Polizeiinformanten keine sehr noble ist: „Das ist und bleibt ein Schmutzgeschäft. Ich habe mir immer wieder gesagt, daß mich die Polizisten hineingedreht haben. Ich will mich auf alle Fälle rehabilitieren. Ich glaube, dies ist mir gut gelungen. Allerdings, die Kriminalpolizei ist mir viel Geld schuldig." Für die Polizei ist der V-Mann ein nützlicher Überbringer von Informationen, er genießt jedoch nicht ihre echte Anerkennung. Hier liegt auch sein Problem: Er weiß sich für die Aufklärung von Verbrechen oft unentbehrlich, er sieht aber, daß seine Kontaktleute bei der Polizei ihm nicht jene Akzeptanz zukommen lassen, die er sich erhofft.

Schmugglerrouten

Die Grenzen, die von Schmugglern überwunden werden, werden nicht willkürlich überschritten, wie schon gezeigt wurde, sondern nach genauen Plänen. Man sucht spezielle Wege und setzt dabei allerhand Tricks ein, um solche Wege zu finden, oder sie zu schaffen. Route und Grenze stehen in einem dialektischen Verhältnis. Beide bedingen einander. Die Routen sind es, die die Grenzen erträglich und überwindbar machen, vor allem für die Schmuggler. Und die Grenzen wären ohne Routen uninteressant. Um Zöllner zu täuschen, bedarf es kluger Überlegungen und vielfältiger Experimente bezüglich der Wege, auf denen Grenzen ohne Schwierigkeiten überwunden werden können. Ergänzend zu vorhergehenden Beschreibungen will ich hier noch einige bemerkenswerte Routen schildern.

In alten Zeiten waren es vor allem die Salzschmuggler, welche, um sich die Salzmaut zu ersparen, nach geheimen Wegen suchten.

Die Schmuggelwege im Ausseerland und im Dachsteingebiet wurden im Rahmen dieses Buches bereits nachgezeichnet. Hier will ich auf einen weiteren alten Salzweg und zwar einen vom alten Oberösterreich nach Böhmen verweisen:

In der Nähe von Steyregg gab es eine enge Stelle des Donauflusses mit einer Fähre, auf der sich die Salzträger – auch „Hödler" oder „Buckelsamer" genannt – mit dem Gmundner Salz an das andere Ufer rudern ließen. Für die Überfuhr mußten sie eine Salzmaut entrichten. Drei weitere mögliche Wege hinauf nach Norden gab es für die Salzträger. Als später die Traunmündung nach Osten verlegt wurde, fand die Salzüberfuhr in Steyregg ein Ende. Gleichzeitig wurde der Weg von Linz über den Haselgraben für den Salztransport vorgeschrieben. Und nun werden, dies ist hier interessant, die alten Wege über St. Georgen oder Hohenstein ab dem 16. Jahrhundert zu Wegen der Salzschmuggler, die so die „Mauthen" der alten Marktorte entlang der offiziellen Salzstraßen umgingen.[161] In meinen

Gesprächen mit Schmugglern waren die Schmuggelrouten stets von großer Wichtigkeit, und man war stolz darauf, derartige geheime Wege zu wissen. Mit einigem Stolz erzählte mir auch ein alter Waldviertler Bauer aus Heinrichs, dessen Frau mir prächtigen Lebkuchen anbot, wie er mit seinen Kumpanen in der Zeit vor dem Krieg allerhand Dinge auf verschwiegenen Routen über die tschechische Grenze gebracht hatte.

Im Waldviertel ist der alte Schmuggelweg hinüber nach Gratzen in Böhmen (dem auch ich gefolgt bin) sogar mit einer Hinweistafel für eifrige Wanderer versehen. Darauf steht zu lesen, daß hier einmal wackere Schmuggler unterwegs waren. Es existiert sogar eine Wanderkarte, auf der der Schmuggelweg als Attraktion eingezeichnet ist.

Über diesen Weg berichtete mir ein alter Schmuggler spannend: „Vor ein paar Jahren hat man das Zollhaus, das dort war, erst weggerissen. In Betrieb war es bis 1938. Dort war der Grenzübergang, an dem man die Sachen, die wir von drüben herbrachten, verzollen hätten müssen. Wir Schmuggler benützten den sogenannten Biberschlägerweg, den man auf der Wanderkarte sehen kann. Der Weg war für uns interessant, denn die Waldungen von Heinrichs gingen bis zur Grenze. Da wir dort Holz geklaubt und Streu gerecht (geharkt) haben, wußten wir genau, um die und die Zeit gehen die Finanzer. Wenn die vorbei waren, hat man diesen Weg benützt. Sie sind nicht immer zur gleichen Zeit gegangen, die Finanzer. Sonst wäre es leichter gewesen. Man hat ja dort gearbeitet, im Holz.“

Schmugglerrouten werden auch geplant nach Wallfahrtswegen. Darauf geht ein Waldviertler Bauer ein: „Ein weiterer Schmuggelweg nach Böhmen war der nach Brünndl. Brünndl ist ein Wallfahrtsort, der jetzt (nach der Grenzöffnung) wieder intakt gemacht wird. Die Kirche ist ziemlich verfallen. Wir sind früher wallfahrten gegangen, über den Grenzübergang von Göllitz. Auf der einen Seite war das deutsche und auf der anderen Seite das tschechische Göllitz. Wir sind also nach Brünndl wallfahrten gegangen, das war eine religiöse Handlung. Dabei ist jedoch geschmuggelt (!) worden. Beim Rückweg hat man auch gebetet. Ich erinnere mich, da haben wir Rast gemacht. Der Vorbeter hat da zu einigen Frauen hingedeutet und gesagt: ‚Wie du hinein (zum Wallfahrtsort) gegangen bist, da warst du noch hübsch schlank. Aber jetzt! In Brünndl war ein Markt mit vielen Standeln (Buden). Hinter den Standeln hatten die Verkäufer ihr Geschäft. Wenn die Frauen zum Beispiel Bettzeug eingekauft haben, so ist die Frau in das Haus hineingegangen, und dort hat man sie dick gemacht, denn man hat ihr die Bettwäsche um den Bauch gebunden. Diese Wallfahrten sind nie kontrolliert worden. Weil die Wallfahrer lauter fromme Leute sind, und die schmuggeln nicht. Das habe ich selbst erlebt." Der alte Schmuggler lacht und erzählt noch von anderen Schmuggelrouten über die böhmische Grenze: „Bei Mandelstein gab es den sogenannten Diebsweg. Dort steht auch eine Tafel mit dieser Bezeichnung – dieser Weg hat immer Diebsweg geheißen. Angeblich heißt der Weg so, weil jemand von der Herrschaft in Weitra Holz gestohlen und hier weggeschafft hat. Aber tatsächlich wurde hier geschmuggelt. Am 1. September ist Ägidi, da ist der sogenannte Ägidimarkt in Weitra. Damals ist über den Biberschlägerweg aus Böhmen Vieh hierhergetrieben worden, illegal. Das wurde in Österreich besser verkauft. Drüben hätte der Bauer weniger bekommen, daher hat er sich auf den Weg hierher gemacht und das Vieh hergeschmuggelt. Damals (vor dem Krieg) hat man auf beiden Seiten der Grenze Deutsch gesprochen, daher war es kein Problem für den von drüben, sich hier zu verständigen. Meistens hat man Vieh, vor allem Ochsen, paarweise herübergetrieben."

Routen wie diesen alten „Diebsweg" kannten auch Jäger, die von Österreich illegal über die Grenze schossen und dieses nicht gesetzlich erlegte Wild herüberholten. Einige der alten Schmuggelwege leben in den Geschichten der Bewohner der Gegend weiter. Romantisierend gedenkt man ihrer, und nicht selten wird der eine oder andere Weg heute zu einer Fremdenverkehrsattraktion gemacht. So heißt es in der „Süddeutschen Zeitung" vom 16.4.1991: „Seit die Grenzen zur ČSSR offen sind, ist es möglich, die alten Schmugglerpfade im Grenzgebiet wieder zu durchstreifen. In Blaibach im Oberen Bayerischen Wald, nur etwa 20 Kilometer von der Grenze entfernt, will man mit einer

‚Angebotswoche' die Voraussetzung dafür schaffen. Sieben Übernachtungen mit Frühstück kosten zwischen 159 und 215 Mark. Zusätzlich beinhaltet der Preis Busfahrten ins Umland zu den Schmugglerpfaden und geführte Wanderungen. Buchungen nimmt das Fremdenverkehrsamt Blaibach entgegen." Über alte Wege kühner Schmuggler erzählte mir auch der schon oben zitierte Wirt in Lustenau. Als junge wagemutige Schmuggler seien sie durch den Nebenarm des Rheins gewatet. Dieser Nebenarm des Rheins (ich habe ihn genau studiert) ist der einzige mögliche Schmugglerweg, der Vorarlberg mit der Schweiz verbindet. Er weist einige Untiefen und auch ein dickes Rohr auf, auf dem man hinüber in die Schweiz balancieren kann. Der Nebenarm entspricht dem Flußlauf des alten Rheins, der zur Jahrhundertwende begradigt worden ist. Zwischen dem u-förmig verlaufenden, stillen Nebenarm und dem Rhein selbst liegt Schweizer Gebiet. Denn die Schweizer haben nach der Begradigung des Rheins ihr altes Territorium, welches dieser Nebenarm begrenzt, beibehalten. Als Schmugglerweg besonders beliebt war das weitab der Zollstation gelegene dicke Betonrohr, in dessen Mitte, wohl um die Grenze zwischen Österreich und der Schweiz anzuzeigen, eine Art Gitter angebracht ist. Dieses Gitter läßt sich ohne Schwierigkeit an einer Seite überwinden (auch ich marschierte hinüber).

Heute wird diese Route noch von Menschenschmugglern benutzt, welche Leute aus dem Osten unbemerkt in die Schweiz bringen wollen.

Auch der im Kapitel über Bücherschmuggel erwähnte „Bibelsteig" von Gosau nach Ramsau am Dachstein, über den die Lutherbibel in der Zeit der Gegenreformation geschmuggelt wurde, muß in diesem Zusammenhang erwähnt werden. Ebenso wie die alten Wege der Salzschmuggler im Ausseerland – einer trug den stolzen Namen „Salzsehler-Gangsteig".

Nur unwesentlich unterschieden von den alten Schmuggelwegen sind die modernen Schmuggelrouten, wobei in manchen Fällen die alten Wege durchaus auch heute noch verwendet werden, und zwar nicht nur zum Menschenschmuggel (s. o.), sondern auch zum Drogen- und Waffenschmuggel.

Die Iberische Halbinsel mit ihren alten Routen des Tabak-schmuggels wurde zum Tor des europäischen Drogenmarktes. Über Portugal und Spanien verläuft der Handel zum Teil auf traditionellen Wegen. Viele neue Wege eröffneten sich durch die Schiffahrt und die Möglichkeit der Luftreise. Interessant für kühne Schmuggler, die ihre Ware in den spanischen Raum bringen wollen, ist die nordwestspanische Region Galicien. Die zerklüftete galicische Küste gilt als beliebter Umschlagplatz für Kokain aus Kolumbien. Von weit vor der Küste lagernden Frachtern wird die Droge auf kleinere Schnellboote umgeladen und dann in den Felsen versteckt. Und von dort gelangt sie durch Zwischenhändler in die großen Städte Europas. Drogenfahnder konnten so in einem in Madrid abgestellten Wohnmobil mit deutschem Kennzeichen 500 Kilogramm wertvolles, über galicische Felsen geliefertes Kokain sicherstellen und zehn Rausch-gifthändler verhaften.[162]

Von den großen Organisatoren des Drogenschmuggels werden immer wieder neue Routen gesucht, um die Behörden zu irritieren. So bedeutete es eine Überraschung für die finnische Polizei, als sie im Februar 1991 Kokain im Wert von 35 Kilogramm fand. Daß nun Drogenrouten auch über Skandinavien gewählt werden, wurde auf diese Weise offenbar. Zu den klassischen Routen gehören diejenigen über das Mittelmeer. Auf einer solchen befanden sich offensichtlich im Januar 1991 zwei Kolumbianer, die an der ligurischen Küste verhaftet wurden, als sie in Taucheranzügen Säcke mit insgesamt 81 Kilogramm Kokain ans Ufer bringen wollten. Sie waren von einem in der Höhe von La Spezia liegenden Schiff abgesetzt worden.

Charakteristisch für einige Routen der Drogenkuriere ist, daß sie nicht direkt in das Abnehmerland führen, sondern Umwege suchen. So führt einer der Transportwege des Medellin-Kartells über Westafrika nach Europa. Am 23. Januar 1991 wurde auf dem Flughafen Wien-Schwechat ein 25jähriger Nigerianer fest-genommen, der versucht hatte, in seinem Magen 700 Gramm Kokain im Schwarzmarktwert von rund 2 Millionen Schilling über Österreich nach Italien zu schmuggeln. In Nigeria existiert eine gutfunktionierende Organisation von Rauschgiftkurieren.

International bieten sich, so scheint es, nigerianische Spezialisten den Drogenländern Südamerikas und Asiens zur Verteilung ihrer gefährlichen Ware an. Von Nigeria aus wird Europa von einem ausgeklügelten Netz von Routen überzogen, das laufend verfeinert und ausgebaut wird. Eine Route führt wie schon erwähnt, über den Balkan: Drogenkuriere nehmen Kurs auf Sofia und reisen als „unauffällige Geschäftsleute" in Wien und anderen Städten ein. Auch kaufen Nigerianer Heroin in Indien, Pakistan oder Thailand ein und bringen es in die Depots nach Nigeria. Von dort wandert es nach Europa, in die Verbraucherländer. Um die Drogenfahnder zu verwirren, fliegen sie über osteuropäische Städte, wie Moskau und Warschau. Manche legen die Strecken teilweise in Bussen und Zügen zurück.[163] Die Polizei weiß von diesen Wegen durch gezielte Informationen, die ihnen schließlich auch die für ihren Beruf nötigen erfolgreichen Festnahmen von Bauernopfern bieten (s. o.). Aber grundsätzlich sind Schmuggelwege nicht wirksam zu kontrollieren, da sich stets neue Routen öffnen. In Europa wurden 1989 4,8 Tonnen Heroin sichergestellt. Davon waren 80 Prozent südwestasiatischer Herkunft, aus den Ländern des „goldenen Halbmondes", aus Afghanistan, Pakistan und dem Iran. Aber auch aus den südostasiatischen Ländern des „Goldenen Dreiecks" kommt das Heroin. Dieses Heroin wird auf dem Landwege über die „Balkanroute" oder auf dem Luftwege, ausgehend von indischen Flughäfen, über den Nahen Osten oder Afrika nach Europa geschmuggelt.

Neben den Nigerianern dominieren die Türken den Markt. Sie bauen auf einer Tradition auf, die in den sechziger Jahren wurzelt, als die ersten türkischen Gastarbeiter in den Westen zogen. Mafiaähnliche türkische Organisationen bis hin zu einzelnen Bauern prägen die Szene. Iraner stießen dazu, ebenso wie Jugoslawen, die sich am Geschäft mit den Drogen beteiligen wollten. Durch Kontakte mit örtlichen Händlerorganisationen wurde innerhalb kürzester Zeit die für den Absatz erforderliche Infrastruktur geschaffen. Der Großteil des in Österreich sichergestellten Heroins steht in Beziehung zu Türken. Die modernen Wanderungen, die letztlich durch das Öffnen der Grenzen und die Liberalisierung in Osteuropa bedingt sind, erleichtern den Rauschgifthandel. Auch das Problem der Asylanten hat mit Rauschgift zu tun, wie der Kriminalpolizist, auf den ich mich hier berufe, festhält: „Unser Nachbarland Schweiz hat mit der vor nicht allzu langer Zeit erfolgten Aufnahme von Tamilen aus Sri Lanka keine guten Erfahrungen gemacht. Unter den rund 4 000 vorwiegend männlichen Asylwerbern befand sich eine große Zahl, die Heroin, am oder im Körper versteckt, in die Schweiz schmuggelten. Dies führte vor allem im Bereiche Bern und Biel, aber auch in Zürich zu einem überproportionalen Ansteigen der Suchtgiftkriminalität ... Einer der Gründe für die besorgniserregende Suchtgiftsituation in der Schweiz, wo der Ausländeranteil bei den Suchtgifthändlern 50 Prozent und bei den Suchtgiftschmugglern bereits 76 Prozent beträgt, wird in dieser ‚Tamilenwanderung' erblickt."

Die im Ostblock für den Westen zunächst unklare Suchtgiftsituation wurde im Gefolge von „Perestrojka" und „Glasnost" sowie durch das Öffnen der Grenzen durchsichtiger. Eine besondere Position nimmt in Osteuropa Polen ein. Nach Informationen des Interpol-Generalsekretariats benützen polnische Staatsbürger Dubai als Transitpunkt für den Heroinschmuggel vom indischen Subkontinent nach Europa. Auch funktioniert der Schmuggel von Kokainpaste nach Polen. Polen soll darüber hinaus eine Transitfunktion für den Suchtgiftschmuggel haben. Die Flugverbindungen Bangkok-Warschau und New Delhi oder Bombay-Warschau sind wichtige Routen für den polnischen Schmuggel. Und die Seehäfen Stettin und Swinemünde gelten dazu als wichtige Häfen. Zu einem Transitland des Suchtgifthandels wurde übrigens auch Rußland. Dies gilt für Suchtgifttransporte aus den Ländern des „Goldenen Halbmondes" und aus Indien sowie aus dem Raum des Nahen und Mittleren Ostens nach Westeuropa und Nordamerika. Zentrale Orte sollen die Ostseehäfen Riga für Schmuggel per Container-Fracht und der Moskauer Flughafen „Scheremetjewo" für den Schmuggel auf dem Luftweg sein. Bereits 1986 wurden im Hafen von Rotterdam 200 Kilogramm Heroin sichergestellt, die über Riga nach den Niederlanden geschmuggelt wurden. Nach Ansicht des polni-

schen Innenministeriums dürfte die Hafenstadt Danzig Drehscheibe im internationalen Rauschgifthandel werden.[164]
Zentren des europäischen Heroinhandels sind vor allem die Städte Madrid, Mailand, Brüssel und Amsterdam. Nordamerika und Ozeanien beziehen Heroin vor allem aus den Ländern des „goldenen Dreiecks", aus Laos, Thailand und Myanmar.
Im Zuge der Überschwemmung des europäischen Marktes muß damit gerechnet werden, daß neue Schmuggelrouten benützt werden.[165] Eine große Rolle im Suchtgifthandel dürfte Wien nach der Öffnung der Grenzen nach dem Osten spielen, und wahrscheinlich wird es hier zum Aufbau eines Vertriebsnetzes kommen. Die Nähe zu Prag und Budapest läßt Wien, das bisher eher als Transitort im internationalen Drogenhandel von Bedeutung war, zu einem eigenständigen Markt werden, zu einer Drehscheibe für den Ost-Drogenexport.[166] Ein hoher österreichischer Zollbeamter unterstreicht diese Überlegungen: „Zu uns nach Wien kommen große Mengen an Heroin und Opium über die sogenannte Balkanroute. Das ist eine Suchtgiftroute, die läuft vom Vorderen Orient, Iran, Türkei, durch Jugoslawien oder Bulgarien, z. T. über Ungarn, Tschechoslowakei in den Westen. Oder: über Jugoslawien, Österreich und Deutschland in die Niederlande. Wir haben schon einige größere Aufgriffe."
Auf eine neue Route der Drogenkuriere kamen Zollbeamte, als sie am Autobahngrenzübergang bei Suben fünf Kilogramm Heroin im präparierten Tank und acht Kilogramm an der Hinterachse eines türkischen Autos fanden. Es sind die Pyhrn- und Innkreisautobahn, die für Drogenschmuggler ständig an Attraktivität gewinnen.
Durch Österreich ziehen also Wege des Drogenschmuggels, allerdings sind dies bislang vordringlich Routen, für die Österreich Transitland ist, worauf auch der Herr vom Zoll verweist: „Österreich ist kein Hauptziel des Drogenhandels. Was bei uns wichtig ist: der Transit durch Österreich. Da läuft einiges. Da gibt es Hinweise darauf. Der österreichische Suchtgiftmarkt wird vom Westen aus versorgt. Die Dealer fahren in die Schweiz, nach Deutschland oder nach Holland. Die Zwischenhändler decken sich dort ein. Es kommt selten vor, daß ein Österreicher

nach Pakistan oder Indien fährt. Die Großhändler sitzen sicherlich in Holland oder Deutschland. Aber auch in der Schweiz. Die größeren Mengen Heroin kommen in LKWs aus dem Irak, Afghanistan, von überall dort, wo politisch unsichere Regionen sind. Dort blüht auch die Produktion von Hanf und Opium."

Für die eher „kleinen" Händler, die sogenannten „Dealer", scheinen die wichtigsten Zubringerwege jene von Amsterdam nach Wien – und von dort vermutlich weiter nach Italien – zu sein. Da Holland den Drogenhandel liberalisiert hat, wurde Amsterdam zu einem wichtigen Umschlagplatz für Dealer.

Die Technik des Transports hat sich in den letzten Jahren zunehmend verfeinert. Während früher größere Mengen, oft in Lastwagen, über die Grenzen geschafft wurden, sind es jetzt jeweils kleinere Einheiten, die von unverdächtigen Personen transportiert werden. Bei diesen Transporten ist es vorzuziehen, eher kleinere Flughäfen anzufliegen. Ein solcher Flugplatz dürfte, nach Auskunft der Polizei, Klagenfurt sein.

Eine besondere Attraktivität für Drogenschmuggler besitzt auch die Bahnlinie Wien – Tarvis – Rom. Immer öfter werden die Transporte über die Züge von den Niederlanden nach Italien abgewickelt, wobei der „Ostende-Expreß" und der „Holland-Expreß" einige Bedeutung haben. Interessant für Kuriere sind ebenso die „Nebenpässe" von Österreich nach Italien, nämlich der Loibl- und der Wurzenpaß.

Eine echte „Heroinschleuse", wie die Polizei festhält, ist die Gegend um die Stadt Salzburg. Türken und Jugoslawen haben sich hier niedergelassen und lenken Heroin, das mit Bus oder Eisenbahn herangebracht wird, weiter nach westeuropäischen Zentren. Die „Gastarbeiterroute" hat hier einen gewissen Reiz.[167]

Es tut sich hier ein kompliziertes Netz an Wegen auf, auf denen das Rauschgift über die Erdteile und die Länder verteilt wird. Es dürfte ein gutes Geschäft sein, das damit verbunden ist. Das reizt Leute, sich als Kuriere anheuern zu lassen und das Risiko auf sich zu nehmen. Jedenfalls zeigen alle die angeführten Hinweise, daß ständig nach Routen gesucht wird, um Grenzen zu überlisten.

Flucht, Menschenschmuggel und Menschenhandel

Menschen ziehen nicht nur auf eine legale Weise unter Einhaltung einer Reihe von Ritualen, zu denen das Herzeigen von Dokumenten und der Gruß gehören, über Grenzen, sondern sie tun dies auch auf eine verbotene Weise. Dies tun sie vor allem dann, wenn die Grenzen starr, also Grenzen ersten Grades sind und keine anderen Möglichkeiten des Grenzüberschreitens sich anbieten.

Um den sie bedrückenden Staatssystemen, Lebensformen und Machtstrukturen zu entkommen, greifen Menschen zu allerhand Listen. Auf einige will ich hier eingehen. Das Spektrum, sich einer unangenehmen Lebenswelt zu entziehen, ist weit. Hiezu gehört die Flucht, der Schmuggel von Menschen, aber auch der Handel mit ihnen über Grenzen hinweg.

Die Flucht

Menschen auf der Flucht sind ein altes Phänomen, über sie wird bereits in der Bibel berichtet. Die Flucht aus Ägypten unter Moses gehört zu den ältesten Zeugnissen einer solchen Suche nach einem freien und angenehmen Leben.

Typisch sind Fluchtbewegungen für Revolutionen, wenn die Verfechter des alten Systems die Grenze in das rettende Ausland zu überwinden suchen. Beispiele dafür sind die Französische und die Russische Revolution, als Aristokraten vor ihren Gegnern flohen, während es im Jahre 1848 in Wien die Rebellen waren, die vor dem aufgebrachten Adel und den kaiserlichen Häschern den Weg in das rettende Ausland suchten. Auch befanden sich 1938 Menschen auf der Flucht, um einem brutalen System zu entkommen.

Flüchtlinge bestimmen den Weg der Geschichte. Die Literatur ist voll mit Geschichten von Menschen, die, vielfältig getarnt und versteckt, auf Schiffen und Fuhrwerken das rettende Land erreichen wollten. Flüchtende sind grundsätzlich auf sich allein gestellt, sie können nicht erwarten, daß ihnen jemand helfend zur Seite steht, und es ist in allem ihrer Regie überlassen, wie sie vorgehen. Eine klassische Form der Flucht ist diejenige aus dem Gefängnis, beschrieben zum Beispiel bei Casanova und im Roman von Alexandre Dumas, „Der Graf von Montechristo".

Soll die Flucht aus einem Gefängnis gelingen, so bedarf es einer besonderen Raffinesse, einer ausgeklügelten Planung und eines guten Kontaktes zu den Zellengenossen, die es vorziehen, nicht auszubrechen.

Mir wurde von einem Ausbrecher die Geschichte seines geglückten Ausbruchs geschildert: Das Kommando führte ein Unterweltler, der ob seiner Intelligenz bei seinen Kollegen hohes Ansehen genoß. Alle vier Ausbrecher waren in einer unter dem Dach des Gefängnisses gelegenen Zelle untergebracht. In den Nächten bauten sie nun die Ziegel, die die Zelle zum Dachboden hin begrenzten, aus und versteckten sie gut. Während des Tages hielt man die Arbeitsstelle sorgfältig unter provisorischem Mauerwerk verborgen. Der Ausbruch wurde schließlich genau für die Nachtstunden geplant. Die zurückbleibenden Zellengenossen stellten sich schlafend, als die Fliehenden in den Dachboden kletterten und sich mit zusammengebundenen Bettüchern in einen kleinen Hof hinunterließen. Von dort konnten sie leicht über eine Mauer gelangen. Sie hatten Glück und schafften die Flucht. Wichtig war für die vier, daß mit Beendigung der Flucht jeder in einer anderen Richtung verschwand.

Dieses Fluchtunternehmen hat auch seine Rituale, die den Übergang von der Welt des Gefängnisses in die der braven Bürger andeuteten. Zu ihnen gehören die Verabschiedung von den Zellengenossen, die Eroberung des Dachbodens, der den Weg in die Freiheit symbolisiert, und die Eroberung der Mauer als Grenze zu einer anderen Welt.

Um die Distanz zum Gefängnis daneben noch rituell zu untermauern, schicken gewiefte Ausbrecher aus Gefängnissen ihre Häftlingskleidung – eventuell mit besten Grüßen – an die

Anstaltsleitung zurück. Mit diesem symbolischen Akt entgehen die Ausbrecher auch einer Klage wegen Diebstahls von gefängniseigenen Dingen nach einer eventuellen Festnahme. Ähnlich der Flucht aus einem Gefängnis ist die Flucht aus Staaten, in denen Menschen unter dem Druck der Gewalt zu leiden haben. In geradezu klassischer Weise gehören hierher die Fluchtaktionen aus dem nationalsozialistischen Regime und den kommunistischen Staaten.

Besonders einfallsreich gingen ehemalige DDR-Bürger daran, ihre Flucht zu inszenieren. So versuchte einer, sich an einem armdicken, mit Gummi isolierten Stahlbügel die Hochspannungsleitung entlang in den Westen zu hangeln. Andere wollten mit einem Windgleiter über die Mauern segeln, und wieder andere ließen sich in einem hölzernen Paddelboot, das mit einem fußgetriebenen Propeller für lautlose Fahrten ausgerüstet war, über ein Grenzgewässer treiben.

Ein Techniker hatte, bevor man ihn verhaftete, in seiner Wohnung ein Kleinflugzeug für sich und seine Familie gebastelt. Ein Ingenieur der Handelsmarine wollte mit einem Tauchboot von Rostock nach Kiel durch die Ostsee.

Angeblich um ein „Wandergewerbe" zu eröffnen, ließ ein Ostberliner Gastronom sich einen privaten Sattelschlepper genehmigen. In dem kastenförmigen Anhänger installierte er ausfahrbare Gitterbrücken, auf denen er an einer besonders schmalen Grenze in Berlin-Treptow über die Mauer in den Westteil der Stadt laufen wollte. Da die Öffnung der Mauer die Flucht überflüssig machte, baute der findige Mann dieses Fluchtungetüm in eine Imbißstube um.[168] Alle diese Konstruktionen zeugen von der Hoffnung auf Freiheit.

Die Phantasie ihrer Landsleute dürfte die Herren aus dem Ministerium für Staatssicherheit fasziniert haben, denn sie sammelten und sortierten nicht nur die ihnen in die Hände gefallenen Fluchtvehikel, sondern sie verwendeten sie auch als Schauobjekte für die Schulung des eigenen Nachwuchses. Später, nach dem Fall der Mauer, wurden diese Exponate Gegenstand einer Sonderausstellung des Deutschen Historischen Museums unter dem kühnen Titel „Fluchtmobil".

Als die Mauer noch bestand, schreckten die Machthaber der DDR jedoch auch vor der Tötung von Flüchtenden nicht zurück. Symbolisch deuteten diese Todesschüsse an, daß die herrschende Macht das System weiterführen will und keine Kritik daran zulasse.

Dem alten rumänischen Machtapparat unter Ceausescu entfloh auch ein junger „Landler", der einer vor 200 Jahren nach Rumänien verbannten deutschsprachigen Kultur protestantischer Alt-Österreicher angehörte. Er erzählte mir von seiner Flucht: Ein guter Freund von ihm, deutschsprachiger Rumäne wie er, war Beamter der Bahn. Mit ihm ersann er einen Fluchtplan in einem beladenen Eisenbahnwaggon, der nach Österreich fahren sollte. Sie versteckten sich gut und gelangten ohne Probleme über die Grenze. Auf dem österreichischen Grenzbahnhof machten sie sich den österreichischen Bahnbeamten durch Klopfzeichen bemerkbar. Man half ihnen aus ihrem Versteck und wollte für die beiden, da sie in einem von Rumänien kommenden Waggon angereist waren, einen Dolmetscher holen. Doch die beiden sprachen die erstaunten Bahnbeamten auf deutsch an. Vor Verblüffung brachten die Beamten nur hervor: „Da sind welche im Waggon, die Deutsch sprechen."

Die beiden Flüchtlinge hatten in der Folge keine Probleme, man nahm sie in Österreich als Flüchtlinge auf und ermöglichte ihnen sogar die Weiterfahrt nach Deutschland. Mit dem Überschreiten der Grenze des Zugwaggons hatten die beiden ihr Land auch symbolisch verlassen. Sie waren nun in einer anderen Welt, in der sie sich jedoch verständlich machen konnten. Durch ihre Kenntnis der deutschen Sprache deuteten sie an, daß sie nicht fremd sind. Menschen, die auf der Flucht sind und Schutz suchen, stehen vor der Schwierigkeit, im Aufnahmeland akzeptiert zu werden und Asyl zu erhalten.

Asyle sind traditionell Orte, wie zum Beispiel seit alters her Kirchen, in denen Menschen vor den sie Verfolgenden sicher sind. Obwohl nach dem Gesetz heute Kirchen nicht mehr eine derartige Funktion ausüben, kommt es bisweilen vor, daß mutige Pfarrer Menschen Asyl gewähren. Dies tat ein deutscher Pastor, der eine Kurdenfamilie, die vor der Abschiebung in ihre

Heimat stand, in seiner Kirche aufnahm und sich gegenüber den Behörden auf das alte Asylrecht der Kirchen berief. Ganze Staaten, wie Österreich und Deutschland, haben sich als Asylländer deklariert und gewähren jenen Menschen Aufnahme und Unterstützung, die aus politischen oder humanitären Gründen ihren Ländern entflohen sind.

Mit der Asylgewährung können aber auch Probleme verknüpft sein. So kann Asyl von Leuten in Anspruch genommen werden, die in ihrem Herkunftsland keine Verfolgung zu erleiden haben, oder die dies nur vorspielen, um das Aufnahmeland dazu zu bewegen, sich um sie zu kümmern.

Auch kann Asyl verlangt werden von Leuten, die eines Asyls nicht würdig sind. Dies war offensichtlich so, als ein ehemaliger Agent des rumänischen Ceausescu-Regimes in Deutschland einen Antrag auf Asyl einbrachte: Dieser Antrag verwunderte die betreffenden Beamten, und sie stellten sich die Frage, ob ein solcher Mann, der einer Truppe angehörte, die ob ihrer Greueltaten Geschichte gemacht hat und deswegen heute in Rumänien politisch verfolgt wird, überhaupt Asyl verdiene. Nach dem Artikel 16 des deutschen Grundgesetzes: „Politisch Verfolgte genießen Asylrecht" müsse man auch diesem früheren Agenten Asyl gewähren, argumentierte man. Das Asylrecht in Deutschland ist somit weiter gefaßt als das der Genfer Flüchtlingskonvention der Vereinten Nationen, deren Bestimmungen nicht für Personen gelten, die sich an Verbrechen gegen den Frieden oder gegen die Menschlichkeit beteiligt haben.[169]

Ein beliebter Trick, um nicht mehr in das Heimatland abgeschoben zu werden, ist es, die Identität symbolisch aufzugeben und die Behörden zu verwirren. Dies geschieht durch Vernichtung des Passes. Damit wird es höchst schwierig, den Flüchtling abzuschieben. Auf diese Weise lassen sich außerdem im Paß diverse Hinweise, wie zum Beispiel der auf ein Aufenthaltsverbot oder eine Aufenthaltsbeschränkung, verschleiern. Von einer jungen Frau aus Sri Lanka, die bereits früher einige Jahre in Deutschland verbracht hat und nach einiger Zeit wieder hierher zurückgekehrt ist, um auf Dauer hierzubleiben, weiß ich, daß sie auf Anraten eines Landsmannes ihren Paß verschwinden hat lassen. Gegenüber der Behörde habe sie, obwohl sie gut Deutsch spricht, bloß gestammelt: „Tamil people bad people." Womit sie andeuten wollte, daß die tamilische Polizei sie verfolge. Auf diese Weise war sie in ein deutsches Auffanglager gekommen, wo es ihr allerdings nach einiger Zeit zu unbequem war, so daß sie freiwillig nach Sri Lanka zurückreiste. Ursprünglich hatte sie in Deutschland bleiben wollen, weil sie hier Freunde hatte und die Chance auf ein neues, schöneres Leben sah.

Die Gegenstrategie der deutschen Behörden, die Einwanderungswilligen in einem Lager zu halten, wo sie Schikanen ausgesetzt sind und Beschwerlichkeiten auf sich nehmen müssen, hatte in diesem Fall Erfolg.

In vielen anderen Fällen haben sie jedoch keinen Erfolg.

Dies liegt an der besonderen Struktur des Lagers und seiner Bedeutung für die Einwandernden. Das Lager wird als Übergangsstadium begriffen, welches man hinter sich zu bringen hat, um schließlich das erhoffte Leben führen zu können.

Der Aufenthalt im Lager hat also den Charakter eines Übergangsrituals, welches den Wechsel von einer Wirklichkeit in eine andere absichert und garantiert. Er ähnelt somit in gewisser Weise dem Taufritual oder einem Mannbarkeitsritual, wodurch Menschen einen neuen Lebensstatus erwerben. In diesem Sinn verstehe ich es auch, wenn das Lagerleben von vor allem jungen Flüchtenden in eine neue Welt ohne Probleme hingenommen wird.

Daneben jedoch gibt es Menschen, die es einfach zu den Fleischtöpfen des Westens zieht.

Eine Invasion droht heute den Ländern des Westens, die danach trachten, die Grenzen zu Festungen auszubauen, um sich vor den Eindringlingen zu schützen. Hier spielt sich etwas ab, das es weltgeschichtlich immer gegeben hat. Die Freiheitsstatue der USA kündet davon.

Am Rande der Städte leben sie, die aus den Ländern der Armut geflüchtet sind. Sie bedecken sich mit Plastik und liegen auf Pappkartons. Betteln, Schwarzarbeit und Stehlen sind ihre Möglichkeiten des Überlebens. Aber sie hoffen, auch wenn sie immer wieder zurückgejagt werden. Dramatisch und in ihrer Symbolik unübertroffen war die Zurückweisung Tausender junger Albaner durch die italienische Polizei im Sommer 1991. Aber trotz dieser Probleme hat die Tatsache der Gewährung eines Asyls einen hohen Symbolcharakter für die Qualität eines Landes.

Situationen, in denen Menschen Asyl suchen, gibt es viele. Sie können entstehen nach Kriegen, Umstürzen und Revolutionen. Man entzieht sich einem Machthaber durch Flucht und hofft, in einem anderen Land Schutz, also Asyl zu finden. So fanden viele Revolutionäre des Jahres 1848 Schutz und Aufnahme in den USA. Ich möchte hier den Fall eines jungen rebellenhaften Arztes schildern, der nach dem Zusammenbruch der Revolution 1848 nach Amerika floh:

Mit der schwarz-rot-goldenen deutschen Fahne waren die Studenten auf die Barrikaden gestiegen, um ein altes System zu bekämpfen. Sie trugen den Kalabreser, den Hut der kalabrischen Republikaner, und sie sympathisierten mit den freiheitsliebenden Italienern, die los von Österreich wollten. Ein wichtiges Symbol der Studenten waren ihre langen Haare, Hinweise auf die erstrebte Freiheit. Nach der Revolution, als das monarchische System wieder festen Boden hatte, sollen die Friseurläden in Wien voll von Studenten gewesen sein, die sich ihre Haare schneiden ließen. Und statt des Kalabresers trugen sie den Zylinder. Das alte System hatte gesiegt. Und diejenigen, die weiter an ihre alten revolutionären Symbole glaubten, mußten fliehen, um nicht gefangengenommen oder erschossen zu werden.

Unter den Fliehenden war auch Ferdinand Krackowitzer, ein junger Arzt, der zu einem Hauptmann der Akademischen Legion, welche die Revolution anführte, geworden war. (Ich habe eine besondere Beziehung zu diesem Mann, da er aus meinem Heimatort Spital am Pyhrn stammt). Krackowitzer floh nach Tübingen, Hamburg und schließlich nach den USA. In New York gründete er das „Deutsche Hospital" und nahm auf der Seite der Republikaner am amerikanischen Bürgerkrieg teil. Er war den Idealen, aber auch den Symbolen der Revolution treu geblieben. Durch die Flucht entzog er sich dem Problem, seine Symbole und die mit diesen Symbolen verbundenen Wirklichkeiten aufgeben zu müssen.

Die Flucht erscheint als die radikalste Möglichkeit, Welten zu wechseln. Ein ganzes Buch[170] beschreibt die Situation einer Flucht aus einer fremden Welt und wurde zum Bestseller. Wesentlich ist, daß man einer gefährlichen Wirklichkeit flieht in eine Welt, in der man Sicherheit und Hilfe erwarten darf.

Einer gefährlichen Wirklichkeit flohen im August 1990 auch Österreicher aus dem Irak, als dieser die Grenzen für Ausländer schloß. Menschen, die bis dahin im Irak ein hochachtbares und ungehindertes Leben führten, waren plötzlich zu Geiseln degradiert worden. Der Irak wollte gegenüber den USA ein Pfand in der Hand haben. Die bis dahin freien Menschen konnten sich mit ihrem neuen Status nicht abfinden. Symbolisch wurde er unter anderem dadurch ausgedrückt, daß sie sich in bestimmten Hotels aufhalten mußten. Sie waren zu Ausgegrenzten geworden. Manche von ihnen unternahmen es, mit ihren Autos durch die Wüste in andere Länder zu gelangen. Sie blieben jedoch mit ihren Autos stecken und fielen den Soldaten in die Hände, die sie zurück nach Bagdad brachten. Öffentliche diplomatische Proteste waren die Folge solcher Geiselnahme. Sie führten schließlich dazu, daß der Irak Frauen und Kindern aus den Ländern, die ihm als wenig feindlich erschienen, die Ausreise gestattete.

Darunter befanden sich auch Österreicherinnen. Eine dieser Frauen erzählt dazu: „Eigentlich war´s wie ein normaler Flug. Die Fahrt zum Airport, die Gepäckaufnahme, das Einchecken, die Paßkontrolle. Aber als das Flugzeug dann abhob, war es wie das Erwachen nach einem bösen Traum."[171]

Obwohl dies keine echte Flucht war, hatte das Ganze doch einen fluchtähnlichen Charakter, denn die Frauen hatten Angst und wollten dem Irak entfliehen. Das Abheben der Maschine durchbrach rituell und symbolisch den Bezug zum unheimlich gewordenen Land. Und dies scheint das Typische der Flucht zu sein.

Menschenschmuggel und Schlepper

Überall dort, wo Individuen das Heil in der Flucht und in einer Welt jenseits der Grenze suchen, gibt es auch Leute, die ihnen dabei behilflich sind.

Im wesentlichen lassen sich zwei Typen von Menschenschmuggel unterscheiden: zum ersten jener Schmuggel, der sich auf Menschen bezieht, welche ihr Menschsein bedroht sehen oder großen Demütigungen ausgesetzt sind. Diesem Typ des Menschenschmuggels steht ein anderer gegenüber, der ebenfalls uralt und für die Weltgeschichte bestimmend ist: Menschen begeben sich, ohne direkte Verfolgung befürchten zu müssen, auf Wanderschaft, um in ein angeblich gelobtes Land, in dem Milch und Honig fließen, zu gelangen. Auch hier sind Leute unterwegs, die als Menschenschmuggler – oder „Schlepper" – den Weg in eine glücklichere Welt zeigen.

Bereits in der Bibel wird erzählt, wie auf geheimen Pfaden Menschen in für sie hoffnungsvolle Regionen geführt werden. Ein solcher Drang steckt übrigens auch in den alten Kulturen der Nomaden, die auf der steten Suche nach fetten Weideplätzen und manchmal auch reicher Beute waren und sind. Nomaden beliebte es, Grenzen zu überschreiten, und dabei hatten sie mitunter treffliche Führer und Spezialisten, die wußten, wo die sicheren Wege sind. Diese Tradition wird von jenen Leuten weitergeführt, die nach dem Wegfall des Eisernen Vorhangs in Europa unterwegs sind.

Menschenschmuggel in der erstgenannten, der sozusagen klassischen Form, zeigte sich während der ungarischen Revolution von 1956. Damals sahen es junge Wiener Studenten als prickelndes Abenteuer an, auch ohne Bezahlung vor den sowjetischen Panzern Schutz suchende Ungarn über die österreichische Grenze zu retten.

Menschen, die einem für sie gefährlich gewordenen Regime entfliehen wollen und dies auf legale Weise nicht können, weil sie zum Beispiel keinen Paß besitzen, können sich an „Spezialisten" wenden, von denen sie hoffen, heil über die Grenze gebracht zu werden. Zu diesen Spezialisten gehören vor allem Leute, die direkt an der Grenze wohnen. Wie die früher an der österreichisch-deutschen Grenze bei Passau wohnenden frommen Mönche, über deren Menschenschmuggel mir ein in ihrer Nachbarschaft wohnender freundlicher Herr erzählte: „In Passau bauten die Salvatorianer nach 1938 auf dem Klosterberg ein neues Kloster. Vorher durften sie nach einem Konkordat zwischen Bayern und der Kirche nicht in Bayern ansässig werden. Sie hatten dicht an der bayerischen Grenze in Hamberg in Oberösterreich ihr Kloster. Gläubige aus Bayern konnten daher ohne Probleme zu den Salvatorianern. Nach der Machtergreifung Hitlers jedoch wurde ein neues Konkordat abgeschlossen. Dieses hatte die alte Klausel nicht mehr, so daß die Salvatorianer sich in Passau ansiedeln konnten. Das Kloster Hamberg wurde nun nahezu überflüssig. Es bestand aber weiter, und auch Kontakte zu dem Kloster in Passau blieben aufrecht. Die Salvatorianer hatten also eine lange Erfahrung mit Grenzüberquerungen und kannten den Grenzverlauf gut. Nach 1945 gab es eine starre Grenze zwischen Österreich und Bayern. Viele Leute wollten über die Grenze, konnten dies aber nicht legal tun. Die einen wollten zu Familienangehörigen, die anderen waren Heimatvertriebene und wieder andere waren Männer der deutschen Wehrmacht, die zu ihren Frauen nach Oberösterreich wollten. Alle waren irgendwie auf der Flucht, und diese Leute wandten sich an die Salvatorianer. Die Patres wußten genau Bescheid, wo und wann die Amerikaner auf Streife gingen. Waren keine Streifenposten in der Nähe, marschierten sie mit den Flüchtlingen über die Grenze. Es waren richtige ‚Pilgerfahrten‘ hinüber und herüber.“

Es gab aber noch andere Möglichkeiten, über die Grenze zu kommen, wie der Mann weiter ausführte: „In den Jahren nach 1945 war die Grenze nach Österreich auch für die Personenzüge hermetisch abgeschlossen. Die Züge fuhren nur bis zum Hauptbahnhof in Passau. Wollte jemand hinüber, so benötigte er ein Visum, das nicht so einfach zu bekommen war. Nach 1952 war dies einfacher, man erhielt es bei der Gendarmerie am Hauptbahnhof. Ein Visum war jeweils sechs Monate gültig. Aber das kam erst später. Leute, die nicht zu Fuß mit den Salvatorianern hinüber wollten, versteckten sich zum Beispiel in einem Kohlenzug unter der Kohle. Die Eisenbahner hatten ihnen eingeschärft, sie müßten so lange unter der Kohle bleiben, bis sie an der Fahrt des Zuges merkten, daß der Zug über eine Brücke ging; dann seien sie in Österreich. Diese Auskunft war aber falsch, denn die Grenze war erst 200 Meter nach der Brücke. Da es den Leuten unter der Kohle unbequem war, krochen sie manchmal gleich nach den Brückengeräuschen heraus. Dabei konnte es passieren, daß amerikanische Soldaten, die in den Büschen bei der Bahn lagen, auf die Leute schossen. Ich glaube, es ist aber nichts passiert."

Die bayerisch-österreichische Grenze hat eine gewisse Tradition, was den Schmuggel von Menschen anbelangt. So überschritten bereits zwischen 1934 und 1938 Menschen die Grenze, die mit dem damaligen österreichischen Regime unzufrieden waren. Auch darüber weiß der alte Schmuggler aus Lofer zu erzählen. Um 1935 soll die Hälfte der Musikkapelle von Weißenbach bei Lofer mitsamt ihren Musikinstrumenten illegal über die Grenze gebracht worden sein. Diese Flucht bewirkte, daß die Weißenbacher Musikkapelle nicht mehr öffentlich auftreten konnte, da ihr die Musikanten und die Instrumente fehlten. Die geflohenen Musiker sollen im Musikzug der sogenannten österreichischen Legion, welche sich aus den von Österreich nach Deutschland entwichenen Nationalsozialisten rekrutierte, weiter musiziert haben. Auch ein ehemaliger Schmuggler aus der Nähe von Lofer war nach 1945 eifrig damit beschäftigt, Leute über die bayerisch-österreichische Grenze zu bringen. Aus seiner Erzählung geht deutlich hervor, daß dies für den Schmuggler eine enorme psychische Belastung bedeuten kann, zumal er nicht weiß, wie die Menschen, die er ja nicht kennt, das Abenteuer der Flucht bewältigen: „Einmal brachte ich zwei Schauspielerinnen über die Grenze. Wenn ich Leute über die Grenze schmuggelte, hatte ich immer ein ungutes Gefühl. Auch damals. Ich dachte mir, wenn ich von einem Zöllner angeschrien werde, weiß ich, was ich zu tun habe. Ich laufe weg oder verstecke mich. Aber, was ist mit denen, die ich führe? Werden die erwischt, so bringen die Zöllner aus denen sicherlich heraus, daß ich sie hinüberschmuggeln wollte. Das ist eine blöde Situation. Ich erzählte dies den beiden Schauspielerinnen. Sie verstanden mich und haben mich beruhigt. Die eine meinte sogar: ‚Du brauchst keine Angst zu haben. Den Zöllnern spielen wir eine gute Szene vor, so daß sie nicht wissen, was wir wirklich wollten.‘"

Für den Menschenschmuggler besteht, wie der Loferer Schmuggler betonte, das große Dilemma darin, daß die von ihm geführten Leute die Nerven verlieren oder sich aus Angst weigern, weiteren Anweisungen zu folgen.

Gefährlich kann es sein, wenn sich unter den Geschmuggelten ein Kind befindet. In der folgenden Erzählung einer Frau, die direkt an der österreichisch-ungarischen Grenze wohnte, wird unter anderem auch darauf verwiesen: „Zwei Meter von der Grenze habe ich bei Heiligenkreuz im Burgenland gewohnt, im Haus meiner Eltern, sie hatten eine kleine Bauernwirtschaft. Bis zu meinem 18. Lebensjahr, das war 1952, lebte ich dort. Da ich die Grenzer gut gekannt habe, hatte ich es nicht schwer, Leute über die Grenze zu schmuggeln. Ich wußte genau, wann die Grenzer sich ablösten und die Luft rein war. Ich habe den Leuten, die über die Grenze wollten, damals gab es noch keinen Eisernen Vorhang, genau gesagt, wo sie sich verstecken und wo sie gehen sollen.

Einmal habe ich eine ganze Zahnarztfamilie herübergebracht. Diese Leute sind zu meiner Tante gegangen, die auf der ungarischen Seite der Grenze wohnte, und haben ihr gesagt, daß sie herüber wollen. Die Leute hatten auch ein kleines Kind mit. Diesem haben wir den Mund zugehalten, damit es nicht schreit. Ich führte sie über die Grenze und sagte ihnen, wie es weitergeht. Ich habe genau aufgepaßt, daß uns kein österreichischer Zöllner sieht. Hätte uns einer gesehen, er hätte uns zurückgejagt. Später kam dann der Stacheldraht, und Minen wurden gelegt. Damit war es aus mit dem Menschenschmuggel."

Die Angst vor einer bedrohlichen Macht veranlaßte Menschen auch nach 1945 über die sogenannte Demarkationslinie, die zwischen amerikanischer und russischer Besatzungszone nach der Niederlage des Deutschen Reiches aufgezogen worden war, zu fliehen. Diese Demarkationslinie war stark bewacht, sie führte zum Teil entlang der Enns und wurde für viele zum Schicksal, die Angst vor einer sowjetischen Kontrolle hatten. Ein besonderes Interesse, über diese Grenze zu gehen, hatten jene Menschen, die als Volksdeutsche aus dem Banat oder anderen Teilen Jugoslawiens vertrieben worden waren. Sie wollten dem sowjetischen Herrschaftsbereich, in dem sie viel zu erdulden hatten, entfliehen und suchten, um in die amerikanische Zone, die ihnen als die angenehmste erschien, zu gelangen, versteckte Wege in den Bergen. So kamen viele dieser Menschen aus dem Ennstal über den zwischen Großem Pyhrgas und Bosruck liegenden Sattel nach Oberösterreich.

Ich erinnere mich aus meiner Kindheit, daß viele Menschen in den Jahren 1946 und 1947 hierher unterwegs waren. Von amerikanischen Besatzungssoldaten und österreichischer Gendarmerie ließen sie sich widerstandslos festnehmen, denn sie erhofften sich von ihnen Rettung. Die Gefangenen wurden eine Zeitlang im Dorfgefängnis festgehalten. Da dieser Gemeindekotter nur aus einer Zelle bestand, wurde die vor dieser Zelle eingerichtete Waschküche ebenso als Gefängnis verwendet. Die Flüchtlinge waren also auch in der Waschküche. Zu dieser hatte meine Mutter, wir wohnten daneben im Gemeindehaus, einen Schlüssel. Einmal, als mehrere Frauen und Kinder dort saßen, sperrte sie die Waschküche auf und ermöglichte ihnen die Flucht. Dabei trug sie ihnen auf, nicht auf einmal das Weite zu suchen, sondern nacheinander. Trotz der Aussicht, auf eine solche Weise festgehalten zu werden, kamen immer wieder Leute über das Gebirge zu uns. Es gab Burschen, die sich wohl etwas Trinkgeld damit verdienten den Fliehenden die Wege zu zeigen. Allerdings konnten nicht alle, die aus dem sowjetischen Bereich flohen, auch wirklich in Sicherheit gelangen: So wurden die mit ihren Frauen und Kindern nach Kärnten in die englische Besatzungszone geflüchteten Kosaken von den Engländern entgegen ihrem Versprechen wieder zurückgeschickt. Aus Angst vor den Sowjets begingen viele Kosaken und Kosakinnen Selbstmord, auf die anderen wartete ein furchtbares Schicksal.

Diese Art von Menschenschmuggel ist charakteristisch für die Zeit nach Kriegen, in denen Angehörige der besiegten Macht in ein sie schützendes Ausland zu gelangen versuchen. Nach 1945 galt dies ebenso für führende Persönlichkeiten des Nazi-Regimes, die nach Argentinien flohen, wie auch für „kleine Leute".

Solche „kleinen Leute" dürften sich auch Menschenschmugglern an der österreichisch-italienischen Grenze anvertraut haben, worauf ein Bericht im „Gemeindeblatt" der Stadt Landeck vom 28.9.1946 hindeutet: Danach hatte eine gewisse Hermine Lutz Personen „zu wiederholten Malen" geholfen, heimlich die Grenze nach Italien zu passieren. Vorher hatte sie ihnen Unterkunft gewährt. Deswegen wurde sie, weil sie dadurch den „Interessen der alliierten Streitkräfte schweren Schaden zugefügt habe, zu sechs Monaten Gefängnis verurteilt".

Überhaupt dürfte der Menschenschmuggel nach dem Zweiten Weltkrieg eine wichtige Rolle an der österreichisch-italienischen Grenze in Tirol gespielt haben. Denn ein paar Jahre später, am 3.12.1949 berichtet das Landecker Gemeindeblatt unter dem Titel „Menschenschmuggel über Nauders" neuerlich über eine Schmuggelaffäre: „Als eine der ersten österreichischen Zeitungen sind wir heute in der Lage, unseren Lesern von einer Schmuggelorganisation, deren Bogen sich von Deutschland über Wart, Nauders, Italien bis in eine Vorstadt von Buenos Aires (Argentinien) spannte, zu berichten ... Anfangs August wurde in Nauders von den ital. Behörden eine 27jährige reichsdeutsche Sekretärin an die Österreicher zurückgestellt, die in Italien aufgegriffen worden war. Bei ihrer Einvernahme machte sie die überraschende Mitteilung, daß sie von einer regelrechten Menschenschmuggel-Organisation nach Italien gebracht worden sei, über welche sie sich nun wegen des Mißerfolges höchst unmutig äußerte. In ihrer Heimat war es allgemein bekannt, daß man sich in Oberstdorf (Allgäu) für die illegale Auswanderung nach Argentinien bewerben konnte. Ein gewisser Martin Recher galt bei Eingeweihten als der Hauptmacher. Wenn er wieder mehrere Auswanderlustige beisammen hatte, wurde ein neuer ‚Transport' zusammengestellt; Recher besorgte die Papiere mit einem Arbeitsvertrag, kurz, er gab der ganzen Sache einen höchst offiziellen Anstrich. Er konnte sich auf seine Erfolge berufen, denn es war ihm schon in mehreren Fällen gelungen, die Leute sicher zu ‚befördern'; im Gegenteil: er brauchte überhaupt keine Reklame zu machen, denn die Ausgewanderten schrieben ihren Angehörigen von Argentinien nach Deutschland, daß sie sich nur an Recher wenden mußten, um gefahrlos auswandern zu können."

Um seine Aktionen durchzuführen, suchte Recher in Nauders, das direkt an der Grenze liegt, nach einem Gehilfen, den er schließlich auch fand. Dieser Mann hatte kein festes Einkommen. Er war unter anderem als Kirchenmaler, Friedhofswärter und Bauarbeiter beschäftigt. Sein Vorteil war, daß er alle Wege und Stege über die Grenze kannte und in Grenznähe (!) wohnte. Mit den Auswanderungswilligen fuhr Recher von Oberstdorf bis vor die Grenze. Von dort ging es zu Fuß auf einem abgelegenen Steig über diese. In einem Grenzgasthof, dessen Wirt verschwiegen war und gut bezahlt wurde, wurden die Emigranten verpflegt und konnten nächtigen. Für ihre Dienste ließen die Menschenschmuggler sich mit Schmuck- und Wertsachen bezahlen. Die zitierte Sekretärin mußte übrigens den Gehilfen für vier Wecken Brot einen Brillantring übergeben, um ihren ärgsten Hunger stillen zu können.

Ebenso machten Menschenschmuggler ihre Geschäfte in der alten DDR. Viele Menschen mußten bei dem Versuch, in den Westen zu gelangen, ihr Leben lassen, doch den Raffinierten und stabsmäßig Planenden gelang die Flucht.

Zu denjenigen, die Chancen hatten, Leute über die Grenze zu bringen, gehörten die Angehörigen und vor allem die Chauffeure der Botschaften. Von einer Frau, die an der österreichischen Botschaft in Ost-Berlin beschäftigt war, weiß ich, daß man an sie herangetreten sei und sie „verschlüsselt" wissen ließ, sie könne zu etwas Geld kommen, wenn sie jemanden in ihrem Auto nach West-Berlin schmuggle. Als Besitzerin eines Diplomatenpasses werde sie nämlich nicht kontrolliert. Sie selbst lehnte das Ansinnen höflich ab, aber mir erzählte diese freundliche Dame, wie der Chauffeur des amerikanischen Botschafters vorging:

In der DDR gab es eine Institution, eine Art Dienstleistungsamt für ausländische Vertretungsbehörden. Dieses Amt hatte sich um das Wohl der Diplomaten zu kümmern und ihnen geeignetes und „zuverlässiges" Personal zu empfehlen. Die Diplomatin erzählte mir dazu genauer: „Dieses Amt hat Posten vermittelt. Besonders zuverlässige Genossen durften bei ausländischen Vertretungen als Fahrer, als Putzfrau und sogar im Büro arbeiten. Der amerikanische Botschafter hatte einen Chauffeur vom Dienstleistungsamt bekommen, weil seiner gerade auf Urlaub war. Eines Tages fuhr dieser Chauffeur von Ost- nach West-Berlin. Im Fond saß der Botschafter. Und im Kofferraum waren die Frau und das Kind des Chauffeurs untergebracht. Der Chauffeur ließ den Botschafter aussteigen, denn dieser mußte zu einer Sitzung. Er fuhr ein paar Ecken weiter, blieb stehen, öffnete den Kofferraum und ließ Frau und Kind aussteigen. Diese blieben nun in West-Berlin. Der Fahrer holte den Botschafter wieder ab und fuhr mit ihm nach Ost-Berlin. Dann hat er das Auto gewaschen, hat die Autoschlüssel abgegeben, ist in die S-Bahn gestiegen und nach West-Berlin zu seiner Familie gefahren." Als sogenannter „Paß-Fahrer", als ein Angehöriger der DDR, der „zuverlässig" war, hatte er keine Probleme, über die Grenze zu gelangen.

Von einem Menschenschmuggel in einer höchst abenteuerlichen Weise erzählte mir ein freundlicher Bekannter, ein etwa 30jähriger Student und Hörer einer meiner Vorlesungen. Der Mann ist 1982 aus dem Iran geflüchtet, weil er fürchtete, das Regime, welches seinen Bruder liquidiert hatte, werde auch ihm Schwierigkeiten machen: „Als ich flüchtete, war ich 23 Jahre alt. Mein Vater war Angestellter in Teheran. Ich habe acht Geschwister. Einer meiner sechs Brüder wurde unter Khomeini hingerichtet. Er gehörte zu den Volksmujaheddin. Auch die anderen Brüder waren politisch organisiert, genauso wie ich, in linken Gruppen. Der eine Bruder war ein Jahr in Einzelhaft. Als der zweite Bruder verhaftet wurde, dachte ich mir, daß es nun Zeit ist, abzuhauen. Ich nahm daher Verbindung zu jemandem auf, von dem ich gehört hatte, daß er Menschenschmuggler kenne. Ich tauchte in Teheran unter, ich lebte als U-Boot. Geschlafen habe ich bei einem Freund. Um das nötige Geld für die Flucht zu haben, besorgten wir uns auf dem Markt Devisen, vor allem D-Mark. Für die Flucht aus dem Iran zahlte ich schließlich ungefähr 80 000 Schilling. Was ich hatte, verkaufte ich, um Geld zu bekommen.

Mein Freund, der mit mir fliehen wollte, und ich gingen nun zu dem Typ, von dem wir wußten, daß er Menschen schmuggelt. Er arbeitete in einem kleinen Laden. Wir kannten ihn nicht und er kannte uns nicht. Der Mann erklärte sich bereit, uns über die Grenze zu bringen. Und ohne zu wissen, ob er uns wirklich über die Grenze bringen konnte, gaben wir ihm das verlangte Geld. Ich sagte ihm, wenn er uns betrüge, dann werde er von einem unserer Freunde hören. Außerdem stellten wir in Aussicht, ihm noch andere Leute zu bringen, die flüchten wollen. Daher machte er es bei uns etwas billiger.

Es war Anfang Oktober. Mit dem Bus fuhren wir nach Kurdistan. Der Typ vom Laden begleitete uns bis dorthin, zugleich mit einem Mann, der aus Kurdistan gekommen war. Wir waren drei Flüchtlinge. Zu uns beiden war noch ein dritter hinzugekommen. Wir saßen getrennt im Bus und taten so, als ob wir uns nicht kennen würden. Immer wieder wurden wir kontrolliert, denn überall ist dort Militär stationiert. Wenn man mich fragte, wohin ich fahre, nannte ich ein Dorf in Aserbeidschan.

In einem kleinen Dorf im Gebirge war Endstation. Wir versteckten uns dort in der Nähe. Wir wollten nicht auffallen, denn durch unsere Kleidung unterschieden wir uns ja von den Einheimischen. Der Führer aus Kurdistan brachte uns Brot und Weintrauben. Er verschwand dann wieder, und nach einigen Stunden des Wartens, es war schon gegen Mitternacht, erschien er mit einem alten kräftigen Mann. Dieser kam mit einem Pferd. Wir hatten eigentlich gedacht, er würde mit drei Pferden kommen, wir waren ja zu dritt. Er meinte, in der Eile habe er keine drei Pferde organisieren können.

In der Nacht sind wir nun losgezogen. Auf einem Weg, in dessen Nähe kein Militär stationiert ist, marschierten wir über die Grenze. Nun übergab uns der Mann an Kurden, die er zu kennen schien. Eine echte Grenze gibt es hier nicht. Es ist eine ideale Gegend zum Schmuggeln. Ist heute irgend etwas teuer im

Iran, so sind es die Schmuggler, die diese betreffenden Sachen billig herüberbringen, wie zum Beispiel Stoffe oder Kerzen. Alle Leute dürften hier schmuggeln. Es sind ja Kurden, die über die drei Länder Irak, Iran und Türkei verteilt und miteinander verwandt sind.

Als wir nun drüben in der Türkei waren, dachten wir, daß wir nun gerettet sind, doch da hatten wir uns getäuscht. Die Schmuggler sagten uns, wir sollten uns – wir waren in der Nähe einer Stadt – in den Büschen verstecken, bis ein Auto kommt und uns abholt.

Aber als wir so warteten, kamen drei Leute mit Pistolen. Die haben uns gefesselt und uns die Uhren gestohlen und das Geld. Sie dürften Freunde der Schmuggler gewesen sein. Wir hatten Glück im Unglück, denn sie fanden bei uns nur das türkische Geld, nicht jedoch die 3 000 D-Mark, die ich in einer Schuhsohle versteckt hatte. Die drei Gauner ließen uns gefesselt zurück. Einer von uns war Raucher, er hatte Zünder bei sich. Mit einem Zündholz, das er trotz der gefesselten Hände anzündete, konnten wir unsere Fesseln aufbrennen. Darauf marschierten wir los, eine ganze Nacht.

Um 6:00 Uhr früh kamen wir zu einem Haus, ein kleiner Bub stand davor. Wir baten ihn um ein Stück Brot, das er uns auch gab. Endlich kamen wir zu einer kleinen Stadt und sahen ein Taxi. Das hielten wir auf. Mein Freund, der gut Türkisch kann, sprach mit dem Fahrer. Wir fuhren zu einem Hotel. Dort wechselten wir ein paar D-Mark, unser türkisches Geld hatten ja die Gauner. Wir gingen zur Polizei, zeigten die Ganoven an und meldeten uns als Flüchtlinge. Man war freundlich zu uns. Einige Tage später flogen wir aus der Türkei nach Österreich ab. Nun brauchten wir die Pässe, die wir uns gegen viel Geld in Teheran besorgt hatten. Sie waren gut gefälscht."

Diese Erzählung verweist sowohl auf die psychische und physische Not, die Menschen zur Flucht anregt, als auch auf jene Leute, die als Menschenschmuggler ihre mehr oder weniger guten Geschäfte machen. Wichtig ist an dieser Geschichte der Hinweis darauf, daß die Hinüberwandernden auch zu Rechtlosen werden und Ganoven zum Opfer fallen können. Auch zeigt sich hier, daß Menschenschmuggler gute Kontakte untereinander haben und vortrefflich organisiert sind.

Im folgenden soll nun auf die zweite Kategorie des Menschenschmuggels eingegangen werden: Hierher gehören jene, die sich in der neuen Wirklichkeit bloß ein besseres Leben erwarten. Und eine wichtige Strategie, in ein Land des Wohlstands und der vollen Fleischtöpfe zu gelangen, ist die Flucht über die Grenze, wobei wiederum zumeist Spezialisten, Menschenschmuggler, die gesetzeswidrige Einreise planen und durchführen. Dazu zählen im übrigen auch jene Leute, die gegen gutes Entgelt Häftlinge aus der Gefängniszelle bringen. Und in einem weiteren Sinn auch jene, die für jemand anderen eine Gefängnisstrafe absitzen, oder, wie es in der Wiener Ganovensprache heißt: „auf einem anderen schoem picken" – „auf einen anderen Namen sitzen".

Menschenschmuggler solcher Art wurden aktiv, als nun nach dem Öffnen der Grenzen der ehemaligen kommunistischen Länder Leute nach dem Westen wollten. Während des Jahres 1989 sollen es allein ungefähr 22 000 Menschen gewesen sein, die illegal nach Österreich über die Grenze gelangt sind. In einem Zeitungsbericht dazu wird im übrigen darauf hingewiesen, daß österreichische Behörden die Grenze vor diesen Leuten zu sichern suchten: „Burgenlands Gendarmen haben alle Hände voll zu tun. Für Wochen werden Leute abgestellt, die nichts anderes zu tun haben, als abwechselnd rund um die Uhr an der Grenze zu patrouillieren und nach Auswanderern Ausschau zu halten." Trotz der Belastung, meinte ein Gendarm, würden sie auch menschlich sein: „Wir haben einmal eine Gruppe von Rumänen mit Kindern kurz nach der Grenze erwischt. Die waren schon halb verhungert und hatten kein Geld. Da haben wir Gendarmen eben zusammengelegt und den Leuten etwas zu essen gekauft." Bis 20 000 Schilling verlangen türkische Schlepper pro Person für den Transport nach Deutschland. In Istanbul sollen mindestens 40 als „Reisebüros" getarnte Schlepperorganisationen ihre Dienste anbieten. Sie haben „Filialen" und Helfer entlang der berühmten „Balkanroute". Die Menschenschmuggler in der Türkei sind straff organisiert. In den ärmsten Gebieten der

Türkei keilen sie potentielle Kunden und erzählen ihnen vom „Goldenen Westen". Die „Schafe", wie Schlepper ihre Klienten nennen, glauben an die schnellverdiente D-Mark und die Schönheit, die auf sie angeblich warten. Es soll Schlepperorganisationen geben, die ein „Full Service" anbieten. Dieses beinhaltet den Verkauf der wenigen Wertgegenstände der Emigranten, die Besorgung der notwendigen Dokumente und die Reisebegleitung. Der bayerischen Grenzpolizei ist eine Schleppung von 68 Leuten durch Türken bekannt, die vor Reiseantritt pro Erwachsenen 3 500 D-Mark bezahlten mußten und für Kinder bis zu 12 Jahren 2 000 D-Mark. Für 5 000 D-Mark gab es sogar einen gefälschten Paß. Als Chef der türkischen Menschenschmuggler galt ein 37jähriger Mann, der Hunderte an Mitarbeitern, die bescheiden als „Spaziergänger" bezeichnet wurden, befehligte. Sein Umsatz wurde im Januar 1991 auf rund 700 Millionen Schilling jährlich geschätzt. Die Schlepper sind gut informiert über die heimlichen Wege, und es existieren detaillierte Zeichnungen, an denen sie sich orientieren können. Die Geschleppten sind ihren Schleppern ausgeliefert. Sie sind von der Gnade ihrer Herrn, der Menschenschmuggler abhängig. Und tatsächlich, wie berichtet wird, nehmen die Schlepper den Leuten die Reisepässe ab – es wird vermutet, daß einige dieser Pässe für weitere Transporte verwendet werden – und überantworten sie einer ungewissen Zukunft.

Hat der Türke jedoch einen gültigen Reisepaß und entsprechende Barmittel bei sich, kann ihm die Einreise nach Österreich grundsätzlich nicht verweigert werden – im Unterschied zu Deutschland und der Schweiz. Wollen Türken in die Schweiz, so bringen sie Schlepper im Auto an die Schweizer Grenze, wo der illegale Grenzübertritt über die „grüne Grenze" erfolgt. Solche Stellen sind das sogenannte „Rohr" bei Hohenems, das Gebiet beim „Brugger Horn" und die Eisenbahnbrücke bei Lustenau. Es ist interessant, daß diese Wege über die Grenze bereits in den Jahren 1934 bis 1938 von aus Österreich Flüchtenden benützt wurden.[172] Die Schweiz hat mit Österreich ein bilaterales Abkommen abgeschlossen, wonach Österreich sich verpflichtet, Fremde, die illegal von Österreich in die Schweiz überwechseln,

„zurückzunehmen". Durch dieses Schubabkommen wurden beispielsweise im Jahre 1987 nicht weniger als 272 Türken, und 1988 sogar 1 118, darunter 41 Schlepper, von Österreich „rückübernommen". Die solcherart aufgegriffenen Türken arretierte man schließlich als Schubhäftlinge in Bludenz und brachte sie per Bahn oder Flugzeug in die Türkei zurück.

Daß es sich bei diesen Türken um Menschen handelt, die nicht aus politischen Gründen, sondern aus Gründen eines „besseren Lebens" den Weg in die Schweiz suchten, zeigt sich auch daran, daß nur selten Asylansuchen gestellt werden. So haben von den 1988 abgeschobenen 1118 Türken offenbar nur 20 einen derartigen Antrag gestellt.[173]

Menschenschmuggel ist ein einträgliches Geschäft. Die Schlepperorganisationen mehren sich, und bereits heimisch gewordene frühere Flüchtlinge versuchen, mit ihren nach Westen strebenden Landsleuten Geld zu machen. Darauf deutet eine Meldung hin, nach der zwei Türken von Bundesheersoldaten an der burgenländisch-ungarischen Grenze dabei ertappt wurden, wie sie 20 ihrer Landsleute in einem Kleinbus über die Grenze transportieren wollten. Für ihre Aktion hätten sie an die 4 000 Schilling von jedem ihrer „Kunden" verlangt. Der Menschenschmuggel dürfte neben dem Handel mit illegalen Drogen und Waffen eine der lukrativsten Einnahmequellen des organisierten Verbrechens sein. Eine internationale Schlepperorganisation, die philippinische Staatsbürger nach Mitteleuropa schleuste, brachte es auf einen Umsatz in Milliardenhöhe. Von den deutschen Sicherheitsbehörden, die den Menschenschmuggelring zerschlagen konnten, wurde ermittelt, daß über diese Organisation zwischen 1985 und 1988 etwa 10 000 philippinische Staatsbürger nach Deutschland geschleppt wurden.[174] Einzufügen ist hier, daß der Menschenschmuggel, auch „Schlepperei" genannt, nach österreichischem Gesetz lediglich als Verwaltungsübertretung – Beihilfe zum illegalen Grenzübertritt – gilt, während er in der Schweiz oder in Deutschland ein Gerichtsdelikt darstellt.

Ein großes Problem scheinen für die Staaten Europas auch die Fahrenden zu sein, allen voran die Zigeuner. Nach dem Öffnen der Grenzen zum Ostblock hin, vor allem nach dem Sturz der blutrünstigen Ceausescu-Diktatur, strömen, wie das deutsche Magazin „Der Spiegel" berichtet, Zigeuner aus den Karpaten zu Tausenden nach Westdeutschland, aber auch in andere Länder des Westens. Viele dieser Einwandernden stellten Asylanträge, die zu einer breiten Diskussion in der Öffentlichkeit führten. Zunächst verlangten die Oberbürgermeister der Städte des Ruhrgebietes, wohin viele Zigeuner zogen, den „sofortigen Stopp des Roma-Trecks". Und Spitzenpolitiker meinten, man müsse künftig jene Völker von der Asylgarantie des Grundgesetzartikels 16 („Politisch Verfolgte genießen Asylrecht") ausschließen, in deren Heimat „nach allgemeiner Überzeugung keine politische Verfolgung stattfindet".[175] Die Zigeuner waren ob ihrer Herkunft und traditionellen Kultur des Wanderns stets Anfeindungen und Verfolgungen ausgesetzt (zum Verständnis meiner Einstellung: Den Terminus „Zigeuner" verwende ich wertfrei, er erscheint mir wegen seiner allgemeinen Bekanntheit geeigneter als „Roma" oder „Sinti". Diese Menschen genießen in vielerlei Hinsicht meine Sympathie, zumal ich vom Schicksal der Fahrenden und der Engstirnigkeit der Seßhaften weiß). Vor allem in Rumänien hatten sie unter Ceausescu zu leiden. Ihre Kultur ist voller farbenprächtiger Facetten und steht im Widerspruch zur „Ordentlichkeit" und „Sauberkeit" des braven Bürgertums.

Die Fahrenden – und speziell die Zigeuner – verunsichern durch ihr Handeln als Bettler, Hausierer oder Schwarzmarkthändler den sich an strengen Normen des „Anstands" und der „Ordnung" ausrichtenden seßhaften Menschen. Dieser fühlt sich in seiner geordneten Welt plötzlich in Frage gestellt und wehrt sich gegen den Eindringling. Während früher die alten Nomaden sich aufmachten, um saftige Weideplätze für ihr Vieh zu finden, sind es heute in unserem Kulturraum die Zigeuner, die auf Wanderschaft gehen, mit der Absicht, neue und bessere Lebensmöglichkeiten zu finden. Für den Fahrenden gibt es keinen fixen Zielpunkt, er ist dauernd unterwegs, gejagt von den Seßhaften und der eigenen Hoffnung. Die Zigeuner haben Erfahrung im Überschreiten von Grenzen, sie wissen aber auch um die Notwendigkeit von Schleppern, mit deren Hilfe sie in die erwünschten Länder gelangen.

Und einige Zigeuner lassen sich von Schleppern ausbeuten. So heißt es im „Spiegel": „Etliche Neuankömmlinge stehen in der Schuld skrupelloser Schlepper, bei denen sie mit dem Geld von der Sozialhilfe und mit Bettelei die Raten für ihre Fluchtorganisation abstottern müssen ... Der Preis für den Transport liegt, verglichen mit den sonstigen Fluchtbranchen-Tarifen von 5 000 DM und mehr, relativ niedrig. Zwischen 400 und 800 Mark, gestaffelt nach Alter und Geschlecht." Einen ähnlichen Preis zahlten 49 rumänische Zigeuner für ihre Beförderung nach Westfalen. In einem fensterlosen Kastenwagen, ordentlich gekennzeichnet mit TIR-Schild für den internationalen Transport von Zollgut, waren die Roma mehrere Tage unterwegs. In einem Waldstück stieß man sie einfach vom Lastwagen herunter, und das Gepäck warf man ihnen nach. Ihre Pässe hielt man zurück, bis zur Bezahlung der letzten Rate.

Daneben betätigen sich auch die Fahrer karitativer Organisationen als Menschenschmuggler. Sie sollen, nachdem sie die Hilfsgüter in Rumänien aus ihren Wagen ausgeladen hatten, bei der Rückfahrt Zigeuner gegen 1 000 und 2 000 Mark pro Kopf mitgeführt haben.[176] Es scheint, daß das Geschäft des Menschenschmuggels in einer Zeit, in der westliche Staaten ihre Grenzen verschließen, auch zu einer Art lukrativem Nebenverdienst wird. Brave Bürger oder bereits seßhaft gewordene Flüchtlinge erhoffen sich etwas Geld, wenn sie sich als Schlepper anbieten. Darauf weist eine Meldung in einer österreichischen Tageszeitung hin. Unter dem Titel „Schlepperin aus Wien in Deutschland gefaßt" heißt es, daß eine Rosa S. zwei rumänische Familien auf dem Westbahnhof angesprochen und ihnen zugesagt habe, sie nach Deutschland zu bringen. Pro Person habe sie 14 000 Schilling verlangt. Sie brachte die Leute mit dem Auto nach Freilassing, und während sie die Rumänen über eine Eisenbahnbrücke schickte, überquerte sie mit ihrem Wagen die Grenze. Beim verabredeten Treffpunkt wartete aber auch die Polizei.[177]

Diese Flucht nach dem Westen in ein angeblich schöneres Leben macht die Wandernden mitunter für den einheimischen Seßhaften zu Menschen einer minderen Qualität und zu Objekten der Mißachtung und Ausbeutung. Durch den illegalen

Grenzübertritt sind sie gezwungen, als sogenannte „U-Boote" zu leben, außerhalb der vorgegebenen gesetzlichen Ordnung, für die ein Meldeschein, eine Bewilligung zur Arbeit, ein ordentlicher Wohnsitz und diverse bürgerliche Pflichten, wie die zur Steuerleistung, charakteristisch sind. Sie leben ständig unter dem Druck, von der Polizei als jemand erkannt zu werden, der nicht hierhergehört. Dadurch können sie auch keinen rechtlichen Schutz für sich in Anspruch nehmen. Und dies macht sie interessant für allerhand Geschäftemacher. So für jene „Firmen", die Arbeitskräfte „verleihen".

Zum Menschenschmuggel gesellt sich hier der Menschenhandel. Von einem als „U-Boot" in Wien lebenden Russen weiß ich, daß er für 25 000 Schilling im Monat an eine Elektrofirma vermietet wurde. Von diesem Geld erhielt er lediglich 8 000 Schilling. Allerdings ist er ein tüchtiger Handwerker. Sein Chef war angetan von seinem Fleiß. Und schließlich konnte er ihn ganz aus dieser „Verleih-Firma" herausholen und fest anstellen.

Der Mann hat es geschafft, und er konnte sich schließlich auch eine Arbeitsbewilligung „organisieren". Sein Kommentar dazu war: „Hab´ ich Quelle. Kostet 25 000 Schilling."

Dieser Drang nach den Ländern des Wohlstands löste also einen bemerkenswerten Prozeß aus, an dem viele profitieren und bei dem es den Beharrlichen, von denen es viele gibt, auch gelingt, die Probleme zu meistern, wieder seßhaft zu werden oder mit Gewinn weiterzuziehen.

Aber illegale Einwanderer gibt es nicht nur im westlichen Europa, sondern auch in Japan. Auch hier funktioniert der Menschenschmuggel und wird toleriert, denn die japanische Industrie benötigt billige Arbeitskräfte. Davon profitiert das japanische Gangstersyndikat Yakuza. Vertreter dieser Organisation nehmen Filipinos, Pakistani oder Sri Lanka bereits in ihrem Heimatland unter Vertrag, schleusen sie illegal als „Touristen" auf dem Flughafen von Tokio ein und bringen sie direkt zu ihren Arbeitsplätzen, meist Baustellen in den Industrievororten. Diese fremden Arbeitskräfte erhalten normalerweise lediglich zwei Drittel, manchmal gar nur die Hälfte dessen, was ein Japaner als Lohn erhält. Die Behörden wissen das, tun aber nichts dagegen, im Sinne des japanischen wirtschaftlichen Aufschwungs. Man scheint vielmehr die illegale Zuwanderung zu tolerieren, denn billige Arbeitskräfte bringen nicht nur den Firmen Vorteile. Würdige Bürger oder kritische Soziologen, die ihre Stimme gegen die Ausbeutung erheben, werden nicht gehört. Die Yakuza-Gangster sorgen dafür, daß der von ihnen unterhaltene Menschenschmuggel öffentlich nicht kritisiert wird. Wenn etwa ein in einer Menschenrechtsgruppe engagierter Japaner die Ausbeutung der illegalen Einwanderer anprangert, sieht er sein Haus unverzüglich von Lieferwagen umstellt, die wie Militärfahrzeuge aussehen, mit japanischen Flaggen bestückt sind, und aus deren Lautsprechern es dröhnt: „Verlaß das Vaterland! Verräter! Warum hast du keine Achtung vor deinem Land?"[178]

Aber nicht nur Arbeitskräfte werden geschmuggelt, sondern auch Frauen als Prostituierte. Thailänderinnen gelangen durch geschickte Zuhälterringe über die Grenzen in heimische Bordelle, und auch in Nigeria gibt es Frauen, die durch Spezialisten der Prostitution zugeführt werden. Ein Kenner der Verhältnisse in Nigeria erzählte mir dazu: „Den nigerianischen Frauen war es gesetzlich verboten, sich zu prostituieren. Wurde eine Nigerianerin als Dirne erwischt, so mußte sie damit rechnen, für Jahre ins Gefängnis zu gehen. Da bei den Weißen in Nigeria schwarze Frauen sehr begehrt sind, griffen Filipinos, die in der Hafenstadt Adabba arbeiteten, zu einem guten Trick. Nigerianische Frauen wurden freiwillig oder gezwungen mit alten Schiffen, sogenannten Seelenverkäufern, außer Landes gebracht, auf die Philippinen. Dort versteckte man sie eine Zeitlang und verheiratete sie mit Filipinos. Auf diese Weise erwarben sie die philippinische Staatsbürgerschaft. Mit ihren philippinischen Ehemännern, die zugleich ihre Zuhälter waren, sind die angehenden Dirnen nach Nigeria zurückgekehrt. Ohne Probleme konnten sie nun in den diversen Clubs Liebe anbieten. Die Mädchen erhofften sich Luxus und Geld. Oft waren recht hübsche Frauen unter ihnen. Als offizielle Filipina hatten sie keine Probleme mehr. Man nannte diesen Dirnenschmuggel auch ‚philippinische Hochzeit'." An diesen Beispielen erkennt man, wie vielfältig Strategien und Zielsetzungen des Menschenschmuggels sind.

Der Menschenhandel

Zum Menschenschmuggel gesellt sich der Menschenhandel. Auch beim Menschenhandel habe ich es mit Menschen zu tun, die in einem Land in Bedrängnis sind und auf ein Leben in Freiheit jenseits der Grenze ihrer Existenz hoffen. In den Tagen der alten DDR etwa kaufte die Regierung der BRD Menschen, die in Ostgefängnissen einsaßen, frei.

Ein ehemaliger DDR-Unterhändler für solche Transaktionen mit der Ware Mensch erzählte in einem Interview: „Am Anfang waren es durchweg Hochbestrafte, auch Lebenslängliche, aus der Zeit des Kalten Krieges, Mitglieder der Kampfgruppe gegen Unmenschlichkeit, der Vereinigung freiheitlicher Juristen, des Ostbüros der SPD etc. Die entsprechenden Namenslisten hatte Ministerialrat R. mit seinem Staatssekretär K. vom Innerdeutschen Ministerium abgestimmt." Schließlich wurde Herr U. beauftragt, im Gespräch mit westdeutschen Unterhändlern den Menschenhandel durchzuführen.

Grundsätzlich erhielt die wirtschaftlich schwache DDR für die Entlassung von Häftlingen Waren aus dem Westen bzw. „Gutscheine", mit denen diverse Dinge, vom Erdöl bis hin zu Konsumgütern eingetauscht werden konnten. Versorgungsengpässe der Bevölkerung wurden so durch Freikäufe beseitigt, und zwar oft vor Weihnachten. Die erste Gutschrift für das Abschieben von Gefangenen im Jahre 1964 wurde übrigens für den Einkauf von Apfelsinen verwendet. Insgesamt sollen von 1964 bis November 1989 auf dem Wege des Freikaufs über 33 000 politische Häftlinge in die BRD gekommen sein. Es dürfte für die DDR ein gutes Geschäft gewesen sein, denn die BRD zahlte etwa im Jahre 1977 an die 96 000 D-Mark pro freigekommenem Häftling. Für Lebenslängliche wurde mehr berechnet als für Leute, die zu kürzeren Strafen verurteilt worden waren. Da es für DDR-Staatsbürger sehr schwer war, auszureisen oder auszuwandern, kamen ein paar Emigrierungswillige auf die Idee, sich als politische Häftlinge einsperren zu lassen. Dazu erzählte der Unterhändler weiter: „Es gab Mandanten, die es von sich aus darauf anlegten, ins Gefängnis zu kommen, weil sie hofften, dann schneller in den Westen freigekauft zu werden. Die haben sich – zum Beispiel – gesagt: Jetzt bist du zum 25. Mal bei der Abteilung Inneres mit deinem Ausreiseantrag rausgeflogen. Dann gingen sie – solche habe ich oft verteidigt – mit dem Ausweis zum Übergang Friedrichsstraße, sagten einfach, ich will rüber, und warteten, daß sie verhaftet wurden. Das hat meist auch geklappt."[179]

Mit derlei Aktionen machten beide Seiten ein Geschäft. Die eine Seite brachte ihre aufmüpfigen Bürger gegen beste Konditionen außer Landes, und die andere Seite hoffte, auf diese Weise das ihr unangenehm gewordene Regime, hier das kommunistische, in Frage zu stellen und auszuhöhlen.

Auch Ceausescu soll gut am Freikauf von Personen verdient haben. Die Auswanderungswelle aus Rumänien führen ältere Leute aus den deutschen Dörfern auf diese ersten Freikäufe zurück, wie sie mir gegenüber erwähnten. Der Menschenhandel ist vielfältig, er ist ein gutes Geschäft.

Eine Art „moderne Sklaverei" existiert heute auch bei Frauen aus Asien, Lateinamerika und Osteuropa, die von professionellen Vermittlern nach Westeuropa gebracht werden. In einem Magazin namens „Asiatinnen" wird darauf verwiesen: „Die Asiatin zeigt außerordentlich viel Verständnis für die Wünsche des Mannes – sogar für seine Fehler ... Sie lächelt, statt zu streiten. Sie nimmt eine Arbeit an, statt sich bei ihm über das knappe Haushaltsgeld zu beschweren. Vor allem: sie liebt und achtet ihren Ehemann von Herzen ..." Frustrierten Männern werden Frauen aller Art angeboten, und sie greifen zu „wohlgerundeten und unverbildeten Naturmädchen". Im Jahre 1990 heirateten rund 50 Österreicher eine Filipina, 80 eine Thailänderin. Dazu kommen noch Frauen aus Brasilien, aus Polen und ČSFR-Bürgerinnen. Partnerinstitute mit blumigen Namen versprechen gegen hohe Vermittlungsgebühren exotische Frauen. Mit allerhand Vorspiegelungen werden Frauen aus Übersee oder Osteuropa hergelockt, und nicht wenige sind enttäuscht von den ihnen versprochenen „Traumpartnern".

Frauen aus Entwicklungsländern werden schließlich Opfer vielfältiger Formen von moderner Sklaverei. Ihre Flucht vor der

Armut endet nicht immer in einer Ehe, sondern oft in Bordells und Nachtklubs. Einige sollen zur Prostitution gezwungen worden sein. Auch noble Österreicher bedienen sich solcher Frauen. Sie halten sie als Hausgehilfinnen und erfreuen sich daran, daß bei einer vornehmen Einladung zum Erstaunen ihrer Gäste dunkelhäutige Dienerinnen – ganz in der Tradition alter Aristokraten – auftreten.[180]

Auch der Menschenhandel hat also viele Facetten, und alle haben sie irgendwie mit Schmuggel in einem weiteren Sinn zu tun. Zum Schmuggel von Frauen tritt zunehmend auch der Schmuggel von Kindern. Wie bei den Frauen wecken die Schlepper in den Kindern die Hoffnung auf ein besseres Leben, ebenso wie die Frauen werden die Kinder zu sklavenähnlichen Tätigkeiten herangezogen. 1985 wurden neun Zigeunerkinder im Alter zwischen zehn und fünfzehn Jahren sowie ein vier Monate alter Säugling durch einen 60jährigen Roma über die grüne Grenze nach Österreich transportiert. Der Mann hatte die Kinder von ihren Familien in Jugoslawien „ausgeliehen" und wollte sie nach Italien bringen, wo er sie um je 800 000 Dinar (4 000 D-Mark) verkaufen wollte. In Italien sollten die Kinder zu Bettlern, Trickdieben und Einbrechern ausgebildet werden. Die Aktion wurde von der Polizei entdeckt. Man schickte die Kinder zurück zu ihren Eltern, und der Kinderhändler kam schließlich vor Gericht. Hinter dieser Art des Schmuggels dürfte nicht nur eine alte Tradition stehen, sondern eine ganze Kultur von Ganoven, die mit Kindern gute Geschäfte zu machen hofft. So ergingen im Jahr 1986 in Mailand Haftbefehle gegen 83 jugoslawische Zigeuner, die im Verdacht standen, über 250 Kinder „in Sklaverei oder in einem sklavenähnlichen Zustand gehalten" zu haben. Im Juli 1986 wurde in Paris ein Zigeunerehepaar für schuldig befunden, im Besitz von Diebsgut gewesen zu sein, das von Minderjährigen beschafft worden war.[181] Eine Reihe von gutorganisierten Banden sammelten Kinder aus nordjugoslawischen Städten und schmuggelten sie heimlich über die Grenzen. Es gibt aber auch einen Kinderhandel, bei dem Kinder für potentielle Adoptiveltern außer Landes gebracht werden. Einen solchen Kinderhandel hatte ein ehemaliger brasilianischer Mönch aufgebaut. Er gründete zu diesem Zweck gemeinsam mit Kumpanen eine „Gesellschaft zur Hilfe für die Straßenkinder".

Diese vorgeblich humane Gesellschaft betrieb in der brasilianischen Stadt Bahia einen Kindergarten, in dem Kleinkinder auf Adoptiveltern warteten. Ein schokoladefarbenes Kind kostete ungefähr 200 000 Schilling, ein weißhäutiges um 25 Prozent mehr. Diese „Gesellschaft" hatte Verbindungsleute in Süd-Italien, die nach Adoptiveltern suchten, die in Italien aus verschiedenen Gründen von Gesetzes wegen keine Kinder adoptieren durften. Interessenten für ein Kind wurden aufgefordert, nach Brasilien zu fliegen, wo man sie vom Flughafen abholte und in eine Pension begleitete. Schon 24 Stunden später konnten sie mit „ihrem" Kind, das mit gefälschten Papieren ausgestattet war, den Rückflug von Rio antreten. Polizei und Justiz tolerierten diesen profitablen Kinderhandel, da in Brasilien Millionen Kinder ein erbärmliches Dasein fristen. Da es vor allem in Süditalien noch immer als Schande gilt, kinderlos zu sein, sollen dort bereits Hunderte Familien mit kleinen Brasilianern leben. Beim Menschenhandel, wie er hier in seinen verschiedenen Formen geschildert wurde, geht es um viel Geld. Findige Leute wissen dies.

Verwandt mit dem Menschenhandel ist auch der Handel mit menschlichen Organen, auf den allerdings hier nicht näher eingegangen werden kann. Nur soviel sei festgehalten, daß auch dieser Handel durchaus verbreitet ist. Hier dürften ebenso Händler unterwegs sein, die bereit sind, Spenderorgane auch illegal über die Grenzen zu bringen, um damit reich zu werden. In letzter Konsequenz stehen Menschenhandel und Menschenschmuggel in der Tradition des Sklavenhandels, als man unterlegene und besiegte Völker unterwarf und sich jene Leute holte, die man zu brauchen glaubte.

Strategien und Tricks der Flüchtlinge und Menschenschmuggler

Menschen sind nicht in derselben Weise außer Landes zu bringen bzw. zu schmuggeln wie leicht zu verbergende Dinge.

Daher sind auch die Strategien des Schmuggels oft andere.

Als eine typische Vorgangsweise von Flüchtlingen, Menschenschmugglern und deren Handlangern kann das Fälschen von Pässen angesehen werden. Die folgende Geschichte, die mir ein liebenswürdiger jüdischer Herr aus Wien erzählt hat und die in gewisser Weise in diesen Zusammenhang paßt, ist höchst reizvoll, denn sie zeigt nicht nur das Wagnis des Paßfälschens auf, sondern sie gibt auch andere Tricks wieder, mit denen rituell das Überschreiten von Grenzen möglich gemacht wird.

Es ist die Geschichte eines achtbaren Flüchtlings, der es 1938, nach dem Einmarsch Hitlers in Österreich, vorzog, nach Prag zu fliehen, wo man sich zunächst sicher gefühlt hat. Interessant ist übrigens, daß sein Vater, der einer angesehenen jüdischen Familie entstammte, meinte, so eine Flucht sei nicht nötig, ihnen könne „nichts passieren", da sie anständige und gute Wiener seien.

Der Sohn war sich allerdings nicht so sicher und floh heimlich nach Prag. Aber auch dort fühlte er sich nicht gerettet, und er faßte den Entschluß, in ein Land zu reisen, in dem die Nazis noch nicht waren, nämlich nach Frankreich. Aber dazu fehlte ihm ein Paß.

Durch Zufall lernte er in einem Prager Kaffeehaus, in dem einander die Emigranten trafen, einen jungen tschechischen Juden, einen gewissen Stern, kennen. Dieser hatte als Tscheche das Recht auf einen Paß und damit die Möglichkeit zur Ausreise. Aber der junge Mann dachte gar nicht daran auszureisen. Sein Großvater und sein Urgroßvater waren hier geboren, und er fühlte sich als alter Österreicher. Weiter berichtete mir nun mein Bekannter: „Ich habe den Herrn Stern nun gebeten, da er selbst keinen Paß wollte, sich dennoch einen Paß ausstellen zu lassen und ihn mir dann zu geben. Dies tat er auch. Einhundertzwanzig Kronen an Stempelgebühren war mir die Sache wert. Obwohl ich ihm noch ehrlich erklärt hatte, daß er als Jude ebenso wie ich das Land fluchtartig verlassen sollte, wies er beharrlich jeden Gedanken daran, seiner Heimat den Rücken zu kehren, weit von sich. An meinem Tisch im Kaffeehaus pflegte auch ein gewisser Müller zu sitzen. Er bewohnte die Waschküche im Dachboden eines Hauses in der Prager Herrengasse, und ich fand mich gerne dort oben bei ihm ein, um mit ihm und Freunden von ihm zu plaudern und zu politisieren. Dieser Müller war ein armer Kerl, dessen Hände zu unkontrollierten Zuckungen neigten. Auch er war nicht davon zu überzeugen, daß es für ihn als Jude besser sei, zu fliehen, denn inzwischen war die Abtretung des Sudetenlandes an Deutschland bereits beschlossen.

Müller hielt meine Befürchtungen für übertrieben. Ihm zeigte ich meinen neuen Reisepaß, der auf den Namen Stern lautete. Kummervoll wies ich ihn auf das Paßfoto hin, das leider keine Ähnlichkeit mit mir hatte. Das Bild war mit einer Hohlniete im Paß befestigt, und zudem zog sich ein amtlicher Stempeldruck über einen Teil des Fotos. Sterns Bild herauszunehmen und es durch meines zu ersetzen, erschien mir als ein sehr heikles Unterfangen. Müller ergriff mit fahrigen Bewegungen das kostbare Dokument und bog die Hohlniete auf. Ich konnte gar nicht mitansehen, wie der fahrige Mensch an dem Paß werkelte. Die erste Seite war schließlich völlig zerknittert und die Hohlniete total zerdeptscht (verbogen). Mit diesem Paß konnte kein Mensch mehr fahren. Wir setzten schließlich mein Bild an die Stelle und drückten die Hohlniete zurück, wobei diese noch ärger verformt wurde. In Müllers Waschküchenrunde saß damals auch ein tschechischer akademischer Maler. Der sah uns höchst interessiert zu und erklärte sich bereit, den Stempeldruck auf meinem Foto nachzuziehen. Es fehlten ja auf meinem Bild noch zwei dünne Kreisbögen, ein Teil des tschechischen Löwen und ein Teil des Schriftzuges ‚Czeskoslovenska Republica'. Der Maler mischte nun auf einer Palette die violette Farbe des Stempels, zog anschließend mit freier Hand die Kreisbögen auf meinem Bild nach und ersetzte den Löwen und den Schriftzug. Das sah wirklich gut aus. Die zerdrückte Niete und die zerknitterte Seite in dem neuen Paß sahen schrecklich aus.

Gut, ich besaß nun meinen Paß und konnte mich daranmachen, mein Ziel anzusteuern."

Dieses Ziel war Frankreich. Es ist bemerkenswert, mit welchen Tricks der Mann vorgeht, um zu diesem Dokument, das ihm den

Weg in die Welt öffnen soll, zu gelangen. Kunstvoll wird der Paß gefälscht, er erhält so die Identität des Herrn Stern, der nicht daran denkt zu fliehen. Mit dieser neuen Identität, die ein Entkommen überhaupt erst wahrscheinlich machte, erwarb er sich eine Flugkarte von Prag nach Straßburg. Als er sich jedoch auf dem Prager Flughafen vor dem Abflug der Grenzkontrolle näherte, hatte er Probleme. Er berichtete: „Ich war dermaßen aufgeregt, daß ich den Zöllnern auffallen mußte. Mir klapperte die Kinnlade vor Angst bei dem Gedanken an die Paßkontrolle. Das übel zugerichtete falsche Dokument würde mich sicher in tschechische Polizeihaft bringen. Hitler würde einmarschieren, und mein Schicksal wäre besiegelt. Als die Zöllner mich so sahen, holten sie mich heraus aus der Reihe der wartenden Reisenden und verlangten den Inhalt meines Koffers zu sehen. Damals versuchten viele Leute, ihr Vermögen außer Landes zu bringen. Die tschechische Regierung hatte darum die Ausfuhr von Geld, Devisen und Wertgegenständen verboten.

Nachdem die Zöllner in meinem Koffer keine Wertgegenstände gefunden hatten, mußte ich mich splitternackt ausziehen, und sie suchten in allen meinen Körperöffnungen nach möglichem Schmuggelgut wie Gold und Diamanten. Nach langwieriger ergebnisloser Suche durfte ich mich wieder anziehen. Das Flugzeug, eine zweimotorige Propellermaschine, war inzwischen längst startklar, die Propeller kreisten, und man winkte mir als letztem Passagier in höchster Ungeduld zu. Ich möge mich beeilen. Ich schnappte also meinen Koffer, rannte zum Flugzeug und hielt meinen Reisepaß schnell dem Polizisten hin. Der drückte schnell seinen Stempel drauf, und weg war ich. Die Polizei hatte, weil sie mich so genau untersucht hatte, keine Zeit mehr, meinen Paß zu kontrollieren.

Die schikanöse Zollbehandlung, die ich mir durch mein auffälliges Zittern eingehandelt hatte, bewahrte mich vor der sicheren Verhaftung durch die Polizei. Wenn diese meinen Paß nur etwas genau angesehen hätten! Meinen schwachen Nerven verdanke ich es also, daß ich aus Prag hinausgekommen bin."

In Frankreich gelang es ihm schließlich als Herr Stern eine französische Identitätskarte zu erlangen. Es verschlug ihn nach Marseille, und bald hatten die Deutschen auch Frankreich besetzt, so daß er neuerlich an Flucht denken mußte. Dort in Marseille lernte er einen Herrn Lorbeer kennen, welcher ein Schüler der Rabbinatsschule in Bratislava war. Er erzählt dazu: „Dieser junge Rabbi Lorbeer hatte eine Truppe organisiert, einen merkwürdigen Haufen, dem ich mich kurzerhand anschloß. Unser gemeinsames Ziel war die Flucht aus Frankreich nach Spanien. Wir waren zwölf Mann und begaben uns auf den Bahnhof. Dort wollte er mit uns in den Zug steigen. Er meinte zu den Franzosen: Wir sind die tschechoslowakische Armee in Frankreich! Er gab sich als unser Kommandant aus und ließ uns auf dem Bahnsteig strammstehen und salutieren, alles in Zivil, eben wie wir waren. Auf diesen frechen Auftritt fielen die Franzosen prompt herein und wiesen uns ein eigenes Abteil zu. In dem vollständig überfüllten Zug reisten wir nun in unserem bequemen Abteil gemütlich bis an die spanische Grenze, während Franzosen in Trauben an den Trittbrettern hingen und sogar die Dächer der Waggons bevölkerten. Wie die meisten jener abenteuerlichen Reisenden hatten auch wir keine Fahrkarten. An der spanischen Grenzstation verließen wir unser Abteil. Lorbeer hieß uns Aufstellung nehmen auf dem Bahnsteig und strammstehen. Dann stimmte er feierlich die Marseillaise an, und wir stimmten fröhlich mit ein. Die Bahnwärter salutierten vor uns, einer von ihnen hatte Tränen in den Augen, so sehr bewegte ihn der brave Patriotismus dieser selbsternannten tschechischen Armee in Frankreich. Es war ein rührender Abschied."

Die spezifischen Rituale, die hier eingesetzt werden, wie das Singen der französischen Hymne und das gespielte soldatische Zeremoniell, rechtfertigen das Überschreiten der Grenze. Gezielt eingesetzte Rituale lassen in den Grenzwächtern den Eindruck entstehen, daß hier ehrsame Leute im Begriff sind, die Grenze zu überschreiten.

Neben dem Fälschen von Pässen gehört somit zu den vielfältigen Strategien von Flüchtlingen und Menschenschmugglern, den Grenzbeamten – dies zeigte die letzte Episode des freundlichen Emigranten – etwas vorzuspielen, damit diese glauben können, hier gehe alles mit rechten Dingen zu.

In solcher Manier wollte ein Libanese im Sommer 1990 von Österreich nach Deutschland. Dieser junge Mann ahmte einen Fußballspieler nach und versuchte, ballspielend die Eisenbahnbrücke von Salzburg nach Freilassing zu überqueren. Im Trainingsanzug ließ er den Ball von einem Fuß zum anderen tanzen – ganz im Stile eines echten Fußballprofis. Nach Angaben der deutschen Behörden sahen die Grenzpolizisten der Aktivität des Grenzgängers amüsiert zu. Als er bayerischen Boden erreicht hatte, wurde er jedoch festgenommen und nach Österreich zurückgeschickt.[182]

Eine gute Idee hatte auch ein tschechischer Menschenschmuggler, ein ehemaliger Fremdenlegionär, der 27 Auswanderer – aus Polen, ČSFR und Ungarn – ohne entsprechende Papiere von Österreich nach Italien bringen wollte. Getarnt als Pfarrer in würdigem Pfarrersgewand führte er die Emigranten aus den Oststaaten an. Als „fromme Pilger" auf dem Weg zum Papst nach Rom hofften sie den Grenzbeamten nicht aufzufallen. Einer der „Pilger" trug, um die Heiligmäßigkeit ihres Tuns zu unterstreichen, sogar ein zwei Meter hohes Holzkreuz mit einem Marienbild. Singend und betend marschierte die bemerkenswerte Schar durch die Lande, übernachtete in Klöstern und Pfarrhöfen, wo man sie verköstigte. So kamen sie bis zur Grenze. Dort allerdings fiel einem Gendarmeriebeamten auf, daß alle „Pilger" relativ jung waren, zwischen 20 und 30 Jahre alt, und er kontrollierte sie genau. Da sie keine gültigen Papiere bei sich führten, wanderten sie in Schubhaft.[183]

Abschließend möchte ich hier noch eine etwas eigentümliche Geschichte bringen, die höchst anschaulich auf den Einfallsreichtum von Schmugglern verweist: Drei Rumänen setzten ihren verstorbenen Onkel in einen Zug und ließen ihn 500 Kilometer zu seinem Begräbnis reisen, weil sie den Leichenwagen nicht bezahlen konnten. Die Kleidung des Toten bespritzten sie mit Schnaps. Ohne Probleme konnten sie dem Schaffner weismachen, daß der Mann nur betrunken sei. Der Schwindel flog auf, als die Familie bereits am Ziel war.[184] Es gelang also, den Verstorbenen auf eine für Tote illegale Weise von einem Ort zu einem anderen zu bringen. Die Strategie war erfolgreich, denn schließlich hatte man sich die relativ hohen Kosten eines Leichentransportes in einem speziell dafür vorgesehenen Wagen erspart.

Wie alle diese Schilderungen zeigen, ist es charakteristisch für das menschliche Kulturschaffen – damit knüpfe ich an meine einführenden Gedanken an –, daß Grenzen auch und vor allem geschaffen werden, um Menschen aus bestimmten Gebieten fernzuhalten oder ihnen das Passieren bestimmter Wege zu verbieten. Flüchtlinge und Schmuggler sind jedoch Leute, die sich über solche Verbote hinwegsetzen.

Der Schmuggel von Tieren

Da Menschen zumindest von der Evolution und der Anatomie her gewisse Parallelen mit Tieren aufweisen, sei mir gestattet, hier noch ein paar Gedanken zum Schmuggel von Tieren einzubringen: Wertvolle Hunde sind beliebte Gegenstände des Schmuggels. Ein solcher Schmuggel versucht vor allem, die diversen tierärztlich vorgesehenen Schranken zu übergehen. Dazu erzählte mir der Präsident eines Wiener Vereins für Kampfhunde, wie er einen solchen Hund nach Österreich brachte: „Über zehn Flughäfen habe ich einen jungen Hund in einer Reisetasche geschmuggelt. Durch diesen Schmuggel habe ich dem Hund eine Vielzahl von veterinärärztlichen Untersuchungen erspart und mir viel Arbeit mit Ämtern. Bevor ich den Hund auf dem Flughafen in die Reisetasche gab, habe ich ihn leicht betäubt. Er hat fest geschlafen. Die Reisetasche wurde beim Zoll einer Röntgenkontrolle unterzogen. Der Hund war auf dem Röntgenschirm nicht zu sehen, denn der Schirm ist nur auf Metalle eingestellt. Knochen sieht man darauf nicht.

Der Hund schlief also in der Reisetasche, während ich sie durch den Röntgenschirm trug. Allerdings hatte ich dabei großes Herzklopfen, denn: Was ist, wenn der Zöllner in die Tasche greift? Und im Flugzeug ist es auch nicht leicht mit so einem Hund – der Hund macht ja in der Tasche seine Geschäfteln, und die (Exkremente) stinken." In ähnlicher Weise wie der noble Präsident um 1985 einen Hund schmuggelte, tat dies der Freund eines Wiener Ganoven, von dem ich folgendes erzählt bekommen habe: „Mein Freund war spezialisiert auf Pudelschmuggel zwischen Holland und Deutschland. Er verabreichte den Hunden in Schnaps getränktes Brot und fuhr mit ihnen in einer Tasche über die Grenze. Bei einem Transport begann jedoch ein Hund gerade, als sie beim Zoll angelangt waren, zu bellen. Man nahm meinen Freund, auch ein kleiner Gauner, fest und beschuldigte ihn aller Pudeldiebstähle der letzten Zeit in dieser Gegend. Er bestritt dies zwar, es nützte ihm aber nichts. Er mußte für mehr als ein Jahr in das Gefängnis." Tiere sind – ähnlich wie Kinder (s. o.) – nicht leicht heimlich über Grenzen zu bringen, denn ihr Trieb zu Bewegung und lauten Äußerungen macht das Tierschmuggeln sehr schwer.

Daneben gibt es noch einen gewerbsmäßigen Schmuggel mit Tieren, die für Zoos und jammervolle Versuche bestimmt sind. Besonderes Interesse dürfte dabei den freundlichen Schimpansen gelten, wie einer Zeitungsnotiz zu entnehmen ist: „Schimpansenexport aus dem afrikanischen Staat Tansania wird ab sofort eingestellt. Damit reagiert die Regierung in Dar-es-Salaam auf Proteste internationaler Tierschutzgruppen gegen den Schmuggel gefährdeter Tiere."[185] Mit Tieren lassen sich offensichtlich gute Geschäfte machen, das wußten bereits die alten Viehschmuggler in Tirol und an der österreichisch-tschechischen Grenze, deren Aktivitäten ich oben geschildert habe.

Die Welt der Spione

Mit dem Thema Grenze und Schmuggel ist auch das Thema Spione verwandt, denn auch Spione sind dabei, Dinge – in ihrem Fall bestimmte Informationen – von einem Ort zu einem anderen zu transportieren. Sie übermitteln Nachrichten, allerdings grundsätzlich ohne Willen derjenigen Leute, von denen sie stammen. Jedenfalls vermögen Spione dadurch, daß sie ihr Wissen weitergeben, Wirklichkeiten zu ändern und Menschen neue geistige Dimensionen zu erschließen.

Die Kulturen der Spione sind vielfältig und uralt. Spione kannte die Antike, und sie gehören zum Alltag moderner kriegführender Staaten: Sie dringen in verborgene, unbekannte und geheimnisvolle Bereiche ein, ihre Erkenntnisse können Leuten nützen und Entscheidungshilfen bieten, oder ganz allgemein: Sie vermögen im allgemeinsten Sinn des Wortes zu befriedigen.

Die verschiedenen Ausprägungsformen des Spionierens will ich im folgenden idealtypisch fassen und ordnen: Es gibt zunächst jene Leute, die ich als „Spitzel" bezeichne und welche die Nachrichten aus einer Lebenswelt, der sie selbst angehören, weitergeben. Spitzel sind alle jene Personen, die von Institutionen wie „Staatssicherheitsdiensten" eingesetzt werden, um z. B. etwas über die Stimmung im „Volk" zu erfahren. Hierher gehören auch die sogenannten „Vertrauensleute" der Polizei, die in bestimmte Lebenswelten eintauchen, um Verbrechen aufzudecken. Der im Kapitel über Drogenschmuggel zitierte Vertrauensmann der Polizei paßt in dieses Bild, und auch die „Wissenschaftler" rechne ich hinzu, worunter ich alle jene Leute verstehe, die aus reiner Neugierde und Wissenslust über andere Welten etwas erfahren wollen und sich dabei jeweils an die entsprechenden Orte begeben. Der letzte Typ ist schließlich der des „Agenten", nämlich jener Mensch, der von einer politischen Macht angeheuert wird, um über die Strategien einer anderen Macht etwas zu erfahren. Dies ist der Spion schlechthin, auf den ich mich weiter unten etwas genauer beziehen werde.

Die Spitzel

Die sogenannten Spitzel sind typisch für Systeme, die von sich glauben, Verkünder der richtigen Wahrheit zu sein. Um diese Wahrheit zu erhalten, bedarf es „braver Untertanen", welche Abweichler und Ketzer den Schützern der heiligen Staatsmacht melden. Machtsysteme mit totalitären Ansprüchen, die also den Menschen vollkommen zu erfassen suchen, bedienen sich gemeiniglich mancher Leute aus dem „Volk", um problemlos ihre Herrschaft ausüben zu können. Berühmt sind die Spitzel, die in früheren Jahrhunderten die kirchlichen Machthaber einsetzten, um Menschen zu kontrollieren und sie schließlich auf den Scheiterhaufen schicken zu können. Unter der frommen Maria Theresia entwickelte sich ein Apparat von Spitzeln, die den katholischen Herren jene Bürger meldeten, die sich weigerten, ihrem protestantischen Glauben zu entsagen. Spitzel sind übrigens auch typisch für strenge Klosterschulen, in denen es nur eine Wahrheit geben darf. Ich selbst litt unter derartigen Spitzeln, die der Geistlichkeit von meinen wenig frommen Taten während der kargen Freizeit berichteten. Spitzel gab es in der alten österreichischen Monarchie, als Staatskanzler Metternich ein ausgeklügeltes Polizeisystem errichtete, um die Idee vom absoluten Staat mit seinem heiligmäßigen Kaiser aufrechtzuerhalten. Die Person des „Naderers" (Denunzianten) wurde in Wien zu einer zentralen Figur, denn „Naderer" waren überall unterwegs und „vernaderten" republikanische und antimonarchische Regungen. Der „Naderer", der bei der Polizeibehörde überaus beliebt war, trat in der Maske des braven Bürgers auf, welcher hochgeschätzt war und als „harmlos" galt. Ihm traute man nicht zu, seine Freunde zu verraten.

Spitzel gab es im stalinistischen Reich der Sowjetunion ebenso wie im nationalsozialistischen Staat und in ähnlichen Ländern. Solche Systeme können eigentlich erst durch Spitzel bestehen. Deutlich wurde dies in der alten DDR mit ihrem komplexen Spitzelapparat. Wichtig für den Bestand dieser Staaten ist nicht zuletzt das allgemeine Wissen, daß es Spitzel gibt. Dies mahnt zur Vorsicht und Unterordnung. An den Professoren der ehemaligen DDR, die ich gut kannte, fiel mir ihre Übervorsichtigkeit auf. Und wie stark verankert diese Vorsicht im täglichen Handeln der DDR-Menschen gewesen ist, wurde mir bewußt, als ich nach dem „Fall der Mauer" ein liebenswürdiges Ehepaar – die Frau ist Universitätsprofessorin – zufällig in einem italienischen Hotel traf. Wir saßen in der Hotelhalle, und ich erzählte, allgemein hörbar, aber nicht zu laut, von meinen Erlebnissen als Radfahrer. Da bat mich der Mann leise zu sprechen, denn er habe den Eindruck, die Person am Nachbartisch „spitze die Ohren". Als im Dezember 1991 die alten Akten des Stasi allgemein zugänglich wurden, erlebte man große Überraschungen. Durch das deutsche Fernsehen ging der Fall eines früher in der DDR als kritisch geltenden Schriftstellers. Er hatte beste Kontakte zu diversen humanistischen und künstlerischen Kreisen, die den Praktiken der DDR-Behörden äußerst skeptisch gegenüberstanden. Über die Mitglieder dieser Gruppe verfaßte der Schriftsteller, der übrigens mit seinem saloppen Äußeren und seinen langen Haaren den Eindruck eines wilden Sozialkritikers machte, penible Berichte – sogar über seinen besten Freund. Für sie alle war die Enttäuschung groß, als nun seine üblen Aktivitäten bekannt wurden, und die Situation des Mannes, der zunächst vor den Kameras heilig seine Distanz und seine Abscheu gegenüber dem DDR-Staat beteuert hatte, wurde zu einer tragischen. Es ist verständlich, daß sich nach dem Sturz solcher Systeme der erste Zorn der „kleinen Leute" gegen die Spitzel richtet. So äußerte sich die Erleichterung der Menschen 1991 in Moskau durch den Abtransport des den Gründer des russischen Geheimdienstes darstellenden Denkmales. Unter Bravorufen und freudigem Gelächter betätigte sich ein Kran an dem verhaßten, Macht und Kontrolle symbolisierenden Monument.

Aber Spitzel kennen nicht nur totalitäre Staaten, sondern auch unsere modernen liberalen Staaten wie etwa die BRD. Ein Bekannter von mir, ein junger Soziologe, meldete sich im April 1989 auf folgende Anzeige: „Detektei sucht Mitarbeiter bei guter Bezahlung", veröffentlicht in einer großen Nürnberger Tageszeitung. Der Mann hoffte auf eine interessante Arbeit, da er eben auf Stellensuche war. Eine Woche später meldete sich ein Herr Fellner telefonisch bei dem hoffnungsvollen Soziologen. Beide trafen einander und besuchten eine Kneipe. Der Bewerber berichtete, daß er sich während seines Studiums vorwiegend mit sozialen Randgruppen und Subkulturen beschäftigt hatte. Herr Fellner zeigte sich erfreut und gab sich als Beamter des „Bayerischen Landesamtes für Verfassungsschutz" zu erkennen. Schließlich erklärte er, geeignete Leute rekrutieren zu wollen, um diverse subversive anarchistische Gruppen „in den Griff zu bekommen". Ziel sei es, Leute zu finden, die „sich in die Szene einleben" und dort Kontakte knüpfen. Es sollten Gespräche notiert und das „gewalttätige Verhalten der Chaoten, die den Staat kaputtmachen wollen" studiert werden. Mein Bekannter tat zunächst so, als ob er das Angebot annehmen würde. Daher wurde ihm noch erklärt, daß nun ein Mittelsmann des Verfassungsschutzes seine Führung übernehmen und er einen Decknamen erhalten würde.

In diesem Fall sollte also ein junger Soziologe als Spitzel eingesetzt werden. Der Kontaktmann des Verfassungsschutzes war begeistert angesichts dieser Möglichkeit, da der vermeintliche Mitarbeiter von seinem Äußeren gut in die Szene paßte, die er auskundschaften sollte. Hierin besteht das Typische des Spitzels. Er unterscheidet sich nicht wesentlich von den anderen Mitgliedern der Gruppe, auf die er angesetzt ist. Er ist kein Fremder, ganz ähnlich wie der Vertrauensmann, jedoch ist der Spitzel jemand, der nicht eingeschleust zu werden braucht. Er gehört der betreffenden Kultur schon irgendwie an, wie eben die „braven" spitzelnden Bürger der DDR oder eben der junge Soziologe, der allein von seinen Interessen her schon immer Kontakte zu abweichlerischen Leuten hatte.

Im Gegensatz zum Vertrauensmann ist der Spitzel nur nebenberuflich in dieser Funktion unterwegs. Der Spitzeldienst ist ein „Nebenjob". In ganz ähnlicher Weise bemüht sich die Polizei, Leute aus der kriminellen Szene für sich zu gewinnen, um Informationen über irgendwelche Umtriebe auf dem Gebiet der Prostitution oder des Drogenschmuggels zu erhalten. Der Ganove, der so zeitweise mit der Polizei zusammenarbeitet, darf für sich einige Vorteile erwarten. Ähnlich wie der Agent und der Vertrauensmann erhält auch der Spitzel von der Behörde, für die er arbeitet, einen Decknamen. Dies hat einige symbolische Bedeutung, auf die ich unten bei der Behandlung des Spions noch hinweisen will.

Spitzel dienen dazu, Menschen perfekt zu kontrollieren. Ihre „Gefährlichkeit" besteht darin, daß sie als harmlos erscheinen und in der Maske des „ungefährlichen Kollegen" auftreten. Spitzel haben ein doppeltes Gesicht. Man kennt sie als gute Nachbarn oder liebe Freunde, man kennt sie aber nicht als Verräter.

Das Typische des Spitzels ist also, daß er kein Fremder ist und deshalb unverdächtig bleibt. Insofern sind auch jene Tätigkeiten als Spitzelaktionen zu sehen, bei denen Menschen belauscht und überwacht werden, während sie sich unbehelligt fühlen und keinerlei Argwohn hegen. Besonders krass waren und sind die Methoden der Kontrolle in den Ländern des Ostblocks. Ein ganzes Heer von Beamten war auf der Suche nach „staatsfeindlichen" Aktivitäten, belauschte verdächtige Leute und öffnete deren Briefe. Dazu erzählte ein früherer ungarischer Geheimdienstchef: „Hunderte, wenn nicht Tausende Postsendungen wurden täglich abgefangen, geöffnet und auf den Inhalt geprüft. Als Verdachtsmoment bei einem Brief mit westlichem Adressat reichte schon die Beschäftigung des Absenders in einer strategisch wichtigen Forschungsanstalt. Bei Zielpersonen dieser Art wurden auch die Ferngespräche regelmäßig abgehört." Es ist daher auch verständlich, daß ein mit mir befreundeter Professor der Ostberliner Humboldtuniversität mich bat, als ich ihn besuchte, Briefe, die er mir mitgab, im Westteil Berlins, wohin mich mein Weg lenkte, zur Post zu bringen.

Aber auch im „freien" Westen gibt es eine derartige Telefonüberwachung. Sie ist Sache des Bundeskriminalamtes in Wiesbaden, dem dies bei Vorliegen entsprechender Verdachtsmomente von richterlicher Seite her gestattet wird. Es handelt sich dabei um für den gewöhnlichen Bürger zutiefst unsympathische Aktionen. In Wohnungen, Hotelzimmern und anderen Räumlichkeiten angebrachte Abhöranlagen erfüllen einen ähnlichen

Zweck. „Wanzen", kleine Mikrofone, sind leicht überall anzubringen. Ganze Industrien leben von der Herstellung solcher Geräte. Es werden so auf nicht immer ganz legale Weise Grenzen überschritten, die der einzelne Bürger für sich geschützt wissen will, um wenigstens seine Privatheit genießen zu können. Die Grenze zwischen Intimsphäre und Öffentlichkeit hat einen sakralen Charakter, und der Belauschte reagiert böse, wenn er merkt, daß ein Fremder, der nicht hierhergehört, auf lautlose und unsichtbare Weise bis in sein Schlafzimmer eindringt. Detektive, Agenten und Abhörgeräte brechen also heilige Grenzen, die das Individuum für sich benötigt und für die es kämpft.

Vertrauensleute und Detektive

Spitzel gehören für gewöhnlich den Szenen an, über die staatliche Stellen etwas erfahren wollen. Und grundsätzlich beziehen sich Spitzelaktionen nicht auf „echte" verbrecherische Aktionen, sondern es sollen Menschen, die ideologisch verdächtig sind, also „falsch" denken, ausfindig gemacht werden. Vertrauensleute und Detektive jedoch sollen Informationen über Straftaten oder überhaupt über Aktivitäten liefern, die in irgendeiner Weise problematisch oder für einzelne Menschen gefährlich sein können. Beide erhoffen sich durch ihre Informationen ein Geschäft. Die Vertrauensleute arbeiten längere Zeit für die Polizei, ohne dieser selbst anzugehören. Ihre Identität wird geheimgehalten, und sie erwarten sich einige Vergünstigungen, wie gutes Geld und eine freundliche Behandlung.
Typisch für einen V-Mann ist es, daß er selbst als vorbestrafter Krimineller bekannt ist. V-Leute geben sich als unverdächtige Kollegen von Menschen, die sich auf verbrecherische Aktivitäten einlassen. Dabei sind jene Vertrauensleute bei der Aufdeckung von Verbrechen im Vorteil, die glaubhaft machen können, daß sie selbst aus einer derartigen Szene entstammen. Vom gewöhnlichen Informanten unterscheiden sie sich dadurch, daß dieser nur in einem einzelnen Fall eine Nachricht liefert.[186] Verwandt

mit dem Vertrauensmann ist der Detektiv. Auch er ist jemand, der angeheuert wird, um Erkundigungen einzuziehen, allerdings tut er dies nicht für eine öffentliche Stelle, sondern im Auftrag von privaten Personen. Detektive werden herangezogen, wenn es gilt, der untreuen Ehefrau auf die Schliche zu kommen, wichtige Dinge über bestimmte Leute zu erfahren, Kaufhausdiebe zu beobachten, vermißte Personen ausfindig zu machen, Versicherungsbetrügern nachzuspüren und ähnliches.[187]

Eine klassische Strategie des Detektivs, um zu den erhofften Informationen zu gelangen, ist die Verkleidung. Darüber schreibt der kluge und begeisterte Wiener Detektiv Penk-Lipovsky, dessen verstorbener Hund den schönen Namen „Sherlock" trug: „Verkleidung besteht kaum in einem falschen Bart oder einer besonderen Kleidung. Es gibt Detektive, die auffallen und andere, die nicht auffallen. Ich habe vor Jahren mit großem Erfolg einen farbigen Mitarbeiter eingesetzt. Vor allem bei Ehecausen war er erfolgreich. Keine Zielperson konnte sich vorstellen, daß in der City von Wien ein Farbiger für ein örtliches Detektivunternehmen observiert ... Die Verkleidung muß passen. Wenn ein Detektiv eine Figur wie ein Maggiflascherl, also oben schmal und unten breit, hat, und überdies bloß aus der Wäsche schaut, kann man ihn nur schwer in Sportlerkreisen integrieren. Haben Sie ein Kreuz wie ein Schrank und sind auch sonst trapezförmig, wird die Tarnung als Buchhändler oder Bibliothekar kaum halten ... Wenn ein Detektiv einen guten Magen hat und Essen wie Trinken verträgt, wirkt dies immer hervorragend, wenn er noch dazu einen Ecktisch (bei Beobachtungen im Gasthaus) nimmt und kräftig zulangt. Gemütliches Essen und Trinken wirkt auf die Umgebung immer beruhigend und seriös."[188]

Verkleidung und andere Tricks, zu denen auch das Abhören von Gesprächen gehört, werden also in der Absicht eingesetzt, eine Brücke in die zu erkundende Welt zu schlagen. Grenzen, die allerlei Volk sich aufbaut, um Geheimnisse zu bewahren, versucht der Detektiv zu überwinden.

Die „Wissenschaftler"

Wissenschaftler in einem allgemeinen Sinn sind getrieben von –
beruflicher oder privater – Neugierde, um etwas über das Leben
anderer Menschen zu erfahren. Zu den klassischen Wissenschaftlern, wie ich sie hier verstehe, gehört der soziologische
und der ethnologische Feldforscher, der als „teilnehmender
Beobachter" fremde Lebenswelten, wie Indianerstämme,
Ganoven, adelige Clubs oder Vagabunden, zu erkunden sucht.
Im Gegensatz zu den vorhergehenden Typen tut er dies
grundsätzlich nicht, um den Menschen, über die er etwas erfahren will, zu schaden. Zu diesen Wissenschaftlern, auf die ich
nicht näher hier eingehen will, zählen auch Sozialarbeiter, Hei-
matforscher, Versicherungsleute, Journalisten und Personen, die
den Tratsch lieben. Letztere beflügelt die Neugierde, in andere
Sphären einzudringen, um in irgendeiner Form darüber zu
berichten. Sie bieten Gesprächsstoffe an und sorgen dafür, daß
Kommunikation möglich wird. Insofern haben diese „Wissenschaftler" des Alltags eine wichtige Funktion im Kontakt zwischen Menschen. Schließlich sind sie es, die Berichte liefern,
über die man „sprechen" kann: Sie berichten von der unehelі-
chen Geburt eines Kindes, von Ärger über Nachbarn oder von
den Freundinnen des Pfarrers. Sie informieren über Unbekann-
tes, und daher gehören auch sie zu den Spionen. Schließlich
schaffen sie Wirklichkeiten, an die zu glauben wackere Leute
geneigt sind.

Agenten – die klassischen Spione

Hier habe ich es mit Spionen schlechthin zu tun, mit jenen
Leuten, die bereit sind, Freiheit und Leben zu riskieren, um
gegen gutes Geld einer staatlichen Macht fundierte Informationen über Aktivitäten einer gegnerischen Macht zu liefern.
Agenten versuchen, in die Zentren des vorgeblichen „Feindes"
einzudringen, um zu erfahren, was dieser „Feind" so im Schilde
führt. Der Agent gehört grundsätzlich nicht von vornherein in

die Kultur, über die er berichten will bzw. soll. Voraussetzungen für sein Tun sind schlaue Strategien, Wendigkeit und Mut zum Abenteuer.

Es gibt jedoch auch jenen Agenten, der seine berufliche Stellung dazu benützt, um gegen prächtiges Honorar Informationen zu liefern. Vom Spitzel unterscheidet er sich dadurch, daß seine Position eine einflußreiche ist und sich ihm Zugänge eröffnen, die dem Spitzel prinzipiell verschlossen bleiben.

Hierher gehören sowohl Elyesa Bazna, der Kammerdiener des englischen Botschafters in Ankara, der den Deutschen wichtige Dinge verraten hat, als auch der „Doppelagent" Kuron, der als hoher Beamter dem Staatssicherheitsdienst der alten DDR spannende Berichte geliefert hat.

Charakteristisch für einen Agenten scheint seine enge Beziehung zu Geld, Ansehen und einem hochachtbaren Leben zu sein. Dies geht aus der Biografie von Elyesa Bazna, dem größten Spion des Zweiten Weltkrieges hervor. Der offizielle Lohn, den der britische Botschafter in Ankara ihm, seinem Diener, zahlte, war gering. Jedenfalls zu wenig, um Frauen durch Geld zu imponieren. Aber mit dem vielen Geld, das er nach und nach von einem Mittelsmann der Deutschen erhielt, konnte er dies schließlich doch tun.[189]

Ähnliche Beweggründe hatte Klaus Kuron, der im Januar 1992 wegen seiner Spionagetätigkeit für die DDR vor ein deutsches Gericht gestellt wurde. Kuron war allerdings kein Kammerdiener, sondern ein hoher Beamter des „Verfassungsschutzes" der alten BRD, aber dennoch hatte er den Drang nach einem angenehmen Leben. Über ihn heißt es: „Mit 45 Jahren war der Verfassungsschützer Klaus Kuron im passenden Alter für eine Lebenskrise. Beruflich konnte er, ohne Abitur und Studium, nicht viel weiter. Der ewige Geldmangel nagte an seinem Selbstgefühl ... Geld war bei den Kurons zu Hause das wichtigste Thema."[190] Und noch etwas ist bei beiden gleich: Beide sind in ihrem Beruf hochtalentiert. Der Türke Bazna fällt auf durch seine perfekte Art als Kammerdiener. Er hatte beste Zeugnisse und wußte, durch gutes und unauffälliges Benehmen, obwohl er aus einfachen Verhältnissen kam – sein Vater war ein kleiner islamischer Religionslehrer –, seine Dienstgeber zu beeindrucken, so auch während der letzten Kriegsjahre den englischen Botschafter in Ankara, Sir Hughe. Bazna fand Zugang zu dem engsten Bereich des Botschafters, wodurch er eine Menge über die damaligen politischen Zustände erfahren konnte. Zugute kam ihm bei seiner Spionage sein unbändiges politisches Interesse und auch sein Talent. Seine Aufgabe war es, Dokumente der britischen Botschaft zu fotografieren. Und dies tat er mit Begeisterung, denn so konnte auch er sich ein Bild über die Kriegspläne der Alliierten machen. Er schreibt: „Ich las, daß eine Operation gegen die deutschen Stellungen auf dem Balkan geplant sei, die Invasion auf griechischem Boden: ,Es ist vorgesehen, am 15. Februar auf dem Flugstützpunkt Izmir britische Bomber- und Jagdgeschwader landen zu lassen, um die Operation gegen Saloniki von dieser Basis aus wirksam zu unterstützen. Auf die türkische Regierung ist entschieden einzuwirken, daß sie der Operation zustimmt und hilft, sie durchzuführen ...' Das bedeutet Krieg!"[191]

Bazna faszinierten solche Meldungen, er bekam auf diese Weise spannende und einmalige Einblicke. Und er lieferte sein Wissen weiter an die Deutschen. Er hatte also Zugang zur Macht gefunden, und dieses Gefühl, auf die Politik des Krieges einwirken zu können, beflügelte sein Tun. Ähnliches dürfte auch im deutschen Doppelagenten vorgegangen sein. Er hatte Talent und wollte aus diesem etwas machen: „Er sei eine ,ausgesprochene Begabung'" hieß es in einem seiner Zeugnisse, ein ,Vorbild beispielhafter und erfolgreicher Arbeit'. Die Begeisterung über den vierschrötigen Mann aus dem Kohlenpott sprengte das beamtenübliche Vokabular: ,Virtuos', schrieb ein Vorgesetzter, ,meisterte er auch jene Situationen, die der Erwartung entgegenlaufen'. Klaus Kuron war das Herz der westdeutschen Spionageabwehr. Im Bundesamt für Verfassungsschutz hatte er dank seines Talents eine herausragende Position, unabhängig von Gehalt und Hierarchie. Der Unterschied zwischen Können und Verdienst regte den Regierungsrat ständig auf. Peinigender war noch, daß in der Behörde so viele Leute herumliefen, die mehr bekamen, als sie verdienten."[192]

Wichtig ist es für einen Spion, den Kontakt zu jener Macht herzustellen, mit der er Geschäfte machen will. Bazna fiel das nicht schwer, hatte er doch vor seinem Dienst beim britischen Botschafter gearbeitet. Er schlich sich daher in die deutsche Botschaft und bot seine Hilfe an. Als man dieselbe annahm, fotografierte er die in einem Panzerschrank des britischen Botschafters aufbewahrten Dokumente. Mit den Filmrollen kam er wieder und forderte vom Verbindungsmann der Deutschen, dem Handelsattaché, eine große Geldsumme. Es schien den Deutschen vorerst als unmöglich, daß der Kammerdiener der britischen Botschaft derartige Zugänge haben sollte. Doch als man die ersten Filmrollen, die er brachte, besah, erschien er als glaubwürdig, und man bezahlte ihm Tausende Pfund Sterling, die er unter dem Teppich seines Dienerzimmers versteckte und von denen er in sehr vorsichtiger Weise einige ausgab, um seine Freundin zu beschenken.

Auch Kuron suchte den direkten Kontakt zu den Vertretern der DDR, denen er Nachrichten aus seinem Regierungsamt liefern wollte. Er fuhr mit seinem „angejahrten" Mercedes in die Bonner Godesberger Allee, Nummer 18, wo die ständige Vertretung der DDR logierte. In den Briefkasten der Vertretung warf er einen Brief mit braunem Umschlag, womit seine Karriere als Doppelagent begann, aber auch die „größte Spionageaffaire in der Geschichte der Bundesrepublik", wie der „Spiegel" es nannte. Beide, Bazna und Kuron, können für sich den Ruhm in Anspruch nehmen, zu den größten Spionen ihrer Zeit gehört zu haben. Auch Kuron glaubte man nicht gleich. Nach seinem Briefeinwurf in der DDR-Vertretung dauerte es noch ein ganzes Jahr, bis der neue Meisterspion seine Geschäfte aufnahm. Seine Partner in der DDR hielten sein Angebot vorerst lediglich für einen subtilen Trick. Doch dann erschien der Mann ihnen interessant, und der Chef des DDR-Geheimdienstes, der legendäre Markus Wolf, wollte ihn persönlich kennenlernen. Während Bazna, der türkische Spion, nur in das Nachbargrundstück, wo die deutsche Botschaft stand, hinüberwechseln mußte, um mit maßgeblichen Herren zusammenzukommen, mußte Kuron die Reise in die DDR antreten. Beide jedoch hatten darauf zu achten, daß sie von niemandem, der sie verraten hätte können, dabei beobachtet wurden. Bazna wählte daher, wenn er seine Filmrollen brachte, die Nacht und eine Lücke im Drahtzaun zum deutschen Nachbarn. Kuron mußte im Vergleich dazu eine komplizierte Reiseroute einschlagen. Direkt von der BRD in die DDR konnte er als Verfassungsschützer nicht reisen, er nahm daher den Weg über Wien. Am Parkeingang des Schlosses Schönbrunn trifft er seinen Führungsoffizier mit dem Decknamen „Günther". Günther übergibt Kuron einen Diplomatenpaß, der auf den Namen „Günther Häuser", angeblich Zweiter Sekretär der Wiener DDR-Botschaft, lautet. Mit Günther fährt Kuron nun unbehelligt über die Tschechoslowakei in die DDR. Im Gästehaus des Stasi wird er von Markus Wolf großartig empfangen und zum Oberst der DDR-Staatssicherheit ernannt. Beim Abschied vereinbart man dann auch, einander alle zwei Jahre zu treffen. Kuron verrät fortan alles, was im Kölner Bundesamt für Verfassungsschutz über seinen Tisch geht oder was er von Kollegen erfährt. Er enttarnt Doppelagenten und kassiert als erstes 150 000 D-Mark, welche die DDR jedoch in Raten abstottert.[193]

Bemerkenswert ist, daß Agenten sorgfältig darauf bedacht sind – aber auch ihre Auftraggeber sind es –, unter einem Decknamen aufzutreten. Dies verschafft ihnen eine andere Identität, ein anderes Selbstverständnis. Sie treten nicht in der Rolle auf, in der sie bekannt sind, sondern sie führen eine zweite Existenz. Und es ist nicht einfach für Agenten, mit dieser Doppelexistenz fertigzuwerden. Der Wechsel von einer Identität in die andere setzt sie einem gewaltigen psychischen Druck aus.

Darüber berichtet auch Bazna. Bazna erhält von seinen deutschen Verbindungsleuten den Decknamen „Cicero" – „den Namen eines großen Römers, der für seine Beredsamkeit berühmt war. Botschafter von Papen meinte, die Unterlagen, die ich brachte, redeten eine vorzügliche Sprache."[194] Bazna schildert schließlich sein Doppelleben: „Von nun an lebte ich wie im Zwielicht. Mein eigener Schatten war stets hinter mir her und trieb mich an. Um 7:30 Uhr hatte ich den Botschafter zu wecken und ihm ein Glas Orangensaft zu servieren. Es war mein Schatten, der sich über meine Schulter beugte und versuchte, auf dem Nachttisch britische Geheimnisse zu entdecken."[195]

Er lebt ständig in der Angst, bei seinem Tun entdeckt zu werden. Es sind das Geld und die Aussicht auf ein Leben in Luxus und Ansehen, die helfen, dieses Doppelleben zu meistern.

Der Wechsel von einer Existenz in die andere ist bisweilen bei Agenten mit Ritualen verknüpft, mit einer Art von Übergangsritual. Bei Bazna demonstrieren sich diese Rituale darin, daß die Zimmer des deutschen Botschaftsgebäudes unbeleuchtet sein müssen, wenn er als Agent kommt, und daß seine V-Leute ihm als Gleichwertigem – und nicht als Kammerdiener – in aller zeremoniellen Höflichkeit begegnen. Etwas, das Bazna wichtig zu sein scheint und ihn aus seiner gewöhnlichen Existenz als Kammerdiener heraushebt. Kurons Agententätigkeiten sind mit ähnlichen Ritualen verknüpft. So trifft er im Sommer 1984 einen DDR-Mann in Braunlage, mit dem er anderthalb Stunden auf der westlichen Seite der Grenze entlangwandert. Aus dem Nichts taucht ein DDR-Grenzer auf, der die beiden zu einem Versteck führt, wo Kuron sich einen Tarnanzug über seine Wanderausrüstung zieht. Dann wird der Grenzzaun an einer bestimmten Stelle hochgehievt. Nun schlüpfen beide hindurch, und zu Fuß marschieren sie im Zickzack durch den Todesstreifen. Schließlich erreichen sie einen Geländewagen, wo ihnen Brot und Cognac angeboten werden. Nachdem man sicher ist, daß sie vom Westen aus nicht beobachtet wurden, fährt man zu einer Stasi-Jagdhütte bei Magdeburg. In dieser warten Markus Wolf und andere Leute. Man feiert, und Kuron wird für seine Verdienste gelobt. Wolf dekoriert den Gast mit dem Vaterländischen Verdienstorden der DDR in Bronze. Die Würde ist mit 2 500 D-Mark verbunden.[196] In diesem Fall hat das Niemandsland der Grenze eine hohe symbolische Bedeutung, es zeigt Kuron rituell an, daß er nun in eine andere Existenz übergeht. Er erlebt intensiv eine andere Wirklichkeit, die schließlich mit Geld und Lob verbunden ist. Das Überschreiten des Todesstreifens an der Grenze erinnert an jene Übergangsrituale, bei denen der Mensch von einem Status in den anderen übergeht, zum Beispiel von dem des Kindes zu dem des jungen Mannes.[197]

Der Agent als Verräter vermittelt zwischen zwei Wirklichkeiten. (Trefflich, wie mir scheint, ist diese Vermittlung in ihrer vollen Symbolik in Kurons Aufenthalt im Todesstreifen der DDR-Grenze demonstriert.) Der Agent ist stets mit Spitzen der gegnerischen Macht irgendwie in Verbindung. Und sei es nur durch Mittelsmänner. Baznas Mittelsmann war ein gewisser Moyzisch. Er stammte aus Österreich und wurde in den Personallisten der deutschen Botschaft als Handelsattaché geführt. In Wirklichkeit war er SS-Obersturmbannführer und Mitarbeiter des Reichssicherheitshauptamtes, Amt VI. Sein Chef war Dr. Ernst Kaltenbrunner in Berlin.[198]

Dem Agenten steht also, wie auch das Beispiel Kuron zeigt, eine bisweilen komplizierte politische Organisation gegenüber, für die er arbeitet. Sie vermittelt ihm das Gefühl, auf dem „richtigen" Weg zu sein. Der Agent rechtfertigt den Agenten. Daher haben Agenten grundsätzlich kein Schuldbewußtsein, wenn sie ihre Informationen weitergeben. Zum großen Problem wird für den Agenten allerdings das Ende seiner Tätigkeit. Wird er ertappt, so drohen ihm in Kriegszeiten die Erschießung, ansonsten hohe Freiheitsstrafen. Oder er muß damit rechnen, von seinen Auftraggebern hineingelegt zu werden. So erging es dem früheren Kammerherrn beim britischen Botschafter Bazna. Er wurde mit britischen Pfunden bezahlt, die gefälscht waren. Ziel der Deutschen war es gegen Ende des Krieges, mit perfekt gefälschten Pfundnoten die englische Währung zu erschüttern. Und sie testeten ihre falschen Produkte, indem sie einen Mittelsmann in die Schweiz schickten. Dieser gab bei einer Schweizer Bank vor, in diesen Noten Fälschungen zu vermuten, und bat deshalb, sie einer Prüfung zu unterziehen. Die Schweizer prüften die Noten drei Tage lang nach allen Regeln der Kunst. Sie kamen zu dem Ergebnis, die Noten seien zweifellos echt.[199] Nebenher erwähnen will ich, daß bei Kriegsende die Deutsche Wehrmacht die gefälschten Pfundnoten, die nicht ausgegeben waren, in einer Geheimaktion im Toplitzsee im Salzkammergut versenkt hatten. Aber nicht alle Pfundnoten waren sicher in Kisten untergebracht, viele schwammen lose herum. Die Bauern der Gegend fischten sie schon im Mai 1945 aus der Traun. Der amerikanische

Geheimdienst sperrte das Gebiet ab. Er machte sich seinerseits ans Fischen – und angelte rund zwanzig Millionen Pfund Sterling aus dem Fluß.[200] Mit solchem Geld wurden deutsche Spione bezahlt. Eine Zeitlang erfreute sich Bazna seines Reichtums, doch dann entlarvte man die Fälschungen. Er wurde zum armen Mann. Für gewöhnlich werden Spione, wenn man sie entlarvt und sie nicht auf der Seite des Siegers sind, vor ein Tribunal gestellt.

So erging es auch dem Doppelagenten Kuron, der nach dem Niedergang der alten DDR wegen Verrats an eine „fremde Macht" dem Gericht ausgeliefert wurde. Die alte BRD erscheint demnach in der Position des Siegers, an dessen Maßstäben das Leben in der früheren DDR gemessen wird.

Eine spezielle Form des Agentenwesens bezieht sich auf die sogenannte Wirtschaftsspionage. Erste Ansätze der Wirtschaftsspionage finden sich bereits in der Bibel, als Moses Kundschafter in das Land Canan aussandte, um festzustellen, wo und wie Milch und Honig produziert würden. Und aus den Niederlanden schmuggelten Emigranten trotz schwerster Strafandrohungen Tulpenzwiebel, wodurch das Monopol der Niederlande auf diesem Gebiet gebrochen wurde. In einem weiten Sinn gehören auch jene Strategien hierher, die nach Kriegen von den Siegern angewendet werden, um in den Besitz von bestimmten Geheimnissen zu gelangen. So bemächtigten sich nach dem Zweiten Weltkrieg die Amerikaner deutscher Geheimnisträger auf dem Gebiet der Raketentechnik. Berühmt wurde dieser Import unter dem Decknamen „Paperclip", der nach Aussage des damaligen Generals Eisenhower den USA zehn Jahre Forschungsarbeit und mehr als 20 Milliarden Dollar Entwicklungshilfe erspart habe.

Ich sprach über die moderne Wirtschaftsspionage mit einem Wiener Berufsdetektiv, einem Herrn aus altem Landadel. Er meinte, daß diese Form des Auskundschaftens sich heute vor allem auf Konstruktionspläne, Farbstoffe, Marktstrategien, Werbeaktionen, Preise und Rabatte, Umsätze, Kundenlisten und EDV-Programme bezieht.[201]

Als Spione sind, so mein Gesprächspartner, in erster Linie unzufriedene Angestellte aktiv, um im Dienst der Konkurrenz

Geheimnisse des eigenen Betriebes zu verraten. Es sind Leute, die Probleme haben, unter ihrem Ehrgeiz leiden und sich von der Kollegenschaft nicht geachtet sehen. Dieser Leute bedienen sich einige Unternehmen, um die Absichten der Konkurrenz zu erfahren. In der Regel ist es der jeweils schwächere Betrieb, der, weil er sich in seiner Existenz bedroht sieht, geneigt ist, illegal für ihn wichtige Informationen zu beschaffen.

Die Mata-Hari-Spionage – der Einsatz der Liebe

Ein Untertypus der Agentenspionage ist jene nach Art der Mata Hari. In diesem Fall baut der Spion oder die Spionin eine Liebesbeziehung zu einer wichtigen Person auf und versucht, von dieser politisch wichtige Informationen für die gegnerische Macht zu erfahren. Grundsätzlich sind es Frauen, die aufgrund ihrer natürlichen Anlagen eine gewisse Anziehung auf noble Politiker ausüben und sie dazu bringen können, in schwachen Stunden etwas über die von ihnen gehüteten staatlichen Geheimnisse zu erzählen.

In klassischer Weise ist ein solches Vorgehen von der großen Spionin Mata Hari bekannt. Sie hatte während des Ersten Weltkrieges das Vertrauen französischer Militärs gewonnen. Die intimen Kontakte zu ihnen verschafften ihr einiges Wissen, das sie an die Deutschen weitergab. Sie wurde entlarvt und 1917 durch ein Erschießungskommando in Paris hingerichtet. Auch der Angriff japanischer Flugzeuge auf die amerikanische Flotte im Dezember 1941 – und damit der Kriegseintritt der USA – wurde, wie der amerikanische Publizist Kurt Singer behauptet, durch eine Frau gelenkt, welche die Liebe eines amerikanischen Marineoffiziers gewonnen hatte. Gemeint ist die Deutsche Ruth Kühn, die Tochter des deutschen Agenten Dr. Bernhard Kühn. Nach Hawaii war Ruth gemeinsam mit ihrem Vater aufgrund einer Idee des deutschen Propagandaministers Josef Goebbels geschickt worden. Die Japaner hatten Interesse an deutscher Hilfe im Spionagedienst, und die erhielten sie durch die Kühns, die nach außen das harmonische und unpolitische Leben wohlhabender Leute auf Hawaii führten. Sie sollten den Japanern exakte Daten, genaue Ortsbestimmungen und Zahlen über die Stärke der US-Kriegsmarine im Pazifik liefern. Ruth Kühn erklärte sich zu dem Vorhaben bereit und verlobte sich mit dem höchsten amerikanischen Marineoffizier, der in Pearl Harbor stationiert war. Sie erhielt einen guten Einblick in das US-Flottensystem. Über ein kompliziertes Signalsystem wurden die Japaner über die Ziele benachrichtigt, die sie mit Bomben bei ihrem Angriff auf Pearl Harbor schließlich belegten. Ruth Kühn und ihr Vater wurden durch den amerikanischen Geheimdienst entlarvt. Man stellte sie vor Gericht, verurteilte beide zum Tode und begnadigte sie.[202]

Diese Strategie, auf dem Wege amouröser oder ähnlicher Beziehungen zu wichtigem Material zu gelangen, setzten auch die Spezialisten des DDR-Geheimdienstes ein. So besaß das Ostberliner Ministerium für Staatsicherheit luxuriös eingerichtete Wohnungen, in denen sich unter anderem westliche Unternehmer und Spitzenmanager mit ostdeutschen „Kolleginnen" trafen, um Verträge abzuschließen. Auf diese Weise sollte über den Geschlechtsverkehr der „Klassenfeind" ausgeforscht werden, um „operative Voraussetzungen zur Kompromittierung der Führungskader der Feindorganisationen" zu schaffen, wie es im DDR-Deutsch hieß.

Agentinnen und Agenten erhielten so ihre Berechtigung, Leute aus dem Westen auszuspionieren. Was die inoffiziellen männlichen Mitarbeiter des Staatssicherheitsdienstes als die „Hauptwaffen im Kampf gegen den Feind" nicht vermochten, sollten die weiblichen Kollegen erreichen. Sie sollten beim Schnüffeln und Spähen sich des Mata-Hari-Modells bedienen. Damit bezeichneten Geheimdienstleute die vor allem von Ost-Diensten bevorzugte Methode, etwaige Informanten durch Frauen ködern zu lassen, eben nach dem Vorbild der holländischen Nachttänzerin Mata Hari.[203]

In diesem Sinn meinten die Herren des Stasi, daß Frauen „Meister der Anpassung" und deshalb für konspirative Tätigkeit „nicht zu entbehren" seien. Ein Offizier des Stasi ist begeistert von den spionierenden Frauen: „Die ganze Skala weiblicher Persönlichkeit, von der geistig-kulturell hochstehenden wissenschaftlich gebildeten Frau, über die elegant-charmante Gesellschafterin, die geachtete Kollegin bis zur vermeintlichen Partnerin, die mit ihrem bezaubernden Liebreiz verlockt und intime Abenteuer verspricht."[204]

Damen, die zur „frauenspezifischen Verwendung" in der Spionage eingesetzt wurden, kamen aus der Industrie und diversen staatlichen Abteilungen. Dazu hieß es: „Eine Frau bei der Stasi mußte sich darauf einstellen, alles mitzumachen, auch Bettgeschichten."[205] Spezielle Kräfte des Stasi setzte man auf Frauen an, die für Agentinnentätigkeiten geworben werden sollten. In ähnlicher Weise versuchten Agenten der DDR, Beziehungen zu eher kontaktarmen und sich nach Liebe sehnenden Frauen, die in den Vorzimmern hoher Westbeamter tätig waren, aufzunehmen. So war eine Sekretärin des Bundesnachrichtendienstes, Heidrun Hofer, einem Ost-Agenten verfallen. Generalbundesanwalt Kurt Rebmann erkannte: „Ein Kodewort öffnet jeden Tresor – Liebe."[206]

Der Spion kann in vielerlei Gestalt auftreten, wie ich zu zeigen versucht habe, er ist verhaßt, und man braucht ihn, aber irgendwie gehört er, wie der Schmuggler schlechthin auch, zum menschlichen Kulturschaffen, denn er ist es, der Wissen zu übertragen vermag. Er schafft neue Wirklichkeiten, bei der Polizei, bei einer kriegführenden Macht und allgemein bei Leuten, die über ihre Umgebung Bescheid wissen wollen, wie zum Beispiel der Ehemann, der lediglich ahnt, daß seine Frau ihn betrügt.

Die Figur des Dolmetsch

Verwandt mit dem Schmuggler und Spion ist der Dolmetsch, denn auch er transportiert etwas Besonderes über Grenzen. Er überwindet die Grenze, die zwischen Menschen mit verschiedenen Sprachen existiert. Die Menschen, die einander nicht verstehen, weil keiner die Sprache des anderen begreift, brauchen jemanden, der eine Brücke zwischen ihnen schlägt, wenn sie dies nicht selbst tun können.

Derjenige, der diese Kontakte und das gegenseitige Verstehen ermöglicht, ist der Dolmetsch. Der Dolmetsch vermittelt zwischen Wirklichkeiten, die sich symbolisch in den verschiedenen Sprachen ausdrücken. Es ist die Kunst des Dolmetsch, beide Wirklichkeiten zu verstehen und die einzelnen Wahrheiten entsprechend zu übertragen. Mir erzählte eine liebenswürdige Dolmetscherin, das große Problem des Dolmetsch sei das Mißverstehen, wenn der hinter den Wörtern stehende Sinn nicht erfaßt würde. Beispielhaft führte sie an: „In Englisch heißt ‚white elephant' sinngemäß ‚Basar' oder ‚Ausverkauf'. Wenn jemand nun dies ins Deutsche mit ‚weißer Elefant' übersetzt, so kann es zu heiteren Verwechslungen führen." Sie fügte lächelnd hinzu (schließlich ist sie meine gütige Schwiegertochter): „Nicht umsonst sagt man in unserem Fach über solche wörtlichen, aber falschen Übersetzungen, sie seien ‚false friends', ‚falsche Freunde'." Mit dem Begriff „falsche Freunde" wird also auf „falsche" Wirklichkeiten verwiesen, nämlich darauf, daß ein nur wenig von der anderen Sprache verstehender Dolmetsch etwas hinübertransportiert, das nicht hinübergehört.

Der Dolmetsch hat dennoch eine wichtige Funktion, die dann notwendig wird, wenn Menschen einander verstehen sollen. Von der Person des Dolmetsch erwartet man sich Wahrheiten, und insofern ist er ein Träger und Überbringer von für bestimmte Leute wichtigen Informationen.

Als Gerichts- oder beeideter Amtsdolmetsch werden seine Aussagen geglaubt, und von ihm hängt es ab, ob sein Klient sich verständlich machen kann. Hiebei kann der Dolmetsch allerdings zum Schwindler werden und eine Wirklichkeit in den Köpfen der „Gegenpartei" schaffen, die es gar nicht gibt, nämlich dann, wenn sein Klient etwas vollkommen anderes ausdrücken wollte. Bei Gericht oder diversen Prüfungen kann dies von wesentlicher Bedeutung sein. Allerdings ist der Dolmetsch an seinen Eid gebunden, „Wahrheiten" zu übertragen.

Ein freundlicher Herr, er ist heute um die siebzig, erzählte mir, wie er in russische Kriegsgefangenschaft kam und plötzlich die Rolle des Dolmetsch aufdefiniert erhielt, eine Rolle, die ihm gefällt und die er für sich zu nützen weiß. Seine Schilderung ist in diesem Rahmen von einigem Interesse, denn sie zeigt unter anderem recht spannend eine Lebenssituation, in der der Dolmetsch als jemand gesehen wird, der Kontakte zwischen Menschen herzustellen vermag und so zum Überwinder von Grenzen wird: „Am Tag der Kapitulation der deutschen Wehrmacht befand ich mich in dem sogenannten Kurlandkessel. Mein Vorgesetzter, ein Oberleutnant, rief seine Leute zusammen, informierte uns über die Kapitulation und entband uns von unserem Eid und unserer Gehorsamspflicht. Ab nun könne jeder tun, was er wolle. Er meinte aber, es wäre vorteilhaft, wenn wir zusammenblieben und gemeinsam in die Gefangenschaft gingen, ein Durchschlagen in die Heimat habe keinen Erfolg. Nach einer Nacht im Freien kam ein russischer Offizier und formierte uns zu einer Kolonne ... Lange, mühevolle Tagesmärsche folgten. Nach fünf Tagen versuchte ich, mich bei einer Rast in einem Tümpel zu reinigen. Dabei stieg ich mit dem Fuß auf einen rostigen Stacheldraht. Zuerst beachtete ich die Wunde nicht. In den nächsten Tagen wurde die Wunde eitrig, und der Fuß schwoll an. Ich humpelte, Liegenbleiben hätte Liquidierung bedeutet ...

Ich werde den letzten Tag dieses Marsches nicht vergessen, bei mir gebliebenen Kameraden kann ich es verdanken, daß ich noch lebe. Der eine stützte mich, und die anderen redeten mir gut zu. Wir marschierten nach Riga hinein. Die Schritte über das Kopfsteinpflaster wurden zur Tortur. Vor einem riesigen Lager machten wir halt. In diesem Lager wurden wir noch einmal durchsucht, kahlgeschoren und in eine riesige Baracke mit endlosen, zweistöckigen Holzbetten gepfercht. Wir vier wurden in die Österreicherbaracke eingewiesen und lagen nebeneinander auf einer unteren Pritsche. Wir wurden entlaust, geduscht und auf Arbeitsfähigkeit untersucht. Da ich eine Vorzeigekrankheit hatte, wurde ich als arbeitsunfähig eingestuft und konnte vorerst im Lager bleiben. Die anderen wurden in verschiedenen Betrieben in Riga eingesetzt. Ich blieb in der Mannschaftsbaracke und döste fiebernd dahin.

Mit Mühe konnte ich mir meine tägliche Essensration holen. Morgens 300 Gramm wäßriges Brot und sonst nicht viel.

Mein Freund, der Sanitäter, kam jeden Tag und sah sich meine Wunde an. Er holte aus der Tasche eine pechschwarze Ichtyolsalbe und schmierte die Wunde sparsam ein. Wie durch ein Wunder ging die Geschwulst nach 14 Tagen zurück. Und nach weiteren drei Wochen konnte ich wieder halbwegs gehen. Nun wurde ich zu Reinigungsarbeiten im Lager eingeteilt. Später kam ich in die Schokoladefabrik und zu anderen Kommandos.

Ich kam körperlich sehr herunter. Mir war aus Verzweiflung schon alles egal. Es gab da ein Kommando, das täglich mit der Straßenbahn in eine Glasfabrik gebracht wurde. Für dieses Kommando wurde dringend ein Perewodtschik, das ist ein Dolmetsch, gesucht. Die Dolmetscher waren zwar Mangelware, aber bei uns waren sie nicht sehr beliebt, weil zu Dolmetschern gewöhnlich Kriegsgefangene gemacht wurden, die aus slawischen Gegenden kamen, die aber nur sehr schlecht Russisch verstanden. Das führte sehr oft zu für uns unangenehmen Mißverständnissen, die in der Regel mit Mißhandlungen der Gefangenen endeten. Diese Dolmetscher mußten jedoch keine schwere Arbeit verrichten, und das war zumindest für mich interessant.

Ich hatte während des Rußlandfeldzuges ein Russischlehrbuch mitgeführt. Ich dachte, dadurch einen Kontakt zur Zivilbevölkerung zu bekommen. Die Kontakte waren zwar selten, aber immerhin habe ich die zyrillische Schrift erlernt. Auch einige Vokabeln hatte ich erlernt. So konnte ich etwas mehr als die anderen verstehen.

Eines Tages wurden wir gefragt, ob jemand von uns als Dolmetsch in einem Arbeitskommando fungieren könne. Die Kameraden sagten mir, da sie wußten, daß ich mich etwas mit Russisch beschäftigt hatte, ich solle mich melden. Ich meldete mich nun zum Dolmetsch, obwohl ich wenig Ahnung vom Russischen hatte. Dieses Arbeitskommando brauchte schon darum einen Dolmetsch, weil die russischen Bewachungssoldaten sehr schwach im Zählen waren. Der Anführer dieser Soldaten war ein junger Mann aus Kasachstan. Er sah furchterregend aus, war aber gutmütig. Dieses Arbeitskommando war bei einem Bautrupp beschäftigt.

Vorarbeiter war ein älterer Russe, der große Verständigungsschwierigkeiten mit einem ihm zugeteilten deutschen Bauingenieur hatte. Irgendwie kamen sie durch Zeichensprache und Zeichnungen zurecht. Ich grüßte den russischen Vorarbeiter mit einem forschen „Sdrastwujte". Dann saßen wir zu dritt an einem Tisch. Und ich verstand kein Wort.

Der Kamerad Ingenieur merkte sofort, daß ich nichts verstanden hatte. Er machte aber gute Miene zum bösen Spiel. Bis Mittag kam auch der Russe dahinter, wie es um meine Russischkenntnisse stand. Er schimpfte sofort. Ich verstand nur soviel, daß er mich nicht mehr anfordern wolle. Ich saß nun den Rest des Tages in der Bauhütte herum und sah mir die herumliegenden Schriftstücke an. Es lagen da auch drei Mappen. Ich schaute in sie hinein und sah, daß sie Vordrucke enthielten mit handgeschriebenen Rechnungen – Einzelposten mit Multiplikationen und eine große Gesamtaddition. Nach mühsamem Buchstabieren fand ich heraus, daß es sich um Lohnabrechnungen für die Gefangenen der letzten Monate handeln mußte. Es wimmelte da nur so von Rechenfehlern. Die ersten waren ausgebessert – offensichtlich hat man dem russischen Vorarbeiter die Rechnung wieder zurückgegeben. Ich suchte mir einen Bleistift und Papier und fing an, die Rechnungen weiter zu korrigieren.

Als der Russe zu Mittag bei der Tür hereinkam, riß er mir die Mappe aus der Hand und schrie fürchterlich. Als er sich beruhigt hatte, besah er sich, was ich gemacht hatte. Nach einer Weile erhielt ich die Mappe mit den Rechnungen wieder zurück. Der Mann deutete mir, ich solle so weitermachen. Als ich die Mappe dann durchkorrigiert hatte, nahm er sie unter den Arm und verschwand. Wahrscheinlich ist er gleich mit ihr in das Lohnbüro zurück. Da er die Mappe nicht zurückgebracht hat, wird sicherlich alles gestimmt haben, was ich durchgesehen hatte. Das war alles an einem Tag. Inzwischen war der Arbeitsschluß gekommen. Das ganze Kommando versammelte sich beim Fabriksausgang, in den üblichen Fünferreihen aufgestellt. Der Offizier zählte einige Male 39 Reihen und 2 Mann und sah mich fragend an. Nachdem ich ebenfalls gezählt und genickt hatte, fuhren wir ins Lager zurück. Am nächsten Tag wartete ich mit einiger Spannung, ob ich wieder zum Kommando eingeteilt würde. Zu meiner Erleichterung wurde ich wieder aufgerufen. Und damit begann meine zweifelhafte Laufbahn als Perewodtschik – als Dolmetsch. Innerhalb der nächsten Wochen erlernte ich eine Reihe von Wörtern, die für meine Arbeit wichtig waren. Ich konnte den russischen Vorarbeiter auch dazu bringen, mir ein russisches Wörterbuch zu verschaffen. Er brachte es mit Grüßen von seiner Frau und ein paar Brotstücken. Er war mir dankbar, vor allem wegen der Korrektur seiner Rechnungen. Ich blieb bei diesem Kommando bis zu unserem Heimtransport im Jahre 1946." Als Dolmetsch wurde der Mann zu einer bedeutungsvollen Persönlichkeit. Ihm gelang es – trotz mangelnder Russischkenntnisse –, zu einem Vermittler zu werden, den man geradezu liebevoll behandelte. Interessant für unsere Überlegungen ist der Hinweis in seiner Erzählung, daß die anderen Dolmetscher nicht sehr beliebt waren, weil ihre Übersetzungskünste häufig zu Mißverständnissen führten. In drastischer Weise wird hier das Problem des falschen Verstehens, herbeigeführt von einem unkundigen Dolmetsch, hervorgehoben. Mein Gesprächspartner jedoch dürfte einige Beliebtheit gehabt haben, denn ihm gelang es offensichtlich, obwohl des Russischen zunächst kaum mächtig, durch seine Aktivitäten, zu denen auch seine Rechenkünste gehörten, ein für alle günstiges Klima zu schaffen. Mit dieser abschließenden Schilderung, welche die mit dem Dolmetsch verbundene Thematik nur anreißen kann, wird deutlich, wie jemand Grenzen zwischen Menschen in einer für alle zufriedenstellenden Weise zu überbrücken vermag. In diesem Sinn verstehe ich den Dolmetsch als ein Symbol für Menschen, die zwischen Kulturen und so über Grenzen hinweg zu vermitteln wissen.

Abschließende Gedanken: Von Grenzen und ihren Überwindern

Grenzen üben eine eigenartige Faszination aus. Sie bestimmen das Leben des Menschen, und sie hängen eng mit menschlichem Kulturschaffen zusammen. Menschen schaffen Grenzen, brechen sie aber auch. Diese Dialektik bestimmt menschliches Leben.

Als „animal ambitiosum", also als Wesen, das nach Beifall und Vornehmheit strebt, schafft der Mensch Grenzen, um sich von angeblich weniger würdigen Leuten zu distanzieren. Er baut vornehme Bezirke in majestätischer Abgrenzung zum „gewöhnlichen Volk". Geografische Bereiche, wie die alte „verbotene Stadt" in Peking, Kirchenräume, Beichtstühle, adelige Jagdreviere, noble Parkplätze, feine Büros und andere heilige Orte künden von der Herrlichkeit jener Leute, die über diese Bezirke herrschen.

Der Mensch will Grenzen, soziale und geografische, denn erst durch Grenzen kann er seine wunderbare Person präsentieren. Ebenso sollen durch Grenzen von Ländern andere Menschen abgehalten werden, die eigenen geheiligten Zonen zu betreten. Typisch für fast alle Utopien ist es – darin liegt ihre Gefährlichkeit –, dem Menschen Grenzen nehmen zu wollen, sei es im Sinne einer vermeintlichen Gleichheit oder einer vorgeschobenen Brüderlichkeit. Und gerade diese Systeme haben furchtbare Grenzen der Gewalt geschaffen, um ihre angeblich „brüderlichen" oder „Freiheits"-Ideen zu verwirklichen.

Und alle jene Aktivisten und Regime haben jämmerlichen Schiffbruch erlitten, wenn sie Heilslehren erkämpfen wollten. Entweder kam es zu einem konformistischen Blutbad, oder es ergab sich eine gloriose, andere Menschen erniedrigende hierarchische Ordnung. Die besten Beispiele dafür sind die alte Sowjetunion und jene Sekten, die angetreten sind, zum Beispiel über eine sexuelle Freiheit menschliche Vollkommenheit zu erreichen. Utopien lassen Menschen nicht ihre Eigenheit und ihr

Fremdsein. Es gibt stolze Leute, die stolz darauf beharren, fremd zu sein. Sie wollen die Grenze, und sie achten die Grenzen anderer.

Aber es gibt auch Menschen, die sich ebenso berechtigt sehen, Grenzen zu brechen. Dazu gehören die alten Rebellen, angstvolle Flüchtlinge, die klassischen Schmuggler, aber auch die Spione, Detektive und andere Leute, die Grenzen in irgendeiner Weise kühn überschreiten. Auch jene Grenze, die dem Menschen als die endgültigste erscheint, nämlich die des Todes, versucht der Mensch zu überwinden. Auch dafür gibt es Spezialisten, wie Priester, fromme Magier, Einbalsamierer und andere Experten, die Unsterblichkeit versprechen. Von einer besonderen Faszination sind daher schließlich jene Leute, die als stetig Wandernde und Fahrende Kulturen beeinflussen und zu Kulturträgern werden können. Sie befinden sich im Gegensatz zum Seßhaften mit seinen oft kleinlichen Grenzen – ihnen gehört die Welt, jedoch auch sie haben ihre Grenzen.

Die Geschichte menschlicher Kulturen kennt also beides: das Schaffen von Grenzen, aber ebenso ihre Negation.

Und das ist das Aufregende.

Anmerkungen

(1) Jean Jacques Rousseau, De l'negalite parni les hommes (Über die Ungleichheit unter den Menschen). 1754, S. 66.

(2) Meine unmittelbaren Erlebnisse und Überlegungen auf dieser Radtour habe ich in meinem Buch „Über die Grenzen. Ein Kulturwissenschaftler auf dem Fahrrad" (Linz und Frankfurt/Main 1991) niedergeschrieben.

(3) Meine Methode ist die der „qualitativen Sozialforschung". Siehe dazu näher: Roland Girtler, Methoden der qualitativen Sozialforschung. Wien 1984.

(4) Vgl.: Roland Girtler, Die feinen Leute. Linz und Frankfurt/M. 1989.

(5) Vgl.: Georg Simmel, Das individuelle Gesetz. Frankfurt/Main

(6) Vgl.: Edmund Leach, Kultur und Kommunikation, Frankfurt/Main 1978, S. 45ff.

(7) Der Spiegel, 1992, 6, S. 122
(8) Vgl.: Der Spiegel, Nr. 13, 1991, S. 16.

(9) Vgl.: Der Spiegel, Nr. 43, 1990, S 247.

(10) Ulla Johansen, Grundmuster der Einrichtung des Wohn- und Empfangsraumes im Orient und Okzident. in: Ethnologie und Geschichte. Festschrift für Karl Jettmar, Wiesbaden, 1983, S. 331 ff.

(11) a.a.O., S. 331f.

(12) a.a.O., S. 333f.

(13) Howard Becker, Außenseiter. Frankfurt/Main 1981, S. 86ff.

(14) K.-S. Kramer, Grundriß einer rechtlichen Volkskunde. Göttingen 1974, S. 26ff.

(15) a.a.O., S. 28.

(16) a.a.O.

(17) a.a.O., S. 30.

(18) a.a.O., S. 32.

(19) Koran, Sure 24, Vers 27–29.

(20) Vgl.: Eva Wiesauer, Beschnitzte Eingangstore an der ostafrikanischen Küste. In: Wiener Ethnohistorische Blätter. Heft 12, Wien 1976, S. 47ff.

(21) Vgl.: Marcel Mauss, Die Gabe. Frankfurt/Main 1968.

(22) Vgl.: Hannes Grabher, Unser Brauchtum. Lustenau 1956, S. 25a

(23) Vgl.: Matthias Mayerl, Erinnerungen eines steirischen Bürgermeisters. Irdning 1989, S. 69ff.

(24) Mit ihm führte ich lange Gespräche und schrieb über ihn auch ein Buch mit dem Titel „Wanderer zwischen den Welten" (Wien 1988).

(25) Der Spiegel Nr. 6, 1992, S. 120.

(26) Vgl. dazu den ausgezeichneten Aufsatz von Gottfried Korff: „S-Bahn-Ethnologie". In: Österreichische Zeitschrift für Volkskunde, Band 93, Heft 1, 1990, S. 5ff.

(27) Peter Zehrer, Gangster ersetzen die „Galerie" – Grenzüberschreitende Banden machen Österreichs Behörden zu schaffen. In: Die Presse, 16.4.1991, S. 3.

(28) a. a. O.

(29) Vlastimil Zima. Chaos an der Grenze. In: Öffentliche Sicherheit, 4/1991, S. 34.

(29) a. a. O., S. 91.

(30) Der Spiegel, Nr. 16, 1991, S. 89

(31) a. a. O.

(32) „Der Spiegel, Nr. 5, 1992, S. 97.

(33) a. a. O., S. 102.

(34) G. und H.-W. Sinn, Kaltstart. Volkswirtschaftliche Aspekte der deutschen Vereinigung. Tübingen 1991

(35) Der Spiegel, a. a. O.

(36) Der Spiegel, Nr. 38, 1990, S. 272.

(37) Der Spiegel, Nr. 16, 1191, S. 99

(38) a. a. O., S. 101.

(39) Der erste und letzte Mensurtag in der DDR. In: Deutsche Corpszeitung, November 1990, S. 26.

(40) Der Spiegel, Nr. 44, 1990, 44, S. 52.

(41) a. a. O., S. 55.

(42) a. a. O., S. 57.

(43) Der Spiegel, Nr. 16, 1991, S. 80.

(44) Der Spiegel, Nr. 18, 1991, S. 97.

(45) Stern, 9. 2. 1989, S. 182.

(46) a. a. O.

(47) Der Spiegel, Nr. 20, 1990, S. 206.

(48) a. a. O., S. 209.

(49) a. a. O.

(50) Der Spiegel, Nr. 38, 1990, S. 223.

(51) Hannes Schreyer, Ringelspiel der Zeitgenossen. Wien 1947, S 11f.

(52) Tatjana Tolstoja, Nur wer klaut, kann überleben. In: Brigitte, 17, 1990, S. 108.

(53) a. a. O., S. 110.

(54) Christian Skalnik, Für eine Handvoll Schilling. In: Profil, Nr. 12, 1989, S. 87

(55) a. a. O.

(56) R. Girtler, Methoden der qualitativen Sozialforschung. Wien 1984.

(57) Das Wort „schiach" bedeutet soviel wie häßlich oder furchtbar, es ist etwas, wovor man sich zu hüten hat.

(58) Vgl: Kurier, 1.2.1991.

(59) A. Scott Berg, Goldwyn. A Biography. New York 1989

(60) Ludwig Finckh, Schmuggler, Schelme, Schabernack. München 1939, S. 9f.

(61) a. a. O., S. 8.

(62) a. a. O.

(63) F. Kluge, Etymologisches Wörterbuch der deutschen Sprache. Berlin 1960, S. 667.

(64) Vgl.: E. J. Hobsbawm, Die Banditen. Frankfurt/Main 1972

(65) Vgl.: E. Watzke, Du bist immer im Unrecht, auch wenn du im Recht bist. Unveröffentl. Dissertation. Wien, 1990, S. 95f.

(66) Finckh, Schmuggler, Schelme, Schabernack, S. 90.

(67) Vgl.: Kirche am Steeg. Zeitschrift für Hagerau, Kaisers und Steeg. o. J.

(68) Vgl. S. Günther, Von Fuhrleuten, Säumern und Schwärzern. Ein Beitrag zur Transportgeschichte rund um den Erzberg. Eisenerz 1991.

(69) F. Stadler. Saumwege und Salzsteige an der Dachstein-Ostseite. In: Da schau her, 5, 1982, S. 9f.

(70) a. a. O., S. 10.

(71) Vgl.: R. Girtler, Wilderer.

(72) F. Stadler, Alte Saumwege und Salzkästen im Bezirk Liezen. In: Da schau her, 2, 1983, S. 16.

(73) D. Wunderlin, Vom Schmuggel an der Schweizer Grenze. In: Volkskunst. Zeitschrift für volkstümliche Sachkultur. 12. Jg., München, Heft 3 August 1990, S. 9 u. 12.

(74) a. a. O., S. 9.

(75) M. Genser, Kärnten im Rückspiegel. Begegnungen mit der Vergangenheit. Klagenfurt 1976, S. 111.

(76) a. a. O., S. 112.

(77) D. Wunderlin, a. a. O., S. 10.

(78) Die Informationen dazu verdanke ich meinem Vetter Herrn Viktor Heller aus Passau, einem ehemaligen Richter, der mit solchen Sachen betraut war.

(79) H. Reder, Der Bayerwald. Regensburg 1861, S. 125.

(80) Vgl.: in: H. Glöckle, Wie´s war im Alpenland. München 1986, S. 96.

(81) Menschen-Treibjagden in Bayern. In: Passavia, 1930, S. 131.

(82) Ochsenfurt am Main 1976. Ich bin Herrn Walter Wilhelm sehr dankbar, daß er mir noch ein letztes Exemplar seines schönen Bückleins, das nirgends mehr zu erhalten ist, zukommen ließ.

(83) a. a. O.,

(84) a. a. O., S. 22.

(85) Georg Grüll. Bauer, Herr und Landesfürst, Linz, 1963, S. 452.

(86) Wilhelm, a. a. O., S. 25.

(87) Vgl.: R. Girtler, Wilderer. Soziale Rebellen im Konflikt mit den Jagdherrn. Linz 1987.

(88) Wilhelm, a. a. O., S 21. Ochsenfurt am Main, 1976, S. 21.

(89) Von R. Zeitler, erschienen in Wien im Jahre 1910.

(90) F. C. B. Avé-Lallemant, Das deutsche Gaunertum. Teil 1 und 2. Wiesbaden 1858.

(91) F. M. Dostojewski, Memorien aus einem Totenhaus. Wien – Hamburg S. 54 f.

(92) R. Girtler, Der Adler und die drei Punkte. Wien 1983

(93) Der Spiegel, Nr. 10, 1992, S. 18.

(94) Kurier, 5.10.1991, S. 17.

(95) Th. Berger, Ausbruch. Die Erinnerungen des ‚Al Capone vom Donaumoos'. Augsburg 1989.

(96) A. Lischka und M. Hackl (Hg.), Die Kleindenkmäler entlang der Donau von Schlägen bis Seewinkel, Gemeinde Haibach o. J., S. 19 ff.

(97) D. Wunderlin, Vom Schmuggel an der Schweizer Grenze. In: Volkskunst. Zeitschrift für volkstümliche Sachkultur, 13. Jg., Heft 3, München, August 1990, S. 8.

(98) Vgl.: C. Jahn, „Die ehrenwerten Herren". In: Der Kriminalbeamte, März 1989, S. 28ff.

(99) Vgl.: T. Green, Die Schmuggler. Frankfurt/Main, 1970, S. 32.

(100) Der Spiegel, 1992, 4, S. 68ff.

(101) Die Presse, 23. 1. 1990

(102) Kronen Zeitung, 23.1.1992, S. 8.

(103) Kronen Zeitung, 27.5.1992

(104) Kronen Zeitung, 24.11.1990

(105) Der Spiegel, 1990, 15, S. 160f.

(106) C. Jahn, a. a. O., S. 31

(107) G. Sereny, Dann schon lieber auf den Strich. München 1984, S. 15.

(108) a. a. O.

(109) Der Spiegel, Nr. 4, 1992, S. 194.

(110) a. a. O.

(111) M. Teufel, Der Saccharinschmuggel – Ein längst vergessenes kriminelles Delikt. In: Archiv für Polizeigeschichte. Heft 1, 1991, S. 14ff.

(112) A. Bender, Der Saccharinschmuggel und seine Bekämpfung. In: Archiv für Kriminal-Anthropologie und Kriminalistik. 41. Band, 1911, S. 1ff.

(113) Vgl.: R. Lacey, Little Man. Boston 1991. Zitiert nach: Der Spiegel, 1993, Nr. 4, 184ff.

(114) C. Jahn, a. a. O., S. 28ff.

(115) Der Spiegel, 1990, Nr. 15, S. 187.

(116) Siehe dazu näher: Paul Eddy, Hugo Sabogal, Sara Walden, Der Kokainkrieg – Die Kolumbia-Miami-Connection, Wien 1989.

(117) Cosmopolitan, 1990, 9, S. 38ff.

(118) a. a. O., S. 43.

(119) Vgl. dazu und zum folgenden: Ch. Permites, Tor zum europäischen Drogenmarkt: die Iberische Halbinsel. In: Das Beste, S. 143ff.

(120) Stern, Heft 27, 1991, S. 142ff.

(121) a. a. O.

(122) a. a. O.

(123) Werner Sabitzer, Der Machtbesessene. In: Der Kriminalbeamte, S. 26.

(124) Vgl.: Öffentliche Sicherheit. Wien, 1991, Nr. 4, S. 5.

(125) Der Spiegel, Nr. 47, 1990, S. 95f.

(126) Vgl. H. Fuchs, Neue (Zu)wanderungen und Suchtgiftkriminalität. In: Öffentliche Sicherheit, 1990, Nr. 10, S. 27.

(127) Kleine Zeitung, 15.9.1990, S. 16f.

(128) Einige Gedanken zu der folgenden Darstellung verdanke ich Herrn William J. Chambliss von der George-Washington-Universität in Washington. Er hat mir in liebenswürdiger Weise seinen Aufsatz „Über soziologische und juristische Konstrukte: Schmuggel als Wirtschaftsstraftat" zukommen lassen. Leider weiß ich nicht, in welcher Fachzeitschrift er veröffentlich wurde.

(129) a. a. O. S. 61.

(130) Ein Ferrari um drei Dollar – Die Marketingstrategien der Drogensyndikate greifen: Heroin light gilt den USA als die neue Mittelstandsdroge. In: Profil, 1991, 43, S. 100f.

(131) Kurier, 21.12.1990

(132) Kurier, 2.10.1990

(133) Kronen Zeitung, 1.12.1990

(134) Kurier, 1.8.1991

(135) Kronen Zeitung, 12.1.1991

(136) Kurier, 24.4.1991

(137) Kronen Zeitung, 5.11.1990

(138) Kronen Zeitung, 16.6.1991

(139) Kronen Zeitung, 27.6.1990

(140) Kronen Zeitung, 2.6.1990

(141) Kronen Zeitung, 18.4.1991

(142) Kronen Zeitung, 24.11.1991

(143) Kronen Zeitung, 2.3.1991

(144) Kurier, 23.4.1991

(145) Kronen Zeitung, 10.2.1991

(146) Kurier, 21.5.1991

(147) Kronen Zeitung, 9.7.1990

(148) Vgl.: Öffentliche Sicherheit, 1991, Nr. 11, S. 29.

(149) Der Kriminalbeamte, Mai 1989, S. 17.

(150) Bild, 11.7.1991

(151) Kurier, 20.10.1991

(152) Kronen Zeitung, 19.10.1991

(153) Kronen Zeitung, 9.6.1991

(154) Börsen-Kurier, Nr. 9, 1.3.1990

(155) Öffentliche Sicherheit, 1991, 4, S. 9.

(156) Vgl. dazu näher: Öffentliche Sicherheit, 1990, Nr. 1–2, S. 5ff.

(157) W. J. Chambliss, a. a. O., S. 61.

(158) Wienerisch für einen guten Informanten. „Zund" ist die spezielle bei Ganoven und Polizisten gleichermaßen verwendete Bezeichnung für eine wichtige Information, um Verbrechen aufzudecken.

(159) Kurier, 11.1.1990

(160) Dies war nicht einfach. Jedoch über einen wohlmeinenden Verwandten, der mich bei meinem Forschen regelmäßig unterstützt, gelang es mir. Diesem gütigen Herrn sei hier gedankt.

(161) Der geheime Salzweg nach Böhmen. In: Marktgemeinde St. Georgen an der Gusen (Hg.), 300 Jahre erweitertes Marktrecht St. Georgen a. d. Gusen. 1989.

(162) Kronen Zeitung, 12.2.1991

(163) Vgl.: Öffentliche Sicherheit, 1991, Nr. 11, S. 29.

(164) Der Spiegel, 1991, 9, S. 50.

(165) Vgl.: Öffentliche Sicherheit, 1990, Nr. 7/8, S. 12.

(166) Kurier, 27.7.1990

(167) Vgl. dazu: Polizeiliche Kriminalstatistik, 1989, hg. vom Bundesministerium für Inneres.

(168) Der Spiegel, 1990, 42, S. 125f.

(169) Der Spiegel, 1990, 27, S 59f.

(170) B. Mahmoody, Nicht ohne meine Tochter, Zürich 1990.

(171) Kronen Zeitung, 23.8.1990

(172) Kronen Zeitung, Juli 1990

(173) Vgl.: Die Sicherheit, Juni 1989, S. 17ff.

(174) Kronen Zeitung, 7.11.1991

(175) Vgl. Öffentliche Sicherheit, 1991, Nr. 1, S. 7ff.

(176) Vgl.: Der Spiegel, Nr. 1990, S. 34ff.

(177) Kronen Zeitung, 22.3.1990

(178) Der Spiegel, Nr, 27, 1990, S. 100ff.

(179) Der Spiegel, Nr. 15, 1990, S. 61 ff.

(180) Vgl.: Profil, 1990, 43, S. 64f.

(181) Das Beste, Juni 1987, S. 120ff.

(182) Salzburger Volkszeitung, 25.8.1990

(183) Kronen Zeitung, 26.4.1990

(184) Kronen Zeitung, 7.12.1991

(185) Kronen Zeitung, 23.5.1990

(186) Vgl:: W. Penk-Lipovsky, Detektivbrevier. Unveröff. Manus., S. 122.

(187) Vgl.: P. Pokorny, Detektive in Österreich. Wien 1990.

(188) W. Penk-Lipovsky, a. a. O., S. 117f.

(189) Vgl. E. Bazna, Ich war Cicero. München 1964, S. 7ff.

(190) Der Spiegel, Nr. 2, 1992, S. 28.

(191) E. Bazna, a. a. O., S. 116.

(192) Der Spiegel, Nr. 2, 1992, S. 28.

(193) a. a. O., S. 30

(194) E. Bazna, a. a. O., S. 62.

(195) a. a. O., S. 36

(196) Der Spiegel, Nr. 2, 1992, S. 31f.

(197) Vgl.: Van Gennep, Übergangsriten. Frankfurt 1986, S. 23.

(198) Vgl.: E. Bazna, a. a. O., S. 49.

(199) a. a. O., S. 176.

(200) a. a. O.

(201) Vgl.: W. Penk-Lipovsky, Aggressive Marktforschung. In: Der Kriminalbeamte, August 1991, S. 39f.

(202) K. Singer, Die größten Spionagegeschichten der Welt. Düsseldorf 1969, S. 201ff.

(203) Der Spiegel, Nr. 9, 1991, S. 85.

(204) a. a. O., S. 87.

(205) a. a. O., S. 90.

(206) a. a. O., S. 92.

Literatur

F-C. B. Avé-Lallement, Das deutsche Gaunertum. Wiesbaden 1958

E. Bazna, Ich war Cicero. München 1964

H. Becker, Außenseiter. Frankfurt/Main, 1981

S. Berg, Goldwyn, A Biography. New York, 1989

A. Bender, Der Saccharinschmuggel und seine Bekämpfung. In: Archiv für Kriminal-Anthropologie und Kriminalistik.

Th. Berger, Ausbruch. Die Erinnerungen des „Al Capone" vom Donaumoos, Augsburg 1989.

Bundesministerium für Inneres, Polizeiliche Kriminalstatistik 1989, Wien.

W. J. Chambliss, Über soziologische und juristische Konstrukte: Schmuggel als Wirtschaftsstraftat (nähere Angaben fehlen).

F. Dostojewski, Memoiren aus einem Totenhaus. Wien-Hamburg, o. J.

P. Eddy, H. Sabogal, S. Walden, Der Kokainkrieg – Die Kolumbia-Miami-Connection. Wien 1989.

I. Finckh, Schmuggler, Schelme, Schabernack. München 1939

H. Fuchs, Neue (Zu)wanderungen und Suchtgiftkriminalität. In: Öffentliche Sicherheit, 190, Nr. 10.

A. van Gennep, Übergangsriten, Frankfurt 1986.

M. Genser, Kärnten im Rückspiegel. Begegnungen mit der Vergangenheit. Klagenfurt 1976.

R. Girtler, Der Adler und die drei Punkte. Wien, 1983.

Ders., Methoden der qualitativen Sozialforschung, Wien 1984.

Ders., Wanderer zwischen den Welten, Wien 1988.

Ders., Die feinen Leute, Wien, Frankfurt/Main, 1989.

Ders., Wilderer – Soziale Rebellen im Konflikt mit den Jagdherrn, Linz 1987.

Ders., Über die Grenzen, Ein Kulturwissenschaftler auf dem Fahrrad. Linz, Frankfurt/Main 1991.

H. Glöckle, Wie's war im Alpenland. München 1986.

H. Grabher, Unser Brauchtum. Lustenau 1956.

T. Green, Die Schmuggler. Frankfurt/Main 1970.

G. Grüll, Bauer, Herr und Landesfürst. Linz 1963.

S. Günther, Von Fuhrleuten, Säumern und Schwärzern. Ein Beitrag zur Transportgeschichte rund um den Erzberg. Eisenerz 1991.

E. J. Hobsbawm, Die Banditen. Frankfurt/Main 1972.

U. Johansen, Grundmuster der Einrichtung des Wohn- und Empfangsraumes im Orient und Okzident. In: Ethnologie und Geschichte. Festschrift für Karl Jettmar. Wiesbaden 1983.

C. Jahn, Die ehrenwerten Herren. In: Der Kriminalbeamte, März 1989, S 28ff.

F. Kluge, Etymologisches Wörterbuch der deutschen Sprache. Berlin 1960.

K.–S. Kramer, Grundriß der rechtlichen Volkskunde. Göttingen 1974.

G. Korff, S-Bahn-Ethnologie, in: Österreichische Zeitschrift für Volkskunde, Band 93, Heft 1, Wien 1990.

R. Lacey, Little Man. Boston 1991

E. Leach, Kultur und Kommunikation. Frankfurt 1978.

A. Lischka und M. Hackl (Hg.), Die Kleindenkmäler entlang der Donau von Donau Schlögen bis Seewinkel. Gemeinde Haibach o. D.

B. Mahmody, Nicht ohne meine Tochter. Zürich 1990.

M. Mauss, Die Gabe. Frankfurt/Main 1968.

M. Mayerl, Erinnerungen eines steirischen Bürgermeisters, Irdning 1989.

Ch. Permites, Tor zum europäischen Drogenmarkt: die Iberische Halbinsel. In: Das Beste 1989.

W. Penk-Lipovsky, Detektivbrevier. Unveröffentl. Manus. 1992.

Ders., Aggressive Marktforschung. In: Der Kriminalbeamte, August 1991.

H. Reder, Der Bayerwald. Regensburg 1861.

J. J. Rousseau, De l'negalite parni les hommes. 1754.

W. Sabitzer, Der Machtbesessene. In: Der Kriminalbeamte. Wien.

H. Schreyer, Ringelspiel der Zeitgenossen. Wien 1947.

G. Sereny, Dann schon lieber auf den Strich. München 1984.

G. Simmel, Der Fremde. In: Das individuelle Gesetz. Frankfurt/Main 1968.

K. Singer, Die größten Spionagegeschichten der Welt, Düsseldorf 1969.

G. u. H.-W. Sinn, Kaltstart. Volkswirtschaftliche Aspekte der deutschen Vereinigung, Tübingen 1991.

Ch. Skalnik, Für eine Handvoll Schilling. In: Profil, 12, 1989.

F. Stadler, Saumwege und Salzsteige an der Dachstein-Ostseite. In: Da schau her, 5, 1982.

Ders., Alte Saumwege und Salzkästen im Bezirk Liezen. In: Da schau her, 2, 1983.

M. Teufel, Der Saccharinschmuggel – ein längst vergessenes kriminelles Delikt. In: Archiv für Polizeigeschichte, Heft 1, 1991.

T. Tolstoja, Nur wer klaut, kann überleben. In: Brigitte, 17, 1990.

E. Watzke, Du bist immer im Unrecht, auch wenn du im Recht bist, Dissertation, Wien 1990.

E. Wiesauer, Beschnitzte Eingangstore an der ostafrikanischen Küste, in: Wiener Ethnohistorische Blätter, Heft 12, Wien, 1976.

W. Wilhelm, Die Maut, der Schmuggel, das Rosenbergergut und Adalbert Stifter in Lackenhäuser, Ochsenfurt a. M. 1976.

D. Wunderlin, Vom Schmuggel an der Schweizer Grenze. In: Volkskunst. Zeitschrift für volkstümliche Sachkultur, 12. Jg. München, Heft 3, August 1990.

P. Zehrer, Gangster ersetzen die „Galerie" – Grenzüberschreitende Banden machen Österreichs Behörden zu schaffen. In: Die Presse 16. 4. 1991.

R. Zeitler, Der Gams-Vestl – ein Hochgebirgsroman aus dem Wilderer- und Schmugglerleben. Wien 1910.

V. Zima, Chaos an der Grenze. In: Öffentliche Sicherheit, 4/1991.